中華古籍保護計劃

· 成 果 ·

河南省洛陽市圖書館等九家收藏單位

古籍普查登記目録

全國古籍普查登記目録

國家圖書館出版社
National Library of China Publishing House

圖書在版編目(CIP)數據

河南省洛陽市圖書館等九家收藏單位古籍普查登記目録/《河南省洛陽市圖書館等九家收藏單位古籍普查登記目録》編委會編. --北京:國家圖書館出版社,2017.12
（全國古籍普查登記目録）
ISBN 978 - 7 - 5013 - 6248 - 6

Ⅰ.①河…　Ⅱ.①河…　Ⅲ.①古籍—圖書館目録—洛陽　Ⅳ.①Z838

中國版本圖書館 CIP 數據核字(2017)第 231041 號

書　　名	河南省洛陽市圖書館等九家收藏單位古籍普查登記目録
著　　者	《河南省洛陽市圖書館等九家收藏單位古籍普查登記目録》編委會　編
責任編輯	黄　鑫

出　　版　國家圖書館出版社(100034　北京市西城區文津街 7 號)
　　　　　　(原書目文獻出版社　北京圖書館出版社)
發　　行　010 - 66114536　66126153　66151313　66175620
　　　　　　66121706(傳真)　66126156(門市部)
E-mail　　nlcpress@ nlc. cn(郵購)
Website　www. nlcpress. com→投稿中心
經　　銷　新華書店
印　　裝　河北三河弘翰印務有限公司
版　　次　2017 年 12 月第 1 版　2017 年 12 月第 1 次印刷

開　　本　787×1092(毫米)　1/16
印　　張　27.25
字　　數　550 千字

書　　號　ISBN 978 - 7 - 5013 - 6248 - 6
定　　價　220.00 圓

《全國古籍普查登記目錄》
工作委員會

主　任：周和平

副主任：張永新　詹福瑞　劉小琴　李致忠　張志清

委　員（按姓氏筆畫排序）：

于立仁	王水喬	王　沛	王紅蕾	王筱雯
方自今	尹壽松	包菊香	任　競	全　勤
李西寧	李　彤	李忠昊	李春來	李　培
李曉秋	吳建中	宋志英	努　木	林世田
易向軍	周建文	洪　琰	倪曉建	徐欣祿
徐　蜀	高文華	郭向東	陳荔京	陳紅彥
張　勇	湯旭巖	楊　揚	賈貴榮	趙　嬿
鄭智明	劉洪輝	歷　力	鮑盛華	韓　彬
魏存慶	鍾海珍	謝冬榮	謝　林	應長興

《全國古籍普查登記目録》

序　言

　　全國古籍普查登記工作是"中華古籍保護計劃"的首要任務,是全面開展古籍搶救、保護和利用工作的基礎,也是有史以來第一次由政府組織、參加收藏單位最多的全國性古籍普查登記工作。

　　2007年國務院辦公廳發佈《關於進一步加强古籍保護工作的意見》(國辦發[2007]6號),明確了古籍保護工作的首要任務是對全國公共圖書館、博物館和教育、宗教、民族、文物等系統的古籍收藏和保護狀况進行全面普查,建立中華古籍聯合目録和古籍數字資源庫。2011年12月,文化部下發《文化部辦公廳關於加快推進全國古籍普查登記工作的通知》(文辦發[2011]518號),進一步落實了全國古籍普查登記工作。根據文化部2011年518號文件精神,國家古籍保護中心擬訂了《全國古籍普查登記工作方案》,進一步規範了古籍普查登記工作的範圍、内容、原則、步驟、辦法、成果和經費。目前進行的全國古籍普查登記工作的中心任務是通過每部古籍的身份證——"古籍普查登記編號"和相關信息,建立古籍總臺賬,全面瞭解全國古籍存藏情况,開展全國古籍保護的基礎性工作,加强各級政府對古籍的管理、保護和利用。

　　《全國古籍普查登記工作方案》規定了全國古籍普查登記工作的三個主要步驟:一、開展古籍普查登記工作;二、在古籍普查登記基礎上,編纂出版館藏古籍普查登記目録,形成《全國古籍普查登記目録》;三、在古籍普查登記工作基本完成的前提下,由省級古籍保護中心負責編纂出版本省古籍分類聯合目録《中華古籍總目》分省卷,由國家古籍保護中心負責編纂出版《中華古籍總目》統編卷。

　　在黨和政府領導下,在各地區、各有關部門和全社會共同努力下,古籍普查登記工作得以扎實推進。古籍普查已在除臺、港、澳之外的全國各省級行政區域開展,普查内容除漢文古籍外,還包括各少數民族文字古籍,特別是於2010年分別啓動了新疆古籍保護和西藏古籍保護專項,因地制宜,開展古籍普查登記工作;國家古籍保護中心研製的"全國古籍普查登記平臺"已覆蓋到全國各省級古籍保護中心,並進一步研發了"中華古籍索引庫",爲及時展現古籍普查成果提供有力支持;截至目前,已有11375部古籍進入《國家珍貴古籍名録》,浙江、江蘇、山東、河北等省公佈了省級《珍

1

貴古籍名録》，古籍分級保護機制初步形成。

　　《全國古籍普查登記目録》是古籍普查工作的階段性成果，旨在摸清家底，揭示館藏，反映古籍的基本信息。原則上每申報單位獨立成册，館藏量少不能獨立成册者，則在本省範圍内幾個館目合併成册。無論獨立成册還是合併成册，均編製獨立的書名筆畫索引附於書後。著録的必填基本項目有：古籍普查登記編號、索書號、題名卷數、著者（含著作方式）、版本、册數及存缺卷數。其他擴展項目有：分類、批校題跋、版式、裝幀形式、叢書子目、書影、破損狀況等。有條件的收藏單位多著録的一些擴展項目，也反映在《全國古籍普查登記目録》上。目録編排按古籍普查登記編號排序，内在順序給予各古籍收藏單位較大自由度，可按分類排列古籍普查登記編號，也可按排架號、按同書名等排列古籍普查登記編號，以反映各館特色。

　　此次全國古籍普查登記工作，克服了古籍數量多、普查人員少、普查難度大等各種困難，也得到了全國古籍保護工作者的極大支持。在古籍普查登記過程中，國家古籍保護中心、各省古籍保護中心爲此舉辦了多期古籍普查、古籍鑒定、古籍普查目録審校等培訓班，全國共 1600 餘家單位參加了培訓，爲古籍普查登記工作培養了大量人才。同時在古籍普查登記工作中，也鍛煉了普查員的實踐能力，爲將來古籍保護事業發展奠定了良好的基礎。

　　《全國古籍普查登記目録》的出版，將摸清我國古籍家底，爲古籍保護和利用工作提供依據，也將是古籍保護長期工作的一個里程碑。

國家古籍保護中心

2013 年 10 月

《全國古籍普查登記目録》

編纂凡例

　　一、收録範圍爲我國境内各收藏機構或個人所藏，産生於 1912 年以前，具有文物價值、學術價值和藝術價值的文獻典籍，包括漢文古籍和少數民族文字古籍以及甲骨、簡帛、敦煌遺書、碑帖拓本、古地圖等文獻。其中，部分文獻的收録年限適當延伸。

　　二、以各收藏機構爲分冊依據，篇幅較小者，適當合併出版。

　　三、一部古籍一條款目，複本亦單獨著録。

　　四、著録基本要求爲客觀登記、規範描述。

　　五、著録款目包括古籍普查登記編號、索書號、題名卷數、著者、版本、冊數、存缺卷等。古籍普查登記編號的組成方式是：省級行政區劃代碼—單位代碼—古籍普查登記順序號。

　　六、以古籍普查登記編號順序排序。

　　七、編製各館藏目録書名筆畫索引附於書後，以便檢索。

《河南省古籍普查登記目録》
工作委員會

主　任：康　潔

副主任：師東坡　孔德超　張德祥

委　員（按姓氏筆畫排序）：

　　　王繼娜　申少春　江　路　李紅岩　李景文

　　　周新鳳　崔　波　楊　凡　謝　昱

《河南省古籍普查登記目録》

前　言

　　河南地處華夏腹地,得天獨厚的地理環境使其成爲中華文明的主要發源地,遺留下大批珍貴的文化遺産,古籍文獻即是其重要組成部分。但由於歷史原因,河南的古籍藏量一直没有詳細調查統計。1989 年至 1991 年,河南省文化廳曾組織專家對全省市縣公共圖書館進行了 4 次古籍調查,摸清了部分公共圖書館及文博單位的古籍收藏狀况,發現了一批有價值的古籍,但並未形成詳盡的古籍目録。2007 年"中華古籍保護計劃"實施以來,根據文化部、國家古籍保護中心的部署,在河南省文化廳的領導下,河南古籍普查工作開始穩步推進,公共圖書館、高校圖書館等古籍收藏單位積極行動,經過近 10 年的努力,全省古籍普查取得階段性成果。成立河南省古籍保護中心並對全省古籍普查工作給予具體業務指導;在 1989 年到 1991 年省内古籍調查的基礎上,出版《河南省市縣圖書館古籍善本聯合目録》;全省 19 家收藏單位 222 部古籍先後入選第一至五批《國家珍貴古籍名録》,河南省圖書館、河南大學圖書館、新鄉市圖書館、鄭州圖書館、鄭州大學圖書館、洛陽市圖書館、中國嵩山少林寺藏經閣、南陽市圖書館、開封市圖書館被評爲"全國古籍重點保護單位",另有 534 部古籍入選第一批《河南省珍貴古籍名録》,16 家單位被評爲"河南省古籍重點保護單位";古籍保護人才隊伍逐漸壯大,一批古籍收藏單位古籍保存條件得到顯著改善;全省古籍普查登記基本完成。

　　古籍普查登記是一項專業性很强的工作,著録人員除了需要具有相應的目録學、版本學等知識外,還需要具有一定的實踐工作經驗,需要在普查工作中,一絲不苟、兢兢業業。《河南省古籍普查登記目録》均嚴格按照古籍普查登記規範著録,不僅傾注了各藏書單位古籍普查登記人員的大量精力和心血,也包含着國家古籍保護中心、河南省古籍保護中心諸位專家指導、審校之辛勞,在此向他們表示深深的敬意和誠摯的感謝。

　　隨着河南省各收藏單位古籍普查登記目録的陸續出版,必將摸清全省古籍文化遺産家底,揭示全省各地區的文化脉絡,並修正館藏目録錯誤,實現古籍資源互通有無,從而建立統一的古籍信息數據庫,爲今後有針對性地開展古籍保護工作奠定堅實的基礎。由於時間緊、任務重，加之一些書名、著者、版本之失考，及經驗不足等原因，書中難免存在一些不盡如人意之處，敬請業内專家及廣大讀者批評指正。

河南省古籍保護中心

河南省圖書館

2017 年 8 月

《河南省洛陽市圖書館等九家收藏單位古籍普查登記目錄》

編委會

主　編：呂子剛　趙治卿　呂鴻玲　楊　成　范培培

　　　　周慧娟　李　虎　王玲珍　趙利國

參編單位及編寫人員：

　　洛　陽　市　圖　書　館：張麗鵬　耿雪芬　金雅茹　王　榮

　　偃　師　市　圖　書　館：齊玲閣　張曉笛

　　新　安　縣　圖　書　館：曾利平　呂繼紅

　　欒　川　縣　圖　書　館：趙伊琳　賈小尋

　　汝　陽　縣　圖　書　館：侯會召

　　伊　川　縣　圖　書　館：康明明　韋澤邦　王丹陽　安藝格

　　洛陽師範學院圖書館：秦金聚　牛紅廣　張　潔

　　洛陽市文物考古研究院：王玲珍　孫　蓓　趙冰潔　馮艷霞

　　　　　　　　　　　　　曲曉娜　扈曉霞

　　宜　陽　縣　圖　書　館：高　陽

《河南省洛陽市圖書館等九家收藏單位古籍普查登記目録》

前　言

　　古籍普查與保護工作是一項由我國政府組織實施的重要文化工程,也是中華人民共和國成立以來首次大規模地對古代文獻資源進行廣泛細緻的調查統計,將爲古籍保護、研究和利用提供重要依據。洛陽是中華文化的發祥地,有千年帝都之稱,在中國古代圖書收藏史上有着重要地位。東周守藏室、東漢蘭臺等皆對中國典籍的收藏保護起到過重要作用。洛陽歷史悠久,文化燦爛,古人曾爲其留下了極其豐富的古代典籍。據不完全統計,目前全市共有古籍藏量 10 萬餘冊。自 2007 年"中華古籍保護計劃"實施以來,根據文化部、國家古籍保護中心的部署,在河南省古籍保護中心的精心指導下,洛陽市古籍保護中心盡職盡責,認真開展古籍普查與保護工作,在機制運行、人才培養、普查申報、開發利用、普及宣傳等方面取得了階段性的成果:

　　1. 成立洛陽市古籍保護中心並對全市古籍普查工作給予業務指導。

　　2. 全市共有 3 部古籍先後入選《國家珍貴古籍名録》,一部入藏洛陽市圖書館,一部入藏洛陽市文物考古研究院,另一部爲民間藏書。洛陽市圖書館被評爲"全國古籍重點保護單位"。另外全市共有 21 部古籍入選《河南省珍貴古籍名録》,洛陽市圖書館、洛陽師範學院圖書館、洛陽市文物考古研究院被評爲第一批"河南省古籍重點保護單位"。

　　3. 古籍收藏單位的古籍保存條件得到極大改善。其中,洛陽市圖書館申請古籍保護專項經費 80 萬元用於改造古籍書庫,升級安防、消防設備,購置了掃描仪、照相機等普查設備,改造古籍閱覽室,製作了 77 組樟木書櫃,目前館藏古籍全部入藏樟木書櫃,極大地改善了洛陽市圖書館古籍的保護條件。洛陽市文物考古研究院投入 20 餘萬元對古籍書庫進行了調整,配置了樟木書櫃、空調、監控系統等。新安縣圖書館、洛陽師範學院圖書館、欒川縣圖書館製作了古籍函套,其他圖書館也不同程度地改善了古籍保管條件。經過努力,全市古籍保護的硬件設施得到了全面提升。

　　4. 培養了一批古籍普查保護人才。我們多次選派市館及其他相關單位人員參加國家古籍保護中心舉辦的古籍普查、古籍修復、碑拓研修、古籍鑒定與保護培訓班等。先後舉辦四期全市古籍普查培訓班和全市古籍普查管理人員培訓班,共有來自全市各古籍收藏單位的 50 餘人參加了培訓,爲全市建立一支古籍保護工作專業隊伍奠定了基礎。

5.加強宣傳報道,提升全民對古籍的保護意識。自古籍普查工作開始以來,我們就十分注重古籍保護的宣傳工作,比如經常舉辦館藏珍貴古籍展、製作宣傳版面、邀請讀者參觀古籍書庫等,特別在古籍閱覽室增加專門書櫃展示《中華再造善本》,讓普通讀者了解古籍、熱愛古籍。在報紙等宣傳媒體上向社會各界大力宣傳古籍保護的重要意義。洛陽市市民高世正看到報紙刊登的古籍普查消息後,將家中珍藏的清乾隆刻本《陽宅大成》一書共計10冊無償捐贈給洛陽市圖書館。

6.實行古籍寄存保管制度。由於縣區古籍保管條件及人員業務水平有限,古籍得不到妥善保管,洛陽市圖書館出臺了古籍寄存保管制度,本着自願的原則,保管條件不好的單位,可以放市館寄存,有隨時取用和索還的權利。對於市館來説,既補充了館藏,又加強了整個地區的古籍保護工作。目前汝陽縣590多冊古籍在洛陽市圖書館代爲保管,這一做法也得到了河南省古籍保護中心的充分肯定。

7.基本完成全市古籍普查登記工作。

因工作突出,洛陽市圖書館於2014年10月被文化部授予"全國古籍保護工作先進單位"稱號,也是河南省唯一獲此殊榮的地市級圖書館。洛陽市圖書館、洛陽師範學院圖書館、洛陽市文物考古研究院、偃師市圖書館、新安縣圖書館、欒川縣圖書館、汝陽縣圖書館被洛陽市文廣新局評爲"洛陽市古籍保護工作先進單位"。

本書的出版,是洛陽市古籍普查工作的階段性成果,對於摸清洛陽市古籍家底,更好地保護、宣傳和利用古籍文獻將起到重要的作用。本書彙集了洛陽市9家收藏單位共5471條古籍數據。其中,洛陽市圖書館3647條、偃師市圖書館373條、新安縣圖書館118條、欒川縣圖書館41條、汝陽縣圖書館69條、伊川縣圖書館10條、洛陽師範學院圖書館155條、洛陽市文物考古研究院1053條、宜陽縣圖書館5條。

洛陽市圖書館有11部珍貴古籍入選《中國古籍善本書目》,元大德九年(1305)建康路儒學刻明清遞修本《唐書》入選《國家珍貴古籍名録》。有14部古籍入選《河南省珍貴古籍名録》,明崇禎刻本《市南子》十四卷、清雍正十一年(1733)果親王府刻本《古文約選》不分卷、清乾隆十六年(1751)武英殿銅版印本《西清古鑑》四十卷《錢録》十六卷、明萬曆朱崇沐刻本《朱文公校昌黎先生文集》四十卷《外集》十卷《遺文》一卷等,都是罕見的珍本。另外,明清地方文獻多達五十餘種,對於研究明清河南地方社會、經濟、文化等有着重要的意義。如中州著名文化世家新安呂氏著作清雍正三年(1725)呂憲曾刻本《夢月巖詩集》二十卷《詩餘》一卷、清乾隆新安呂氏刻本《力園詩草》十卷《集古詩》一卷等,均具有重要的版本價值和史料價值。

洛陽市文物考古研究院通過此次普查,發現了一些初印本、手抄本、稿本,有許多古籍存世較少,彌足珍貴。現有明正德九年(1514)司禮監刻本《少微通鑑節要》五十卷《外紀》四卷入選《國家珍貴古籍名録》,另有兩部古籍入選《河南省珍貴古籍名録》。明刻本《史通訓故》二十卷是該館珍貴典藏。另有清嘉慶十八年(1813)抄本《[河南洛陽]朱氏族譜》不分卷記載並手繪了與程朱理學有關名人的墓葬地理圖、祠堂構建圖、碑文墓誌等,爲我們今天的研究提供了十分珍貴的資料和依據。

此外,洛陽師範學院圖書館的清乾隆十一年(1746)程崟刻本《望溪集》不分卷入選《河南省珍貴古籍名録》。新安縣圖書館的古籍主要來自清代進士韓瞻斗先生後人的捐贈。其中清同治十一年(1872)《倭文端公遺書》六卷首一卷《日記》三卷、清同治十年(1871)《拙修集》七卷均爲韓瞻斗手抄本,具有較高的學術研究價值。明萬曆二十五年(1597)師古齋刻本《性理大全書》七十卷、明萬曆四十二年(1614)刻本《文清公薛先生文集》二十四卷入選《河南省珍貴古籍名録》。

本書所有古籍普查數據均由各收藏單位逐冊翻檢,嚴格按照古籍普查登記規範進行著録。歷經數年的編纂、審校,終於得以出版。在此要感謝全市九家收藏單位參編人員的辛勞付出與通力合作,感謝國家古籍保護中心、河南省古籍保護中心專家以及洛陽市文廣新局等各級領導給予的精心指導與大力支持。本書依據全省古籍普查登記目録出版的體例要求,各收藏單位排序按照全國古籍普查登記平臺中各單位代碼從小到大排列。

本書的出版,標志着洛陽市古籍普查登記工作有了一個良好的開端,對洛陽市古籍普查和保護工作有着巨大的鞭策和推動作用。我們將以此爲契機,進一步增強責任感和使命感,以更加積極的態度,努力工作,不負歷史賦予的重任,共同促進洛陽市古籍保護事業的全面發展。

洛陽市古籍保護中心

2017 年 11 月

目　　録

河南省洛陽市圖書館古籍普查登記目錄

全國古籍普查登記目錄

國家圖書館出版社

National Library of China Publishing House

全国古籍普查登记工作办公室 编

410000－2204－0000001　408/1

夢月巖詩集二十卷詩餘一卷　（清）呂履恒著　清雍正三年(1725)新安呂憲曾刻本　六冊

410000－2204－0000002　201/1

南史八十卷　（唐）李延壽撰　明萬曆三十一年(1603)刻本　十九冊　存七十六卷(一至七、十二至八十)

410000－2204－0000003　314.3/6

佛法金湯編十六卷　（明）釋心泰編　明萬曆二十八年(1600)天台山慈云禪寺釋如星刻本　三冊

410000－2204－0000004　409/5

古文奇賞二十二卷　（明）陳仁錫選評　明萬曆四十六年(1618)刻本　十二冊

410000－2204－0000005　402/1

漢丞相諸葛忠武侯集二十一卷　（三國蜀）諸葛亮撰　（明）諸葛羲基編輯　清嘉慶刻本　六冊　存九卷(一至九)

410000－2204－0000006　408/2

力園詩草十卷集古詩一卷　（清）呂灃曾撰　清乾隆新安呂氏刻本　二冊

410000－2204－0000007　305/2

農政全書六十卷　（明）徐光啓纂輯　明崇禎十二年(1639)陳子龍平露堂刻本　十九冊　存五十七卷(一至三十四、三十八至六十)

410000－2204－0000008　303/3

洴澼百金方十四卷　（清）惠麓酒民(袁宮桂)編次　清抄本　十冊

410000－2204－0000009　102/5

欽定書經圖說五十卷　（清）孫家鼐等修　清光緒三十一年(1905)內府石印本　十六冊

410000－2204－0000010　312.1/4

世說新語三卷　（南朝宋）劉義慶撰補　（南朝梁）劉峻注　（明）凌濛初訂　世說新語補四卷　（明）何良俊撰　（明）王世貞刪定　（明）凌濛初考訂　清康熙刻本　十冊

410000－2204－0000011　407/2

市南子十四卷　（明）李光元著　（明）吳士元選　明崇禎刻本　五冊

410000－2204－0000012　404/14

宋邵康節先生伊川擊壤集十卷　（宋）邵雍撰　（明）吳瀚摘注　（明）吳泰增注　清康熙八年(1669)邵養定、邵養貞刻本　六冊

410000－2204－0000013　404/6

宋王黃州小畜集三十卷　（宋）王禹偁撰　清乾隆二十五年(1760)愛日堂刻本　六冊

410000－2204－0000014　409.3/5

唐詩紀一百七十卷目錄三十四卷　（明）黃德水　（明）吳琯輯　明萬曆十三年(1585)刻本　三十六冊

410000－2204－0000015　408/17

陶淵明集八卷首一卷末一卷　（晉）陶潛撰　清木活字四色套印本　二冊

410000－2204－0000016　313/9

五車韻瑞一百六十卷洪武正韻一卷　（明）凌稚隆輯　明文盛堂刻本　三十二冊

410000－2204－0000017　310.2/3

西清古鑑四十卷錢錄十六卷　（清）梁詩正等編纂　清乾隆十六年(1751)武英殿銅版印本　二十四冊

410000－2204－0000018　504/4

西堂文集　（清）尤侗撰　清康熙刻本　二十七冊　存三種五十四卷

410000－2204－0000019　202.1/7

新鐫獻藎喬先生綱鑑彙編九十一卷首一卷　（明）喬承詔撰　明天啓四年(1624)喬承詔刻本　五十三冊

410000－2204－0000020　404/9

新刻臨川王介甫先生詩文集一百卷目錄二卷　（宋）王安石著　明萬曆四十年(1612)王鳳翔光啟堂刻本　十六冊

410000－2204－0000021　408/19

御製詩初集四十四卷目錄四卷　（清）高宗弘曆撰　清乾隆十四年(1749)內府刻本　十

六册

410000－2204－0000022　408/18
御製文初集三十卷目錄二卷　（清）高宗弘曆
撰　清乾隆二十九年（1764）內府刻本　八冊

410000－2204－0000023　302/33
淵鑒齋御纂朱子全書六十六卷　（宋）朱熹撰
（清）李光地等纂修　清光緒江西書局刻本
四十冊

410000－2204－0000024　403/9
**朱文公校昌黎先生文集四十卷外集十卷遺文
一卷**　（唐）韓愈撰　（宋）朱熹校　（明）朱
吾弼重編　**集傳一卷**　明萬曆朱崇沐刻本
十六冊

410000－2204－0000025　402/2
諸葛丞相集四卷　（三國蜀）諸葛亮著　（清）
朱璘纂輯　清康熙三十七年（1698）萬卷堂刻
本　四冊

410000－2204－0000026　409.5/4－1
宋邵康節先生伊川擊壤集十卷　（宋）邵雍撰
（明）吳瀚摘注　（明）吳泰增注　清康熙八
年（1669）邵養定、邵養貞刻本　六冊

410000－2204－0000027　313/9－1
五車韻瑞一百六十卷洪武正韻一卷　（明）凌
稚隆輯　明刻本（卷一補配抄本）　二十四冊

410000－2204－0000028　408/20
古文約選不分卷　（清）允禮編　清雍正十一
年（1733）果親王府刻本　十冊

410000－2204－0000029　201.3/1
唐書二百二十五卷　（宋）歐陽修　（宋）宋祁
等撰　**釋音二十五卷**　（宋）董衝撰　元大德
九年（1305）建康路儒學刻明清遞修本　四十
二冊

410000－2204－0000030　201.3/3
重鐫朱青巖先生擬編明紀輯畧十六卷　（清）
朱璘撰　清康熙刻本　十六冊

410000－2204－0000031　205.1/1
重編三立祠列傳二卷附錄一卷　（明）袁繼咸

纂　（清）劉梅訂　（清）和其衷編　清乾隆刻
本　四冊

410000－2204－0000032　409.6/1
采真彙薰四卷　（清）檀萃著　（清）曾力行箋
注　（清）周芬佩評　清乾隆四十二年（1777）
致和堂刻本　四冊

410000－2204－0000033　306.5/6
石室秘籙六卷　（清）陳士鐸習　清雍正刻本
六冊

410000－2204－0000034　403/3
中晚唐詩叩彈集十二卷續集三卷　（清）杜詔
（清）杜庭珠集　清康熙采山亭刻本　六冊

410000－2204－0000035　315/13
南華真經旁注五卷　（晉）郭象評　（晉）向秀
注　清康熙五十五年（1716）刻本　六冊

410000－2204－0000036　410/19
才調集補注十卷　（五代）韋縠輯　（清）殷元
勳箋注　（清）宋邦綏補注　清乾隆五十八年
（1793）宋思仁刻本　六冊

410000－2204－0000037　403/5
杜詩詳注三十一卷首一卷附錄二卷　（清）仇
兆鰲輯注　清康熙刻本（原缺卷二十六至三
十一）　二十八冊

410000－2204－0000038　209.2/5
[乾隆]登封縣志三十二卷　（清）陸繼萼修
（清）洪亮吉纂　清乾隆五十二年（1787）刻本
八冊

410000－2204－0000039　209.1/3
廣輿記二十四卷　（明）陸應陽纂　（清）蔡方
炳增輯　清刻本　十四冊　存二十一卷（一
至二十一）

410000－2204－0000040　210.36/1
秘傳花鏡六卷　（清）陳淏子輯　清乾隆四十
八年（1783）桂林堂刻本　三冊

410000－2204－0000041　307/1
洪範圖說四卷　（清）嚴承夏著　清乾隆柏蔭
堂刻本　四冊

410000－2204－0000042　210.2/5

南嶽志八卷　（清）高自位編　（清）曠敏本輯　清康熙十八年(1679)刻本　五冊　存七卷（一至七）

410000－2204－0000043　210.2/3

說嵩三十二卷例目一卷　（清）景日昣撰　清刻本　十冊

410000－2204－0000044　210.2/3－1

說嵩三十二卷例目一卷　（清）景日昣撰　清康熙嶽生堂刻本　十冊

410000－2204－0000045　312.31/1

東周列國志二十三卷　（清）蔡奡評點　清乾隆刻本　二十四冊

410000－2204－0000046　308.6/5

新刊合併官板音義評注淵海子平五卷　（宋）徐升編　（明）楊淙增校　清乾隆四十九年(1784)金閶書業堂刻本　二冊

410000－2204－0000047　210.2/6

岱史十八卷　（明）查志隆輯　（清）張緒彥刪補　清康熙三十八年(1699)傅應星刻本　七冊

410000－2204－0000048　110.3/28

字彙十二卷首一卷末一卷　（明）梅膺祚音釋　清雍正二年(1724)刻本　七冊

410000－2204－0000049　204/1

戰國策十卷　（宋）鮑彪校注　（元）吳師道重校　清乾隆二十七年(1762)文盛堂刻本　八冊

410000－2204－0000050　108.5/23

四書考輯要二十卷　（清）陳宏謀輯　清乾隆三十五年(1770)培遠堂刻本　十二冊

410000－2204－0000051　205.1/2

百將圖傳二卷　（清）丁日昌輯　清同治八年(1869)江蘇書局刻本　四冊

410000－2204－0000052　214.3/4

金石錄三十卷　（宋）趙明誠編　清順治七年(1650)謝世箕刻本　六冊

410000－2204－0000053　407/3

陶庵全集四種二十二卷　（清）黃淳耀撰　（清）陶應鯤輯　清乾隆刻本　八冊　存四種十五卷

410000－2204－0000054　313/39

新刻注釋故事白眉十卷　（明）許以忠集　清康熙十三年(1674)金閶寶翰樓刻本　四冊

410000－2204－0000055　313/46

古雋考略六卷　（明）顧充輯　明萬曆二十七年(1599)刻本　六冊

410000－2204－0000056　313/44

廣事類賦四十卷　（清）華希閔輯　清乾隆二十九年(1764)劍光閣刻本　八冊

410000－2204－0000057　313/45

事類賦三十卷　（宋）吳淑撰並注　清乾隆二十九年(1764)劍光閣刻本　六冊

410000－2204－0000058　313/47

增補注釋故事白眉十卷　（明）許以忠集　清雍正十三年(1735)素位堂刻本　五冊

410000－2204－0000059　313/41

文獻通考鈔二十四卷　（元）馬端臨著　（清）史以遇鈔　續文獻通考鈔三十卷　（明）王圻輯　（清）史以甲鈔　清康熙四年(1665)刻本　十二冊　存二十四卷(文獻通考鈔一至二，續文獻通考鈔二至十六、二十三至二十四、二十六至三十)

410000－2204－0000060　313/48

新增說文韻府羣玉二十卷　（元）陰時夫編輯　（元）陰中夫編注　明萬曆文光堂刻本　二十冊

410000－2204－0000061　313/42

廣事類賦四十卷　（清）華希閔輯　清會成堂刻本　八冊

410000－2204－0000062　313/43

事類賦三十卷　（宋）吳淑撰並注　清會成堂刻本　四冊

410000－2204－0000063　313/49

新增說文韻府羣玉二十卷　（元）陰時夫編輯
（元）陰中夫編注　清康熙五十五年（1716）
文盛堂、天德堂刻本　二十冊

410000－2204－0000064　313/50

子史精華一百六十卷　（清）吳士玉　（清）吳
襄等纂　清乾隆五十五年（1790）張松孫刻本
三十二冊

410000－2204－0000065　210.2/4

華嶽志八卷首一卷　（清）李榕纂　清道光十
一年（1831）刻光緒九年（1883）補刻本　四冊

410000－2204－0000066　212/4

文獻通考三百四十八卷　（元）馬端臨撰　明
刻本　五十冊　存一百三十四卷（五十一至
一百五十五、二百五十九至二百八十七）

410000－2204－0000067　10/1

春秋穀梁注疏二十卷　（晉）范甯集解　（唐）
陸德明音義　（唐）楊士勛疏　明崇禎八年
（1635）古虞毛氏汲古閣刻十三經注疏本
七冊

410000－2204－0000068　403/8

白香山詩長慶集二十卷後集十七卷別集一卷
補遺二卷　（唐）白居易撰　（清）汪立名編訂
白香山年譜一卷　（清）汪立名撰　白香山
年譜舊本一卷　（宋）陳振孫撰　清康熙四十
二年（1703）汪立名一隅草堂刻本　十二冊

410000－2204－0000069　210.5/1

地球韻言四卷　（清）張士瀛撰　清光緒二十
八年（1902）刻本　二冊

410000－2204－0000070　404/8

舒文靖公類稾四卷　（宋）舒璘撰　附錄三卷
（清）徐時棟輯　清同治十一年（1872）會稽
孫氏刻本　二冊

410000－2204－0000071　10/2

十三經注疏　明崇禎古虞毛氏汲古閣刻本
十六冊　存二種四十四卷

410000－2204－0000072　214.1/1

金石萃編一百六十卷　（清）王昶撰　清同治

刻本　六十二冊　存一百五十九卷（二至一
百六十）

410000－2204－0000073　404/4

宋黃文節公外集二十四卷　（宋）黃庭堅撰
黃青社先生伐檀集二卷　（宋）黃庶著　清乾
隆三十年（1765）胡氏緝香堂刻本　十冊

410000－2204－0000074　212.4/1

豫軍紀略十二卷　（清）尹耕雲等撰　清同治
十一年（1872）刻本　六冊

410000－2204－0000075　212.37/2

真州救荒錄八卷　（清）王檢心纂　清咸豐五
年（1855）刻本　二冊

410000－2204－0000076　10/3

重刊宋本十三經注疏　（清）阮元撰校勘記
（清）盧宣旬摘錄　清嘉慶二十年（1815）南昌
府學刻本　一百三十五冊　存十一種六百九
十卷

410000－2204－0000077　212.37/2

傳心要語一卷　（清）王檢心輯　清咸豐六年
（1856）刻本　一冊

410000－2204－0000078　212.37/2

敬亭先生［陳心一］年譜一卷附錄一卷　（清）
陳樂三編　清咸豐五年（1855）刻本　一冊

410000－2204－0000079　209.9/1

通鑑地理通釋十四卷　（宋）王應麟撰　清刻
本　四冊

410000－2204－0000080　101/39

御纂周易折中二十二卷首一卷　（清）李光地
等纂　清康熙內府刻御纂七經本　十六冊

410000－2204－0000081　403/4

昌黎先生詩集注十一卷　（清）顧嗣立刪補
（清）朱彝尊　（清）何焯評　年譜一卷　清光
緒九年（1883）翰墨園刻本　四冊

410000－2204－0000082　213.2/3

欽定四庫全書總目二百卷首一卷簡明目錄二
十卷　（清）紀昀等撰　四庫未收書目提要五
卷　（清）阮元撰　清光緒十四年（1888）上海

漱六山莊石印本　二十四冊

410000－2204－0000083　403/7
顏魯公文集三十卷補遺一卷　（唐）顏真卿撰
（清）黃本驥編訂　清道光十九年(1839)刻
本　八冊

410000－2204－0000084　407/5
去偽齋集十卷附錄一卷闕疑一卷　（明）呂坤
撰　清道光七年(1827)河南開封府刻本　十
一冊

410000－2204－0000085　101/40
周易兼義九卷　（三國魏）王弼　（晉）韓康伯
注　（唐）孔穎達正義　音義一卷　（唐）陸德
明撰　注疏校勘記九卷釋文校勘記一卷
（清）阮元撰　（清）盧宣旬摘錄　清道光六年
(1826)刻重刊宋本十三經注疏附校勘記本
六冊

410000－2204－0000086　213.2/5
大梁書院藏書總目一卷　（清）顧璜編　清光
緒二十四年(1898)刻本　一冊

410000－2204－0000087　213.2/5
大梁書院續藏書籍目錄一卷　（清）顧璜編
清光緒三十年(1904)刻本　一冊

410000－2204－0000088　404/13
六一居士全集錄五卷外集錄二卷　（宋）歐陽
修撰　清光緒刻本　七冊

410000－2204－0000089　214.3/3
寰宇訪碑錄十二卷　（清）孫星衍　（清）邢澍
撰　刊謬一卷　羅振玉撰　清光緒十一年
(1885)朱記榮刻十七年(1891)朱氏行素堂平
津館補刻本　六冊

410000－2204－0000090　101/41
周易兼義九卷　（三國魏）王弼　（晉）韓康伯
注　（唐）孔穎達正義　明崇禎四年(1631)古
虞毛氏汲古閣刻十三經注疏本　六冊

410000－2204－0000091　404/15
河東先生全集錄六卷　（唐）柳宗元撰　（清）
儲欣錄　清光緒刻本　六冊

410000－2204－0000092　301/13
子史精華一百六十卷　（清）吳士玉　（清）吳
襄等纂　清刻本　十二冊　存三十七卷(一
百一至一百三十七)

410000－2204－0000093　302/2
宋元學案一百卷首一卷　（清）黃宗羲　（清）
黃百家纂輯　（清）全祖望修定　考略一卷
（清）王梓材撰　清光緒五年(1879)刻本　四
十八冊

410000－2204－0000094　404.2/1
儀禮集說十七卷　（元）敖繼公撰　清康熙通
志堂刻通志堂經解本　七冊　存十五卷(一
至十五)

410000－2204－0000095　102/1
欽定春秋傳說彙纂三十八卷首二卷　（清）王
掞等撰　清刻本　二十四冊

410000－2204－0000096　102/2
欽定書經傳說彙纂二十一卷首二卷書序一卷
（清）王頊齡等撰　清雍正內府刻御纂七經
本　二十冊

410000－2204－0000097　102/3
欽定書經傳說彙纂二十一卷首二卷書序一卷
（清）王頊齡等撰　清刻本　二十冊

410000－2204－0000098　102/4
欽定書經傳說彙纂二十一卷首二卷書序一卷
（清）王頊齡等撰　清刻本　十六冊

410000－2204－0000099　214.9/1
安陽縣金石錄十二卷　（清）武億撰　清刻本
四冊

410000－2204－0000100　314.3/5
屈原賦注七卷通釋二卷音義三卷　（清）戴震
撰　清光緒十七年(1891)廣雅書局刻本　三
冊　缺二卷(六至七)

410000－2204－0000101　303/4
火龍經全集五種　（明）□□編　清咸豐五年
(1855)刻本　五冊

410000－2204－0000102　304/5

管子二十四卷　（唐）房玄齡注　清光緒五年(1879)刻本　四冊

410000－2204－0000103　305/1

農桑輯要七卷　（元）司農司撰　清光緒十四年(1888)世德堂刻本　四冊

410000－2204－0000104　305/4

三農紀十卷　（清）張宗法撰　清刻本　九冊

410000－2204－0000105　306.1/2

重鐫本草醫方合編十二卷　（清）汪昂編　清益元堂刻本　六冊

410000－2204－0000106　314/2

慈悲道場懺法十卷　（南朝梁）釋寶昌等撰　明萬曆三十九年(1611)石印本　三冊　存三卷(二、九至十)

410000－2204－0000107　314.1/4

妙法蓮華經七卷　（後秦）釋鳩摩羅什譯　明刻本　七冊

410000－2204－0000108　306.2/3

黃帝內經素問九卷補遺一卷　（清）張志聰集注　清刻本　十一冊

410000－2204－0000109　306.51/2

豫醫雙璧　（清）吳重熹編　清宣統元年(1909)梁園節署鉛印本　六冊　存二種二十六卷

410000－2204－0000110　314.3/4

禪林寶訓集注四卷　（宋）釋淨善輯　清道光釋心動抄本　四冊

410000－2204－0000111　306.52/3

重鐫本草醫方合編十二卷　（清）汪昂著輯　清刻本　六冊

410000－2204－0000112　407/7

震川先生集三十卷別集十卷　（明）歸有光撰　清光緒六年(1880)常孰歸氏刻本　十六冊

410000－2204－0000113　407/6

震川先生集三十卷別集十卷　（明）歸有光撰　清刻本　八冊

410000－2204－0000114　407/4

弇州山人續稿選三十八卷　（明）王世貞著　（明）顧起元選　明刻本　五冊　存十五卷(一至六、十至十八)

410000－2204－0000115　307.3/1

學算筆談十二卷　（清）華蘅芳學　清光緒二十八年(1902)鉛印本　五冊

410000－2204－0000116　404/2

施注蘇詩四十二卷總目二卷　（宋）蘇軾撰　（宋）施元之　（宋）顧禧注　（清）邵長蘅等刪補　蘇詩續補遺二卷　（宋）蘇軾撰　（清）馮景補注　王注正譌一卷　（清）邵長蘅撰　東坡先生年譜一卷　（宋）王宗稷撰　清康熙刻本　十六冊

410000－2204－0000117　106.2/1

如酉所刻諸名家評點春秋綱目左傳句解六卷　（清）韓菼重訂　清刻本　三冊

410000－2204－0000118　408/11

太鶴山人集十三卷　（清）端木國瑚撰　清道光二十年(1840)刻本　六冊

410000－2204－0000119　408/7

陳檢討集二十卷　（清）陳維崧撰　（清）程師恭注　清刻本　六冊

410000－2204－0000120　408/16

庚子山集十六卷總釋一卷　（北周）庾信撰　（清）倪璠注　年譜一卷　（清）倪璠撰　清光緒十六年(1890)經史閣刻本　十二冊

410000－2204－0000121　407/9

新刻張太岳先生文集四十七卷　（明）張居正撰　清刻本　十六冊

410000－2204－0000122　404/10

劍南詩鈔不分卷　（宋）陸游撰　（清）楊大鶴編　清刻本　八冊

410000－2204－0000123　310/2

二如亭群芳譜三十卷首十三卷　（明）王象晉輯　清刻本　十七冊　缺七卷(天譜三卷、歲譜四卷)

410000－2204－0000124　310.4/2

二如亭群芳譜三十卷首十三卷　（明）王象晉輯　清刻本　十八冊　缺七卷（天譜三卷、歲譜四卷）

410000－2204－0000125　408/12

明德先生文集二十六卷　（明）呂維祺撰　**年譜四卷**　（清）施化遠等編　清康熙二年（1663）刻本　十六冊

410000－2204－0000126　408/14

望溪先生文集十八卷集外文十卷補遺二卷（清）方苞撰　**年譜二卷**　（清）蘇惇元撰　清咸豐元年（1851）刻本　十六冊

410000－2204－0000127　310.2/2

遠西奇器圖說錄最三卷　（德國）鄧玉函口授（明）王徵譯繪　清道光十年（1830）來鹿堂刻本　三冊

410000－2204－0000128　310.2/1

遠西奇器圖說錄最三卷　（德國）鄧玉函口授（明）王徵譯繪　清道光九年（1829）刻本一冊　存一卷（一）

410000－2204－0000129　501/78

古今圖書集成一萬卷目錄三十二卷　（清）蔣廷錫　（清）陳夢雷等編纂　清光緒十年（1884）上海圖書集成鉛版印書局鉛印本　一千六百二十七冊　缺六卷（閨媛典一百八十三至一百八十八）

410000－2204－0000130　109/1

皇朝五經彙解二百七十卷　（清）抉經心室纂　清光緒十四年（1888）鴻文書局石印本　十六冊　存一百四十一卷（一至七十、八十二至一百五十二）

410000－2204－0000131　310.2/4

歷代鐘鼎彝器款識法帖二十卷　（宋）薛尚功撰　清嘉慶二年（1797）刻本　四冊

410000－2204－0000132　313/5

八編類纂二百八十五卷　（明）陳仁錫纂評　**六經圖六卷**　（宋）楊甲撰　（宋）毛邦翰補　明天啓六年（1626）刻本　一百四十四冊　缺五卷（二百六十一至一百六十五）

410000－2204－0000133　110.2/14

爾雅注疏十一卷　（晉）郭璞注　（宋）邢昺疏　清乾隆五十一年（1786）刻本　六冊

410000－2204－0000134　311.2/6

校訂困學紀聞集證二十卷　（宋）王應麟撰（清）萬希槐集證　清嘉慶二十四年（1819）刻本　八冊　存八卷（一至八）

410000－2204－0000135　110.2/12

爾雅注疏十一卷　（晉）郭璞注　（宋）邢昺疏　清乾隆四十三年（1778）三樂齋刻本　五冊　存九卷（一至五、八至十一）

410000－2204－0000136　110.2/13

爾雅注疏十一卷　（晉）郭璞注　（宋）邢昺疏　清乾隆十年（1745）三樂齋刻本　六冊

410000－2204－0000137　312.1/2

山海經十八卷圖五卷　（晉）郭璞傳　清光緒十六年（1890）學庫山房刻本　四冊

410000－2204－0000138　110.3/28

字彙十二卷首一卷末一卷　（明）梅膺祚音釋　清雍正二年（1724）古吳三槐堂刻本　七冊　缺七卷（一至七）

410000－2204－0000139　312.11/1

齊東野語二十卷　（宋）周密撰　明刻本十冊

410000－2204－0000140　110.3/30

六書正譌五卷　（元）周伯琦編注　明崇禎七年（1634）胡正言十竹齋刻本　四冊　存四卷（二至五）

410000－2204－0000141　312.31/2

繡像東西晉全傳十二卷　題（明）陳氏尺蠖齋評釋　清道光九年（1829）萬全書屋刻本　十二冊

410000－2204－0000142　313/35

淵鑑類函四百五十卷目錄四卷　（清）張英等撰　清光緒十三年（1887）上海同文書局石印本　四十六冊　缺二十八卷（九至二十七、一

百十一至一百十九)

410000－2204－0000143　313/36

淵鑑類函四百五十卷目錄四卷　（清）張英等
撰　清康熙刻本　一百四十冊

410000－2204－0000144　313/11

冊府元龜一千卷　（宋）王欽若等撰　明刻本
　二十四冊　存一百卷(五十一至七十五、一
百三十六至一百五十、二百七十一至二百七
十五、五百二十一至五百二十五、六百五十一
至六百五十五、九百六至九百五十)

410000－2204－0000145　409/9

御選唐宋詩醇四十七卷目錄二卷　（清）高宗
弘曆選　清光緒七年(1881)浙江書局刻本
二十冊

410000－2204－0000146　313/1

淵鑑類函四百五十卷目錄四卷　（清）張英等
撰　清康熙四十九年(1710)刻本　一百四
十冊

410000－2204－0000147　409/10

文選六十卷　（南朝梁）蕭統輯　（唐）李善注
　清刻本　八冊　存三十卷(說文解字句讀
三十卷)

410000－2204－0000148　110.3/8

**康熙字典十二集三十六卷總目一卷檢字一卷
辨似一卷等韻一卷補遺一卷備考一卷**　（清）
張玉書等撰　清康熙五十五年(1716)刻本
四十冊

410000－2204－0000149　313/33

佩文韻府一百六卷　（清）張玉書等纂　清石
印本　二十九冊　存五十一卷(十六至三十、
六十三至八十一、九十至一百六)

410000－2204－0000150　110.4/17

韻府拾遺一百六卷　（清）張廷玉等輯　清刻
本　二十冊

410000－2204－0000151　313/34

韻府拾遺一百六卷　（清）張廷玉等輯　清光
緒十二年(1886)上海同文書局石印本　八冊

410000－2204－0000152　501/13.1

增訂漢魏叢書八十六種　（清）王謨輯　清乾
隆五十六年(1791)刻本　六十七冊　存五十
九種三百六十卷

410000－2204－0000153　110.4/14

新刻重校增補圓機活法詩學全書十四卷
(明)李衡撰　（明)王世貞校　明萬曆金陵益
軒唐氏刻本　九冊

410000－2204－0000154　110.4/15

新刊校正增補圓機詩韻活法全書二十四卷
(明)李衡撰　（明)王世貞校　明萬曆金陵益
軒唐氏刻本　十一冊

410000－2204－0000155　110.3/29

說文解字句讀三十卷　（清）王筠撰　清同治
四年(1865)刻本　八冊　存十六卷(一至十
六)

410000－2204－0000156　409.2/4

文選六十卷　（南朝梁）蕭統輯　（唐）李善注
　清刻本　十二冊

410000－2204－0000157　409.2/2

重訂古文雅正十四卷　（清）蔡世遠選評
(清)林有席參評　（清)陳守詒重校　清乾隆
四十二年(1777)石竹山房刻本　五冊

410000－2204－0000158　409/12

御選唐宋文醇五十八卷　（清）高宗弘曆選
清光緒三年(1877)浙江書局刻本　十九冊
存五十五卷(一至四十三、四十七至五十八)

410000－2204－0000159　409.2/3

古詩源十四卷　（清）沈德潛輯　清霽月山房
刻本　四冊

410000－2204－0000160　409.3/3

唐詩鼓吹十卷　（金）元好問輯　（元)郝天挺
　（明)廖文炳解　（清)王俊臣等校注　清刻
本　六冊

410000－2204－0000161　201.2/1

通典二百卷　（唐）杜佑纂　清咸豐九年
(1859)崇仁謝氏刻本　四十冊

410000－2204－0000162　409.2/1

古唐詩合解十六卷　（清）王堯衢注　清雍正刻本　六冊　存十二卷(唐詩一至十二)

410000－2204－0000163　501/26.2

秘書廿一種　（清）汪士漢輯　清乾隆七年(1742)刻本　十六冊

410000－2204－0000164　201.3/4

史記一百三十卷　（漢）司馬遷撰　（南朝宋）裴駰集解　清光緒四年(1878)金陵書局刻本　十六冊

410000－2204－0000165　409/8

味蘭軒百篇賦鈔四卷　（清）張世濤　（清）彭克惠輯　清乾隆三十八年(1773)刻本　四冊

410000－2204－0000166　201.3/2

後漢書九十卷　（南朝宋）范曄撰　（唐）李賢注　志三十卷　（晉）司馬彪撰　（南朝梁）劉昭注補　清光緒十三年(1887)金陵書局刻本　二十四冊

410000－2204－0000167　202.1/2

大文堂綱鑑易知錄九十二卷　（清）吳乘權等輯　御撰資治通鑑綱目三編二十卷　（清）張廷玉等輯　清大文堂刻本　四十八冊

410000－2204－0000168　202.1/3

重訂王鳳洲先生綱鑑會纂四十六卷續宋元二十三卷　（明）王世貞纂　（明）陳仁錫訂　清康熙刻本　四十八冊

410000－2204－0000169　202.1/4

綱鑑擇語十卷　（清）司徒修輯　清同治六年(1867)品蓮書屋刻本　六冊

410000－2204－0000170　202.1/5

綱鑑擇言十卷　（清）司徒修選輯　（清）李嘉樹補注　清道光二十七年(1847)書業德刻本　六冊

410000－2204－0000171　311.5/17

容齋隨筆十六卷續筆十六卷三筆十六卷四筆十六卷五筆十卷　（宋）洪邁撰　明崇禎三年(1630)馬元調刻清康熙重修本　八冊　存四十二卷(三筆十六卷、四筆十六卷、五筆十卷)

410000－2204－0000172　202.1/9

新刊趙田了凡袁先生編纂古本歷史大方綱鑑補三十九卷首一卷　（明）袁黃編　清道光善成堂刻本　三十六冊

410000－2204－0000173　202.1/8

御撰資治通鑑綱目三編二十卷　（清）張廷玉等纂　清刻本　四冊

410000－2204－0000174　409.4/1

國朝山右詩存二十四卷附集八卷　（清）李錫麟輯　清嘉慶六年(1801)刻本　十六冊

410000－2204－0000175　202.1/10

鼎鍥趙田了凡袁先生編纂古本歷史大方綱鑑補三十九卷首一卷　（明）袁黃編纂　清光緒三十年(1904)維新書局刻本　二十冊

410000－2204－0000176　205.1/3

國朝先正事略六十卷　（清）李元度纂　清同治五年(1866)循陔草堂刻本　二十四冊

410000－2204－0000177　501/28

九經補注八種　（清）姜兆錫撰　清雍正至乾隆寅清樓刻本　三十六冊

410000－2204－0000178　207/2

全史精華不分卷　（清）高建瓴纂　清道光二十二年(1842)抄本　四冊

410000－2204－0000179　410/18

而菴說唐詩二十二卷首一卷　（清）徐增撰　清乾隆二十三年(1758)文茂堂刻本　五冊

410000－2204－0000180　409.5/3

經濟類考約編二卷　（清）顧九錫輯　清康熙七年(1668)刻本　二冊

410000－2204－0000181　409.5/3

經濟類考約編二卷　（清）顧九錫輯　清康熙七年(1668)刻本　一冊

410000－2204－0000182　209.1/2

李氏五種　（清）李兆洛撰　清同治九年(1870)合肥李鴻章刻本　十冊

410000－2204－0000183　209.2/11
青要集十三卷　(清)呂謙恒著　清乾隆十五年(1750)刻本　二冊

410000－2204－0000184　205.1/4
中州人物考八卷　(清)孫奇逢輯　清道光二十四年(1844)謝益刻孫夏峰全集本　八冊

410000－2204－0000185　308.2/5
管窺輯要八十卷　(清)黄鼎撰　清順治十二年(1655)刻本　二十四冊

410000－2204－0000186　205.1/5
貳臣傳十二卷　(清)國史館編　清都城琉璃廠半松居士刻本　六冊

410000－2204－0000187　209.1/6
天下一統志九十卷　(明)李賢等修　(明)萬安等纂　明萬壽堂刻本　四十一冊　存八十五卷(一至二十八、三十一至八十五、八十九至九十)

410000－2204－0000188　201.2/2
二十四史　清光緒二十九年(1903)五洲同文書局石印本　六百九十冊　缺七十一卷(南史七十三至八十,前漢書四十一至七十五,晉書一百六至一百三十、音義一至三)

410000－2204－0000189　209.1/4
地志便覽二卷地理圖一卷附志一卷　(清)崔暕輯　清咸豐十一年(1861)刻本　二冊

410000－2204－0000190　209.2/4
[正德]朝邑縣志二卷　(明)王道修　(明)韓邦靖纂　**韓五泉詩四卷附錄二卷**　(明)韓邦靖撰　**韓安人遺詩一卷**　(明)屈氏(屈淑)撰　清刻本　三冊

410000－2204－0000191　202.1/8
御批歷代通鑑輯覽一百二十卷　(清)傅恒等撰　清光緒萃文齋石印本　九冊　存一百六卷(一至一百六)

410000－2204－0000192　209.2/3
[正德]武功縣志三卷首一卷　(明)康海纂　清光緒十三年(1887)大梁書舍石印本　二冊

410000－2204－0000193　201.2/6
史記一百三十卷　(漢)司馬遷撰　(南朝宋)裴駰集解　(唐)司馬貞索隱　清古吳懷德堂刻本　三十二冊

410000－2204－0000194　209.2/1
[乾隆]永寧縣志八卷首一卷　(清)張松孫修　(清)張楷纂　清乾隆五十四年(1789)刻本　八冊

410000－2204－0000195　201.3/2＋3
前漢書一百卷　(漢)班固撰　(唐)顔師古注　清光緒二十六年(1900)煥文書局石印本　十二冊

410000－2204－0000196　201.3/8
史記一百三十卷　(漢)司馬遷撰　(南朝宋)裴駰集解　(唐)司馬貞索隱　(唐)張守節正義　(明)陳仁錫評　清刻本　三十二冊

410000－2204－0000197　209.2/6
[乾隆]河南府志一百十六卷首四卷　(清)施誠修　(清)童鈺等纂　清乾隆四十四年(1779)刻本(卷六十六至七十、八十一至八十二、九十六至九十八補配清刻本)　三十二冊　缺一卷(六十五)

410000－2204－0000198　201.3/9
史記一百三十卷　(漢)司馬遷撰　(南朝宋)裴駰集解　清光緒四年(1878)金陵書局刻本　十五冊　存一百二十卷(一至二十八、三十九至一百三十)

410000－2204－0000199　201.3/10
史記一百三十卷　(漢)司馬遷撰　(南朝宋)裴駰集解　清光緒四年(1878)金陵書局刻本　二十冊

410000－2204－0000200　201.3/11
史記一百三十卷附考證　(漢)司馬遷撰　(南朝宋)裴駰集解　(唐)司馬貞索隱　(唐)張守節正義　清光緒十年(1884)上海同文書局石印本　三十一冊　存一百二十七卷(一至十、十四至一百三十)

410000－2204－0000201　201.2/11

通志二百卷附考證三卷　（宋）鄭樵撰　清光緒二十二年（1896）浙江書局刻本　二百冊

410000－2204－0000202　201.2/12

通志二百卷　（宋）鄭樵撰　清光緒浙江書局刻本　二十二冊　存二十九卷（七十一至七十九、八十至九十九）

410000－2204－0000203　201.2/13

欽定續通志六百四十卷　（清）嵇璜等撰　清光緒浙江書局刻本　四十一冊　存一百二十二卷（一百七十四至一百七十八、二百四十二至二百九十五、三百二十八至三百七十三、六百二十四至六百四十）

410000－2204－0000204　203.1/3

繹史一百六十卷世系圖一卷年表一卷　（清）馬驌撰　清同治七年（1868）姑蘇亦西齋刻本　三十六冊

410000－2204－0000205　209.2/83

[雍正]井陘縣志八卷　（清）鍾文英纂修　清雍正八年（1730）刻本　四冊

410000－2204－0000206　209.2/84

[嘉慶]沁水縣志十二卷首一卷　（清）徐品山修　（清）張心至纂　清嘉慶六年（1801）刻本　四冊

410000－2204－0000207　209.2/85

[光緒]夏縣志十卷首一卷　（清）黃縉榮（清）萬啟鈞修　（清）張承熊纂　清光緒六年（1880）刻本　四冊

410000－2204－0000208　209.2/86

[咸豐]同州府志三十四卷首二卷　（清）李恩繼　（清）文廉修　（清）蔣湘南纂　清咸豐二年（1852）刻本　二十一冊

410000－2204－0000209　202.1/1

御批歷代通鑑輯覽一百二十卷　（清）傅恒等撰　清同治十三年（1874）湖南書局刻本　四十八冊

410000－2204－0000210　202.1/2

御批歷代通鑑輯覽一百二十卷　（清）傅恒等撰　清同治十一年（1872）湖北崇文書局刻本　五十冊　存一百卷（一至二十一、四十二至一百二十）

410000－2204－0000211　202.1/3

御批歷代通鑑輯覽一百二十卷　（清）傅恒等撰　清同治十一年（1872）湖北崇文書局刻本　六十冊

410000－2204－0000212　202.1/4

御批歷代通鑑輯覽一百二十卷　（清）傅恒等撰　清刻朱墨套印本　五十八冊

410000－2204－0000213　203.2/5

聖武記十四卷　（清）魏源撰　清古微堂刻本　十二冊

410000－2204－0000214　203.2/4

聖武記十四卷　（清）魏源撰　清刻本　七冊　存十一卷（一至十、十四）

410000－2204－0000215　209.2/87

[乾隆]蒲州府志二十四卷圖一卷　（清）周景柱等纂修　清乾隆十九年（1754）刻本　十冊

410000－2204－0000216　202.1/9

御批歷代通鑑輯覽一百二十卷　（清）傅恒等撰　清光緒商務印書館鉛印本　四十冊

410000－2204－0000217　306.56/2

鼎鍥幼幼集成六卷　（清）陳復正編　清刻本　六冊

410000－2204－0000218　203.2/9

聖武記十四卷　（清）魏源撰　清道光二十六年（1846）刻本　八冊　存十卷（一至四、九至十四）

410000－2204－0000219　209.2/88

[道光]太平縣志十六卷首一卷　（清）李炳彥修　（清）梁棲鸞纂　清道光五年（1825）刻本　八冊

410000－2204－0000220　306.57/1

靈樞經九卷　（清）張志聰集注　清康熙十一年（1672）刻本　五冊

410000－2204－0000221　209.2/88－1

[道光]太平縣志十六卷首一卷　（清）李炳彥修　（清）梁棲鸞纂　清道光五年(1825)刻本　八冊

410000－2204－0000222　306.57/2
針灸大成十卷　（明）楊繼洲撰　清光緒刻本　三冊　存三卷(七至九)

410000－2204－0000223　202.1/5
御批歷代通鑑輯覽一百二十卷　（清）傅恒等撰　清光緒上海圖書集成局鉛印本　二十四冊

410000－2204－0000224　306.58/1
增訂敬信錄四卷　（清）周鼎臣輯　清道光二十七年(1847)刻本　四冊

410000－2204－0000225　203.2/7
聖武記十四卷　（清）魏源撰　清刻本　二冊　存三卷(十一至十三)

410000－2204－0000226　209.2/89
[乾隆]蒲城縣志十五卷　（清）張心鏡修（清）吳泰來纂　清乾隆四十七年(1782)刻本　六冊

410000－2204－0000227　201.3/4＋2
後漢書九十卷　（南朝宋）范曄撰　（唐）李賢注　志三十卷　（晉）司馬彪撰　（南朝梁）劉昭注　清光緒十三年(1887)金陵書局刻本　二十冊

410000－2204－0000228　212.5/5＋1
駁案續編七卷　（清）全士潮等輯　清嘉慶刻本　六冊

410000－2204－0000229　204/10
重校國語國策合編五十四卷附札記四卷（清）黃丕烈輯　清光緒二十一年(1895)寶善堂刻本　十冊

410000－2204－0000230　306.58/3
宋徽宗聖濟經十卷　（宋）徽宗趙佶撰　（宋）吳褆注　清光緒十三年(1887)刻本　三冊

410000－2204－0000231　307.1/1
經圖彙考　（清）毛應觀撰　清道光十九年

(1839)小圍刻本　一冊　存一卷(天文祛異一)

410000－2204－0000232　201.3/2＋2
漢書一百卷　（漢）班固撰　（唐）顏師古注　清光緒十三年(1887)金陵書局刻本　十四冊　存六十六卷(一至六十六)

410000－2204－0000233　202.1/7
御批歷代通鑑輯覽一百二十卷　（清）傅恒等撰　清末鉛印本　十二冊　存六十卷(六十一至一百二十)

410000－2204－0000234　307.1/2
管窺輯要八十卷　（清）黃鼎撰　清順治十年(1653)刻本　四十冊

410000－2204－0000235　210.2/13
華嶽志八卷首一卷　（清）李榕纂　清道光十一年(1831)刻光緒三十年(1904)補刻本　四冊

410000－2204－0000236　210.2/13－1
華嶽志八卷首一卷　（清）李榕纂　清道光十一年(1831)刻光緒三十年(1904)補刻本　四冊

410000－2204－0000237　210.2/9
華嶽志八卷首一卷　（清）李榕纂　清道光刻光緒九年(1883)補刻本　四冊

410000－2204－0000238　201.3/4＋3
後漢書九十卷　（南朝宋）范曄撰　（唐）李賢注　志三十卷　（晉）司馬彪撰　（南朝梁）劉昭注　清光緒十三年(1887)金陵書局刻本　十六冊

410000－2204－0000239　210.2/2
宸垣識略十六卷　（清）吳長元輯　清乾隆五十三年(1788)池北草堂刻本　八冊

410000－2204－0000240　204/12
四書左國彙纂四卷　（清）高其名　（清）鄭師成纂　清乾隆三十九年(1774)百尺樓刻本　六冊

410000－2204－0000241　307.3/3

觀我生室彙稿十一種　（清）羅士琳撰　清道光刻本　五冊　存七種十三卷

410000－2204－0000242　210.1/7

天咫偶聞十卷　震鈞撰　清光緒三十三年(1907)甘棠轉舍刻本　八冊

410000－2204－0000243　201.3/4＋5

後漢書九十卷附考證　（南朝宋）范曄撰（唐）李賢注　志三十卷附考證　（晉）司馬彪撰　（南朝梁）劉昭注　清光緒三十四年(1908)上海集成圖書公司鉛印本　十六冊

410000－2204－0000244　201.3/4＋6

後漢書九十卷　（南朝宋）范曄撰　（唐）李賢注　志三十卷　（晉）司馬彪撰　（南朝梁）劉昭補注　清光緒二十六年(1900)煥文書局石印本　七冊

410000－2204－0000245　210.1/4

方輿紀要簡覽三十四卷　（清）顧祖禹撰（清）潘鐸輯　清光緒二十八年(1902)經元書室刻本　十五冊

410000－2204－0000246　210.1/6

都門彙纂四卷　（清）楊靜亭輯　（清）李靜山增補　菊部羣英二卷　題（清）小游仙客輯　國朝鼎甲錄一卷　（清）陳鐘原輯　清光緒四年(1878)刻本　十冊

410000－2204－0000247　201.3/6＋2

三國志六十五卷　（晉）陳壽撰　（南朝宋）裴松之注　清光緒十三年(1887)江南書局刻本　八冊

410000－2204－0000248　210.2/17

重修南海普陀山志二十卷首一卷　（清）秦耀曾輯　清道光十二年(1832)刻本　四冊

410000－2204－0000249　307.3/4

數度衍二十三卷首三卷　（清）方中通撰　清康熙二十六年(1687)刻本　七冊　缺五卷(一至五)

410000－2204－0000250　204/13

文章練要左傳評十卷　（清）王源評述　清乾隆九年(1744)居業堂刻文章練要本　二冊

410000－2204－0000251　204/14

春秋左傳五十卷　（晉）杜預　（宋）林堯叟注（唐）陸德明音義　清三多齋刻本　十一冊

410000－2204－0000252　307.4/2

電學十卷首一卷　（英國）瑙挨德著　清光緒六年(1880)刻本　五冊　缺一卷(一)

410000－2204－0000253　201.3/6＋4

三國志六十五卷　（晉）陳壽撰　（南朝宋）裴松之注　清光緒十三年(1887)江南書局刻本　十二冊

410000－2204－0000254　201.3/6＋5

三國志六十五卷　（晉）陳壽撰　（南朝宋）裴松之注　清光緒二十六年(1900)煥文書局石印本　四冊

410000－2204－0000255　307.4/3

重增格物入門七卷　（美國）丁韙良著　清光緒二十五年(1899)鉛印本　七冊

410000－2204－0000256　201.3/7＋1

晉書一百三十卷　（唐）太宗李世民撰　音義三卷　（唐）何超撰　清同治十年(1871)金陵書局刻二十四史本　二十四冊

410000－2204－0000257　307.4/1

化學分原八卷　（英國）蒲陸山撰　清石印本一冊　缺三卷(六至八)

410000－2204－0000258　204.12/2

林文忠公政書甲集九卷乙集十七卷丙集十一卷　（清）林則徐撰　清光緒刻本　十六冊

410000－2204－0000259　106.5/10

春秋旁訓辨體合訂四卷　（清）徐立綱輯　清循陔堂刻本　二冊

410000－2204－0000260　404/49

周濂溪先生全集十三卷　（宋）周敦頤撰（清）張伯行輯　清同治五年(1866)福州正誼書院刻本　六冊

410000－2204－0000261　201.3/6＋1

三國志六十五卷　（晉）陳壽撰　（南朝宋）裴

松之注　清同治九年(1870)金陵書局刻本
八冊

410000－2204－0000262　308.2/2
大清光緒二十四年時憲書一卷　（清）欽天監
編　清光緒二十四年(1898)刻朱墨套印本
一冊

410000－2204－0000263　308.2/2
大清光緒三十年時憲書一卷　（清）欽天監編
　清光緒三十年(1904)刻朱墨套印本　一冊

410000－2204－0000264　201.3/7＋2
狀元詩經八卷　（唐）太宗李世民撰　**音義三
卷**　（唐）何超撰　清光緒三十四年(1908)上
海集成圖書公司鉛印本　十六冊

410000－2204－0000265　308.2/2
大清光緒三十二年時憲書一卷　（清）欽天監
編　清光緒三十二年(1906)朱墨套印本
一冊

410000－2204－0000266　308.3/1
羅經會心集四卷　（清）林枚編　清嘉慶十六
年(1811)刻本　三冊

410000－2204－0000267　201.3/9＋1
宋書一百卷　（南朝梁）沈約撰　清同治十一
年(1872)金陵書局刻二十四史本　十八冊

410000－2204－0000268　204.12/4
嘉定長白二先生奏議　夏震武輯　清宣統二
年(1910)京邸鉛印本　二冊

410000－2204－0000269　204.11/1
**大清高宗法天隆運至誠先覺體元立極敷文奮
武孝慈神聖純皇帝聖訓三百卷**　（清）高宗弘
曆撰　清嘉慶十二年(1807)鉛印本　六冊
存二十三卷(一至二十三)

410000－2204－0000270　201.3/10＋1
南齊書五十九卷　（南朝梁）蕭子顯撰　清同
治十三年(1874)金陵書局刻二十四史本
六冊

410000－2204－0000271　210.31/2
西湖志四十八卷　（清）李衛修　（清）傅王露

纂　清雍正十二年(1734)刻本　十冊　存十
一卷(三十八至四十八)

410000－2204－0000272　308.3/3
乾坤法竅三卷附陰符玄解一卷　（清）范宜賓
考訂　清刻本　四冊

410000－2204－0000273　201.3/10＋2
南齊書五十九卷　（南朝梁）蕭子顯撰　清同
治十三年(1874)金陵書局刻二十四史本
六冊

410000－2204－0000274　204/16
歷朝世史紀要不分卷首一卷　（清）葉義昂纂
　清乾隆十三年(1748)三樂齋刻本　六冊

410000－2204－0000275　201.3/11＋1
梁書五十六卷　（唐）姚思廉撰　清同治十三
年(1874)金陵書局刻二十四史本　六冊

410000－2204－0000276　210.34/1
湯陰精忠廟志十卷　（明）張應登　（明）鄭懋
洶輯　（清）楊世達增輯　清乾隆刻本　六冊

410000－2204－0000277　201.3/11＋2
梁書五十六卷　（唐）姚思廉撰　清同治十三
年(1874)金陵書局刻二十四史本　六冊

410000－2204－0000278　204/15
國語二十一卷　（三國吳）韋昭注　（宋）宋庠
補音　清乾隆二十七年(1762)文盛堂刻本
四冊

410000－2204－0000279　201.3/12＋1
陳書三十六卷　（唐）姚思廉撰　清同治十一
年(1872)金陵書局刻二十四史本　四冊

410000－2204－0000280　210.34/2
忠武祠墓志七卷首一卷末一卷　（清）李復心
輯　清刻本　四冊

410000－2204－0000281　308.3/4
地理孝思集十五卷首一卷　（清）舒鳳儀輯
清古吳光德堂刻本　八冊

410000－2204－0000282　201.3/12＋2
陳書三十六卷　（唐）姚思廉撰　清同治十一
年(1872)金陵書局刻二十四史本　四冊

410000－2204－0000283　210.34/2

忠武祠墓志七卷首一卷末一卷　（清）李復心
輯　清刻本　一冊　存二卷(二至三)

410000－2204－0000284　201.3/13＋2

魏書一百十四卷　（北齊）魏收撰　清同治十
一年(1872)金陵書局刻二十四史本　二十
四冊

410000－2204－0000285　210.34/3

文廟從祀錄六卷　（清）呂履泰輯　清刻本
一冊

410000－2204－0000286　210.6/5

海國圖志一百卷首一卷　（清）魏源撰　續集
二十五卷　（英國）麥高爾輯撰　（美國）林樂
知　（清）瞿昂來譯　清光緒二十一年(1895)
上海書局石印本　八冊　存七十二卷(五十
五至一百、首一卷、續集二十五卷)

410000－2204－0000287　204.12/3

校邠廬抗議一卷　（清）馮桂芬著　清咸豐刻
本　二冊

410000－2204－0000288　210.6/1

廣輿記二十四卷　（明）陸應陽纂　（清）蔡方
炳增輯　清嘉慶七年(1802)聚文堂刻本　十
五冊

410000－2204－0000289　210.6/3

中外地輿圖說集成一百三十卷首三卷　題
(清)同康廬編　清光緒二十年(1894)上海積
山書局石印本　二十四冊

410000－2204－0000290　201.3/14＋1

北齊書五十卷　（唐）李百藥撰　清同治十三
年(1874)金陵書局刻二十四史本　四冊

410000－2204－0000291　201.3/14＋2

北齊書五十卷　（唐）李百藥撰　清同治十三
年(1874)金陵書局刻二十四史本　四冊

410000－2204－0000292　201.3/15＋1

周書五十卷　（唐）令狐德棻等撰　清同治十
三年(1874)金陵書局刻二十四史本　六冊

410000－2204－0000293　204.2/8

豫軍紀略十二卷　（清）尹耕雲等撰　清同治
十一年(1872)刻本　六冊

410000－2204－0000294　201.3/15＋2

周書五十卷　（唐）令狐德棻等撰　清同治十
三年(1874)金陵書局刻二十四史本　四冊

410000－2204－0000295　204.2/9

戡定新疆記八卷　（清）魏光燾撰　清光緒刻
本　二冊

410000－2204－0000296　308.3/6

金精廖公秘授地學心法正傳書筮扒砂經四卷
補遺一卷　（宋）廖禹撰　（明）江之棟輯　清
嘉慶二十二年(1817)經國堂刻本　八冊

410000－2204－0000297　210.6/6

大清中外壹統輿圖三十一卷首一卷　（清）鄒
世詒等撰　（清）李廷簫增訂　清同治二年
(1863)湖北撫署景恒樓刻本　三十三冊

410000－2204－0000298　204.12/6

熙朝人鑒二集八卷首二卷　（清）張之萬輯
清光緒二十三年(1897)刻本　四冊

410000－2204－0000299　210.2/22

增訂漢魏叢書　（清）王謨輯　清刻本　一冊
存二種四卷

410000－2204－0000300　201.3/15＋4

周書十卷附周書逸文一卷　（清）朱右曾校釋
清光緒三年(1877)湖北崇文書局刻本
二冊

410000－2204－0000301　204.2/1

新刻明朝通紀會纂七卷　（明）王世貞撰　清
致和堂刻本　二冊

410000－2204－0000302　201.3/16＋1

隋書八十五卷附考異　（唐）魏徵　（唐）長孫
無忌等撰　（清）薛壽校　清同治十年(1871)
淮南書局刻二十四史本　十六冊

410000－2204－0000303　210.6/4

海國圖志一百卷　（清）魏源撰　清光緒二年
(1876)平慶涇固道署刻本　二十二冊

410000－2204－0000304　201.3/16＋2

隋書八十五卷附考異　（唐）魏徵　（唐）長孫
無忌等撰　（清）薛壽校　清同治十年（1871）
淮南書局刻二十四史本　六冊　存五十四卷
（三十二至八十五）

410000－2204－0000305　101/86
周易四卷　（宋）朱熹本義　清刻本　四冊

410000－2204－0000306　210.6/7
皇朝輿地通考二十三卷　題（清）通文主人撰
　清光緒二十九年（1903）上海通文書局石印
本　四十冊

410000－2204－0000307　204.2/5
淮軍平捻記十二卷　（清）周世澄撰　清刻本
四冊

410000－2204－0000308　210.6/8
歷代輿地沿革表二十卷　（清）龍學泰撰　清
光緒三十三年（1907）石印本　十九冊

410000－2204－0000309　201.3/17＋1
舊唐書二百卷　（五代）劉昫等撰　清同治十
一年（1872）浙江書局刻二十四史本　四十
八冊

410000－2204－0000310　202.1/11
資治通鑑綱目五十九卷　（宋）朱熹等撰
（明）陳仁錫評閱　前編二十五卷　（明）南軒
撰　（明）陳仁錫評閱　續編二十七卷　（明）
商輅等撰　（明）陳仁錫評閱　清康熙四十年
（1701）王公行刻本　一百二十冊

410000－2204－0000311　201.3/17＋2
舊唐書二百卷　（五代）劉昫等撰　清同治十
一年（1872）浙江書局刻二十四史本　八冊
存三十六卷（一百六十五至二百）

410000－2204－0000312　204.2/2
平定粵匪紀略十八卷附記四卷　（清）杜文瀾
撰　清刻本　六冊　缺四卷（一至二、六至
七）

410000－2204－0000313　201.3/18＋1
唐書二百二十五卷　（宋）歐陽修　（宋）宋祁
等撰　清同治十二年（1873）浙江書局刻二十

四史本　四十八冊

410000－2204－0000314　201.3/18＋2
唐書二百二十五卷　（宋）歐陽修　（宋）宋祁
等撰　清同治十二年（1873）浙江書局刻二十
四史本　八冊　存四十一卷（一百八十五至
二百二十五）

410000－2204－0000315　210.6/9
小方壺齋輿地叢鈔十二帙補編十二帙再補編
十二帙　王錫祺輯　清光緒十七年至二十三
年（1891－1897）上海著易堂鉛印本　八十
四冊

410000－2204－0000316　202.1/12
資治通鑑綱目五十九卷末一卷　（宋）朱熹撰
　（明）陳仁錫評閱　前編二十五卷　（明）南
軒撰　（明）陳仁錫評閱　續編二十七卷末一
卷　（明）商輅等撰　（明）陳仁錫評閱　清康
熙刻本　一百三十七冊　存一百九卷（三至
二十、二十二至五十九，末一卷，前編二十五
卷，續編二十七卷）

410000－2204－0000317　204.3/4
明季稗史彙編　題（清）留雲居士輯　清都城
琉璃廠刻本　十七冊　存十四種二十三卷

410000－2204－0000318　202.1/13
資治通鑑綱目五十九卷末一卷　（宋）朱熹撰
　（明）陳仁錫評閱　前編二十五卷　（明）南
軒撰　（明）陳仁錫評閱　續編二十七卷末一
卷　（明）商輅等撰　（明）陳仁錫評閱　清嘉
慶八年（1803）敬書堂刻本　一百十八冊　存
一百十卷（一至五十七、末一卷，前編二十五
卷，續編二十七卷）

410000－2204－0000319　205.1/6
道學淵源錄一百卷　（清）黃嗣東輯　清光緒
三十四年（1908）鳳山學舍鉛印本　十四冊

410000－2204－0000320　210.6/10
讀史方輿紀要一百三十卷輿圖要覽四卷
（清）顧祖禹撰　清敷文閣刻本　四十五冊

410000－2204－0000321　201.3/20＋1
宋史四百九十六卷　（元）脫脫等撰　清光緒

元年(1875)浙江書局刻二十四史本　一百冊

410000－2204－0000322　201.3/20＋2

宋史四百九十六卷　(元)脱脱等撰　清光緒元年(1875)浙江書局刻二十四史本　二十七冊　存一百四十二卷(八十二至一百二十一、二百三十二至二百三十三、二百三十五至二百四十九、三百三十二至三百七十二、四百五十三至四百九十六)

410000－2204－0000323　205.2/1

國朝先正事略六十卷首一卷　(清)李元度撰　清光緒十三年(1887)廣百宋齋鉛印本　十冊

410000－2204－0000324　202.1/14

資治通鑑綱目五十九卷　(宋)朱熹等撰　(明)陳仁錫評閱　**前編二十五卷**　(明)南軒撰　(明)陳仁錫評閱　**續編二十七卷**　(明)商輅等撰　(明)陳仁錫評閱　清嘉慶十三年(1808)刻本　六十五冊　存五十卷(正編三至十二、十七至五十、五十七至五十九,續編一至三)

410000－2204－0000325　204.2/3

二酉堂叢書　(漢)張澍輯　清道光元年(1821)武威張氏二酉堂刻本　九冊　存十八種二十六卷

410000－2204－0000326　202.1/33

增補綱鑑輯要四十卷首一卷　(明)袁黃編纂　**御撰資治通鑑綱目三編二十卷末一卷**　(清)張廷玉等編　清光緒二十八年(1902)玉尺山房刻本　十八冊

410000－2204－0000327　205.2/1－1

國朝先正事略六十卷首一卷　(清)李元度撰　清光緒十三年(1887)廣百宋齋鉛印本　十冊

410000－2204－0000328　205.2/5

國朝先正事略六十卷　(清)李元度撰　清光緒十二年(1886)鉛印本　十冊

410000－2204－0000329　205.2/4

國朝先正事略六十卷　(清)李元度撰　清光

緒二十二年(1896)文盛書局鉛印本　八冊

410000－2204－0000330　205.2/2

國朝先正事略六十卷　(清)李元度撰　清刻本　十二冊　缺二十一卷(一至二十一)

410000－2204－0000331　101/1

易學啓蒙四卷附啓蒙五贊一卷　(宋)朱熹著　清光緒元年(1875)刻本　一冊

410000－2204－0000332　205.2/3

國朝先正事略六十卷　(清)李元度撰　清光緒二十八年(1902)益元書局刻本　二十三冊　存三十三卷(一至三十三)

410000－2204－0000333　101/2

周易四卷圖說一卷筮儀一卷卦歌一卷　(宋)朱熹本義　清康熙十年(1671)崇道堂刻本　二冊

410000－2204－0000334　210.1/5

風燭學鈔四卷　(清)馬時芳撰　清道光十八年(1838)中毓堂刻本　一冊

410000－2204－0000335　205.2/6

關帝志四卷　(清)張鎮輯　清乾隆二十一年(1756)刻本　四冊

410000－2204－0000336　210.1/5

漢丞相諸葛忠武侯傳一卷　(宋)張栻撰　**保越錄一卷**　(元)徐勉之著　清刻十萬卷樓叢書本　一冊

410000－2204－0000337　101/3

周易四卷圖說一卷筮儀一卷卦歌一卷　(宋)朱熹本義　清致和堂刻本　二冊

410000－2204－0000338　202.1/16

資治通鑑二百九十四卷目錄三十卷　(宋)司馬光編集　(元)胡三省音注　**通鑑釋文辯誤十二卷**　(元)胡三省輯著　**資治通鑑外紀十卷目錄五卷**　(宋)劉恕編集　清光緒十三年(1887)長沙刻本　一百二十冊

410000－2204－0000339　205.2/9

明道書院弟子記不分卷　(清)程樹霖　(清)孫多慶輯　清刻本　二冊

410000－2204－0000340　202.1/15

資治通鑑二百九十四卷目錄三十卷　（宋）司馬光編集　（元）胡三省音注　**續資治通鑑二百二十卷**　（清）畢沅編集　清光緒十四年（1888）上海蜚英館石印本　五十八冊　缺十六卷（一百六十五至一百七十二、目錄二十三至三十）

410000－2204－0000341　211.11/1

資治新書十四卷首一卷　（清）李漁輯　清芥子園刻本　九冊

410000－2204－0000342　205.2/18

南陽人物志十卷　（清）馬三山撰　清同治九年（1870）南陽府衙刻本　十二冊

410000－2204－0000343　211.2/1

實政錄七卷　（明）呂坤著　清道光七年（1827）開封府署刻本　六冊

410000－2204－0000344　101/5

讀易大旨五卷　（清）孫奇逢纂　清康熙刻孫夏峰全集本　四冊

410000－2204－0000345　101/6

周易四卷圖說一卷筮儀一卷卦歌一卷　（宋）朱熹本義　清狀元閣刻本　二冊

410000－2204－0000346　202.1/18

資治通鑑綱目五十九卷　（宋）朱熹撰　（明）陳仁錫評閱　**前編二十五卷**　（明）南軒撰　（明）陳仁錫評閱　**續編二十七卷**　（明）商輅等撰　（明）陳仁錫評閱　清康熙四十年（1701）王公行刻本　一百二十冊

410000－2204－0000347　211.2/2

宦海指南五種　（清）許乃普輯　清光緒十二年（1886）榮錄堂刻本　五冊

410000－2204－0000348　211.2/3

在官法戒錄摘鈔四卷　（清）陳宏謀編輯　清同治七年（1868）楚北崇文書局刻本　二冊

410000－2204－0000349　101/7

易經精華六卷首一卷末一卷　（清）薛嘉穎輯　清道光七年（1827）光霽堂刻本　四冊

410000－2204－0000350　101/8

易經精華六卷首一卷末一卷　（清）薛嘉穎輯　清道光七年（1827）刻本（原缺首一卷）　二冊

410000－2204－0000351　101/9

周易古本十二篇　（宋）呂祖謙輯　**音訓二卷**　（宋）王莘叟撰　清末刻本　二冊

410000－2204－0000352　205.2/17

先儒趙子言行錄二卷　（清）陳廷鈞纂　清咸豐六年（1856）刻本　二冊

410000－2204－0000353　202.1/21

資治通鑑二百九十四卷　（宋）司馬光編集　（元）胡三省音注　清末鉛印本　三十八冊　存二百七十九卷（七至一百三十五、一百四十五至二百九十四）

410000－2204－0000354　211.3/1

欽定吏部處分則例五十二卷　（清）吏部纂修　清道光二十七年（1847）刻本　二十四冊

410000－2204－0000355　101/10

周易四卷圖說一卷卦歌一卷　（宋）朱熹本義　清同治十三年（1874）湖南書局刻本　二冊

410000－2204－0000356　212/2

林文忠公政書甲集九卷乙集十七卷丙集十一卷　（清）林則徐撰　清刻本　七冊　存十七卷（乙集一至四、六至八,丙集一至十）

410000－2204－0000357　101/12

讀易自考錄一卷續編一卷　（清）胡具慶撰　清光緒二十四年（1898）刻本　二冊

410000－2204－0000358　202.1/24

尺木堂綱鑑易知錄九十二卷明鑑易知錄十五卷　（清）吳乘權等輯　清光緒二十七年（1901）商務印書館鉛印本　十六冊　存一百六卷（綱鑑易知錄九十二卷,明鑑易知錄一至六、八至十五）

410000－2204－0000359　101/13

周易四卷圖說一卷新增圖說一卷卦歌一卷　（宋）朱熹本義　清光緒十二年（1886）湖北官

書處刻本　二冊

410000－2204－0000360　101/14

易經體注大全會解四卷　（清）來爾繩輯　清崇文堂刻本　二冊

410000－2204－0000361　212/3

牧令書二十三卷保甲書四卷　（清）徐棟輯清道光二十八年(1848)楚興國李煒校刻本二十冊

410000－2204－0000362　202.1/22

尺木堂綱鑑易知錄九十二卷　（清）吳乘權等輯　御撰資治通鑑綱目三編二十卷　（清）張廷玉等編　清刻本　四十八冊

410000－2204－0000363　205.2/13

北學編四卷　（清）魏一鰲輯　清同治九年(1870)刻本　二冊

410000－2204－0000364　205.2/14

道學源流六卷　（清）余丙捷編輯　清道光二十一年(1841)文萃堂刻本　二冊

410000－2204－0000365　311.1/28

中外政治策論類編一百二十卷　（清）朱鈞編輯　清光緒二十七年(1901)煥文書局石印本六冊　存四十卷(一至十一、四十一至四十七、六十八至七十四、八十四至九十、一百至一百七)

410000－2204－0000366　212.1/1

皇朝通典一百卷　（清）嵇璜等撰　清光緒八年(1882)浙江書局刻本　四十冊

410000－2204－0000367　202.1/25

御批增補了凡綱鑑四十卷首一卷　（明）袁黃編纂　御撰資治通鑑綱目三編六卷　（清）張廷玉等編　清光緒二十五年(1899)上海著易堂石印本　十二冊

410000－2204－0000368　101/18

周易函書約三卷別集六卷續集十八卷　（清）胡煦撰　清刻本　十三冊

410000－2204－0000369　212.1/2

盛世危言六卷續編四卷　鄭觀應著　清光緒

二十二年(1896)上海書局石印本　九冊　存九卷(一至四、六至十)

410000－2204－0000370　202.1/26

袁王綱鑑合編三十九卷首一卷　（明）袁黃輯（明）王世貞編　御撰明紀綱目二十卷（清）張廷玉編　清光緒三十一年(1905)上海商務印書館鉛印本　十六冊

410000－2204－0000371　308.3/7

宅譜指要四卷　（清）魏青江撰　清乾隆六年(1741)宏道堂刻本　四冊

410000－2204－0000372　212.1/3

皇朝經世文編一百二十卷　（清）賀長齡輯清同治十二年(1873)刻本　七十二冊

410000－2204－0000373　212.1/4

皇朝經世文續編一百二十卷　（清）葛士濬輯清光緒八年(1882)江右雙峰書屋刻本　二十四冊

410000－2204－0000374　202.1/27

鼎鍥趙田了凡袁先生編纂古本歷史大方綱鑑補三十九卷首一卷　（明）袁黃編纂　清光緒三十年(1904)維新書局刻本　二十四冊

410000－2204－0000375　212.1/5

皇朝經世文三編八十卷　（清）陳忠倚輯　清光緒二十三年(1897)寶善書局石印本　十六冊

410000－2204－0000376　101/19

周易九卷略例一卷附考證　（三國魏）王弼（晉）韓康伯注　清乾隆四十八年(1783)武英殿刻仿宋相臺五經附考證本　三冊

410000－2204－0000377　212.1/6

皇朝經世文三編八十卷　（清）陳忠倚輯　清光緒二十四年(1898)石印本　八冊

410000－2204－0000378　308.3/8

新刻石函平砂玉尺經全書真機三卷　（元）劉秉忠撰　（明）劉基解　清乾隆八年(1743)刻本　二冊　存二卷(一至二)

410000－2204－0000379　101/20

周易辭象合參十一卷周易圖說一卷讀易總論一卷　（清）汪兆柯集注　清道光二十三年(1843)刻本　五冊

410000－2204－0000380　308.3/8

新刻京板工師雕鏤正式魯班經匠家鏡二卷　（明）午榮　（明）章嚴撰　清刻本　一冊

410000－2204－0000381　202.1/29

尺木堂綱鑑易知錄九十二卷明鑑易知錄十五卷　（清）吳乘權等輯　清光緒十七年(1891)廣百宋齋鉛印本　十五冊　存一百三卷(綱鑑易知錄五至九十二、明鑑易知錄十五卷)

410000－2204－0000382　308.4/10

秘藏大六壬善本大全十三卷　（清）郭載騋輯　清康熙四十三年(1704)刻本　六冊

410000－2204－0000383　308.4/3

卜法詳考四卷　（清）胡煦撰　清乾隆刻本　一冊

410000－2204－0000384　308.4/6

卜筮正宗十四卷　（清）王維德撰　清光緒三十年(1904)北京文誠堂刻本　三冊　缺三卷(十二至十四)

410000－2204－0000385　308.4/1

增補諏吉寶鏡圖一卷　（清）俞榮寬輯　清同治二年(1863)厚德堂刻本　三冊

410000－2204－0000386　101/22

周易觀象十二卷　（清）李光地注　清刻本　四冊

410000－2204－0000387　101/29

易憲四卷圖說一卷卦歌一卷　（明）沈泓疏（清）沈權之等增訂　清乾隆補堂刻本　三冊

410000－2204－0000388　212.1/7

皇朝文獻通考三百卷　（清）嵇璜等撰　清光緒八年(1882)浙江書局刻本　一百五十九冊

410000－2204－0000389　202.1/31

尺木堂綱鑑易知錄二十卷　（清）吳乘權等輯
御撰資治通鑑綱目三編四卷　（清）張廷玉等編　清光緒十二年(1886)上海點石齋石印本　十二冊

410000－2204－0000390　212.1/8

皇朝文獻通考三百卷　（清）嵇璜等撰　清刻本　十四冊　存三十六卷(一百三十一、一百七十七至一百七十八、一百九十七至一百九十八、二百十一至二百十三、二百二十至二百四十七)

410000－2204－0000391　101/23

易經大全會解四卷　（清）來爾繩纂輯　清刻本　四冊

410000－2204－0000392　311.1/7

張子正蒙注九卷　（清）王夫之撰　清同治四年(1865)湘鄉曾國荃金陵刻船山遺書本　五冊

410000－2204－0000393　212.1/9

欽定續文獻通考二百五十卷　（清）嵇璜等撰　清光緒浙江書局刻本　十冊　存二十二卷(二百二十六至二百二十八、二百三十一至二百四十、二百四十二至二百五十)

410000－2204－0000394　101/24

來瞿唐先生易注十五卷圖像一卷首一卷末一卷　（明）來知德撰　清寧遠堂刻本　十冊

410000－2204－0000395　108.5/105

新訂四書補注備旨十卷　（明）鄧林撰　清刻本　一冊　存二卷(大學一卷、中庸一卷)

410000－2204－0000396　212.1/11

欽定大清會典一百卷　（清）張廷玉等纂修　清乾隆二十九年(1764)武英殿刻本　二十四冊

410000－2204－0000397　212.1/12

大清會典四卷　（清）托津等纂修　清同治十一年(1872)湖北崇文書局刻本　四冊

410000－2204－0000398　202.2/1

東萊先生音注唐鑑二十四卷　（宋）范祖禹撰（宋）呂祖謙音注　唐鑑音注考異一卷（清）楊鳳詔撰　清光緒十六年(1890)柏經正堂刻西京清麓叢書本　四冊

410000－2204－0000399　101/27

周易辨畫四十卷　（清）連斗山著　清乾隆四
十年(1775)刻本　五冊　存二十一卷(一至
二十一)

410000－2204－0000400　212.1/13

欽定大清會典一百卷　（清）張廷玉等纂修
清光緒十九年(1893)上海圖書集成印書局鉛
印本　八冊

410000－2204－0000401　312.11/6

新編分門古今類事二十卷　（宋）宋□撰　清
光緒歸安陸氏刻十萬卷樓叢書本　六冊

410000－2204－0000402　311.2/3

許文正公遺書十二卷首一卷末一卷　（元）許
衡撰　清乾隆五十五年(1790)刻本　八冊

410000－2204－0000403　202.1/30

尺木堂綱鑑易知錄九十二卷明鑑易知錄十五
卷　（清）吳乘權等輯　清同治二年(1863)寶
慶經綸堂刻本　三十六冊　存八十卷(綱鑑
易知錄十三至五十三、六十七至七十七、八十
至九十二,明鑑易知錄十五卷)

410000－2204－0000404　212.11/2

資治新書十四卷二集二十卷　（清）李漁輯
清刻本　十四冊　存三十一卷(二至十四,二
集一至十五、十八至二十)

410000－2204－0000405　101/28

御纂周易折中二十二卷首一卷　（清）李光地
等纂　清同治十年(1871)湖北崇文書局刻本
十二冊

410000－2204－0000406　101/28－1

御纂周易折中二十二卷首一卷　（清）李光地
等纂　清同治十年(1871)湖北崇文書局刻本
十二冊

410000－2204－0000407　101/25

壽山堂易說三卷　題(唐)呂巖著　清康熙九
年(1670)刻本　三冊

410000－2204－0000408　101/33

周易審鵠要解四卷　（清）林錫齡輯　清乾隆

十年(1745)刻五經審鵠要解本　四冊

410000－2204－0000409　212.3/1

新政論議二卷　（清）何啓　（清）胡禮垣撰
清光緒二十一年(1895)寶文書局石印本
二冊

410000－2204－0000410　202.2/4

東萊先生音注唐鑑二十四卷　（宋）范祖禹撰
（宋）呂祖謙音注　唐鑑音註考異一卷
(清)楊鳳詔撰　清光緒十六年(1890)柏經正
堂刻西京清麓叢書本　四冊

410000－2204－0000411　311.3/1

稱謂錄三十二卷　（清）梁章鉅撰　清同治三
年(1864)刻本　七冊　缺四卷(二十一至二
十四)

410000－2204－0000412　101/30

易經體注大全合參四卷　（清）李兆賢緝著
清刻本　三冊　存三卷(二至四)

410000－2204－0000413　311.3/2

福惠全書三十二卷　（清）黃六鴻著　清敬書
堂刻本　十二冊

410000－2204－0000414　101/34

易經詳說五十卷　（清）冉覲祖輯　清同治九
年(1870)寄願堂刻本　十五冊　存三十卷
(十一至四十)

410000－2204－0000415　101/31

易經體注大全合參四卷　（清）李兆賢緝著
清刻本　四冊

410000－2204－0000416　311.3/4

增補記事珠十卷　（清）張以謙撰　清光緒刻
本　五冊　存五卷(一至三、七至八)

410000－2204－0000417　212.11/3

廣治平畧三十六卷續編八卷　（清）蔡方炳撰
清刻本　十二冊

410000－2204－0000418　311.3/3

退菴隨筆二十二卷　（清）梁章鉅編　清刻本
九冊

410000－2204－0000419　102/8

尚書辨疑一卷　（清）劉青芝輯　清乾隆四年
(1739)刻本　一冊

410000－2204－0000420　311.5/6
讀書作文譜十二卷　（清）唐彪輯著　清嘉慶
八年(1803)刻本　五冊

410000－2204－0000421　101/35
周易圖說述四卷首一卷　（清）王弘撰　清光
緒三十三年(1907)敬義堂刻本　四冊

410000－2204－0000422　202.2/6
靖康要錄十六卷　（宋）王藻撰　清刻本　四
冊　存八卷(七至十、十三至十六)

410000－2204－0000423　212.5/2
大清律例三十九卷督捕則例二卷　（清）唐紹
祖纂　清道光刻本　十九冊

410000－2204－0000424　202.2/7
明大政纂要六十三卷　（明）譚希思編輯　清
光緒刻本　七冊　存十九卷(一至十九)

410000－2204－0000425　212.5/3
大清律例增修統纂集成四十卷督捕則例附纂
二卷　（清）姚雨薌（姚潤）纂輯　（清）陶駿
（清）陶念霖增輯　清道光十四年(1834)刻
本　二十三冊　存四十卷(一至三十二、三十
五至四十,附纂二卷)

410000－2204－0000426　101/37
周易四卷筮儀一卷圖說一卷卦歌一卷　（宋）
朱熹本義　清同治十年(1871)刻本　二冊

410000－2204－0000427　311.5/5
得一錄八卷首一卷　（清）余治輯　清光緒十
一年(1885)寶善堂刻本　八冊

410000－2204－0000428　212.5/4
大清律例新增統纂集成四十卷末一卷督捕則
例附纂二卷　（清）姚雨薌（姚潤）纂輯
（清）陶駿　（清）陶念霖增輯　清道光七年
(1827)刻本　二十四冊

410000－2204－0000429　202.2/8
鼎鋟鍾伯敬訂正皇明紀要三卷　（明）陳建輯
明刻本　一冊

410000－2204－0000430　212.5/4＋1
大清律例統纂集成四十卷　（清）姚雨薌（姚
潤）纂輯　清道光八年(1828)刻本　十八冊
存三十卷(一至三十)

410000－2204－0000431　106.5/20
批點春秋左傳綱目句解彙雋六卷　（清）韓菼
重訂　清刻本　一冊　存一卷(二)

410000－2204－0000432　102/16
書經六卷首一卷末一卷　（宋）蔡沈集傳　清
李光明莊刻本　四冊

410000－2204－0000433　212.5/5
駁案新編三十二卷　（清）全士潮輯　清乾隆
四十六年(1781)刻本　十七冊　存三十卷
(一至二十七、三十至三十二)

410000－2204－0000434　102/13
書經體注大全合參六卷　（清）錢希祥輯　清
刻本　四冊

410000－2204－0000435　102/11
古文尚書十卷　（漢）馬融　（漢）鄭玄注
（宋）王應麟輯　（清）孫星衍補　尚書篇目表
一卷　（清）孫星衍撰　尚書逸文二卷　（清）
江聲輯　（清）孫星衍補　清刻本　二冊

410000－2204－0000436　501/2＋1
河南程氏外書十二卷　（宋）程顥　（宋）程頤
撰　（宋）朱熹輯　清康熙石門呂氏寶誥堂刻
河南程氏全書本　一冊　存六卷(七至十二)

410000－2204－0000437　212.7/17
文獻通考詳節二十四卷　（元）馬端臨著　清
金玉樓刻本　十一冊

410000－2204－0000438　312.12/1
山海經十八卷　（晉）郭璞傳　（清）郝懿行箋
疏　圖讚一卷　（晉）郭璞撰　清光緒二十年
(1894)上海書局石印本　五冊　存十三卷
(一至十二、圖讚一卷)

410000－2204－0000439　202.2/9
東華全錄四百九十四卷(天命朝至咸豐朝)
王先謙編　東華續錄六十九卷(咸豐朝)

（清）潘頤福編　清光緒十三年（1887）刻本
一百四十冊

410000－2204－0000440　102/17

書經六卷　（宋）蔡沈集傳　清光緒六年
（1880）刻本　四冊

410000－2204－0000441　209.2/17＋1

[正德]武功縣志三卷首一卷　（明）康海纂
（清）孫景烈評注　清刻本　一冊

410000－2204－0000442　308.4/7

卜筮正宗十四卷　（清）王維德撰　清康熙四
十八年（1709）刻本　六冊

410000－2204－0000443　102/14

書經體注大全合參六卷　（清）錢希祥輯　清
同治六年（1867）書業德記刻本　四冊

410000－2204－0000444　102/11

書經精華六卷　（清）薛嘉穎輯　清道光七年
（1827）刻本　五冊

410000－2204－0000445　212.1/14

文獻通考三百四十八卷　（元）馬端臨著　明
嘉靖三年（1524）刻本　二十冊　存五十五卷
（一至五十五）

410000－2204－0000446　102/18

書經體注大全合參六卷　（清）錢希祥輯　清
刻本　三冊

410000－2204－0000447　102/19

尚書因文六卷　（清）武士選學　清光緒十八
年（1892）關中書院刻本　四冊

410000－2204－0000448　311.5/8

有諸己齋格言叢書十七種　（清）閻敬銘輯
清解梁書院刻本　十八冊

410000－2204－0000449　102/9

尚書古文辨惑二十二卷目錄二卷　張諧之撰
清光緒三十年（1904）宏農潛修精舍刻本
十二冊

410000－2204－0000450　108.5/96

四書疏注撮言大全三十七卷　（清）胡蓉芝輯
清刻本　六冊　存一卷（孟子一）

410000－2204－0000451　102/15

書經六卷書序一卷　（宋）蔡沈集傳　清光緒
十三年（1887）刻本　四冊

410000－2204－0000452　212.1/16

文獻通考詳節二十四卷　（元）馬端臨著　清
光緒二十七年（1901）刻本　十冊

410000－2204－0000453　102/10

書經體注大全合參六卷　（清）錢希祥纂　清
道光十四年（1834）刻本　四冊

410000－2204－0000454　212.1/15

文獻通考三百四十八卷附考證三卷　（元）馬
端臨著　清光緒二十二年（1896）刻本　十九
冊　存三十八卷（六十一至七十六、一百四十
六至一百六十七）

410000－2204－0000455　501/26＋1

祕書廿一種　（清）汪士漢輯　清嘉慶九年
（1804）新安汪氏刻本　十七冊　存十八種七
十一卷

410000－2204－0000456　202.2/10

東華錄三十二卷（天命朝至雍正朝）　（清）蔣
良騏撰　清刻本　七冊

410000－2204－0000457　308.5/1

欽定協紀辨方書三十六卷　（清）允祿纂　清
刻本　十四冊　存十四卷（一、七至十八、二
十六）

410000－2204－0000458　102/20

欽定書經傳說彙纂二十一卷首二卷書序一卷
（清）王頊齡等撰　清刻本　二十冊

410000－2204－0000459　212.5/6

樊山批判十四卷　樊增祥撰　清光緒二十三
年（1897）刻本　二冊　存四卷（一至二、七至
八）

410000－2204－0000460　102/24

書經六卷　（宋）蔡沈集傳　清光緒二十一年
（1895）湖北官書處刻本　四冊

410000－2204－0000461　102/26

書經六卷首一卷末一卷　（宋）蔡沈集傳　清

同治十三年(1874)湖南書局刻本　三冊

410000－2204－0000462　102/22

欽定書經傳說彙纂二十一卷首二卷書序一卷
　(清)王頊齡等撰　清刻本　十六冊

410000－2204－0000463　308.5/2

增補星平會海命學全書十卷　(明)水中龍編
集　(清)汪淇重訂　清兩儀堂刻本　六冊

410000－2204－0000464　205.2/12

增補四書精繡圖像人物備考十二卷　(明)薛
應旂撰　(明)陳仁錫增定　清道光十三年
(1833)崇文堂刻本　八冊

410000－2204－0000465　202.2/10

貳臣傳十二卷逆臣傳四卷　(清)國史館編
清務本堂刻本　五冊

410000－2204－0000466　308.5/4

重鐫神峯通考命理正宗六卷　(明)張楠著集
　清道光十八年(1838)文陞堂刻本　五冊
缺一卷(五)

410000－2204－0000467　102/21

欽定書經傳說彙纂二十一卷首二卷書序一卷
　(清)王頊齡等撰　清同治十年(1871)湖北
崇文書局刻本　十一冊　存二十三卷(一至
二、四至二十一,首二卷,書序一卷)

410000－2204－0000468　212.6/1

萬國公法四卷　(美國)丁韙良譯　清石印本
三冊

410000－2204－0000469　205.2/15

七真祖師列仙傳一卷　(清)黃永亮撰　清道
光十六年(1836)刻本　一冊

410000－2204－0000470　202.2/12

十朝東華錄五百二十五卷(天命朝至咸豐朝)
　王先謙編　清光緒二十五年(1899)石印本
六十四冊

410000－2204－0000471　102/27

書經蔡傳六卷　(宋)蔡沈撰　(清)孫慶甲校
述　清狀元閣刻本　四冊

410000－2204－0000472　102/25

書集傳六卷　(宋)蔡沈撰　清聚文堂刻本
六冊

410000－2204－0000473　212.5/8

刑部說帖揭要二十八卷　(清)胡燮卿輯　清
道光刻本　八冊　存十三卷(十六至二十八)

410000－2204－0000474　102/23

欽定書經傳說彙纂二十一卷首二卷書序一卷
　(清)王頊齡等撰　清刻本　七冊　存十五
卷(一至二、十至二十一,書序一卷)

410000－2204－0000475　108.3/4

大學衍義四十三卷　(宋)真德秀彙輯　清光
緒二十三年(1897)新化三味堂刻本　八冊

410000－2204－0000476　108.3/4＋1

大學衍義四十三卷　(宋)真德秀撰　清光緒
十三年(1887)柏經正堂刻西京清麓叢書本
十二冊

410000－2204－0000477　102/28

書經近指六卷　(清)孫奇逢撰　清康熙十五
年(1676)刻孫夏峰全集本　四冊

410000－2204－0000478　108.3/4＋2

大學衍義四十三卷　(宋)真德秀撰　清光緒
十三年(1887)柏經正堂刻西京清麓叢書本
十二冊

410000－2204－0000479　212.5/8

續增刑部律例館說帖揭要十七卷　(清)胡調
元輯　清道光刻本　四冊

410000－2204－0000480　108.3/4＋2－1

大學衍義四十三卷　(宋)真德秀撰　清光緒
十三年(1887)柏經正堂刻西京清麓叢書本
十二冊

410000－2204－0000481　102/29

書經體注大全合參六卷　(清)錢希祥輯　清
刻本　四冊

410000－2204－0000482　308.6/1

新編日用涓吉奇門五總龜四卷　(宋)郭子晟
撰　重刻莫元奇門遁甲句解煙波釣叟歌一卷
　題(宋)趙普撰　(明)池紀解注　清刻本

一册

410000－2204－0000483　108.3/7

大學聖經要錄四卷　（清）賈之彥錄　清康熙刻本　二冊

410000－2204－0000484　102/30

洪範論一卷　（清）胡具慶撰　清光緒二十四年(1898)刻本　一冊

410000－2204－0000485　103/5

詩經文海四卷　（清）□□輯　清刻本　十二冊

410000－2204－0000486　212.8/1

欽定學政全書八十六卷首一卷　（清）童璜等撰　清嘉慶刻本　二十四冊

410000－2204－0000487　108.3/7

大學賢傅要錄四卷　（清）賈之彥錄　清康熙刻本　一冊　存二卷(三至四)

410000－2204－0000488　104.1/4

周禮節訓六卷　（清）黃崑圃（黃叔琳）撰　（清）姚培謙重訂　清乾隆五十五年(1790)刻本　二冊

410000－2204－0000489　308.6/1

新編日用涓吉奇門五總龜四卷　（宋）郭子晟撰　重刻萬元奇門遁甲句解煙波釣叟歌一卷　題（宋）趙普撰　（明）池紀解注　清善成堂刻本　四冊

410000－2204－0000490　103/2

詩經音韻譜五卷附章句觸解一卷　（清）甄士林音釋　清道光五年(1825)甄氏種松書屋刻本　五冊

410000－2204－0000491　108.5/1

四書大注彙叅合講題鏡合纂七卷　（清）□□撰　清光緒十七年(1891)刻本　十二冊

410000－2204－0000492　104.1/2

附釋音周禮注疏四十二卷　（漢）鄭玄注　（唐）陸德明音義　（唐）賈公彥疏　校勘記四十二卷　（清）阮元撰　（清）盧宣旬摘錄　清嘉慶二十年(1815)江西南昌府學刻重刊宋本十三經注疏附校勘記本　十四冊

410000－2204－0000493　108.5/2

集虛齋四書口義十卷　（清）方楘如著　清乾隆五十三年(1788)刻本　十冊

410000－2204－0000494　104.1/5

周官新義十六卷附考工記解二卷　（宋）王安石撰　清刻本　四冊

410000－2204－0000495　212.8/3

欽定學堂章程二十章附學部奏定女子小學堂章程一卷　（清）張百熙等編　清光緒三十三年(1907)鉛印本　六冊

410000－2204－0000496　205.2/16

洛學拾遺補編二卷　（清）曹肅孫撰　清同治二年(1863)刻本　一冊

410000－2204－0000497　311.1/1

正家本論二卷　（清）夏敬秀著　清道光十九年(1839)江陰大來堂刻本　二冊

410000－2204－0000498　212.8/2

考試體例須知不分卷　（清）劉齊銜輯　清光緒元年(1875)影印本　一冊

410000－2204－0000499　212.8/4

國朝先正學規彙鈔不分卷　（清）黃舒昺編　清光緒十九年(1893)刻本　二冊

410000－2204－0000500　308.6/4

太乙數統宗大全四十卷　（清）李自明撰　清乾隆四十五年(1780)羅集福刻本　十九冊

410000－2204－0000501　311.1/4

週年瞻禮公課□□卷　（□）□□輯　清咸豐五年(1855)刻本　一冊　存一卷(下)

410000－2204－0000502　212.8/6

鄉試硃卷(湖北鄉試第五房同門錄)不分卷　（清）胡鼎元等著　清嘉慶十三年(1808)刻本　一冊

410000－2204－0000503　104.1/3

東巖周禮訂義八十卷首一卷　（宋）王與之撰　清同治十二年(1873)粵東書局刻通志堂經解本　十五冊

410000－2204－0000504　311/11

困學紀聞二十卷首一卷　（宋）王應麟撰　清刻本　六冊

410000－2204－0000505　212.9/9

胡文忠公遺集八十六卷首一卷　（清）胡林翼撰　（清）鄭敦謹　（清）曾國荃編輯　清同治六年(1867)刻本　十六冊　存八十五卷(一至八十四,首一卷)

410000－2204－0000506　104.1/6

周禮十二卷　（漢）鄭玄注　（唐）陸德明音義　清光緒十二年(1886)湖北官書處刻本　六冊

410000－2204－0000507　212.9/10

同治中興京外奏議約編八卷　（清）陳弢輯　清光緒元年(1875)刻本　八冊

410000－2204－0000508　311/3

秘書三種　（清）劉一崒著　清嘉慶十一年(1806)同德堂刻本　四冊

410000－2204－0000509　212.9/8

胡文忠公遺集八十六卷首一卷　（清）胡林翼撰　（清）曾國荃纂輯　（清）胡鳳丹重編　清光緒二十七年(1901)上海圖書集成印書局鉛印本　八冊

410000－2204－0000510　108.5/3

四書章句集注便蒙十九卷　（宋）朱熹撰　清刻本　十四冊

410000－2204－0000511　104.1/7

周禮易讀六卷　（清）司徒修輯　清道光十五年(1835)刻本　四冊

410000－2204－0000512　311/8

經餘必讀續編八卷　（清）雷琳等輯　清嘉慶十一年(1806)致和堂刻本　四冊

410000－2204－0000513　213.2/1

隋經籍志考證十三卷　（清）章宗源撰　清光緒三年(1877)刻本　三冊　存十一卷(一至十一)

410000－2204－0000514　108.5/4

四書味根錄三十七卷首二卷　（清）金澂撰

清道光二十二年(1842)刻本　十六冊

410000－2204－0000515　311/8－1

經餘必讀續編八卷　（清）雷琳等輯　清嘉慶十一年(1806)致和堂刻本　四冊

410000－2204－0000516　308.4/8

乙巳占十卷　（唐）李淳風撰　（清）陸心源校　清光緒二年(1876)十萬卷樓刻本　四冊

410000－2204－0000517　311/7

經餘必讀八卷　（清）雷琳等輯　清嘉慶八年(1803)致和堂刻本　四冊

410000－2204－0000518　311/7－1

經餘必讀八卷　（清）雷琳等輯　清嘉慶八年(1803)致和堂刻本　四冊

410000－2204－0000519　213.1/1

欽定四庫全書總目二百卷首四卷　（清）紀昀等撰　清宣統二年(1910)存古齋石印本　三十二冊

410000－2204－0000520　311/7－2

經餘必讀八卷　（清）雷琳等輯　清嘉慶八年(1803)致和堂刻本　四冊

410000－2204－0000521　311/6

經餘必讀八卷　（清）雷琳等輯　清嘉慶十一年(1806)咸裕堂刻本　四冊

410000－2204－0000522　108.5/5

四書味根錄三十七卷首二卷　（清）金澂撰　清光緒十三年(1887)善成堂刻本　十六冊

410000－2204－0000523　309.1/5

海嶽志林一卷　（明）毛晉輯　清道光十年(1830)長白榮氏刻得月簃叢書本　一冊

410000－2204－0000524　311.4/1

蘭閨清玩一卷　（清）□□編　清同文書局石印本　一冊

410000－2204－0000525　213.1/2

觀海堂地理書目四十七種　（清）顧脩撰　清刻本　十冊

410000－2204－0000526　214.3/1

洪氏晦木齋叢書　（清）洪汝奎輯　清同治至宣統間刻本　八冊　存三種四十九卷

410000－2204－0000527　311/1

薛文清公讀書錄八卷　（明）薛瑄撰　（清）張伯行訂　清鄢陵書院刻本　四冊

410000－2204－0000528　311/2

輶軒博紀四卷　邵松年編次　清光緒二十年（1894）刻本　四冊

410000－2204－0000529　108.5/6

四書味根錄三十七卷首二卷　（清）金澂撰　清同治五年（1866）刻本　八冊

410000－2204－0000530　313/4

續廣事類賦三十卷　（清）王鳳喈撰　清嘉慶六年（1801）刻本　十二冊

410000－2204－0000531　312.37/1

荒政輯要九卷首一卷　（清）汪志伊纂　清道光五年（1825）刻本　二冊

410000－2204－0000532　311.1/9

人生必讀書十二卷　（清）唐彪撰錄　清光裕堂刻本　六冊

410000－2204－0000533　214.3/6

寰宇訪碑錄十二卷　（清）孫星衍　（清）邢澍撰　清嘉慶七年（1802）刻本　四冊

410000－2204－0000534　104.2/2

儀禮十七卷　（漢）鄭玄注　（唐）陸德明音義　清光緒十二年（1886）湖北官書處刻本　四冊

410000－2204－0000535　212.5/11

例案全集四十三卷　（清）張光月編輯　清康熙六十一年（1722）思敬堂刻本　八冊　存六卷（一至五、九）

410000－2204－0000536　104.2/8

儀禮韻言二卷　（清）檀萃纂　清光緒八年（1882）埽葉山房刻本　二冊

410000－2204－0000537　104.2/1

欽定三禮義疏　（清）允祿等撰　清同治十年（1871）湖北崇文書局刻本　九十五冊　存三種一百三十四卷

410000－2204－0000538　108.5/7

四書疏注撮言大全三十七卷　（清）胡蓉芝輯　清經元堂刻本　十八冊

410000－2204－0000539　313/3

子史精華一百六十卷　（清）吳士玉　（清）吳襄等纂　清光緒十三年（1887）上海蜚英館石印本　八冊

410000－2204－0000540　108.5/8

四書疏注撮言大全三十七卷　（清）胡蓉芝輯　清刻本　二十冊

410000－2204－0000541　214.6/1

泉布統志九卷首一卷附一卷　（清）孟麟輯　清道光十三年（1833）刻本　十二冊　存十卷（一至四、六至九,首一卷,附一卷）

410000－2204－0000542　104.3/3

讀禮通考一百二十卷　（清）徐乾學撰　清光緒二十四年（1898）新化三味堂刻本　四十冊

410000－2204－0000543　215/3

經史辨體不分卷　（清）徐與喬輯評　清康熙十七年（1678）刻本　十六冊

410000－2204－0000544　313/5

事類賦三十卷　（宋）吳淑撰並注　清刻本　六冊

410000－2204－0000545　205.3/2

栗恭勤公［毓美］年譜二卷　（清）張壬林撰　（清）傅鍾沅訂正　清道光七年（1827）刻本　二冊

410000－2204－0000546　215/4

三才略三卷　蔣德鈞輯　清光緒二十八年（1902）刻本　一冊

410000－2204－0000547　215/6

綱鑑擇語十卷　（清）司徒修輯　清道光二十七年（1847）刻本　四冊　缺二卷（五至六）

410000－2204－0000548　313/2

叩鉢齋纂行廚集十七卷叩鉢齋應酬詩集四卷　（清）李之澎　（清）汪建封輯　清康熙三十

五年(1696)刻本　十冊

410000－2204－0000549　108.5/9

四書反身錄八卷首一卷　(清)李顒撰　清小
嬛嬛山館刻本　二冊

410000－2204－0000550　313/6

新增說文韻府羣玉二十卷　(元)陰時夫編輯
(元)陰中夫編注　清刻本(卷十六至二十
補配明萬曆文光堂刻本)　二十冊

410000－2204－0000551　205.3/5

曹月川先生[端]年譜一卷　(明)張信民編
(清)張璟裁定　清刻本　一冊

410000－2204－0000552　215/7

綱鑑擇語十卷　(清)司徒修輯　清道光十六
年(1836)刻本　三冊　存八卷(一至五、八至
十)

410000－2204－0000553　215/32

讀史論斷二十卷　(清)洪亮吉撰　清光緒二
十七年(1901)和記書莊石印本　二冊

410000－2204－0000554　104.3/10

禮記心典傳本三卷　(清)胡瑤光輯　清刻本
四冊

410000－2204－0000555　108.5/10

四書類典賦二十四卷　(清)甘紱著　清乾隆
三十五年(1770)刻本　十五冊　缺一卷(七)

410000－2204－0000556　215/8

史論觀止正集十卷　(清)何秉誠選　清光緒
二十九年(1903)上海美華石印本　四冊　存
四卷(一、四至五、十)

410000－2204－0000557　104.3/7

附釋音禮記注疏六十三卷　(漢)鄭玄注
(唐)陸德明音義　(唐)孔穎達疏　**校勘記六
十三卷**　(清)阮元撰　(清)盧宣旬摘錄　清
嘉慶二十年(1815)南昌府學刻重刊宋本十三
經注疏附校勘記本　十九冊　存一百二十卷
(一至二十六、三十至六十三,校勘記一至二
十六、三十至六十三)

410000－2204－0000558　104.3/4

欽定禮記義疏八十二卷首一卷　(清)鄂爾泰
等撰　清刻本　七十冊

410000－2204－0000559　108.5/11

四書朱子本義彙參四十三卷首四卷　(清)王
步青輯　清刻本　三十冊

410000－2204－0000560　215/9

增廣古今人物論三十六卷　(明)鄭賢輯
(清)韓庚編　清石印本　二冊　存十三卷
(五至十、二十三至二十九)

410000－2204－0000561　104.3/5

禮記集說一百六十卷　(宋)衛湜撰　清同治
十二年(1873)粤東書局刻通志堂經解本　二
十八冊　存一百十三卷(一至七、二十九至三
十六、四十二至九十三、九十八至一百十八、
一百三十六至一百六十)

410000－2204－0000562　108.5/12

四書朱子本義彙參四十三卷首四卷　(清)王
步青輯　清乾隆十年(1745)敦復堂刻本　四
十冊

410000－2204－0000563　108.5/13

四書反身錄六卷　(清)李顒撰　(清)王心敬
錄　清道光十六年(1836)刻本　四冊

410000－2204－0000564　104.3/12

禮記纂言三十六卷　(元)吳澄撰　(清)朱軾
校補　清康熙至乾隆間刻朱文端公藏書本
十四冊

410000－2204－0000565　215/10

重刻歷朝捷錄四卷　(明)顧充撰　(清)張之
洞音注　清光緒二十七年(1901)吉慶堂刻本
四冊

410000－2204－0000566　215/10－1

重刻歷朝捷錄四卷　(明)顧充撰　(清)張之
洞音注　清光緒二十七年(1901)吉慶堂刻本
二冊

410000－2204－0000567　104.3/6

禮記二十卷　(漢)鄭玄注　清光緒十七年
(1891)味經書院刻本　十冊

410000－2204－0000568　313/14

事類統編九十三卷首一卷　（清）王鳳喈撰
（清）黃葆真增輯　（清）林敬昭重校　清道光
十九年（1839）柏溪林氏味經堂刻本　二十三
冊　缺四十二卷（十五至二十九、四十二至五
十二、五十九至六十、六十七至八十）

410000－2204－0000569　205.3/6

歷代名人年譜十卷附一卷　（清）吳榮光編
清咸豐刻本　十冊

410000－2204－0000570　313/7

韻府拾遺一百六卷　（清）張廷玉等輯　清內
府刻本　二十四冊

410000－2204－0000571　215/11

讀通鑑論三十卷附宋論十五卷　（清）王夫之
撰　清光緒二十五年（1899）武昌刻本　十
九冊

410000－2204－0000572　108.5/14

四書讀本辨義十九卷　（清）劉慶觀輯　清刻
本　六冊

410000－2204－0000573　215/12

歷代史論十二卷宋史論三卷元史論一卷
（明）張溥撰　**左傳史論一卷**　（清）高士奇撰
　明史論四卷　（清）谷應泰撰　清光緒五年
（1879）西江裴氏刻本　十二冊

410000－2204－0000574　106.2/6

讀左補義五十卷首一卷　（清）姜炳璋輯　清
同治十年（1871）刻本　十六冊

410000－2204－0000575　104.4/2

五禮通考二百六十二卷目錄二卷首四卷
（清）秦蕙田輯　清光緒二十二年（1896）新化
三味堂刻本　一百二十冊

410000－2204－0000576　215/13

讀通鑑論十六卷附宋論十五卷　（清）王夫之
撰　清光緒三十一年（1905）上海商務印書館
鉛印本　十冊

410000－2204－0000577　108.5/15

四書翼注論文三十卷　（清）張甄陶撰　清刻
本　十二冊

410000－2204－0000578　215/14

古事比五十二卷　（清）方中德輯　清光緒三
十年（1904）點石齋石印本　六冊

410000－2204－0000579　313/10

淵鑑類函四百五十卷目錄四卷　（清）張英等
撰　清康熙四十九年（1710）刻本　一百九十
六冊　存四百四十七卷（一至十九、二十三至
一百十、一百十三至二百七十七、二百八十至
四百五十，目錄四卷）

410000－2204－0000580　104.4/3

欽定三禮義疏　（清）允祿等撰　清乾隆內府
刻御纂七經本　八十二冊　存三種八十二卷
（周官一至九、二十至二十九，首一卷；儀禮一
至十八、二十九至三十八，首二卷；禮記四十
至四十九、六十一至八十二）

410000－2204－0000581　106.2/5

左傳事緯十二卷　（清）馬驌撰　清刻本　八
冊　缺五卷（二至四、六至七）

410000－2204－0000582　215/16

讀史兵略四十六卷　（清）胡林翼撰　清咸豐
十一年（1861）武昌節署刻本　十冊

410000－2204－0000583　215/17

讀史兵略四十六卷　（清）胡林翼撰　清光緒
元年（1875）湖北崇文書局刻本　十六冊

410000－2204－0000584　215/18

讀史兵略十二卷　（清）胡林翼撰　清光緒二
十七年（1901）上海紹先書局石印本　六冊

410000－2204－0000585　104.6/1

朱子家禮八卷首一卷　（明）邱濬輯　**四禮初
稿四卷**　（明）宋纁輯　**四禮約言四卷**　（明）
呂維祺著　清康熙四十年（1701）刻本　八冊

410000－2204－0000586　313/12

寄傲山房塾課新增幼學故事瓊林四卷首一卷
　（清）程登吉撰　（清）鄒聖脉增補　清經綸
堂刻本　二冊

410000－2204－0000587　106.1/4

春秋公羊注疏二十八卷 （漢）何休注 （唐）陸德明音義 清刻本 十冊

410000－2204－0000588 205.3/4

張清恪公［伯行］年譜二卷 （清）張師栻（清）張師載編 清光緒麗澤書社石印本 二冊

410000－2204－0000589 108.5/16

四書朱子異同條辨四十卷 （清）李沛霖（清）李禎訂 清康熙近聖堂刻本 四十冊

410000－2204－0000590 108.5/17

監本四書十九卷 （宋）朱熹撰 清武進陳氏亦園刻本 六冊

410000－2204－0000591 106.1/1

春秋諸傳會通二十四卷首一卷 （元）李廉輯 清同治十二年（1873）粵東書局刻通志堂經解本 五冊

410000－2204－0000592 205.5/3

歷代名臣言行錄二十四卷 （清）朱桓編 清光緒十七年（1891）上海廣百宋齋石印本 十二冊

410000－2204－0000593 104.6/2

朱子家禮八卷首一卷 （明）邱濬輯 清光霽堂刻本 五冊 存八卷（朱子家禮一至七、首一卷）

410000－2204－0000594 313/16

育正堂重訂幼學須知句解四卷 （清）程登吉撰 清嘉慶四年（1799）致和堂刻本 四冊

410000－2204－0000595 313/17

重訂廣事類賦四十卷 （清）華希閔輯 清聚錦堂刻本 八冊

410000－2204－0000596 313/19

重訂廣事類賦四十卷 （清）華希閔輯 清文盛堂刻本 八冊

410000－2204－0000597 313/20

御定駢字類編二百四十卷 （清）沈宗敬等輯 清光緒十三年（1887）上海同文書局石印本 四十八冊

410000－2204－0000598 106.2/7

春秋經傳集解三十卷 （晉）杜預撰 （宋）林堯叟附注 （唐）陸德明音釋 清末石印本 十二冊

410000－2204－0000599 106.2/8

春秋左傳十八卷 （晉）杜預 （宋）林堯叟注釋 （唐）陸德明音義 清致和堂刻本 八冊

410000－2204－0000600 205.5/28

歷代名臣言行錄二十四卷 （清）朱桓編 清光緒二十八年（1902）鴻寶書局鉛印本 十一冊 缺二卷（二至三）

410000－2204－0000601 108.5/18

增訂四書析疑二十三卷 （清）張權時輯 清乾隆五十九年（1794）尚德堂刻本 二十四冊

410000－2204－0000602 205.5/29

歷代名臣言行錄二十四卷 （清）朱桓編 清光緒十二年（1886）鉛印本 十二冊

410000－2204－0000603 106.2/9

增補左繡三十卷首一卷 （清）馮李驊 （清）陸浩評輯 春秋左傳杜林滙參三十卷首一卷 （清）周正思纂 清嵩山書屋刻本 八冊 缺三十卷（增補左繡十六至三十、春秋左傳杜林滙參十六至三十）

410000－2204－0000604 205.5/28－1

歷代名臣言行錄二十四卷 （清）朱桓編 清光緒二十八年（1902）鴻寶書局鉛印本 十二冊

410000－2204－0000605 106.2/10

左繡三十卷首一卷 （清）馮李驊 （清）陸浩評輯 清乾隆五十九年（1794）崇義書院刻本 十二冊

410000－2204－0000606 108.5/22

日講四書解義二十六卷 （清）喇沙里等撰 清刻本 六冊 存九卷（論語四至十二）

410000－2204－0000607 205.5/4

歷代名臣言行錄二十四卷 （清）朱桓編 清光緒二十九年（1903）經藝齋石印本 八冊

410000－2204－0000608　313/21

萬國分類時務大成四十卷首一卷　（清）錢豐
輯　清光緒石印本　十六冊　缺十八卷（五
至九、十四、二十一、二十三至二十六、三十、
三十三至三十五、三十八至四十）

410000－2204－0000609　205.5/6

碑傳集一百六十卷首二卷續集八十六卷
（清）錢儀吉撰　清光緒十九年(1893)江蘇書
局刻本　六十九冊　存二百九卷（一至四十
八、五十二至六十八、七十二至七十八、八十
二至八十四、八十八至一百六、一百二十三至
一百二十四、一百二十七、一百三十至一百五
十二、一百五十七至一百六十、首二卷,續集
四至八十六）

410000－2204－0000610　109/2

五經備旨　（清）鄒聖脉纂輯　清刻本　十九
冊　存四種三十六卷

410000－2204－0000611　109/3

五經類編二十八卷　（清）周世樟編　清道光
七年(1827)刻本　十二冊

410000－2204－0000612　106.2/11

春秋經傳集解三十卷首一卷　（晉）杜預撰
（宋）林堯叟附注　（唐）陸德明音釋　清華川
書屋刻本　十六冊

410000－2204－0000613　205.5/9

新刊古列女傳八卷　（漢）劉向撰　（晉）顧凱
之繪　清道光五年(1825)揚州阮福刻本
二冊

410000－2204－0000614　106.2/12

春秋經傳集解三十卷首一卷　（晉）杜預撰
（宋）林堯叟注　（唐）陸德明音釋　清華川書
屋刻本　十六冊

410000－2204－0000615　106.3/2

春秋公羊傳十一卷　（漢）何休撰　（唐）陸德
明音義　清同治七年(1868)湖北崇文書局刻
本　四冊

410000－2204－0000616　205.5/10

湯文正公[斌]年譜定本二卷　（清）方苞考訂

（清）楊春重輯　清乾隆八年(1743)刻本
一冊

410000－2204－0000617　106.2/16

春秋大事表五十卷輿圖一卷附錄一卷　（清）
顧棟高撰　清光緒十四年(1888)陝西求友齋
刻本　七冊　缺三十四卷（一至十五、二十四
至三十九、四十三至四十五）

410000－2204－0000618　205.5/11

國朝中州名賢集二十六卷　（清）黃舒昺編
清光緒十七年(1891)睢陽洛學書院刻本　十
五冊

410000－2204－0000619　106.2/13

左氏節萃十卷　（清）淩璿王撰　清乾隆二十
六年(1761)金閶書業堂刻本　十冊

410000－2204－0000620　106.2/14

曲江書屋新訂批註左傳快讀十八卷首一卷
（晉）杜預撰　（唐）陸德明音義　（清）李紹
崧選訂　清宏道堂刻本　十六冊

410000－2204－0000621　106.2/15

左傳舊疏考正八卷　（清）劉文淇撰　清光緒
三年(1877)湖北崇文書局刻本　四冊

410000－2204－0000622　106.3/1

春秋公羊傳音訓不分卷　（清）楊國楨撰　清
道光十年(1830)刻本　二冊

410000－2204－0000623　313/23

酬世錦囊全集　（清）謝梅林　（清）鄒可庭定
（清）鄒景揚輯　清大德堂刻本　九冊　存
四種十四卷

410000－2204－0000624　313/24

應酬彙選新集八卷　（清）潘文光輯　清致和
堂刻本　六冊

410000－2204－0000625　205.5/7

河南選拔齒錄一卷　（清）□□輯　清同治刻
本　一冊

410000－2204－0000626　313/23

雲林別墅新輯酬世錦囊書啟合編初集八卷
（清）謝梅林　（清）鄒可庭定　（清）鄒景揚

輯　清大德堂刻本　四冊

410000－2204－0000627　313/25

重訂事類賦三十卷　(宋)吳淑撰並注　清同治七年(1868)刻本　六冊

410000－2204－0000628　205.5/11－1

國朝中州名賢集二十六卷　(清)黃舒昺編　清光緒十七年(1891)睢陽洛學書院刻本　十五冊　缺二卷(學規一、末一)

410000－2204－0000629　106.3/4

監本附釋音春秋公羊注疏二十八卷　(漢)何休撰　(唐)陸德明音義　(唐)徐彥疏　**校勘記二十八卷**　(清)阮元撰　(清)盧宣旬摘錄　清嘉慶二十年(1815)南昌府學刻重刊宋本十三經注疏附校勘記本　七冊

410000－2204－0000630　106.3/3

春秋公羊傳十一卷　(漢)何休學　(唐)陸德明音義　清光緒二十二年(1896)新化三味堂刻本　三冊

410000－2204－0000631　106.3/3

春秋穀梁傳音訓不分卷　(清)楊國楨撰　清道光十年(1830)刻本　二冊

410000－2204－0000632　205.5/15

增廣尚友錄統編二十二卷　應祖錫編　清光緒二十八年(1902)鴻寶齋石印本　十二冊

410000－2204－0000633　205.5/12

洛學課餘偶鈔四卷首一卷末一卷　(清)黃舒昺撰　清光緒二十年(1894)刻本　二冊

410000－2204－0000634　205.5/12

國朝中州名賢集學規一卷　(清)黃舒昺編　清刻本　一冊

410000－2204－0000635　313/27

佩文韻府一百六卷　(清)張玉書等輯　清康熙內府刻本　九十五冊

410000－2204－0000636　313/30

詩韻類錦十二卷　(清)郭化霖編　清咸豐二年(1852)刻本　八冊　存十一卷(一至十一)

410000－2204－0000637　106.2/17

左傳易讀六卷圖說一卷　(清)司徒修輯　清道光十六年(1836)刻本　六冊

410000－2204－0000638　106.4/2

監本附音春秋穀梁注疏二十卷　(晉)范甯集解　(唐)陸德明音義　(唐)楊士勛疏　**校勘記二十卷**　(清)阮元撰　(清)盧宣旬摘錄　清光緒十八年(1892)湖南寶慶務本書局刻重刊宋本十三經注疏附校勘記本　六冊

410000－2204－0000639　106.5/4

欽定春秋傳說彙纂三十八卷首二卷　(清)王掞等撰　清康熙六十年(1721)刻本　二十四冊

410000－2204－0000640　109/4

經史辨體不分卷　(清)徐與喬輯評　清康熙敦化堂刻本　十二冊

410000－2204－0000641　215/20

鑄史駢言十二卷　(清)孫玉田撰　清光緒二年(1876)四明陳氏銀騰華館刻本　四冊

410000－2204－0000642　106.4/3

監本附音春秋穀梁注疏二十卷　(晉)范甯集解　(唐)陸德明音義　(唐)楊士勛疏　**校勘記二十卷**　(清)阮元撰　(清)盧宣旬摘錄　清嘉慶二十年(1815)南昌府學刻重刊宋本十三經注疏附校勘記本　四冊

410000－2204－0000643　106.5/5

欽定春秋傳說彙纂三十八卷首二卷　(清)王掞等撰　清刻本　十一冊　存二十一卷(三至八、十八至二十四、二十七至三十、三十六至三十八,首下)

410000－2204－0000644　109/5

雪樵經解三十三卷　(清)馮世瀛輯　清光緒十一年(1885)馮祖憲鉛印本　八冊

410000－2204－0000645　215/21

史論正鵠初集四卷二集四卷　(清)王樹敏評點　清光緒二十七年(1901)上海久敬齋石印本　八冊

410000－2204－0000646　313/31

大儦對宗十九卷首一卷　（清）張士俊編輯
清刻本　十二冊

410000－2204－0000647　205.5/16
呂明德先生[維祺]年譜四卷　（清）施化遠撰
　清康熙二年(1663)呂氏刻本　二冊　存二
卷(三至四)

410000－2204－0000648　215/22
看鑑偶評四卷看鑑補評一卷　（清）尤侗纂
清刻本　二冊

410000－2204－0000649　215/23
史鑑節要便讀六卷　（清）鮑東里撰　清同治
三年(1864)鉛印本　二冊

410000－2204－0000650　314.1/7
大佛頂如來密因修證了義諸菩薩萬行首楞嚴
經十卷　（唐）釋般剌密帝譯　清同治八年
(1869)金陵刻經處刻本　二冊

410000－2204－0000651　205.5/14
關學續編三卷　（清）王爾緝等撰　清光緒十
九年(1893)刻　二冊

410000－2204－0000652　205.5/14
關學續編三卷　（清）王爾緝等撰　清光緒十
九年(1893)刻本　二冊

410000－2204－0000653　108.2/1
孟子讀法附記十四卷　（清）周人麒撰　清乾
隆四十九年(1784)保積堂刻本　四冊

410000－2204－0000654　301/3.1－3.9
十子全書　（清）王子興輯　清光緒元年
(1875)浙江書局刻本　三十冊　存九種一百
十三卷

410000－2204－0000655　108.1/3
鄉黨圖考十卷　（清）江永撰　清乾隆二十一
年(1756)刻本　四冊

410000－2204－0000656　108.1/4
鄉黨圖考十卷　（清）江永撰　清乾隆富裕堂
刻本　六冊

410000－2204－0000657　215/25
史論五種　（清）李祖陶撰　清同治十年

(1871)尚友樓刻本　四冊　存四種九卷

410000－2204－0000658　11/1.8
周易義海撮要十二卷　（宋）李衡撰　清同治
十二年(1873)粵東書局通志堂刻本　四冊

410000－2204－0000659　108.1/1
論語集注旁證二十卷　（清）梁章鉅撰　清光
緒十七年(1891)上海廣百宋齋鉛印本　四冊

410000－2204－0000660　110/1
爾雅三卷　（晉）郭璞注　（唐）陸德明音義
清刻本　三冊

410000－2204－0000661　205.5/17
漢名臣傳三十二卷　（清）國史館編　清京都
琉璃廠榮錦書院刻本　三十一冊

410000－2204－0000662　314.2/2
釋氏十三經　（清）金陵刻經處編　清同治金
陵刻經處刻本　八冊　存十二種二十六卷

410000－2204－0000663　107/2
孝經詳說六卷　（清）冉覲祖撰　清光緒七年
(1881)大梁書局刻五經詳說本　四冊

410000－2204－0000664　205.5/18
滿洲名臣傳四十八卷　（清）國史館編　清京
都琉璃廠榮錦書院刻本　三十七冊

410000－2204－0000665　110/2
爾雅三卷　（晉）郭璞注　（唐）陸德明音義
清同治十三年(1874)湖南書局刻本　四冊

410000－2204－0000666　110/3
爾雅三卷　（晉）郭璞注　（唐）陸德明音釋
清光緒十二年(1886)湖北官書處刻本　三冊

410000－2204－0000667　110/4
爾雅注疏十一卷　（晉）郭璞注　（宋）邢昺疏
　清大文堂刻本　四冊

410000－2204－0000668　110/12
龍文鞭影二卷　（明）蕭良有撰　清崇德堂刻
本　二冊

410000－2204－0000669　107/1
孝經衍義一百卷首二卷　（清）葉方藹等撰

清康熙二十九年(1690)刻本　二十四册

410000 – 2204 – 0000670　110/10

小四書五卷　（明）朱升輯　清雍正十一年(1733)刻本　四册

410000 – 2204 – 0000671　302/49

日知錄集釋三十二卷　（清）顧炎武撰　（清）黃汝成集釋　清光緒十三年(1887)上海大同書局石印本　二册　存十五卷(一至十五)

410000 – 2204 – 0000672　110/6

十三經集字摹本不分卷　（清）彭玉雯纂　清道光彭玉雯刻本　一册

410000 – 2204 – 0000673　302/40

呻吟語六卷　（明）呂坤撰　清道光二十二年(1842)刻　六册

410000 – 2204 – 0000674　205.5/22

關學原編四卷首一卷　（明）馮從吾撰　清光緒十七年(1891)灃西草堂刻本　二册

410000 – 2204 – 0000675　205.5/21

關學原編四卷首一卷　（明）馮從吾撰　清光緒十七年(1891)灃西草堂刻本　二册

410000 – 2204 – 0000676　108.2/4

四書集注十九卷　（宋）朱熹撰　清同治六年(1867)湖北崇文書局刻本　三册　存七卷(孟子一至七)

410000 – 2204 – 0000677　110/9

千金裘二十七卷　（清）蔣義彬纂　清嘉慶二十一年(1816)刻本　四册　存五卷(一至三、二十一、二十七)

410000 – 2204 – 0000678　110/13

詩學指南八卷　（清）顧龍振編輯　清乾隆刻本　四册

410000 – 2204 – 0000679　302/41

呻吟語六卷　（明）呂坤著　清刻本　六册

410000 – 2204 – 0000680　110/8

千金裘二十七卷　（清）蔣義彬纂　二集二十六卷　（清）蔣義彬　（清）徐元麟纂　清道光十七年(1837)經元堂刻本　四册　存九卷

(一至三、二十一、二十七,二集一至三、二十一)

410000 – 2204 – 0000681　302/48

日知錄集釋三十二卷刊誤二卷續刊誤二卷　（清）黃汝成撰　清同治十一年(1872)湖北崇文書局刻本　十六册

410000 – 2204 – 0000682　302/42

呻吟語六卷　（明）呂坤著　清乾隆五十九年(1794)刻本　六册

410000 – 2204 – 0000683　110/5

說文通訓定聲十八卷分部檢韻一卷說雅一卷古今韻準一卷　（清）朱駿聲撰　清咸豐刻本　二十四册

410000 – 2204 – 0000684　110/8 – 1

千金裘二十七卷　（清）蔣義彬纂　二集二十六卷　（清）蔣義彬　（清）徐元麟纂　清道光十七年(1837)經元堂刻本　八册　存九卷(一至三、二十一、二十七,二集一至三、二十一)

410000 – 2204 – 0000685　302/43

呻吟語六卷　（明）呂坤著　清刻本　六册

410000 – 2204 – 0000686　10/28

十三經注疏　明崇禎古虞毛氏汲古閣刻本　四十二册　存五種八十五卷

410000 – 2204 – 0000687　110/7

初學行文語類三卷　（清）孫埏編輯　清文興堂刻本　二册

410000 – 2204 – 0000688　209.2/33 + 2

[乾隆]登封縣志三十二卷　（清）陸繼萼修　（清）洪亮吉纂　清刻本　二册　存五卷(二十八至三十二)

410000 – 2204 – 0000689　110/14

初學行文語類四卷　（清）孫埏編輯　清乾隆四十七年(1782)三多齋刻本　四册

410000 – 2204 – 0000690　110/16

詩學平仄旁訓五卷　（清）陸發祥輯　清咸豐十年(1860)刻本　五册

410000－2204－0000691　302/46

作人編二卷　（清）李雲棟編　清道光十五年(1835)刻本　一冊

410000－2204－0000692　209.2/34

［嘉慶］南陽府志六卷圖一卷　（清）孔傳金纂修　清嘉慶十二年(1807)刻本　十冊

410000－2204－0000693　302/46－1

作人編二卷　（清）李雲棟編　清道光十五年(1835)刻本　一冊　存一卷(二)

410000－2204－0000694　302/44

弟子箴言十六卷　（清）胡達源撰　清道光刻本　四冊

410000－2204－0000695　110.2/1

爾雅三卷　（晉）郭璞注　（唐）陸德明音義　清李光明莊刻本　四冊

410000－2204－0000696　110/19

重校十三經不貳字不分卷　（清）李鴻藻輯　清光緒十一年(1885)刻本　一冊

410000－2204－0000697　410/67

彙纂詩法度鍼十卷　（清）徐文弼編輯　清文盛堂刻本　一冊　存三卷(三至五)

410000－2204－0000698　209.2/35

［光緒］南陽縣志十二卷首一卷　潘守廉修　張嘉謀等纂　清光緒三十年(1904)刻本　八冊

410000－2204－0000699　409.6/10

桐雲閣試帖輯注二卷　（清）楊庚著　（清）張熙宇輯評　清刻本　一冊　存一卷(上)

410000－2204－0000700　209.2/37

［道光］輝縣志二十卷首一卷末一卷　（清）周際華修　（清）戴銘纂　清道光十五年(1835)百泉書院刻本　七冊　缺三卷(四至六)

410000－2204－0000701　302/97

讀近思錄類編十四卷　牛兆濂撰　清光緒三十一年(1905)刻本　二冊

410000－2204－0000702　302/2

小學六卷　（宋）朱熹撰　清關中味經官書局刻本　一冊

410000－2204－0000703　110.3/38

增廣字學舉隅四卷　（清）鐵珊輯　（清）凌振家閱　（清）王寶鏞書　清同治十三年(1874)蘭州郡署刻本　四冊

410000－2204－0000704　310/1

二如亭羣芳譜三十卷首十三卷　（明）王象晉輯　清文富堂刻本　十三冊　缺二卷(花譜一至二)

410000－2204－0000705　209.2/38

［光緒］永城縣志三十八卷首一卷　岳廷楷修　胡贊采　呂永輝纂　清光緒二十九年(1903)刻本　八冊

410000－2204－0000706　110.3/1

無山堂奕譜不分卷　（清）潘子聲撰　清光緒五年(1879)宏道堂刻本　二冊

410000－2204－0000707　209.2/39

［道光］寶豐縣志十六卷首一卷　（清）李彷梧修　（清）耿興宗　（清）鮑桂徵纂　清道光十七年(1837)刻本　六冊

410000－2204－0000708　209.2/41

［乾隆］鄖城縣志十八卷　（清）傅豫纂修　清乾隆十九年(1754)刻本　一冊　存三卷(一至三)

410000－2204－0000709　110.3/39

說文解字十五卷　（漢）許慎撰　清刻本　六冊　存十二卷(一至十二)

410000－2204－0000710　209.2/44

［道光］榮城縣志十卷　（清）李天驚修　（清）岳賡廷纂　清道光二十年(1840)刻本　四冊

410000－2204－0000711　110.2/2

爾雅注疏十一卷　（晉）郭璞注　（宋）邢昺疏　清乾隆四十三年(1778)三樂齋刻本　二冊

410000－2204－0000712　205.5/25

道齊正軌二十卷　（清）鄒鳴鶴撰　清刻本　二冊　存六卷(五至七、十一至十三)

410000－2204－0000713　301/12

莊子南華真經內篇一卷外篇一卷雜篇一卷
(戰國)莊周撰　清光緒元年(1875)湖北崇文
書局刻本　二冊

410000－2204－0000714　301/6

諸子彙函二十六卷　(明)歸有光輯　(明)文
震孟条訂　明天啟刻本　二十四冊　存二十
四卷(一至十五、十七至二十三、二十五至二
十六)

410000－2204－0000715　209.2/45

聖域述聞二十八卷　(清)龍光甸修　(清)黃
本驥輯　清道光二十七年(1847)刻三長物齋
叢書本　五冊

410000－2204－0000716　209.2/46

聖域述聞二十八卷　(清)黃本驥編　清咸豐
二年(1852)刻本　四冊

410000－2204－0000717　301/5

新鐫分類評注文武合編校補百子金丹十卷
(明)郭偉選注　清光緒二十九年(1903)益元
堂刻本　十二冊

410000－2204－0000718　302/45

張抱初先生印正稿六卷年譜一卷　(明)張信
民撰　(明)馮奮庸訂　清刻本　二冊

410000－2204－0000719　205.5/26

[康熙]臥龍崗志二卷　(清)羅景輯　清康熙
五十一年(1712)南陽刻本　二冊

410000－2204－0000720　205.5/26

忠武志八卷　(清)張鵬翮撰　清康熙刻本
七冊

410000－2204－0000721　301/8

新鐫分類評注文武合編百子金丹十卷　(明)
郭偉選注　(明)郭中吉編次　明經國堂刻本
十二冊

410000－2204－0000722　301/8－1

新鐫分類評注文武合編百子金丹十卷　　(明)
郭偉選注　(明)郭中吉編次　明經國堂刻本
十二冊

410000－2204－0000723　302/4

廣近思錄十四卷　(清)張伯行輯　清光緒二
十年(1894)刻本　二冊

410000－2204－0000724　302/4

廣近思錄十四卷　(清)張伯行輯　清光緒二
十年(1894)刻本　二冊

410000－2204－0000725　302/65

近思錄十四卷　(清)江永集注　清光緒十四
年(1888)山西濬文書局刻本　四冊

410000－2204－0000726　302/7

儒門法語輯要一卷　(清)彭定求編　清光緒
七年(1881)鄂垣撫署刻本　一冊

410000－2204－0000727　302/6

近思錄十四卷　(清)江永集注　清光緒十九
年(1893)刻本　四冊

410000－2204－0000728　302/6

近思錄十四卷　(清)江永集注　清光緒十九
年(1893)刻本　四冊

410000－2204－0000729　302/8

女四書四卷　(清)王相箋注　清宣統元年
(1909)存心堂刻本　四冊

410000－2204－0000730　302/5

近思錄十四卷校勘記一卷附考訂朱子世家一
卷　(清)江永集注　清光緒三十年(1904)善
成堂刻本　四冊

410000－2204－0000731　110.2/2－1

爾雅注疏十一卷　(晉)郭璞注　(宋)邢昺疏
清乾隆四十三年(1778)三樂齋刻本　六冊

410000－2204－0000732　110.2/4

爾雅注疏十一卷　(晉)郭璞注　(宋)邢昺疏
清嘉慶七年(1802)刻本　六冊

410000－2204－0000733　302/9

忠經體注大全說約大成六卷　(清)毛繼登等
輯　清聚魁堂刻本　四冊

410000－2204－0000734　302/10

程氏家塾讀書分年日程三卷綱領一卷　(元)
程端禮編　清同治七年(1868)崇文書局刻本

二冊

410000－2204－0000735　314.36/1
一切經音義二十五卷　（唐）釋玄應撰　清刻本　二冊　存四卷（三至四、十四至十五）

410000－2204－0000736　302/10－1
程氏家塾讀書分年日程三卷綱領一卷　（元）程端禮編　清同治七年(1868)崇文書局刻本　二冊

410000－2204－0000737　302/13
呻吟語六卷　（明）呂坤著　陸清獻公呻吟語疑一卷　（清）陸隴其撰　清道光七年(1827)開封府署刻本　六冊

410000－2204－0000738　302/12
重刻添補傳家寶俚言新本首一卷初集八卷二集八卷三集八卷四集八卷　（清）石成金撰　清乾隆靜綸堂刻本　三十冊　缺二卷（四集一、八）

410000－2204－0000739　314.38/1
竹窗隨筆一卷二筆一卷三筆一卷直道錄一卷　（明）釋袾宏撰　清刻本　三冊

410000－2204－0000740　302/15
小學集解六卷　（清）張伯行輯注　清同治六年(1867)楚北崇文書局刻本　三冊

410000－2204－0000741　315/3
太上感應篇增訂圖說十二卷　（清）朱日豐輯　清同治十三年(1874)蘭州官署刻本　十二冊

410000－2204－0000742　302/14
內則衍義十六卷　（清）世祖福臨纂　清刻本　八冊

410000－2204－0000743　302/16
近思錄十四卷考訂朱子世家一卷　（清）江永集注　清光緒十九年(1893)刻本　四冊

410000－2204－0000744　302/16
續近思錄十四卷　（清）張伯行集解　清光緒二十年(1894)中州學署刻本　二冊

410000－2204－0000745　302/19

近思錄十四卷　（清）江永集注　清光緒二十七年(1901)義和局刻本　六冊

410000－2204－0000746　302/16
廣近思錄十四卷　（清）張伯行輯　清光緒二十年(1894)刻本　二冊

410000－2204－0000747　315/17
太上感應篇注證□□卷　（清）□□輯　清嘉慶二十五年(1820)刻本　一冊　存一卷（一）

410000－2204－0000748　206.1/3
家塾眼錄六種　（清）李嵩生撰　清道光十二年(1832)刻本　六冊

410000－2204－0000749　315/14
冥王公案一卷文昌清靜法程一卷玉歷便誦一卷玉歷附証一卷　（清）□□輯　清道光十八年(1838)刻本　二冊

410000－2204－0000750　315/2
莊子獨見三十三卷　（清）胡文英評釋　清刻本　六冊

410000－2204－0000751　302/24
小學淺解六卷　（清）薛於瑛撰　清宣統二年(1910)西安馬存心堂刻本　二冊

410000－2204－0000752　209.2/47
［正德］朝邑縣志二卷　（明）王道修　（明）韓邦靖纂　清刻本　一冊

410000－2204－0000753　209.2/47
［康熙］朝邑縣後志八卷　（清）王兆鰲修（清）王鵬翼纂　清刻本　三冊

410000－2204－0000754　209.2/47
［萬曆］續朝邑縣志八卷　（明）郭實修（明）王學謨纂　清刻本　二冊

410000－2204－0000755　209.2/48
［正德］朝邑縣志二卷　（明）王道修　（明）韓邦靖纂　清刻本　一冊

410000－2204－0000756　302/22
孔氏家語十卷　題(三國魏)王肅撰　清光緒二十四年(1898)刻本　二冊

410000－2204－0000757 209.2/90

[道光]汝州全志十卷首一卷 （清）白明義修
（清）趙林成纂 清道光二十年（1840）刻本
四冊 存四卷（二、四、七至八）

410000－2204－0000758 209.2/51

[乾隆]臨潼縣志九卷 （清）史傳遠纂修 清
乾隆四十一年（1776）刻本 六冊

410000－2204－0000759 302/20

御纂性理精義十二卷 （清）李光地等纂修
清刻本 三冊

410000－2204－0000760 302/21

孔氏家語十卷 題（三國魏）王肅撰 清乾隆
四十九年（1784）刻本 四冊

410000－2204－0000761 302/27

續近思錄十四卷 （清）張伯行集解 清光緒
二十年（1894）中州學署刻本 二冊

410000－2204－0000762 302/25

御纂性理精義十二卷 （清）李光地等纂修
清刻本 六冊

410000－2204－0000763 302/26

御纂性理精義十二卷 （清）李光地等纂修
清刻本 三冊

410000－2204－0000764 302/28

增訂小學金丹集注六卷 （清）王期齡講義
（清）張惠春增訂 忠經集注一卷孝經集注一
卷 （明）陳選撰 清立本齋刻本 五冊

410000－2204－0000765 110.2/9

爾雅音圖三卷 （晉）郭璞注 （清）姚之麟摹
繪 清嘉慶六年（1801）刻本 二冊

410000－2204－0000766 110.2/8

經籍籑詁一百六卷首一卷附補遺 （清）阮元
撰輯 清光緒二十年（1894）上海鴻寶齋石印
本 十二冊

410000－2204－0000767 110.2/5

爾雅注疏十一卷 （晉）郭璞注 （宋）邢昺疏
清嘉慶七年（1802）刻本 三冊

410000－2204－0000768 110.2/7

經籍籑詁五卷首一卷附補遺 （清）阮元撰輯
清光緒九年（1883）上海點石齋石印本
十冊

410000－2204－0000769 110.3/4

康熙字典十二集三十六卷總目一卷檢字一卷
辨似一卷等韻一卷補遺一卷備考一卷 （清）
張玉書等撰 清光緒三十一年（1905）上海久
敬齋石印本 六冊

410000－2204－0000770 110.2/15

爾雅注疏十一卷 （晉）郭璞注 （宋）邢昺疏
爾雅音義二卷 （唐）陸德明撰 清光緒善
成堂刻本 四冊

410000－2204－0000771 110.3/37

說文解字斠詮十四卷 （清）錢坫撰 清嘉慶
十二年（1807）刻本 十四冊

410000－2204－0000772 209.2/53

[光緒]甘肅新通志一百卷首五卷 （清）昇允
（清）長庚修 （清）安維峻纂 清宣統元年
（1909）刻本 七十冊 缺十一卷（八、二十
七、三十、四十四、六十、七十四、七十六至七
十八、八十九、九十七）

410000－2204－0000773 110.3/40

說文解字通釋四十卷 （宋）徐鍇撰 說文解
字繫傳校勘記三卷 （清）承培元等撰 清道
光十九年（1839）刻本 八冊

410000－2204－0000774 110.3/2

康熙字典十二集三十六卷總目一卷檢字一卷
辨似一卷等韻一卷補遺一卷備考一卷 （清）
張玉書等撰 清康熙五十五年（1716）內府刻
本 四十冊

410000－2204－0000775 209.2/56

[乾隆]崇明縣志二十卷首一卷 （清）趙廷健
修 （清）韓彥曾等纂 清乾隆二十五年
（1760）刻本 二冊 存四卷（一至二、十五至
十六）

410000－2204－0000776 110.2/6

爾雅注疏十卷 （晉）郭璞注 （宋）邢昺校定
（□）□□音 校勘記十卷 （清）阮元撰

（清）盧宣旬摘錄　清嘉慶二十年(1815)南昌府學刻重刊宋本十三經注疏附校勘記本四冊

410000－2204－0000777　209.2/58

[光緒]崑新兩縣續修合志五十二卷首一卷末一卷　（清）金吳蘭　（清）李福沂修　（清）汪堃　（清）朱成熙纂　清光緒六年(1880)刻本　二十三冊　缺二卷(四十三至四十四)

410000－2204－0000778　110.3/5

康熙字典十二集三十六卷總目一卷檢字一卷辨似一卷等韻一卷備考一卷補遺一卷　（清）張玉書等撰　清光緒十四年(1888)上海圖書集成印書局刻本　十二冊

410000－2204－0000779　110.3/7

康熙字典十二集三十六卷總目一卷檢字一卷辨似一卷等韻一卷備考一卷補遺一卷　（清）張玉書等撰　清道光七年(1827)刻本　四十冊

410000－2204－0000780　302/29

五種遺規　（清）陳弘謀輯　清同治三年(1864)刻本　八冊

410000－2204－0000781　313/74

事類賦三十卷　（宋）吳淑撰並注　清刻本六冊

410000－2204－0000782　110.3/6

康熙字典十二集三十六卷總目一卷檢字一卷辨似一卷等韻一卷備考一卷補遺一卷　（清）張玉書等撰　清光緒十六年(1890)上海鴻文書局石印本　六冊

410000－2204－0000783　209.2/61

[光緒]扶溝縣志十六卷首一卷　（清）熊燦修　（清）張文楷纂　清光緒十九年(1893)大程書院刻本　二冊　存八卷(一至七、首一卷)

410000－2204－0000784　110.3/36

說文解字義證五十卷　（清）桂馥撰　清同治九年(1870)湖北崇文書局刻本　二十九冊缺三卷(五、十、三十三)

410000－2204－0000785　110.3/35

說文解字義證五十卷　（清）桂馥撰　清同治九年(1870)湖北崇文書局刻本　三十冊　缺三卷(十至十二)

410000－2204－0000786　209.2/62

[嘉慶]濬縣志二十二卷首一卷末一卷　（清）熊象階修　（清）武穆淳纂　清嘉慶七年(1802)刻本　六冊

410000－2204－0000787　209.2/62

[光緒]續濬縣志八卷　（清）黃璟修　（清）李作霖　（清）喬景濂纂　清光緒十二年(1886)刻本　二冊

410000－2204－0000788　205.1/8

畿輔人物考八卷　（清）孫奇逢輯　（清）高鐈　（清）孫立雅編　清同治八年(1869)刻孫夏峰全集本　九冊

410000－2204－0000789　302/31

兩程遺書十卷首一卷　（清）張伯行集解　清嘉慶二十四年(1819)四篋堂刻本　四冊

410000－2204－0000790　310.4/3

詩韻典訓八卷　（清）劉漸達輯　清道光刻本　一冊　存一卷(五)

410000－2204－0000791　302/32

學仕遺規四卷補四卷　（清）陳宏謀輯　清臨川桂高慶刻本　五冊　存七卷(學仕遺規四卷、補一至三)

410000－2204－0000792　110.3/2－1

康熙字典十二集三十六卷總目一卷檢字一卷辨似一卷等韻一卷備考一卷補遺一卷　（清）張玉書等撰　清康熙五十五年(1716)內府刻本　四十冊

410000－2204－0000793　206.1/1

風俗通姓氏篇二卷　（漢）應劭撰　（清）張澍編　清道光元年(1821)刻本　二冊

410000－2204－0000794　302/34

理學宗傳二十六卷　（清）孫奇逢輯　清康熙刻道光至光緒遞修本　十六冊

410000－2204－0000795　209.2/68

[光緒]光州志十二卷首一卷　（清）楊修田修
（清）馬佩玖纂　光州忠節志四卷光州節孝
志二卷　清光緒十二年(1886)刻本　十六冊

410000－2204－0000796　209.2/70

吳郡圖經續記三卷　（宋）朱長文撰　清道光
十年(1830)刻得月簃叢書本　一冊

410000－2204－0000797　206.1/2

百姓昭明一卷　（清）夏雲集纂編　清光緒十
一年(1885)刻本　一冊

410000－2204－0000798　302/37

新刊性理大全八卷　（宋）周敦頤撰　（宋）朱
熹注　性理體註訓解標題不分卷　（清）張道
升　（清）仇廷桂纂輯　（清）呂從律增訂　清
咸豐三年(1853)崇文堂刻本　四冊

410000－2204－0000799　209.2/75

[乾隆]會理州志四卷　（清）曾濬哲修
（清）嚴爾謐纂　清乾隆六十年(1795)刻本
四冊

410000－2204－0000800　302/38

性理精解八卷　（宋）周敦頤撰　（宋）朱熹注
性理體註訓解標題講義不分卷　（清）張道
升　（清）仇廷桂纂輯　（清）許賢聲增訂　清
致和堂刻本　四冊

410000－2204－0000801　206.1/4

新纂氏族箋釋八卷　（清）熊峻運著　清刻本
八冊

410000－2204－0000802　315/17－1

太上感應篇注證□□卷　（清）□□輯　清嘉
慶二十五年(1820)刻本　一冊　存一卷(一)

410000－2204－0000803　315/17－2

太上感應篇注證□□卷　（清）□□輯　清嘉
慶二十五年(1820)刻本　一冊　存一卷(一)

410000－2204－0000804　206.1/5

姓氏譜纂七卷　（明）李日華撰　明崇禎刻本
四冊

410000－2204－0000805　209.2/77

太平寰宇記二百卷補闕七卷　（宋）樂史撰
（清）陳蘭森輯　清刻本(原缺卷一百十三至
一百十九)　二十四冊　缺七十九卷(一至七
十九)

410000－2204－0000806　110.3/10

六書分類十二卷首一卷　（清）傅世垚撰　清
乾隆五十四年(1789)刻本　十二冊

410000－2204－0000807　110.3/9

六書分類十二卷首一卷　（清）傅世垚撰　清
乾隆五十四年(1789)刻本　十三冊

410000－2204－0000808　302/35

淺近錄八卷　（清）張鑑輯　清同治八年
(1869)刻本　八冊

410000－2204－0000809　302/51

小學集解六卷輯說一卷　（清）張伯行纂輯
（清）李蘭汀校訂　清同治十年(1871)刻本
三冊　存六卷(一至五、輯說一卷)

410000－2204－0000810　206.2/1

[陝西茂陵]張氏宗譜二卷　（清）張鴻山纂修
清宣統三年(1911)刻本　二冊

410000－2204－0000811　206.2/1

[陝西茂陵]張氏宗譜二卷　（清）張鴻山纂修
清宣統三年(1911)刻本　二冊

410000－2204－0000812　110.3/11

字彙十二卷首一卷末一卷韻法直圖一卷韻法
橫圖一卷　（明）梅膺祚音釋　清康熙十三年
(1674)刻本　十四冊

410000－2204－0000813　209.2/78

太平寰宇記二百卷　（宋）樂史撰　清乾隆五
十八年(1793)刻本(原缺卷一百十三至一百
十九)　三十二冊

410000－2204－0000814　110.3/15

經學輯要二十四卷　（清）吳潁炎輯　清光緒
十三年(1887)點石齋石印本　八冊　存一卷
(二十四)

410000－2204－0000815　110.3/22

字彙十二卷首一卷末一卷韻法直圖一卷韻法

橫圖一卷　（明）梅膺祚音釋　清煥文堂刻本
十四冊

410000－2204－0000816　206.4/1
丁酉科十八省正副榜同年全錄不分卷　（清）
□□撰　清光緒二十三年(1897)刻本　四冊

410000－2204－0000817　110.3/17
文字存真　（清）饒炯撰　清光緒三十年
(1904)達古軒刻本　四冊

410000－2204－0000818　110.3/14
字彙十二卷首一卷末一卷韻法直圖一卷韻法
橫圖一卷　（明）梅膺祚音釋　清康熙三十八
年(1699)金閶書業堂刻本　十四冊

410000－2204－0000819　302/52
小學集解六卷輯說一卷　（清）張伯行輯注
（清）李蘭汀校訂　清光緒十三年(1887)陝西
布政司刻本　四冊

410000－2204－0000820　206.5/1
大清搢紳全書四卷　（清）□□編　清光緒十
四年(1888)刻本　四冊

410000－2204－0000821　110.3/20
字彙十二卷首一卷末一卷韻法直圖一卷韻法
橫圖一卷　（明）梅膺祚音釋　清乾隆四十年
(1775)刻本　十四冊

410000－2204－0000822　110.3/19
重校蒙學堂字課圖說四卷　劉樹屏撰　清光
緒石印本　七冊

410000－2204－0000823　209.2/81
說嵩三十二卷　（清）景日昣撰　清刻本
十冊

410000－2204－0000824　209.2/15
[乾隆]鳳臺縣志二十卷首一卷　（清）林荔修
（清）姚學甲纂　清刻本　十二冊

410000－2204－0000825　209.2/15
[光緒]鳳臺縣續志四卷首一卷　（清）張貽琯
修　（清）郭維恒等纂　清光緒八年(1882)刻
本　四冊

410000－2204－0000826　110.3/21

字彙十二卷首一卷末一卷　（明）梅膺祚音釋
清刻本　七冊　存七卷(一至七)

410000－2204－0000827　302/54
願體集不分卷　（清）史典輯　增纂願體集一
卷　（清）蔣子登撰　（清）史典輯　清康熙刻
本　四冊

410000－2204－0000828　209.2/81－1
說嵩三十二卷　（清）景日昣撰　清刻本
十冊

410000－2204－0000829　110.3/42
正字通十二卷首一卷　（明）張自烈撰　（清）
廖文英輯　清康熙潭陽成萬材刻本　五十
一冊

410000－2204－0000830　209.2/81－2
說嵩三十二卷　（清）景日昣撰　清刻本
十冊

410000－2204－0000831　110.3/18
段氏說文注訂八卷　（清）鈕樹玉著　清同治
十三年(1874)湖北崇文書局刻本　二冊

410000－2204－0000832　209.2/16
[光緒]米脂縣志十二卷　（清）高照煦纂　高
增融校訂　清光緒三十三年(1907)鉛印本
四冊

410000－2204－0000833　110.3/23
虛字會通法續編不分卷　徐超編　清光緒三
十三年(1907)鉛印本　二冊　存二冊(二、
四)

410000－2204－0000834　206.5/2
中州同官錄不分卷　（清）□□輯　清同治五
年(1866)刻本　九冊

410000－2204－0000835　209.2/17
[正德]武功縣志三卷首一卷　（明）康海纂
（清）孫景烈評注　清刻本　一冊

410000－2204－0000836　209.2/18
[宣統]重修涇陽縣志十六卷首一卷末一卷
劉懋官修　宋伯魯　周斯億纂　清宣統三年
(1911)天津華新印刷局鉛印本　一冊　存八

卷(四至十一)

410000－2204－0000837　206.6/1

學案小識十四卷首一卷末一卷　（清）唐鑑撰
清光緒十年(1884)四砭齋刻本　十一冊

410000－2204－0000838　209.2/21

[光緒]重修盧氏縣志十八卷首一卷　（清）郭
光澍修　（清）李旭春纂　清光緒十八年
(1892)刻本　十冊

410000－2204－0000839　209.2/19

[雍正]陝西通志一百首一卷　（清）劉於義修
（清）沈青崖纂　清雍正十三年(1735)刻本
九十四冊　缺六卷(七十一至七十二、七十
六至七十七、七十九至八十)

410000－2204－0000840　110.4/8

十年讀書之廬重刊韻史二卷　（清）許遜翁撰
補一卷　（清）朱玉岑撰　清咸豐十一年
(1861)刻本　一冊

410000－2204－0000841　209.2/29

[嘉慶]澠池縣志十六卷　（清）甘揚聲修
（清）劉文運纂　清嘉慶十五年(1810)刻本
七冊　存十四卷(三至十六)

410000－2204－0000842　110.3/27

康熙字典十二集三十六卷總目一卷檢字一卷
辨似一卷等韻一卷補遺一卷備考一卷　（清）
張玉書等撰　清上海鴻寶書局石印本　六冊

410000－2204－0000843　209.2/21－1

[光緒]重修盧氏縣志十八卷首一卷　（清）郭
光澍修　（清）李旭春纂　清光緒十八年
(1892)刻本　八冊　缺三卷(五至七)

410000－2204－0000844　110.3/24

說文拈字七卷　（清）王玉樹著　清刻本　二
冊　存三卷(一至二、五)

410000－2204－0000845　209.2/31

[道光]重修伊陽縣志六卷首一卷末一卷
（清）張道超修　（清）馬九功纂　清道光十八
年(1838)刻本　六冊

410000－2204－0000846　302/57

淵鑒齋御纂朱子全書六十六卷　（宋）朱熹撰
（清）李光地等纂修　清康熙五十三年
(1714)武英殿刻本　二十三冊

410000－2204－0000847　110.3/33

史筌五卷首一卷　（清）楊銘柱編　清咸豐元
年(1851)刻本　一冊　存四卷(一至三、首一
卷)

410000－2204－0000848　209.2/32

[乾隆]偃師縣志三十卷首一卷　（清）湯毓倬
修　（清）孫星衍　（清）武億纂　清乾隆五十
四年(1789)刻本　十一冊　存二十一卷(一
至二、十至二十五、二十七至二十八、三十一)

410000－2204－0000849　209.2/19＋1

[雍正]陝西通志一百首一卷　（清）劉於義修
（清）沈青崖纂　清雍正十三年(1735)刻本
十九冊　存十九卷(三至六、十二至十三、
十七、十九至二十一、三十、四十一至四十二、
四十五、六十二、七十一至七十二、九十一、九
十八)

410000－2204－0000850　110.4/1

集韻十卷　（宋）丁度等撰　清光緒二年
(1876)川東官舍刻本　十冊

410000－2204－0000851　209.2/33

[乾隆]登封縣志三十二卷　（清）陸繼萼修
（清）洪亮吉纂　清乾隆五十二年(1787)刻本
八冊

410000－2204－0000852　110.4/2

四音釋義十二卷　（清）鄭長庚輯　清刻本
十二冊

410000－2204－0000853　302/58

新刻九我李太史校正大方性理全書七十卷
（明）胡廣等撰　清雍正十三年(1735)文萃堂
刻本　三十二冊

410000－2204－0000854　206.6/3

宋元學案一百卷首一卷考略一卷　（清）黃宗
羲纂　（清）黃百家輯　（清）全祖望修定　清
光緒五年(1879)長沙寄廬刻本　三十四冊

410000－2204－0000855　206.6/5

明儒學案十六卷　（清）黃宗羲著　清光緒二十八年(1902)上海文瀾書局石印本　八冊

410000－2204－0000856　209.2/22

[光緒]宜陽縣志十六卷　（清）謝應起修（清）劉占卿　（清）龔文明纂　清光緒七年(1881)刻本　八冊

410000－2204－0000857　302/60

程氏家塾讀書分年日程三卷　（元）程端禮撰（清）張伯行　（清）楊浚重輯　清同治五年(1866)福州正誼書院刻八年至九年(1869－1870)續刻本　二冊

410000－2204－0000858　110.3/43

說文解字注三十二卷　（清）段玉裁撰　說文部目分韵一卷　（清）陳奐撰　說文通檢十四卷首一卷末一卷　（清）黎永椿撰　說文解字注匡謬八卷　（清）徐承慶撰　清宣統二年(1910)石印本　八冊

410000－2204－0000859　209.2/23

[光緒]嵩縣志三十卷首一卷　（清）康基淵纂修　（清）龔文明增修　（清）陳煥如增纂　清光緒三十二年(1906)刻本　三冊　缺八卷（二十三至三十）

410000－2204－0000860　209.2/23－1

[乾隆]嵩縣志三十卷首一卷　（清）康基淵纂修　清乾隆三十二年(1767)刻本　三冊　缺十一卷(五至十五)

410000－2204－0000861　209.2/32＋1

[乾隆]偃師縣志三十卷首一卷　（清）湯毓倬修　（清）孫星衍　（清）武億纂　清刻本　十二冊　缺九卷(十五至二十、二十七、二十九至三十)

410000－2204－0000862　209.2/25＋1

[嘉慶]孟津縣志十二首一卷　（清）趙擢彤修（清）宋繻纂　清嘉慶二十年(1815)刻本　六冊

410000－2204－0000863　302/61

嘉懿集續鈔四卷　（清）高塒輯　清乾隆五十

四年(1789)刻本　七冊

410000－2204－0000864　209.2/32＋3

[乾隆]偃師縣志三十卷首一卷　（清）湯毓倬修　（清）孫星衍　（清）武億纂　清刻本　十六冊

410000－2204－0000865　209.2/32＋4

[乾隆]偃師縣志三十卷首一卷　（清）湯毓倬修　（清）孫星衍　（清）武億纂　清刻本　十六冊

410000－2204－0000866　209.2/33＋1

[乾隆]登封縣志三十二卷　（清）陸繼萼修（清）洪亮吉纂　清刻本　六冊　存二十二卷（八至十五、十九至三十二）

410000－2204－0000867　302/62

存古約言六卷　（明）呂維祺著　清石印本　一冊

410000－2204－0000868　209.2/25＋2

[乾隆]孟津縣志十二卷　（清）王弘猷纂修　清乾隆十一年(1746)刻本　五冊

410000－2204－0000869　302/62

存古約言六卷　（明）呂維祺著　清石印本　一冊

410000－2204－0000870　302/62

存古約言六卷　（明）呂維祺著　清石印本　一冊

410000－2204－0000871　302/63

理學宗傳二十六卷　（清）孫奇逢輯　清康熙刻道光至光緒遞修孫夏峰全集本　十二冊

410000－2204－0000872　209.2/25

[嘉慶]孟津縣志十二卷首一卷　（清）趙擢彤修　（清）宋繻纂　清嘉慶二十年(1815)刻本　六冊

410000－2204－0000873　110.4/3

五方元音二卷　（清）樊騰鳳撰　（清）年希堯增補　清光緒十九年(1893)雙和堂刻本　二冊

410000－2204－0000874　303/1

武侯八陣圖一卷　（三國蜀）諸葛亮撰　清抄本　一冊

410000－2204－0000875　110.3/41

復古編二卷　（宋）張有撰　清光緒八年（1882）淮南書局刻本　二冊

410000－2204－0000876　303/2

武經七書全解七卷附武經七書標策全解一卷
武經七書數目隱義題全解一卷　（清）丁洪章輯　（清）鄧瑄虞校訂　清刻本　八冊　存六卷(一至三、五至七)

410000－2204－0000877　304/1

管子二十四卷　（唐）房玄齡注　（明）劉績補　清光緒二年（1876）浙江書局刻本　六冊

410000－2204－0000878　315/4

南華全經分章句解四卷　（明）陳榮選著　清乾隆三年（1738）刻本　六冊

410000－2204－0000879　209.2/27－1

[乾隆]孟縣志十卷　（清）仇汝瑚修　（清）馮敏昌撰　清乾隆五十五年（1790）刻本　五冊　存五卷(二、四、六、八至九)

410000－2204－0000880　315/5

陰隲文圖說四卷　（清）黃正元纂　清道光二十六年（1846）刻本　四冊

410000－2204－0000881　209.2/27

[乾隆]孟縣志十卷　（清）仇汝瑚修　（清）馮敏昌撰　清乾隆五十五年（1790）刻本　十冊

410000－2204－0000882　110.4/6

詩韻合璧五卷附一卷　（清）湯文潞輯　清光緒元年（1875）刻本　五冊

410000－2204－0000883　110.4/5

詩韻合璧五卷　（清）湯文潞輯　虛字韻藪一卷　（清）潘維城輯　初學檢韻袖珍一卷　（清）姚文登輯　清光緒十七年（1891）上海鴻寶齋石印本　六冊

410000－2204－0000884　315/6

增訂因果集四卷　（清）徐誠榮等輯　清道光

二十三年（1843）刻本　四冊

410000－2204－0000885　304/2

洗冤錄詳義四卷　（清）許槤編校　清刻本　三冊

410000－2204－0000886　308.4/9

新刻斷易大全搜集諸家卜筮源流四卷　（清）余興國編輯　清石印本　二冊　存二卷(一至二)

410000－2204－0000887　110.4/11

音韻貫珠八卷　（清）賈椿齡編　清光緒二十五年（1899）益元書局刻本　八冊

410000－2204－0000888　304/3

檢驗集証一卷檢驗合參一卷　（清）郎錦騏輯　（清）李人華等校訂　清道光十五年（1835）刻本　三冊

410000－2204－0000889　110.4/10

古今韻略五卷例言一卷　（清）邵長蘅纂　清康熙三十五年（1696）刻本　五冊

410000－2204－0000890　315/55

返性圖輯要寶錄二卷　題(清)洗心覺民校訂　清宣統元年（1909）刻本　二冊

410000－2204－0000891　110.4/13

佩文詩韻釋要五卷　（清）周兆基輯　陸潤庠重校　清宣統三年（1911）商務印書館石印本　二冊

410000－2204－0000892　315/10

重刻法戒錄四卷首一卷　（清）□□撰　清光緒五年（1879）刻本　四冊

410000－2204－0000893　304/4

折獄龜鑑八卷　（宋）鄭克輯　（清）胡文炳校訂　補六卷　（清）胡文炳輯　清光緒四年（1878）月蘭齋刻本　八冊

410000－2204－0000894　315/8

呂祖全書三十三卷　（清）劉體恕輯　清同治七年（1868）刻本　八冊　存二十五卷(一至二、八至三十)

410000－2204－0000895　110.4/16

新刊校正增補圓機詩韻活法全書十四卷
（明）王世貞增校　（清）蔣先庚重訂　清刻本
　　五冊　存十卷（一至十）

410000－2204－0000896　315/9
聖諭靈徵摘要六卷　（清）□□撰　清光緒九
年（1883）刻本　五冊　存五卷（一至二、四至
六）

410000－2204－0000897　109/7
五經經解萃精五卷　（清）丁午等撰　清光緒
十五年（1889）上海點石齋石印本　五冊

410000－2204－0000898　109/7
經解萃精十三卷首一卷　（清）丁午等撰　清
光緒十九年（1893）上海點石齋石印本　五冊

410000－2204－0000899　110.4/12
四聲便覽四集　（清）余六師編　清同文堂刻
本　一冊

410000－2204－0000900　110.4/12
四聲便覽四集　（清）余六師編　清道光九年
（1829）經文堂刻本　一冊

410000－2204－0000901　110.4/18
廣韻五卷　（宋）陳彭年等撰　清涵芬樓影印
本　五冊

410000－2204－0000902　103/7
十三經集字摹本不分卷　（清）彭玉雯纂　清
道光二十九年（1849）彭玉雯刻本　八冊

410000－2204－0000903　305/5
蠶桑萃編十五卷首一卷　（清）衛杰纂　清光
緒二十四年（1898）刻本　八冊

410000－2204－0000904　10/5
十三經分類政要十卷　（清）周世樟編　清光
緒二十八年（1902）教育世界社石印本　八冊

410000－2204－0000905　310.4/5
佩文齋廣群芳譜一百卷　（清）汪灝等編　清
上海錦章圖書局石印本　二十四冊

410000－2204－0000906　302/68
羅整庵先生困知記四卷　（明）羅欽順著　清
福州正誼書院刻本　一冊

410000－2204－0000907　101/42
寄傲山房塾課纂輯御案易經備旨七卷　（清）
鄒聖脉纂輯　清光緒十年（1884）潎灣兩儀書
坊刻本　四冊

410000－2204－0000908　207/1
經史百家雜鈔二十六卷首一卷　（清）曾國藩
輯　清光緒三十二年（1906）商務印書館鉛印
本　十二冊

410000－2204－0000909　10/4
五經類聯讀本不分卷　（清）繼志堂等編　清
嘉慶十二年（1807）金陵文林堂刻本　二冊

410000－2204－0000910　207/3
三立閣史鈔二卷　（清）李鎔經輯　清道光十
六年（1836）晉陽書院刻本　二冊

410000－2204－0000911　306/1
六科證治準繩　（明）王肯堂輯　清乾隆五十
八年（1793）修敬堂刻本　五十一冊　存三十
三卷（證治準繩五至八、雜病證治類方三至
八、傷寒證治準繩五至八、瘍醫準繩一至五、
幼科證治準繩九卷、女科證治準繩一至五）

410000－2204－0000912　310.4/5－1
佩文齋廣群芳譜一百卷　（清）汪灝等編　清
上海錦章圖書局石印本　二十三冊　存九十
五卷（一至四十八、五十四至一百）

410000－2204－0000913　207/4
中州朱玉錄二卷　（清）耿興宗著　清咸豐二
年（1852）刻本　一冊

410000－2204－0000914　207/4
中州朱玉錄續編二卷　（清）耿興宗著　清同
治七年（1868）刻本　一冊

410000－2204－0000915　306.2/2
嵩厓尊生書十七卷　（清）景日昣撰　清刻本
　　六冊

410000－2204－0000916　310.4/4
佩文齋廣群芳譜一百卷目錄二卷　（明）王象
晉原編　（清）汪灝等重編　清同治七年
（1868）刻本　四十冊

410000－2204－0000917　207/7

二十一史約編八卷首一卷末一卷　（清）鄭元慶編　清同治七年（1868）刻本　八冊

410000－2204－0000918　501/31.1

富陽夏氏叢刻　夏震武　夏鼎武撰　清光緒刻本　四冊

410000－2204－0000919　207/6

二十一史約編八卷首一卷末一卷　（清）鄭元慶編　清康熙三十六年（1697）魚計亭刻本　八冊

410000－2204－0000920　207/5

二十一史約編八卷首一卷末一卷　（清）鄭元慶編　清刻本　八冊

410000－2204－0000921　109/6

宋人經義約抄一卷補抄一卷附作義要訣一卷　題（清）不夜山人輯　清光緒二十四年（1898）河南省城刻本　二冊

410000－2204－0000922　407/11

胡敬齋先生文集三卷　（明）胡居仁撰　清同治八年（1869）傳經堂刻本　二冊

410000－2204－0000923　409.1/9

國朝文彙甲前集二十卷甲集六十卷乙集七十卷丙集三十卷丁集二十卷姓氏目錄一卷　國學扶輪社輯　清宣統元年（1909）上海國學扶輪社石印本　六十冊　存一百二十八卷（甲前集二十卷、甲集一至五十四、乙集二十一至五十四、丁集二十卷）

410000－2204－0000924　306.4/2

辨證錄十四卷　（清）陳士鐸著　清刻本　二冊　存四卷（四至五、十一至十二）

410000－2204－0000925　306.4/3

痘疹全嬰金鏡錄真本三卷痘疹百問秘本一卷　（明）翁仲仁輯　（清）吳學損校訂　清刻本　二冊　存三卷（痘疹全嬰金鏡錄真本一至二、痘疹百問秘本一卷）

410000－2204－0000926　313/51

策學備纂三十二卷首一卷　（清）吳穎炎等輯

清光緒二十年（1894）袖海山房石印本　三十二冊

410000－2204－0000927　306.4/1

類經三十二卷　（明）張介賓類注　清刻本　五冊　存六卷（五至九、十八）

410000－2204－0000928　409.4/5

中州名賢文表三十卷　（明）劉昌編　清光緒三十年（1904）鴻文書局石印本　七冊

410000－2204－0000929　306.3/3

本草衍義二十卷　（宋）寇宗奭撰　清刻本　二冊

410000－2204－0000930　409.4/6

續中州名賢文表六十八卷　邵松年輯　清光緒三十年（1904）鴻文書局石印本　二十一冊

410000－2204－0000931　104.1/10

周禮注疏四十二卷　（漢）鄭玄注　（唐）賈公彥疏　明崇禎元年（1628）汲古閣刻十三經注疏本　十七冊

410000－2204－0000932　306.3/2

本草綱目五十二卷附圖三卷瀕湖脈學一卷奇經八脈考一卷　（明）李時珍撰　本草綱目拾遺十卷　（清）趙學敏輯　本草萬方鍼線八卷　（清）蔡烈先編　脈訣考證一卷　清光緒十四年（1888）上海鴻寶齋石印本　十六冊

410000－2204－0000933　302/66

薛文清公讀書錄十一卷續錄十二卷　（明）薛瑄撰　清乾隆十一年（1746）刻本　八冊

410000－2204－0000934　302/66－1

薛文清公讀書錄十一卷續錄十二卷　（明）薛瑄撰　清乾隆十一年（1746）刻本　七冊　存二十卷（書錄十一卷，續錄一至四、八至十二）

410000－2204－0000935　302/67

薛文清公讀書錄續編二十卷　（明）薛瑄撰　（清）侯鶴齡編　清光緒十九年（1893）解梁本　八冊

410000－2204－0000936　501/30

國朝文錄八十九種　（清）李祖陶輯　清道光

十九年(1839)瑞州府鳳儀書院刻同治七年(1868)敖陽李氏續刻本　七十一冊　存八十九種一百五十七卷

410000－2204－0000937　104.1/11

周禮二十卷　(漢)鄭玄注　(唐)陸德明音義　明刻朱墨套印本　六冊

410000－2204－0000938　407/11

胡敬齋先生居業錄四卷　(明)胡居仁撰　清同治八年(1869)傳經堂刻本　四冊

410000－2204－0000939　302/70

人範六卷　(清)蔣元輯　清光緒十六年(1890)守拙軒刻本　二冊

410000－2204－0000940　302/70

陸清獻公宰嘉訓俗一卷　(清)陸隴其著　清刻本　一冊

410000－2204－0000941　306.3/1

新刻校正大字李東垣先生珍珠囊二卷　(金)李東垣(李杲)輯　清刻本　二冊

410000－2204－0000942　306.5/1

御纂醫宗金鑑九十卷　(清)吳謙等輯　清乾隆七年(1742)武英殿刻本　四十八冊

410000－2204－0000943　408/26

西河古文錄八卷　(清)李元春撰　清道光十年(1830)西河書院刻本　四冊

410000－2204－0000944　314.3/1

釋氏四書　(□)□□輯　清光緒十一年(1885)刻本　三冊　存三種三卷

410000－2204－0000945　302/70

節孝錄一卷　(清)郭鳳桐輯　清刻本　一冊

410000－2204－0000946　409.1/10

光緒甲午科直省鄉墨十一卷　(清)劉元亮輯　清光緒二十年(1894)刻本　一冊　存六卷(順天一卷、江南一卷、浙江一卷、江西一卷、河南一卷、山西一卷)

410000－2204－0000947　302/3

御纂性理精義十二卷　(清)李光地等輯修　清光緒元年(1875)傳經堂刻西京清麓叢書本　六冊

410000－2204－0000948　101/43

周易玩辭困學記不分卷　(明)張次仲撰　清劉鈇鍾刻本　十二冊

410000－2204－0000949　306.5/3

馮氏錦囊秘錄八種　(清)馮兆張著　清嘉慶十八年(1813)會成堂刻本　二十三冊　存二種三十一卷

410000－2204－0000950　409.5/5

仁在堂全集十一集續刻三集　(清)路德評選　清光緒十八年(1892)積山書院石印本　八冊

410000－2204－0000951　302/72

闇俢記四卷　(清)王檢心著　清咸豐六年(1856)刻本　四冊

410000－2204－0000952　408/31

三松堂詩續集六卷　(清)潘奕雋撰　清道光刻本　二冊

410000－2204－0000953　311/12

天中許子政學合一集不分卷　(清)許三禮撰　清康熙刻本　十二冊

410000－2204－0000954　404/50

二程文集十二卷　(宋)程顥　(宋)程頤撰　(清)張伯行輯　清同治五年(1866)福州正誼書院刻本　四冊

410000－2204－0000955　408/33

澄懷書屋詩鈔四卷　(清)穆彰阿撰　清道光二十七年(1847)刻本　四冊

410000－2204－0000956　110/15

彙纂詩法度鍼十卷　(清)徐文弼編輯　清乾隆六十年(1795)刻本　二冊

410000－2204－0000957　408/34

隨園詩草八卷　(清)邊連寶撰　清乾隆四十年(1775)刻本　八冊

410000－2204－0000958　408/32

精選巧搭大觀四卷　(清)張承臚撰　清光緒十五年(1889)上海點石齋石印本　十六冊

410000－2204－0000959　409.5/5－1

仁在堂全集十一集續刻三集　（清）路德評選
清光緒十八年（1892）積山書院石印本
八冊

410000－2204－0000960　108.5/24

大題文府不分卷　（清）同文書局輯　清光緒
十七年（1891）上海鴻文書局石印本　二十
二冊

410000－2204－0000961　408/35

佩蘅詩鈔八卷　（清）寶鋆撰　清咸豐九年
（1859）刻本　四冊

410000－2204－0000962　302/71

漢學商兌三卷　（清）方東樹撰　清光緒二十
六年（1900）浙江書局刻本　四冊

410000－2204－0000963　406/4

吳朝宗先生聞過齋集四卷　（元）吳海撰
（清）張伯行輯　清同治五年（1866）福州正誼
書院刻正誼堂全書本　二冊

410000－2204－0000964　203.2/6

聖武記十四卷　（清）魏源撰　清刻本　十
二冊

410000－2204－0000965　306.5/7

霍亂論二卷　（清）王士雄撰　清道光刻本
一冊

410000－2204－0000966　409.1/11

同館賦鈔二十四卷　（清）法式善編　清刻本
七冊　存八卷（十七至二十四）

410000－2204－0000967　208/2

**大清嘉慶二十二年歲次丁丑七政經緯宿度五
星伏見一卷**　（清）欽天監編　清嘉慶二十二
年（1817）刻本　一冊

410000－2204－0000968　208/2

三才略三卷　蔣德鈞輯　清刻本　一冊　存
二卷（一至二）

410000－2204－0000969　208/2

御製曆象考成上編十六卷　（清）允祿等撰
清刻本　一冊　存一卷（八）

410000－2204－0000970　306.5/10

驗方新編十六卷　（清）鮑相璈編　清刻本
一冊　存三卷（二至四）

410000－2204－0000971　410/31

七家詩輯注彙鈔七卷　（清）張熙宇輯評　清
光緒二十三年（1897）鴻文書局石印本　四冊

410000－2204－0000972　403/16

李義山詩集二卷　（唐）李商隱撰　（清）朱鶴
齡箋注　清乾隆五十八年（1793）三多齋刻本
六冊

410000－2204－0000973　410/30

增注批評八家詩試帖詩選八集　（清）張熙宇
評選　（清）張午纕增注　清同治八年（1869）
刻本　四冊

410000－2204－0000974　208/2

粵京鴻都閣活板通書不分卷　（清）□□撰
清光緒二十九年（1903）鴻都閣刻朱墨套印本
一冊

410000－2204－0000975　208/2

大清光緒三十三年歲次丁未時憲書一卷
（清）欽天監編　清光緒三十三年（1907）刻本
一冊

410000－2204－0000976　408/27

隨園二十八種　（清）袁枚撰　清刻本　六十
四冊　存十三種一百七十七卷

410000－2204－0000977　306.5/9

痘症精言四卷　（清）袁句撰　清刻本　一冊
存二卷（三至四）

410000－2204－0000978　108.5/24

大題文府續集不分卷　（清）同文書局輯　清
光緒十九年（1893）上海鴻文書局石印本
四冊

410000－2204－0000979　409.3/12

**欽定熙朝雅頌集首集三十六卷本集一百六卷
餘集二卷**　（清）鐵保撰　清嘉慶九年（1804）
刻本　二十三冊　存一百三十八卷（首集三
十六卷、本集一至一百二）

410000－2204－0000980　306.5/8

溫疫論二卷　(清)吳有性著　清刻本　一冊
　　存一卷(二)

410000－2204－0000981　306.51/3

張仲景傷寒論原文淺注六卷　(清)陳念祖集
注　清刻本　一冊　存四卷(三至六)

410000－2204－0000982　108.5/26

大題文府不分卷　題(清)退菴居士輯　清光
緒十四年(1888)鴻寶齋石印本　二十冊

410000－2204－0000983　410/29

國朝館閣九家詩箋九集　(清)王芑孫評選
清嘉慶五年(1800)刻本　四冊

410000－2204－0000984　408/39

六一山房詩集十卷　(清)董沛撰　清同治十
三年(1874)峯草堂刻本　二冊

410000－2204－0000985　101/45

欽定篆文六經四書　(清)李光地等編　清光
緒九年(1883)上海同文書局石印本　九冊

410000－2204－0000986　101/44

欽定篆文六經四書　(清)李光地等編　清光
緒九年(1883)上海同文書局石印本　九冊

410000－2204－0000987　409.2/11

三十家詩鈔六卷首一卷末一卷　(清)曾國藩
纂　(清)王定安輯　清宣統元年(1909)上海
崇善堂石印本　六冊

410000－2204－0000988　409.4/2

國朝中州文徵五十四卷首一卷　(清)蘇源生
輯　清道光二十三年(1843)刻本　二十八冊

410000－2204－0000989　410/25

注釋九家詩十一卷　(清)李錫瓚輯　清道光
五年(1825)刻本　三冊

410000－2204－0000990　10/6

皇朝五經彙解二百七十卷　(清)抉經心室纂
　清光緒十九年(1893)寶文書局石印本　三
十三冊

410000－2204－0000991　313/52

策學淵萃四十六卷目錄二卷　(清)□□撰

清光緒四年(1878)京都琉璃廠文萃堂刻本
十六冊

410000－2204－0000992　104.1/12

禮記注疏六十三卷　(漢)鄭玄注　(唐)陸德
明音義　(唐)孔穎達疏　明崇禎十二年
(1639)汲古閣刻十三經注疏本　二十二冊

410000－2204－0000993　410/25

九家詩讀本一卷　(清)李錫瓚評注　清嘉慶
十七年(1812)刻本　一冊

410000－2204－0000994　301/14

類腋五十五卷補遺一卷　(清)姚培謙集
(清)張隆孫輯　清乾隆寶寧堂刻本　十六冊

410000－2204－0000995　403/19

唐陸宣公集二十二卷詞記一卷年譜一卷本傳
一卷　(唐)陸贄撰　清同治五年(1866)刻本
　八冊

410000－2204－0000996　409.4/7

國朝山左詩彙鈔後集三十卷　(清)余正西輯
　清道光二十九年(1849)刻本　十冊

410000－2204－0000997　408/40

檉華館試帖彙鈔輯注十卷　(清)路德撰
(清)胡葆鄂輯注　清道光十四年(1834)刻本
　五冊

410000－2204－0000998　301/15

增補萬寶全書二十卷　(明)陳繼儒纂輯　清
嘉慶二十二年(1817)宏道堂刻本　四冊

410000－2204－0000999　409.4/8

國朝中州詩鈔三十二卷　(清)楊淮輯　清道
光二十三年(1843)刻本　十二冊　存十七卷
(十六至三十二)

410000－2204－0001000　410/24

詳注分韻試帖青雲集四卷　(清)楊逢春
(清)蕭應槐輯　清宏道堂刻本　二冊

410000－2204－0001001　311.2/7

尤西川先生擬學小記六卷續錄九卷西川要語
一卷　(明)尤時熙著　清同治三年(1864)刻
本　五冊

410000－2204－0001002　408/25

柳渠文集六卷詩集六卷　（清）胡豹變撰　清同治七年（1868）榆次懷仁鎮燕翼樓刻本　四冊

410000－2204－0001003　408/41

檉華館文集六卷詩集四卷雜錄一卷駢文一卷　（清）路德撰　清光緒七年（1881）刻本　十冊

410000－2204－0001004　311.2/8

新刻陳宏謀批評記史通鑑三十九卷　（清）陳宏謀撰　清乾隆五十二年（1787）刻本　二十二冊　存二十二卷（一至二十、三十五至三十六）

410000－2204－0001005　410/27

試律大觀三十二卷　題（清）竹屏居士輯　清刻本　六冊

410000－2204－0001006　408/42

童山詩集四十二卷　（清）李調元撰　清刻本　六冊　存二十六卷（一至五、十至十三、十四至十七、二十三至二十六、三十一至三十五、三十六至三十九）

410000－2204－0001007　409.3/13

雲樣集八卷　（清）高陳謨編　清嘉慶二年（1797）傳經堂刻本　四冊

410000－2204－0001008　408/43

扉青詩鈔八卷　（清）呂永輝撰　清刻本　二冊

410000－2204－0001009　207/8

韻史二卷　（清）許遯翁著　清光緒十六年（1890）廣百宋齋石印本　一冊

410000－2204－0001010　409.2/6

文選六十卷　（南朝梁）蕭統輯　（唐）李善等注　清刻本　十二冊

410000－2204－0001011　410/28

海棠花館七家詩補注七卷　（清）張熙宇等輯評　清同治八年（1869）刻本　四冊

410000－2204－0001012　409.2/7

文選六十卷　（南朝梁）蕭統輯　（唐）李善等注　清刻本　八冊　存三十卷（三十一至六十）

410000－2204－0001013　110.3/44

字學舉隅不分卷　（清）龍啟瑞撰　清光緒十一年（1885）刻本　一冊

410000－2204－0001014　110.3/44

字學舉隅不分卷　（清）龍啟瑞撰　清光緒十年（1884）益元堂刻本　一冊

410000－2204－0001015　302/73

初學玉玲瓏四卷　（清）徐瑄輯　清光緒十一年（1885）皖省聚文堂刻本　一冊　存二卷（一至二）

410000－2204－0001016　311.2/9

張謇批選五經新義六卷續集六卷　張謇撰　清光緒三十年至三十一年（1904－1905）上海石印本　八冊

410000－2204－0001017　302/73

古文喈鳳新編八卷　（清）汪基輯　清光緒善成堂刻本　一冊　存二卷（一至二）

410000－2204－0001018　110.3/44

重校字學舉隅一卷　（清）黃本驥　（清）龍啟瑞著　清光緒八年（1882）刻本　一冊

410000－2204－0001019　207/9

史鑑節要六卷　（清）鮑東里撰　清光緒二十八年（1902）京都廣文書舍刻本　三冊

410000－2204－0001020　408/44

重編留青新集二十四卷　（清）馮善長編　清錫活字印本　十二冊

410000－2204－0001021　408/45

聽澗堂詩草七卷　（清）郭順成撰　清光緒刻本　二冊

410000－2204－0001022　409.2/13

文選刪注十二卷　（明）王象乾刪訂　明刻本　三冊　存四卷（一至四）

410000－2204－0001023　110.4/18

廣韻五卷　（宋）陳彭年等撰　清涵芬樓影印

本　五冊

410000－2204－0001024　408/38

隨園三十種　（清）袁枚撰　清同治五年
(1866)刻本　五十九冊　存二十七種二百十
五卷

410000－2204－0001025　408/46

兩山詩鈔二卷　（清）何晫撰　清道光二十八
年(1848)山陰何氏刻本　二冊

410000－2204－0001026　212.5/12

大清新法令十三卷附錄三卷　商務印書館編
譯所編輯　清宣統元年(1909)上海商務印書
館鉛印本　十五冊　存十三卷(四至十三、附
錄三卷)

410000－2204－0001027　408/52

篁村集十二卷附寶奎堂遺橐一卷　（清）陸錫
熊撰　清道光五年(1825)刻本　三冊　存十
卷(一至六、十至十二,遺橐一卷)

410000－2204－0001028　409.1/12

七家試帖輯注彙鈔　（清）王植桂輯　（清）張
熙宇評　清光緒十九年(1893)湖南文運書局
刻本　八冊

410000－2204－0001029　408/46

喝于館詩草二卷　（清）言敦源　（清）丁敏瑛
撰　清鉛印本　一冊

410000－2204－0001030　408/53

沅湘耆舊集二百卷前編四十卷　（清）鄧顯鶴
輯　清刻本　五冊　存十九卷(七十八至八
十九、九十四至一百)

410000－2204－0001031　207/10

史鑑節要便讀六卷　（清）鮑東里撰　清光緒
三十二年(1906)刻本　二冊

410000－2204－0001032　207/11

史鑑節要便讀六卷　（清）鮑東里撰　清光緒
十年(1884)刻本　二冊

410000－2204－0001033　408/46

芸窗存稿一卷　（清）姚爾申　（清）岳生甫撰
清康熙刻本　一冊

410000－2204－0001034　408/46

張都護詩存一卷　張錫鑾撰　清宣統二年
(1910)鉛印本　一冊

410000－2204－0001035　408/54

紅樹山莊詩草四卷黔游草一卷　（清）劉家逵
撰　清光緒十一年(1885)刻本　二冊

410000－2204－0001036　408/46

思貽堂詩集六卷　（清）金衍宗撰　清刻本
二冊

410000－2204－0001037　409.6/6

庚辰集五卷　（清）紀昀編　清乾隆二十七年
(1762)刻本　六冊

410000－2204－0001038　409/1

古文喈鳳新編八卷　（清）汪基輯　清宏德堂
刻本　五冊　存七卷(一至六、八)

410000－2204－0001039　110.3/47

小學諷詠助引一卷　（清）許鼎臣輯　清刻本
一冊

410000－2204－0001040　110.3/47

小學諷詠助引一卷　（清）許鼎臣輯　清刻本
一冊

410000－2204－0001041　409.2/14

一百二十名家全稿不分卷　（清）俞長城編
清光緒十九年(1893)上海鴻寶齋石印本
十冊

410000－2204－0001042　409.3/17

明文在一百卷　（清）薛熙纂　（清）何潔輯
清光緒十五年(1889)江蘇書局刻本　十冊

410000－2204－0001043　409.3/15

金文雅十六卷　（清）莊仲方編　清光緒十七
年(1891)江蘇書局刻本　四冊

410000－2204－0001044　409.3/14

唐文粹一百卷　（宋）姚鉉纂　清光緒九年
(1883)江蘇書局刻本　十六冊

410000－2204－0001045　409.2/15

得月樓賦鈔甲編不分卷　（清）張元灝選評
清道光二十四年(1844)刻本　一冊

410000－2204－0001046　409/3

律賦必以集二卷　（清）顧蒓輯　清道光刻本
二冊

410000－2204－0001047　409.1/13

原獻詩錄三卷　（清）賀瑞麟編　清光緒刻本
三冊

410000－2204－0001048　409.3/16

元文類七十卷目錄三卷　（元）蘇天爵編　清
光緒十五年(1889)江蘇書局刻本　十冊

410000－2204－0001049　207/12

鑑撮四卷　（清）曠敏本編　清光緒二十八年
(1902)刻本　九冊

410000－2204－0001050　204.12/7

左恪靖侯奏稿初編三十八卷續編七十六卷
（清）左宗棠纂　清同治刻本　六十冊　存九
十八卷(初編一至十、二十七至三十八,續編
七十六卷)

410000－2204－0001051　411.6/1

詞學全書四種　（清）查培繼輯　清致和堂刻
本　八冊

410000－2204－0001052　409.6/2

簡學齋試帖集注一卷　（清）陳沆著　清刻本
一冊

410000－2204－0001053　207/12－1

鑑撮四卷　（清）曠敏本編　清光緒二十八年
(1902)刻本　六冊　存三卷(一至二、四)

410000－2204－0001054　408/58

漁洋山人精華錄訓纂十卷附年譜二卷總目二
卷附錄一卷　（清）王士禎撰　（清）惠棟編
清惠氏紅豆齋刻本　十八冊　存九卷(二至
十)

410000－2204－0001055　409.2/16

賦學正鵠集釋十卷　（清）李元度輯　清光緒
十七年(1891)經綸書局刻本　六冊

410000－2204－0001056　412.6/1

念一史彈詞注二卷　（明）楊慎撰　清乾隆六
年(1741)刻本　二冊

410000－2204－0001057　409.6/2

寄圃詩草初集二卷　（清）王庚撰　清同治十
三年(1874)刻本　一冊

410000－2204－0001058　410/2

古文雅正十四卷　（清）蔡世遠選評　清同治
七年(1868)湘鄉曾氏刻本　七冊　存十二卷
(一至十二)

410000－2204－0001059　408/59

延壽集四卷　（清）王平齋撰　清乾隆五十七
年(1792)刻本　四冊

410000－2204－0001060　409.1/14

分類賦學雞跖集三十卷目錄一卷附錄一卷
（清）張維城輯　清道光三十年(1850)粲花吟
館刻本　六冊　存十一卷(一至九、目錄一
卷、附錄一卷)

410000－2204－0001061　412.10/1

度曲須知二卷　（明）沈寵綏著　清刻本
四冊

410000－2204－0001062　404/18

劍南詩鈔六卷　（宋）陸游著　（清）楊大鶴選
清刻本　八冊

410000－2204－0001063　409.6/2

怡養齋雜體一卷　（清）聞捷著　清刻本
一冊

410000－2204－0001064　409.6/3－1

庚辰集五卷　（清）紀昀編　清乾隆刻本
四冊

410000－2204－0001065　410/32

吟林綴語四卷　（清）戴文選撰　清光緒刻本
三冊　存三卷(一至三)

410000－2204－0001066　409.3/18

玉堂名翰不分卷　（清）張寅　（清）程邦勳輯
清乾隆十六年(1751)刻本　二冊

410000－2204－0001067　409/4

八代文萃二百二十卷目錄十八卷　（清）陳崇
哲　（清）簡燊編　清光緒十一年(1885)攷雋
堂刻本　六十四冊

410000－2204－0001068　409.6/3

庚辰集五卷　（清）紀昀編　清乾隆刻本
三冊

410000－2204－0001069　207/14

史記菁華錄六卷　（清）姚祖恩摘錄　清光緒
十三年(1887)上海蜚英館石印本　六冊

410000－2204－0001070　409.3/19

詩緣前編四卷正編十卷　題（清）蜀西樵也編
清光緒十六年(1890)刻本　四冊

410000－2204－0001071　409.1/16

賦海大觀三十二卷　（清）鴻寶齋主人（沈祖
燕）編　清光緒二十年(1894)鴻寶齋石印本
二十七冊

410000－2204－0001072　409.6/7

直省鄉墨萃中不分卷(光緒乙酉科)　（清）任
筱蕃選　清光緒復合堂刻本　二冊

410000－2204－0001073　401/1

崇文書局彙刻書　（宋）錢杲之撰　清光緒三
年(1877)湖北崇文書局刻本　一冊

410000－2204－0001074　409.6/4

搭題易讀一卷小題易讀一卷　（清）史鑑輯
清咸豐十年(1860)刻本　一冊

410000－2204－0001075　409.1/15

京江耆舊集十三卷　（清）張學仁　（清）王豫
輯　清宣統元年(1909)刻本　八冊

410000－2204－0001076　409.1/19

分類賦學雞跖集三十卷目錄一卷附錄一卷
（清）張維城輯　清刻本　六冊　存二十一卷
(十至三十)

410000－2204－0001077　408/62

褱碧齋詩集一卷附詞一卷　（清）陳銳著　清
光緒十二年(1886)刻本　一冊

410000－2204－0001078　408/61

賜綺堂集二十八卷續詩四卷外編六卷　（清）
詹應甲撰　清刻本　七冊　存二十卷(賜綺
堂集一至二十)

410000－2204－0001079　401/1

味靈華館詩六卷　（清）商廷煥撰　清光緒刻
本　一冊

410000－2204－0001080　108.5/27

文腋類編十卷　（清）劉燕　（清）劉慎樞訂
清光緒五年(1879)刻本　十四冊

410000－2204－0001081　408/64

樂潛堂詩二集六卷　（清）趙函撰　清刻本
二冊

410000－2204－0001082　408/65

師善堂詩集十卷　（清）嵇曾筠撰　清嘉慶三
年(1798)刻本　四冊

410000－2204－0001083　501/32.1

石閭集一卷　（清）蔣易撰　清宣統二年
(1910)刻本　一冊

410000－2204－0001084　408/68

敬業堂詩集五十卷　（清）查慎行撰　清刻本
十二冊

410000－2204－0001085　106.2/18

東萊博議四卷　（宋）呂祖謙撰　增補虛字註
釋一卷　（清）馮泰松評點　清光緒七年
(1881)刻本　四冊

410000－2204－0001086　409.1/4

國朝文鈔初編不分卷　（清）高塘編　清乾隆
五十一年(1786)刻本　六冊

410000－2204－0001087　408/69

青野詩鈔十卷青野讀史雜感十三卷　（清）鄭
大謨撰　清嘉慶鄭氏桑蕚園刻本　八冊

410000－2204－0001088　404/19

和靖尹先生文集八卷附集二卷　（宋）尹焞撰
清光緒九年(1883)刻西京清麓叢書本
二冊

410000－2204－0001089　412.2/1

批點燕子箋二卷　（明）阮大鋮撰　清宣統二
年(1910)暖紅室刻彙刻傳奇本　二冊

410000－2204－0001090　409.4/4

中州校士錄初集一卷二集一卷　（清）裴維信
等撰　清刻本　一冊　存一卷(初集)

410000 – 2204 – 0001091　411.2/2

三家詞三卷 (清)袁通編　**樓居小草一卷**
(清)袁杼撰　清刻本　一冊

410000 – 2204 – 0001092　404/20

岳忠武王文集八卷首一卷末一卷 (宋)岳飛
撰　(清)黄邦寧纂修　(清)李林校閲　清乾
隆三十五年(1770)刻本　四冊

410000 – 2204 – 0001093　504/16

文史通義八卷 (清)章學誠著　清光緒三年
(1877)刻本　四冊　存八卷(一至八)

410000 – 2204 – 0001094　411.2/2

燕市聯吟集四卷討春合唱一卷 (清)袁通輯
　清刻本　一冊

410000 – 2204 – 0001095　411.2/2

松壺畫贅二卷 (清)錢杜撰　清刻本　一冊

410000 – 2204 – 0001096　411.2/2

筱雲詩集二卷 (清)陸應宿撰　清刻本
一冊

410000 – 2204 – 0001097　411.2/2

箏船詞一卷 (清)劉嗣綰撰　**素文女子遺橐
一卷** (清)袁機撰　**繡餘吟稿一卷盈書閣遺
橐一卷** (清)袁棠撰　清刻本　一冊

410000 – 2204 – 0001098　411.2/2

碧腴齋詩存八卷 (清)胡德琳撰　清刻本
一冊

410000 – 2204 – 0001099　411.2/2

飲水詞鈔二卷 (清)性德撰　(清)袁通選
碧梧山館詞二卷 (清)汪世泰撰　清刻本
一冊

410000 – 2204 – 0001100　411.2/2

綠秋草堂詞一卷 (清)顧翰撰　**過雲精舍詞
二卷** (清)楊夒生撰　清刻本　一冊

410000 – 2204 – 0001101　408/70

真志堂文集一卷 (清)全軌著　清宣統三年
(1911)刻本　一冊

410000 – 2204 – 0001102　302/74

詳注初學文範不分卷 (清)吳肖元評選　清

嘉慶十年(1805)金谷園刻本　二冊

410000 – 2204 – 0001103　408/70

後洛中吟一卷 (清)賈臻撰　清咸豐六年
(1856)躬自厚齋刻本　一冊

410000 – 2204 – 0001104　404/21

象山先生文集三十六卷 (宋)陸九淵撰
(清)李紱點次　清宣統二年(1910)江左書林
石印本　八冊

410000 – 2204 – 0001105　409.4/3

中州校士錄初集一卷二集一卷 (清)裴維信
等撰　清刻本　四冊

410000 – 2204 – 0001106　304/6

洗冤錄集證四卷 (宋)宋慈輯　(清)王又槐
增輯　(清)孫光烈參閲　(清)王又梧校訂
(清)李觀瀾補輯　清道光二年(1822)刻本
一冊

410000 – 2204 – 0001107　408/70

杜工部詩疏解一卷 (清)顧施正輯　清雍正
五年(1727)心耕堂刻本　一冊

410000 – 2204 – 0001108　404/23

司馬溫公文集八十二卷首一卷目錄二卷
(宋)司馬光撰　清康熙四十七年(1708)刻本
二十三冊　存七十八卷(一至七十、七十五
至八十二)

410000 – 2204 – 0001109　304/6

增補武經七書集注大全七卷 (清)庚震青集
注　清刻本　一冊　存二卷(六至七)

410000 – 2204 – 0001110　408/73

慎六生齋賸藁一卷 (清)黄樹賓撰　清刻本
一冊

410000 – 2204 – 0001111　404/22

曾南豐文集四卷 (宋)曾鞏撰　清宣統二年
(1910)上海會文堂書局石印本　二冊

410000 – 2204 – 0001112　110.1/1

小題四萬選不分卷 (清)□□編　清光緒十
八年(1892)上海鴻文書局石印本　四十九冊

410000 – 2204 – 0001113　409.1/18

分類賦學雞跖集三十卷目錄一卷附錄一卷
（清）張維城輯　清道光三十年（1850）刻本
五冊　存二十四卷（一至九、十八至三十,目
錄一卷,附錄一卷）

410000－2204－0001114　408/73

漸西村舍彙刊　（清）袁昶輯　清光緒桐廬袁
氏刻本　一冊　存二種三卷

410000－2204－0001115　304/6

增補武經七書集注大全七卷　（清）庚震青集
注　（清）林嗣環　（清）錢登峰閱　清刻本
一冊　存二卷（六至七）

410000－2204－0001116　408/75

豔雪堂詩集四卷　（清）張晉著　清咸豐元年
（1851）刻本　四冊

410000－2204－0001117　409.6/5

八旗文經六十卷　（清）盛昱輯　清光緒二十
七年（1901）刻本　十二冊

410000－2204－0001118　110.1/2

大題三萬選不分卷　（清）□□編　清光緒十
九年（1893）上海書局石印本　三十九冊

410000－2204－0001119　403/12

讀杜心解六卷首二卷　（清）浦起龍撰　清刻
本　十二冊

410000－2204－0001120　408/73

退復軒詩四卷　（清）錫縝撰　清刻退復軒全
集本　二冊

410000－2204－0001121　312.33/1

聊齋志異新評十六卷　（清）蒲松齡著　（清）
王士禎評　（清）但明倫新評　清光緒三年
（1877）廣順但氏刻朱墨套印本　十六冊

410000－2204－0001122　110.1/3

策論觀海一百十四卷　（清）錢大昕等撰　清
光緒二十八年（1902）經世文社石印本　八冊
存二十一卷（一至二十一）

410000－2204－0001123　404/24

河南先生文集二十七卷　（宋）尹洙撰　附錄
一卷　（宋）韓琦等撰　清宣統二年（1910）守

政書局刻本　四冊

410000－2204－0001124　412.2/2

納書楹曲譜正集四卷續集四卷外集二卷補遺
四卷四夢全譜八卷　（清）葉堂撰　清道光二
十八年（1848）刻本　十冊　存十卷（續集四
卷、外集二卷、補遺四卷）

410000－2204－0001125　408/73

女學七種　（清）賀瑞麟輯　清光緒刻本　一
冊　存一種三卷

410000－2204－0001126　407/13

綠波樓詩集十四卷首一卷　（明）張九一著
清康熙三十一年（1692）刻本　八冊

410000－2204－0001127　313/54

宋張宣公全集　（宋）張栻撰　清咸豐四年
（1854）縣邑南軒祠刻本　十二冊

410000－2204－0001128　404/25

宋王忠文公文集五十卷目錄四卷書院記一卷
（宋）王十朋撰　（清）唐傳鈺編　墓誌銘一
卷　（宋）王應辰撰　年譜一卷　（清）徐炳文
編　清光緒二年（1876）刻本　十一冊　存三
十九卷（一至三十一、四十至四十四,目錄一
卷,墓誌銘一卷,年譜一卷）

410000－2204－0001129　408/79

蘭韻堂詩集十二卷　（清）沈初撰　清刻本
四冊

410000－2204－0001130　501/33

真西山全集　（宋）真德秀撰　清同治刻本
六十冊　存二種八十二卷

410000－2204－0001131　408/76

散原精舍詩二卷　陳三立撰　清宣統鉛印本
二冊

410000－2204－0001132　408/77

大小雅堂詩集不分卷　（清）承齡撰　清刻本
二冊

410000－2204－0001133　312.12/2

唐語林八卷附校勘記一卷　（宋）王讜撰　清
光緒十九年（1893）湖北官書局刻本　四冊

410000－2204－0001134　502/4

洛陽曹氏叢書　（清）曹曾矩輯　清同治至光緒間刻本　一冊　存三種三卷

410000－2204－0001135　312.33/2

聊齋志異新評十六卷　（清）蒲松齡著　（清）王士禎評　（清）但明倫新評　（清）呂湛恩注釋　清光緒十一年(1885)刻本　十六冊

410000－2204－0001136　407/14

何大復先生集三十八卷附錄一卷　（明）何景明撰　清宣統元年(1909)厚生印書館石印本　六冊　存二十八卷(一至十八、三十至三十八,附錄一卷)

410000－2204－0001137　408/83

函樓詩鈔八卷因遇詩一卷詞鈔一卷　（清）易佩紳撰　清光緒刻本　二冊

410000－2204－0001138　312.33/3

聊齋志異新評十六卷　（清）蒲松齡著　（清）王士禎評　（清）但明倫新評　清刻本　六冊　存六卷(九至十四)

410000－2204－0001139　408/82

憶泉書屋詩稿十六卷　（清）宋之睿撰　清道光八年(1828)刻本　五冊

410000－2204－0001140　207/15

史記菁華錄六卷　（清）姚祖恩摘錄　清光緒十三年(1887)上海蜚英館石印本　六冊

410000－2204－0001141　408/84

如如老人灰餘詩草十卷　（清）鳳瑞撰　清鉛印本　二冊

410000－2204－0001142　110.4/19

詩韻集成十卷　（清）余照輯　清道光十八年(1838)刻本　四冊

410000－2204－0001143　501/2＋7

西京清麓叢書　（清）賀瑞麟輯　清同治至民國間傳經堂刻本　七冊　存七種十七卷

410000－2204－0001144　502/4

尚絅堂試帖輯注一卷　（清）劉嗣綰撰　清刻本　一冊

410000－2204－0001145　312.11/2

繡像京本雲合奇踪全傳十卷八十回　（明）徐渭編　清刻本　十冊

410000－2204－0001146　502/4

而菴說唐詩二十二卷首一卷　（清）徐增撰　清乾隆二十三年(1758)集盛堂刻本　一冊　存四卷(一至三、首一卷)

410000－2204－0001147　312.11/3

古笑史三十四卷　題（清）湖上笠翁鑒定　題（清）竹笑居士刪輯　清康熙刻本　十冊

410000－2204－0001148　409.2/8

文選六十卷　（南朝梁）蕭統輯　（唐）李善等注　清刻本　十冊

410000－2204－0001149　408/85

一枝山房詩集四卷詞稿附刊一卷　（清）姚官澄撰　唫香閣詩集一卷　（清）田蓮瑞撰　清光緒二十八年(1902)刻本　五冊

410000－2204－0001150　407/11＋1

胡敬齋先生文集三卷　（明）胡居仁撰　清同治八年(1869)傳經堂刻本　二冊

410000－2204－0001151　502/4

楚辭十九卷　（戰國）屈原著　（明）陸時雍疏　讀楚辭語一卷附錄一卷　（明）陸時雍撰　清康熙四十四年(1705)刻本　一冊　存五卷(一至三、讀辭楚辭語一卷、附錄一卷)

410000－2204－0001152　410/34

怡養齋制藝一卷　（清）聞捷撰　清刻本　三冊

410000－2204－0001153　407/16

荊川文集十八卷　（明）唐順之著　（清）唐執玉勘較　清康熙五十一年(1712)刻本　八冊

410000－2204－0001154　207/19

史記選六卷　（清）儲欣評述　清乾隆五十年(1785)二南堂刻本　四冊

410000－2204－0001155　407/11＋1

胡敬齋先生居業錄四卷　（明）胡居仁撰　清同治八年(1869)傳經堂刻本　四冊

410000－2204－0001156　502/4

醉吟草六卷　（清）劉大容著　（清）孫鍾選
清道光刻本　一冊

410000－2204－0001157　208/1

月令粹編二十一卷圖說一卷　（清）秦嘉謨編
清嘉慶十七年(1812)刻本　六冊

410000－2204－0001158　502/4

夢雪草堂詩稿八卷續稿三卷　（清）郭楷著
清鉛印本　三冊　存十卷(一至七、續稿三
卷)

410000－2204－0001159　502/4

佩蘭室詩集一卷攀轅詩稿一卷　（清）杭佩蘭
撰　清宣統二年(1910)鉛印本　一冊

410000－2204－0001160　502/4

三餘閒墨三卷附選餘閒墨一卷　（清）秦嘉澤
撰　清刻本　一冊　存二卷(三餘間墨三、選
餘閒墨一卷)

410000－2204－0001161　311.1/10

類林新詠三十六卷　（清）姚之駰撰　清康熙
四十六年(1707)刻本　十二冊

410000－2204－0001162　403/22

魯公文集十五卷　（唐）顏真卿撰　清宣統二
年(1910)守政書局刻本　四冊

410000－2204－0001163　104.4/5

朱子家禮十卷首一卷　（明）丘濬輯　清康熙
三多齋刻本　八冊

410000－2204－0001164　311.5/14

注釋韻蘭賦鈔二集二卷　（清）屈塵菴編　清
道光兩儀堂刻本　二冊

410000－2204－0001165　305/6

二如亭群芳譜三十卷首十三卷　（明）王象晉
輯　明刻本　六冊　存十卷(二如亭群芳譜
首一卷,天譜三卷、首一卷,歲譜四卷、首一
卷)

410000－2204－0001166　312.11/5

說淵十集六十四卷　（明）陸楫輯　清道光元
年(1821)邵氏西山堂刻古今說海本　三冊

存十六卷(甲集一至三、乙集一至七、丙集一
至六)

410000－2204－0001167　313/55

廣博物志五十卷　（明）董斯張纂　清乾隆二
十六年(1761)高暉堂刻本　六冊　存八卷
(一至八)

410000－2204－0001168　404/17

山谷詩集注二十卷　（宋）黃庭堅撰　（宋）任
淵注　山谷外集詩注十七卷　（宋）黃庭堅撰
　（宋）史容注　山谷別集詩注二卷　（宋）黃
庭堅撰　（宋）史季溫注　清光緒二十一年
(1895)刻本　一冊

410000－2204－0001169　408/87

日長山靜草堂詩存二卷　（清）汪達鈞撰　清
光緒三十一年(1905)鉛印本　二冊

410000－2204－0001170　312.11/4

酉陽雜俎二十卷續集十卷　（唐）段成式撰
清道光二十九年(1849)刻本　六冊

410000－2204－0001171　311.5/11

海壖倡和詩六卷　（清）汪仲洋輯　清道光四
年(1824)刻本　二冊

410000－2204－0001172　401/4

離騷草木疏四卷　（宋）吳仁傑撰　清光緒三
年(1877)湖北崇文書局刻本　一冊

410000－2204－0001173　401/4

鑑誡錄十卷　（五代）何光遠編　清光緒三年
(1877)湖北崇文書局刻本　二冊

410000－2204－0001174　408/89

碩亭詩草二卷　（清）呂公滋撰　清刻本
二冊

410000－2204－0001175　408/88

荷莊檢存稿六卷　（清）李大成撰　清嘉慶二
十四年(1819)刻本　三冊

410000－2204－0001176　409.6/41

景顏書院課藝二卷　（清）藍沂華評選　清光
緒十年(1884)品文堂刻本　一冊　存一卷
(一)

410000－2204－0001177　401/4

御覽闕史二卷　(唐)參寥子(高彥休)撰　清光緒三年(1877)湖北崇文書局刻本　一冊

410000－2204－0001178　408/86

有正味齋詩集十六卷詞集八卷外集五卷詩續集八卷外集二卷詞續集二卷駢體文續集八卷　(清)吳錫麟撰　清嘉慶刻本　十八冊

410000－2204－0001179　409.6/8

塾課分編注釋八集　(清)王步青編　清刻本　一冊

410000－2204－0001180　408/90

夏峯先生集十四卷補遺二卷首一卷　(清)孫奇逢撰　清道光二十五年(1845)刻本　十六冊

410000－2204－0001181　408/91

甌香館集十二卷首一卷末一卷　(清)惲格撰　清光緒元年(1875)湖北崇文書局刻本　四冊

410000－2204－0001182　414.2/1

評論出像水滸傳二十卷　(元)施耐庵著　清刻本　十九冊　存十九卷(二至二十)

410000－2204－0001183　110.3/34

澄衷蒙學堂字課圖說四卷檢字一卷類字一卷　劉樹屏撰　(清)吳子城繪圖　清光緒二十七年(1901)澄衷蒙學堂石印本　四冊

410000－2204－0001184　408/92

海天樓詩鈔十二卷　(清)喻福基撰　清刻本　四冊

410000－2204－0001185　408/93

笠翁一家言全集十六卷　(清)李漁著　(清)沈心友　(清)李將舒訂　清雍正八年(1730)刻本　十六冊

410000－2204－0001186　311.1/11

老學庵筆記十卷　(宋)陸游撰　清光緒三年(1877)湖北崇文書局刻本　二冊

410000－2204－0001187　204.12/9

恪靖奏稿初編三十八卷　(清)左宗棠撰　清刻本　十二冊　存十六卷(十一至二十六)

410000－2204－0001188　407/17

蒼谷全集十二卷　(明)王尚絅撰　(明)王綖選　清乾隆二十三年(1758)王純刻本　五冊　存十一卷(一至十一)

410000－2204－0001189　409.1/20

詩課合存□□卷　(清)王芑孫編　清刻本　一冊　存四卷(方雪齋試帖一卷、桑寄生齋試帖一卷、蛾術齋試帖一卷、雙藤書屋試帖一卷)

410000－2204－0001190　407/18

蒼谷全集十二卷　(明)王尚絅撰　(明)王綖選　清乾隆二十三年(1758)王純刻本　六冊

410000－2204－0001191　628/1

時務報六十九期　梁啟超等編　清光緒二十二年至二十四年(1896－1898)上海時務報館石印暨鉛印本　六冊　存六期(二十四、二十八至二十九、三十一、三十三至三十四)

410000－2204－0001192　408/94

蔚廬劉子詩集四卷文集四卷　劉人熙撰　清光緒二十二年(1896)刻本　三冊　存六卷(詩集四卷、文集三至四)

410000－2204－0001193　312.12/3

十萬卷樓叢書　(清)陸心源輯　清光緒歸安陸氏刻本　一冊　存二種二卷

410000－2204－0001194　409.3/7

漢上消閒集十六卷附詩鈔二卷詩餘一卷文鈔二卷外編四卷　宦應清編　清宣統三年(1911)振華印書館鉛印本　六冊　存十六卷(一至三、六至十六、詩鈔二卷)

410000－2204－0001195　209.1/9

瀛環志略續集二卷補遺一卷　(英國)慕維廉撰　清光緒二十九年(1903)上海有用書齋鉛印本　六冊

410000－2204－0001196　103/11

詩總聞二十卷　(宋)王質撰　清道光二十

年(1846)刻本　六冊

410000－2204－0001197　409.3/20
謝華啟秀集八卷　（明）楊慎撰　（清）吳藹人
等鑒定　清道光掃葉山房刻本　八冊

410000－2204－0001198　408/95
居易軒詩遺鈔一卷文遺鈔一卷　（清）趙炳龍
撰　清光緒十四年(1888)刻本　一冊

410000－2204－0001199　209.1/8
瀛環志略十卷　（清）徐繼畬著　清光緒二十
一年(1895)上海寶文局石印本　四冊

410000－2204－0001200　204/17
熙朝新語十六卷　（清）余金輯　清道光九年
(1829)刻本　六冊

410000－2204－0001201　407/20
楊忠愍公全集四卷　（明）楊繼盛撰　（清）毛
大可鑒定　（清）章鈺重訂　清康熙刻本　三
冊　存三卷(一、三至四)

410000－2204－0001202　408/95
孫明復小集三卷附錄一卷考異一卷　（宋）孫
復撰　清光緒十五年(1889)問經精舍刻本
一冊

410000－2204－0001203　408/95
石湖先生詩鈔一卷　（宋）范成大撰　清刻本
一冊

410000－2204－0001204　408/95
晚學集八卷　（清）桂馥撰　清嘉慶元年
(1796)刻本　一冊

410000－2204－0001205　408/95
未谷詩集四卷　（清）桂馥撰　清刻本　一冊

410000－2204－0001206　312.12/4
夷堅志甲集二十卷乙集二十卷丙集二十卷丁
集二十卷　（宋）洪邁撰　清光緒五年(1879)
刻十萬卷樓叢書本　八冊　存四十二卷(甲
集二十卷、乙集一至十五、丁集十四至二十)

410000－2204－0001207　409.6/12
格致書院課藝不分卷　（清）王韜輯　清石印
本　六冊

410000－2204－0001208　408/98
二曲全集二十六卷　（清）李顒撰　清光緒二
十六年(1900)湖南刻本　五冊　存二十二卷
(一至二十二)

410000－2204－0001209　409.1/22
文章練要左傳評十卷　（清）王源評訂　清乾
隆九年(1744)居業堂刻本　八冊

410000－2204－0001210　408/101
友竹草堂文集六卷詩集二卷　（清）蔣慶第撰
清刻本　四冊

410000－2204－0001211　408/100
望溪先生文集十八卷集外文十卷年譜一卷
（清）方苞撰　清咸豐刻本　八冊　存二十卷
(文集三至十四、十八,集外文一至六,年譜一
卷)

410000－2204－0001212　504/6
重訂楊園先生全集　（清）張履祥撰　清同治
十年(1871)江蘇書局刻本　十六冊

410000－2204－0001213　407/24
楊忠愍公全集四卷　（明）楊繼盛撰　清光緒
二十一年(1895)柏經堂刻本　四冊

410000－2204－0001214　209.2/54
[乾隆]河南府志一百十六卷首四卷　（清）施
誠修　（清）童鈺　（清）裴希純纂　清乾隆四
十四年(1779)刻本　三十一冊　存一百六卷
(一至三十三、四十四至一百十六)

410000－2204－0001215　409.6/13
塾課小題分編八集不分卷　（清）王步青編
清刻本　十六冊

410000－2204－0001216　407/21
文清公薛先生文集二十四卷　（明）薛瑄撰
（明）張鼎輯　明萬曆四十二年(1614)刻本
十二冊

410000－2204－0001217　406/1
許文正公遺書十二卷首一卷末一卷　（元）許
衡撰　清光緒十三年(1887)刻西京清麓叢書
本　三冊　存十卷(四至十二、末一卷)

410000 – 2204 – 0001218　209.2/6＋1

[乾隆]河南府志一百十六卷首四卷　(清)施誠修　(清)童鈺　(清)裴希純纂　清乾隆四十四年(1779)刻本　十七冊　存五十三卷(一至十、四十七至五十一、五十六至六十、六十五、七十一至七十八、八十三至八十八、九十一至九十五、九十九至一百十一)

410000 – 2204 – 0001219　104.3/14

禮記備旨萃精十一卷　(清)鄒聖脉纂輯　清刻本　五冊　存十卷(一至二、四至十一)

410000 – 2204 – 0001220　408/102

望溪先生文集十八卷集外文十卷補遺二卷　(清)方苞撰　清刻本　十二冊　存二十四卷(文集七至十八、集外文十卷、補遺二卷)

410000 – 2204 – 0001221　407/22

震川先生集三十卷別集十卷　(明)歸有光著　清光緒六年(1880)常孰歸氏刻本　十六冊

410000 – 2204 – 0001222　209.2/14

[乾隆]重修洛陽縣志二十四卷圖考一卷　(清)龔崧林修　(清)汪堅纂　清乾隆十年(1745)刻本　二十冊

410000 – 2204 – 0001223　409.3/21

詩鐘鳴盛集初編十卷　沈宗畸輯　清光緒三十四年(1908)淔吟社鉛印本　一冊

410000 – 2204 – 0001224　409.2/10

樂府詩集一百卷　(宋)郭茂倩編次　清刻本　十六冊

410000 – 2204 – 0001225　409.3/21

寸草軒詩存四卷　(清)徐盛持撰　清光緒十九年(1893)東河督署刻本　二冊

410000 – 2204 – 0001226　408/111

榕村全集四十卷　(清)李光地撰　清乾隆元年(1736)刻本　十四冊　存三十五卷(一至十六、二十二至四十)

410000 – 2204 – 0001227　409.3/21

滄秋館遺詩一卷　(清)林毓麟撰　清宣統三年(1911)鉛印本　一冊

410000 – 2204 – 0001228　408/106

和宋人十憶詩百首一卷　(清)徐埥撰　清光緒三十二年(1906)鉛印本　一冊

410000 – 2204 – 0001229　408/106

綠杉野屋詩集四卷　(清)蕭元吉著　清光緒十八年(1892)石印本　二冊

410000 – 2204 – 0001230　408/106

環天室古近體詩類選五卷後集一卷　曾廣鈞撰　清宣統元年(1909)刻本　一冊

410000 – 2204 – 0001231　103/12

呂氏家塾讀詩記三十二卷　(宋)呂祖謙撰　續呂氏家塾讀詩記三卷　(宋)戴溪撰　清刻本　十二冊

410000 – 2204 – 0001232　409/14

文選補遺四十卷　(宋)陳仁子輯　(宋)譚紹烈纂　清刻本　四冊　存十二卷(二十九至四十)

410000 – 2204 – 0001233　408/106

水流雲在館集蘇詩存一卷　(清)周天麟撰　清光緒十七年(1891)石印本　一冊

410000 – 2204 – 0001234　414.2/2

濟顛大師醉菩提全傳四卷二十回　題(清)西湖墨浪子撰　清刻本　二冊

410000 – 2204 – 0001235　409/15

飲海精廬叢書　(清)□□輯　清刻本　一冊　存四種四卷

410000 – 2204 – 0001236　408/115

味餘書室全集定本四十卷隨筆二卷目錄四卷　(清)仁宗顒琰撰　清嘉慶五年(1800)刻本　三十二冊

410000 – 2204 – 0001237　408/106

袁忠節公遺詩三卷　(清)袁昶撰　清宣統元年(1909)上海時中書局鉛印本　一冊

410000 – 2204 – 0001238　414.2/3

新刻逸田叟女仙外史大奇書一百回　(清)呂熊撰　清刻本　十冊　存五十三回(四十八至一百)

410000－2204－0001239　409.7/1

焦山倡和詩不分卷　（清）□□撰　清同治三年(1864)蕉巖抄本　一冊

410000－2204－0001240　410/35

秉燭齋點易支言三卷周易雜釋附一卷對學辨韻一卷見聞記憶錄五卷　（清）余國禎著　清康熙刻本　一冊

410000－2204－0001241　409.7/1

天香書屋詩集一卷　（清）李德炳撰　清石印本　一冊

410000－2204－0001242　408/116

魏貞庵先生文集八卷　（清）魏裔介撰　（清）張伯行訂　（清）陳紹濂校　清康熙五十三年(1714)刻本　四冊

410000－2204－0001243　409.7/1

我法集詩選二卷　（清）紀昀撰　（清）馬恕選　清刻本　一冊

410000－2204－0001244　409.7/1

濂亭文集八卷　（清）張裕釗撰　清宣統三年(1911)掃葉山房刻本　一冊　存四卷(一至四)

410000－2204－0001245　414.2/4

新刻粉粧樓傳記十卷八十回　題（清）竹溪山人撰　清刻本　四冊

410000－2204－0001246　408/118

邁堂文略四卷　（清）李祖陶撰　清同治七年(1868)敖陽尚友樓刻本　四冊

410000－2204－0001247　408/118

邁堂文略一卷　（清）李祖陶撰　清道光十五年(1835)刻本　一冊

410000－2204－0001248　408/120

澹園詩鈔四卷　（清）張恕著　清光緒十七年(1891)刻本　一冊

410000－2204－0001249　408/120

澹園詩鈔四卷　（清）張恕著　清光緒十七年(1891)刻本　一冊

410000－2204－0001250　408/120

舊雨集三卷　（清）鄭士範著　清光緒二十一年(1895)正誼堂刻本　一冊

410000－2204－0001251　409/16

古文啳鳳新編八卷　（清）汪基輯　清刻本　四冊

410000－2204－0001252　408/123

澹泊齋誦芬集二卷附巢雲閣詩一卷　（清）劉廷鏞著　清同治六年(1867)刻本　一冊

410000－2204－0001253　409/22

詠物詩選八卷　（清）俞琰輯　清刻本　四冊

410000－2204－0001254　408/123

吳摯甫詩集一卷　（清）吳汝綸撰　清宣統二年(1910)國學扶輪社石印本　一冊

410000－2204－0001255　408/123

天根文鈔續集一卷　（清）何家琪著　清刻本　一冊

410000－2204－0001256　408/123

周憩亭集十卷首一卷末一卷　（清）周玉瓚撰　清道光刻本　一冊　存三卷(二至四)

410000－2204－0001257　414.2/7

東周列國全志二十三卷一百八回　（清）蔡昇評點　清光緒十九年(1893)澹雅書局刻本　二十三冊　存二十二卷(一至六、八至二十三)

410000－2204－0001258　302/75

愚菴文稿一卷　（清）曹文昭撰　清同治八年(1869)刻本　一冊

410000－2204－0001259　408/120

雙柏齋女史吟一卷續一卷　（清）劉世奇撰　女史吟一卷　（清）楊秀芝撰　清光緒三年(1877)傳經堂刻西京清麓叢書本　一冊

410000－2204－0001260　408/120

雙柏齋女史吟一卷續一卷　（清）劉世奇撰　女史吟一卷　（清）楊秀芝撰　清光緒三年(1877)傳經堂刻西京清麓叢書本　一冊

410000－2204－0001261　408/120

雙柏齋女史吟一卷續一卷　（清）劉世奇撰

女史吟一卷 （清）楊秀芝撰 清光緒三年
(1877)傳經堂刻西京清麓叢書本 一冊

410000－2204－0001262 409/23

佩文齋詠物詩選四百八十六卷 （清）張玉書
（清）王霨等編 清康熙四十六年(1707)刻
本 二十四冊

410000－2204－0001263 408/120

觀河集四卷 （清）彭紹升撰 清同治元年
(1862)合肥劉朝侍刻本 一冊

410000－2204－0001264 408/123

臥雪堂詩草三卷 袁嘉穀著 清光緒三十四
年(1908)鉛印本 一冊

410000－2204－0001265 302/75

慎節齋文存二卷 （清）陳代卿著 清光緒三
十一年(1905)鉛印本 二冊

410000－2204－0001266 414.2/6

東周列國全志二十三卷一百八回 （清）蔡昇
評點 清三讓堂刻本 二十三冊 存二十二
卷(二至二十三)

410000－2204－0001267 414.2/5

四大奇書第一種十九卷一百二十回首一卷
(明)羅本撰 （清）毛宗崗評 （清）金人瑞
批 清嘉慶元年(1796)刻本 十八冊 存十
八卷(三至十九、首一卷)

410000－2204－0001268 408/164

海峰文集八卷詩集十一卷 （清）劉大櫆撰
清同治十三年(1874)邢邱刻本 八冊

410000－2204－0001269 409.1/39

重訂七種古文選 （清）儲欣評 清乾隆四十
五年(1780)刻本 十八冊

410000－2204－0001270 409.1/40

古文筆法百篇二十卷 （清）李扶九撰 清刻
本 六冊

410000－2204－0001271 414.2/8

四大奇書第一種十九卷一百二十回首一卷
(明)羅本撰 （清）毛宗崗評 （清）金人瑞
批 清康熙致和堂刻本 十二冊 存十卷

(十至十九)

410000－2204－0001272 409.3/23

切問齋文鈔三十卷 （清）陸燿輯 清乾隆四
十一年(1776)刻本 十冊

410000－2204－0001273 302/75

江村山人續稿四卷 （清）劉青芝纂 清乾隆
刻劉氏傳家集本 二冊

410000－2204－0001274 408/130

寶奎堂集十二卷 （清）陸錫熊撰 清道光二
十九年(1849)刻本 三冊

410000－2204－0001275 409/18

返岅集六卷 （清）薛岯緒著 清嘉慶六年
(1801)刻本 三冊

410000－2204－0001276 409.6/16

國朝文才調集六卷 （清）許振禕集評 清光
緒十八年(1892)廣百宋齋鉛印本 六冊

410000－2204－0001277 205.1/10

中州人物考八卷 （清）孫奇逢輯 清道光二
十四年(1844)刻本 二冊 存四卷(五至八)

410000－2204－0001278 414.2/9

四大奇書第一種五十一卷首一卷一百二十回
（明）羅本撰 （清）毛宗崗評 （清）金人
瑞批 清刻本 十九冊 存四十九卷(一至
二十五、二十九至五十一,首一卷)

410000－2204－0001279 108.5/28

松陽講義十二卷 （清）陸隴其撰 清光緒十
四年(1888)柏經正堂刻本 四冊

410000－2204－0001280 302/75

望溪文集補遺一卷 （清）方苞撰 清光緒榮
成孫氏問經精舍刻孫氏山淵閣叢刊本 一冊

410000－2204－0001281 302/75

望溪文集補遺一卷 （清）方苞撰 清光緒榮
成孫氏問經精舍刻孫氏山淵閣叢刊本 一冊

410000－2204－0001282 409/21

歷朝賦楷八卷首一卷 （清）王修玉選輯 清
致和堂、文盛堂刻本 八冊

410000－2204－0001283　414.2/10

四大奇書第一種六十卷　（明）羅本撰　（清）毛宗崗評　（清）金人瑞批　清刻本　九冊　存二十八卷（二十七至二十九、三十至四十一、四十五至四十七、五十一至六十）

410000－2204－0001284　409.6/1

初學行文語類四卷　（清）孫埏編輯　清乾隆四十七年（1782）刻本　二冊

410000－2204－0001285　408/133

映雪齋集一卷文集一卷　（清）孫欽昂撰　清鉛印本　二冊

410000－2204－0001286　408/134

韞山堂時文初集一卷二集二卷三集一卷　（清）管世銘撰　清光緒六年（1880）湖南書局刻本　六冊

410000－2204－0001287　410/3

賦學正鵠集釋十卷　（清）李元度輯　清光緒十七年（1891）益元書局刻本　五冊　存八卷（一、四至十）

410000－2204－0001288　408/135

蒼筤初集詩集十卷文集六卷詞一卷附錄四卷　（清）孫鼎臣撰　清刻本　六冊

410000－2204－0001289　408/136

敬恕堂文集十卷　（清）耿介撰　清同治三年（1864）刻本　五冊　存七卷（一至七）

410000－2204－0001290　408/137

養素堂文集三十五卷首一卷　（清）張澍著　清道光十七年（1837）棗華書屋刻本　十六冊

410000－2204－0001291　408/138

來鶯齋古文二卷　（清）張月桂撰　清光緒十四年（1888）盧邑刻本　二冊

410000－2204－0001292　410/15

詩韻對錦十卷　（清）馬至毅輯　清同治刻本　一冊

410000－2204－0001293　414.2/11

新刻玉釧緣全傳三十二卷　題（清）西湖居士撰　清刻本　十八冊　存十八卷（五、七、九

至二十四）

410000－2204－0001294　408/140

嵩樓詩草五卷　（清）張應辰著　清刻本　一冊　存二卷（一至二）

410000－2204－0001295　504/7

王漁洋遺書　（清）王士禎撰　清康熙刻本　七十二冊　存三十三種二百七卷

410000－2204－0001296　413/1

新刻出相音注勸善目連救母行孝戲文三卷　（明）鄭之珍編　清咸豐九年（1859）刻本　三冊

410000－2204－0001297　408/140

形短集一卷附訓子語一卷　（清）高梅閣著　清光緒三年（1877）廣州府署刻本　一冊

410000－2204－0001298　302/76

聰訓齋語二卷　（清）張英著　清光緒十八年（1892）揚州府學刻本　一冊

410000－2204－0001299　408/140

嗣徽集一卷　（清）安維峻撰　詒煒集一卷　（清）許振褘輯　清光緒三十年（1904）石印本　一冊

410000－2204－0001300　408/140

鶴巢詩存一卷　（清）顧淳慶撰　清光緒十二年（1886）刻本　一冊

410000－2204－0001301　305/7

二如亭群芳譜三十卷首十三卷　（明）王象晉撰　明刻本　二十四冊

410000－2204－0001302　408/140

篆竹齋戊申詩二卷　檀璣撰　清宣統元年（1909）鉛印本　一冊

410000－2204－0001303　311/14

授硯餘談□□卷　（清）耿廸吉著　清同治七年（1868）刻本　一冊　存一卷（一）

410000－2204－0001304　311/13

歸田瑣記八卷　（清）梁章鉅撰　清道光二十五年（1845）刻本　二冊

410000 – 2204 – 0001305　408/155

周憩亭集十卷首一卷末一卷　（清）周玉瓚著
清光緒五年(1879)刻本　三冊　存九卷
(一、五至十,首一卷,末一卷)

410000 – 2204 – 0001306　408/156

錢南園先生遺集五卷　（清）錢灃撰　清光緒
十九年(1893)浙江書局刻本　二冊

410000 – 2204 – 0001307　408/145

王香峯先生文集一卷　（清）王伯允撰　清咸
豐五年(1855)刻本　一冊

410000 – 2204 – 0001308　408/154

松蔭精舍文集三卷詩集一卷　（清）李洲著
清道光刻本　一冊

410000 – 2204 – 0001309　402/13

策對名文約選不分卷　（清）孫葆田輯　清刻
本　一冊

410000 – 2204 – 0001310　408/156

板橋集六編　（清）鄭燮撰　清乾隆刻本　三
冊　存四編(詩鈔一至二、道情一、家書一)

410000 – 2204 – 0001311　311.5/12

讀書劄記八卷　（明）徐問撰　清道光十一年
(1831)長白榮氏刻得月簃叢書本　一冊

410000 – 2204 – 0001312　410/23

文心雕龍十卷　（南朝梁）劉勰撰　（明）楊慎
批點　（清）張松孫輯注　清乾隆五十六年
(1791)長洲刻本　四冊

410000 – 2204 – 0001313　408/145

慎獨軒文集八卷　（清）劉青霞撰　清乾隆十
五年(1750)刻本　一冊　存二卷(一至二)

410000 – 2204 – 0001314　409/19

詁經精舍文集十四卷　（清）阮元訂　清嘉慶
揚州阮氏琅嬛僊館刻本　四冊　存六卷(一
至六)

410000 – 2204 – 0001315　408/145

竹亭文畧一卷　（清）耿迪吉著　清同治七年
(1868)刻本　一冊

410000 – 2204 – 0001316　410/12

新刻詩料裁對典故二卷　（清）巴承爵採訂
（清）巴鍾霖編輯　清刻本　一冊

410000 – 2204 – 0001317　408/159

西磧山房詩錄二卷　（清）蔡復午著　清道光
十二年(1832)刻本　一冊

410000 – 2204 – 0001318　408/145

熊文精華錄二卷　（清）武士選評輯　清乾隆
六十年(1795)刻本　二冊

410000 – 2204 – 0001319　408/159

恩餘堂經進三薰十一卷　（清）彭元瑞撰　清
乾隆刻本　一冊　存三卷(三至五)

410000 – 2204 – 0001320　408/145

梅花館集一卷　（清）汪韻梅著　清光緒三十
四年(1908)鉛印本　一冊

410000 – 2204 – 0001321　408/159

存遺集一卷　（清）梁家蕙著　清光緒二十九
年(1903)刻本　一冊

410000 – 2204 – 0001322　212.9/11

金鷄談薈十四卷首一卷　（清）歐陽利見撰
清光緒十五年(1889)鉛印本　八冊

410000 – 2204 – 0001323　408/159

曼陀羅花館遺詩二卷　（清）金熙彬撰　清同
治十年(1871)刻本　一冊

410000 – 2204 – 0001324　408/145

餘園詩稿二卷　汪述祖著　清刻本　一冊

410000 – 2204 – 0001325　408/159

淨香齋一隅草學詩五卷續一卷　（清）劉仕偉
著　清乾隆二十一年(1756)刻本　五冊

410000 – 2204 – 0001326　501/34

損齋全書　（清）楊樹椿撰　清光緒十九年
(1893)柏經正堂刻本　六冊　存三種二十
一卷

410000 – 2204 – 0001327　408/145

念堂詩草四卷　（清）崔旭撰　清刻本　一冊

410000 – 2204 – 0001328　501/34 – 1

損齋全書　（清）楊樹椿撰　清光緒十九年

(1893)柏經正堂刻本　六冊　存三種二十
一卷

410000－2204－0001329　408/145

味蓼軒詩鈔十卷　（清）高宅暘著　清光緒五
年(1879)刻本　一冊

410000－2204－0001330　408/145

友石山房剩草一卷　（清）雒克敏著　清道光
十年(1830)刻本　一冊

410000－2204－0001331　504/8

**還硯齋雜著四卷古近體詩略一卷賦稿十卷大
題文稿不分卷試帖不分卷**　（清）趙新撰　清
光緒八年(1882)黃樓刻本　八冊　存六卷
(賦稿五至八、大題文稿一卷、試帖一卷)

410000－2204－0001332　408/166

思貽堂詩集十二卷續存八卷第三集四卷
（清）黃文琛撰　清同治七年(1868)刻本　五
冊　存二十卷(詩集五至十二、續存八卷、第
三集四卷)

410000－2204－0001333　408/165

曾文正公家書十卷家訓二卷　（清）曾國藩撰
　大事記四卷　（清）王定安撰　**榮哀錄一卷**
　清光緒三十一年(1905)上海商務印書館鉛
印本　七冊　存十五卷(一至二、五至十,家
訓二卷,大事記四卷,榮哀錄一卷)

410000－2204－0001334　408/166

思貽堂書簡八卷　（清）黃文琛撰　清同治刻
本　三冊

410000－2204－0001335　108.5/29

重訂分法狐白全集注釋十卷首一卷　（清）王
賓選　清道光二十八年(1848)芸香閣刻本
五冊

410000－2204－0001336　408/158

曝書亭集二十三卷　（清）朱彝尊撰　（清）孫
銀槎輯　清嘉慶五年(1800)刻本　二冊　存
七卷(一至四、十一至十三)

410000－2204－0001337　408/172

海上鴻泥偶存八卷　（清）羅抑山輯　清刻本

七冊

410000－2204－0001338　108.5/30

鳴鳳集二卷　（清）溫承惠撰　清刻本　六冊

410000－2204－0001339　408/168

希古堂文乙集一卷　（清）譚宗浚撰　清光緒
十四年(1888)小鷗波館刻本　一冊

410000－2204－0001340　408/173

釣琴軒詩鈔四卷　（清）王鐔撰　清刻本　一
冊　存一卷(三)

410000－2204－0001341　408/173

館課存藁四卷　（清）紀昀編　清刻本　一冊
　存二卷(三至四)

410000－2204－0001342　408/173

潄潤齋詩存二卷　（清）汪榮著　清道光刻本
　一冊

410000－2204－0001343　408/168

可之先生全集錄二卷　（唐）孫樵撰　（清）儲
欣輯　清光緒八年(1882)江蘇書局刻唐宋十
大家全集錄本　一冊

410000－2204－0001344　408/168

孫可之文集二卷　（唐）孫樵撰　清宣統二年
(1910)守政書局刻本　二冊

410000－2204－0001345　408/168

楊大洪先生文集二卷　（明）楊漣撰　（清）張
伯行訂　清宣統二年(1910)鄂城第二中學堂
鉛印本　二冊

410000－2204－0001346　409.2/17

古詩源十四卷　（清）沈德潛選　清商務印書
館鉛印本　四冊

410000－2204－0001347　504/9

曾文正公全集　（清）曾國藩撰　清同治至光
緒間傳忠書局刻本　一百二十冊

410000－2204－0001348　103/13

詩經八卷首一卷詩序一卷考異一卷　（宋）朱
熹集傳　清光緒十三年(1887)刻本　五冊

410000－2204－0001349　103/14

詩經八卷　（宋）朱熹集傳　清光緒二十一年（1895）湖南官書處刻本　四冊

410000－2204－0001350　409.5/6

茂林賦鈔二集不分卷　（清）吳學洙編輯　清光緒八年（1882）刻本　四冊

410000－2204－0001351　409.8/1

陳文恭公手札節要三卷　（清）陳宏謀撰　清同治七年（1868）湖北崇文書局刻本　一冊

410000－2204－0001352　103/15

詩經八卷序辨一卷新增輿圖一卷　（宋）朱熹集傳　清同治十三年（1874）湖南書局刻本　四冊

410000－2204－0001353　408/177

吳摯甫文集四卷附鈔深州風土記四篇一卷　（清）吳汝綸撰　清宣統元年（1909）國學扶輪社石印本　五冊

410000－2204－0001354　103/16

遵註義釋詩經離句襯解八卷　（清）朱榛編訂　清刻本　四冊

410000－2204－0001355　409.2/18

古詩源十四卷　（清）沈德潛選　清刻本　四冊

410000－2204－0001356　410/1

郁郁齋古文析義詳解十六卷　（清）林雲銘評注　（清）吳楚材附注　清乾隆五十五年（1790）刻本　十六冊

410000－2204－0001357　408/178

龍壁山房文集八卷　（清）王錫振著　清光緒七年（1881）刻本　四冊

410000－2204－0001358　309.1/6

佩文齋書畫譜一百卷　（清）孫岳頒等纂輯　清康熙刻本　四十冊　存六十三卷（十五至七十七）

410000－2204－0001359　409.2/19

古詩源十四卷　（清）沈德潛選　清刻本　四冊

410000－2204－0001360　504/5－1

筆諫堂全集　（清）柳堂撰　清光緒三十二年（1906）筆諫堂刻本　二十八冊

410000－2204－0001361　103/17

欽定詩經傳說彙纂二十一卷首二卷詩序二卷　（清）王鴻緒等撰　清同治七年（1868）閩浙總督馬新貽刻本　十一冊　存二十三卷（一至十九、首二卷、詩序二卷）

410000－2204－0001362　409.8/1

魯巖交遊記一卷餘事彙二卷　（清）張宗泰撰　清刻本　一冊

410000－2204－0001363　103/18

附釋音毛詩注疏七十卷　（漢）毛亨傳　（漢）鄭玄箋　（唐）陸德明音義　（唐）孔穎達疏　校勘記七十卷　（清）阮元撰　（清）盧宣旬摘錄　清嘉慶二十年（1815）南昌學府刻重刊宋本十三經注疏附校勘記本　二十一冊　存四十卷（一至二十、校勘記一至二十）

410000－2204－0001364　409.8/1

樸麗子二卷續二卷　（清）馬時芳著　清光緒二十一年（1895）刻本　三冊　存三卷（二、續二卷）

410000－2204－0001365　409/20

歷朝賦楷八卷首一卷　（清）王修玉選輯　清致和堂、文盛堂刻本　八冊

410000－2204－0001366　108.5/31

漾白書室稿四卷　（清）王埒時著　清刻本　四冊

410000－2204－0001367　110.3/92

汲古閣說文訂一卷　（清）段玉裁撰　清光緒元年（1875）湖北崇文書局刻本　一冊

410000－2204－0001368　103/20

欽定詩經傳說彙纂二十一卷首二卷詩序二卷　（清）王鴻緒等撰　清雍正五年（1727）刻本　二十四冊

410000－2204－0001369　103/19

欽定詩經傳說彙纂二十一卷首二卷詩序二卷　（清）王鴻緒等撰　清雍正五年（1727）刻本

十四冊　存十九卷(一至十二、十九至二十一,首二卷,詩序二卷)

410000－2204－0001370　502/4－1
洛陽曹氏叢書　(清)曹曾矩輯　清同治至光緒間刻本　八冊　存八種十五卷

410000－2204－0001371　103/21
欽定詩經傳說彙纂二十一卷首二卷詩序二卷　(清)王鴻緒等撰　清雍正五年(1727)刻本　二十冊　存二十三卷(一、三至十五、十七至二十一,首二卷,詩序二卷)

410000－2204－0001372　309.1/7
墨藪一卷　(唐)韋續撰　清光緒十四年(1888)刻十萬卷樓叢書本　一冊

410000－2204－0001373　501/66
舊德集十四卷　繆荃孫輯　清光緒二十二年(1896)刻雲自在龕叢書本　三冊　存十卷(一至八、十三至十四)

410000－2204－0001374　409.9/1
項城袁氏家集　丁振鐸編　清宣統三年(1911)鉛印本　五十五冊

410000－2204－0001375　408/190
前三十六天詩一卷後三十六天詩一卷引玉編三集一卷　延清撰　清宣統三年(1911)石印本　一冊

410000－2204－0001376　502/4－2
洛陽曹氏叢書　(清)曹曾矩輯　清同治至光緒間刻本　八冊　存八種十五卷

410000－2204－0001377　103/11－1
詩總聞二十卷　(宋)王質撰　清道光二十六年(1846)刻本　六冊

410000－2204－0001378　409.8/1
分甘餘話四卷　(清)王士禛撰　清刻本　一冊　存二卷(三至四)

410000－2204－0001379　410/6
大文堂重訂古文釋義新編八卷　(清)余誠評注　清嘉慶五年(1800)刻本　八冊

410000－2204－0001380　408/181

謝梅莊先生遺集八卷附西北域記一卷　(清)謝濟世著　清光緒三十四年(1908)鉛印本　二冊

410000－2204－0001381　309.1/7
心學小印一卷　(清)王檢心輯　清咸豐五年(1855)刻本　一冊

410000－2204－0001382　408/181
志遠堂文集十卷四大觀樓詩鈔九卷　(清)鄒鍾撰　清光緒十二年(1886)山東省城德華堂王少南刻本　一冊　存二卷(志遠堂文集五至六)

410000－2204－0001383　408/183
袁文箋正十六卷增訂袁文箋正四卷　(清)袁枚撰　(清)石韞玉箋　清刻本　三冊

410000－2204－0001384　401/5
楚辭集注八卷　(宋)朱熹撰　清刻朱墨套印本　二冊　存五卷(四至八)

410000－2204－0001385　309.1/8
清河書畫舫十二卷　(明)張丑撰　清光緒十四年(1888)刻本　十一冊　存十一卷(一至四、六至十二)

410000－2204－0001386　302/11
唐詩三百首不分卷　(清)蘅塘退士(孫洙)編　清乾隆二十八年(1763)宏道堂刻本　二冊

410000－2204－0001387　302/11
唐詩三百首注疏四卷　(清)蘅塘退士(孫洙)編　(清)章燮注　清道光二十九年(1849)刻本　二冊

410000－2204－0001388　502/4－3
洛陽曹氏叢書　(清)曹曾矩輯　清同治至光緒間刻本　八冊　存八種十五卷

410000－2204－0001389　408/184
大雲山房文稾初集四卷二集四卷　(清)惲敬著　清光緒十四年(1888)刻本　八冊

410000－2204－0001390　408/185
湘綺樓文集八卷　王闓運撰　清光緒三十四年(1908)湘靈文社鉛印本　四冊

410000－2204－0001391　502/4－4

洛陽曹氏叢書　（清）曹曾矩輯　清同治、光
緒間刻本　八冊　存八種十五卷

410000－2204－0001392　409.8/1

名人書札不分卷　（清）□□輯　清光緒十三
年(1887)刻本　二冊

410000－2204－0001393　502/4－5

洛陽曹氏叢書　（清）曹曾矩輯　清同治、光
緒間刻本　八冊　存八種十五卷

410000－2204－0001394　409.2/20

古文詞畧讀本二十四卷　（清）梅曾亮撰　清
光緒三十三年(1907)陝西學務公所圖書局鉛
印本　四冊

410000－2204－0001395　502/4－6

洛陽曹氏叢書　（清）曹曾矩輯　清同治、光
緒間刻本　八冊　存八種十五卷

410000－2204－0001396　410/36

忠雅堂評選四六法海八卷　（清）蔣士銓評選
清同治四年(1865)刻本　八冊

410000－2204－0001397　502/4－7

洛陽曹氏叢書九種　（清）曹曾矩輯　清同
治、光緒間刻本　八冊　存八種十五卷

410000－2204－0001398　408/186

倭文端公遺書十一卷首二卷　（清）倭仁撰
清刻本　八冊

410000－2204－0001399　410/7

古文釋義新編八卷　（清）余誠評注　清乾隆
八年(1743)經元堂刻本　四冊

410000－2204－0001400　502/4－8

洛陽曹氏叢書　（清）曹曾矩輯　清同治、光
緒間刻本　八冊　存八種十五卷

410000－2204－0001401　214.3/7

寶刻叢編二十卷　（宋）陳思撰　清光緒十四
年(1888)刻十萬卷樓叢書本　六冊　存十五
卷(六至二十)

410000－2204－0001402　502/4－9

洛陽曹氏叢書　（清）曹曾矩輯　清同治、光

緒間刻本　八冊　存八種十五卷

410000－2204－0001403　408/188

魯巖所學集十五卷補遺一卷　（清）張宗泰撰
清光緒二十三年(1897)刻本　五冊　存十
五卷(魯巖所學集十五卷)

410000－2204－0001404　410/17

四六叢話三十三卷選詩叢話一卷　（清）孫梅
輯　清光緒七年(1881)刻本　十二冊

410000－2204－0001405　408/189

漁洋詩話二卷　（清）王士禎撰　清刻本
二冊

410000－2204－0001406　502/4－10

洛陽曹氏叢書　（清）曹曾矩輯　清同治、光
緒間刻本　八冊　存八種十五卷

410000－2204－0001407　502/4－11

洛陽曹氏叢書　（清）曹曾矩輯　清同治、光
緒間刻本　六冊　存六種十一卷

410000－2204－0001408　409.3/26

唐詩六百編八卷　（清）某根居士輯　清同治
十三年(1874)刻本　二冊

410000－2204－0001409　409.3/28

御選唐宋詩醇四十七卷目録二卷　（清）高宗
弘曆選　清乾隆二十五年(1760)刻本　二
十冊

410000－2204－0001410　410/37

古文釋義新編八卷　（清）余誠評注　清刻本
四冊

410000－2204－0001411　409.3/27

唐詩別裁集十卷　（清）沈德潛　（清）陳培脉
選　清康熙五十六年(1717)刻本　十冊

410000－2204－0001412　409.3/29

御選唐宋詩醇四十七卷目録二卷　（清）高宗
弘曆選　清光緒七年(1881)浙江書局刻本
二十四冊

410000－2204－0001413　410/9

古文釋義新編八卷　（清）余誠評注　清嘉慶
元年(1796)二南堂刻本　四冊

410000－2204－0001414　214.3/8

石索六卷　（清）馮雲鵬　（清）馮雲鵷輯　清道光元年(1821)石印本　四冊　存四卷(三至六)

410000－2204－0001415　409.3/30

唐詩別裁集引典備注二十卷　（清）沈德潛選　（清）俞汝昌增注　清道光十七年(1837)刻本　十二冊

410000－2204－0001416　410/10

古文釋義新編八卷　（清）余誠評注　清光緒二十年(1894)澹雅書局刻本　四冊

410000－2204－0001417　409.3/31

御選唐宋詩醇四十七卷目錄二卷　（清）高宗弘曆選　清乾隆二十五年(1760)刻本　十二冊

410000－2204－0001418　408/191

六慎齋文存三卷詩存一卷　（清）徐金銘撰　清刻本　四冊

410000－2204－0001419　409.6/9

試帖箋林八卷　（清）秦錫淳選評　清乾隆二十三年(1758)刻本　四冊　存六卷(二至四、六至八)

410000－2204－0001420　504/10

授堂遺書　（清）武億撰　清乾隆、嘉慶間武穆淳刻本　六冊　存二種二十一卷

410000－2204－0001421　410/23－1

文心雕龍十卷　（南朝梁）劉勰撰　（明）楊慎批點　（清）張松孫輯注　清乾隆五十六年(1791)長洲刻本　四冊

410000－2204－0001422　408/191

六慎齋文存三卷詩存一卷　（清）徐金銘撰　清刻本　四冊

410000－2204－0001423　408/191

六慎齋文存三卷詩存一卷　（清）徐金銘撰　清刻本　四冊

410000－2204－0001424　409.3/32

全唐詩九百卷目錄十二卷　（清）曹寅等編

清康熙四十六年(1707)刻本　一百十八冊　缺十八卷(盧照鄰二卷、李白藥一卷、劉褘之等一卷、杜易簡等一卷、狄仁傑等一卷、張九齡三卷、孫思邈等一卷、馬湘等一卷、清遠道士等一卷、張雲容等一卷、洞庭龍君等一卷、慕容垂等一卷、九華山白衣等一卷、渾家門客等一卷、肅宗等一卷)

410000－2204－0001425　410/38

而菴說唐詩二十二卷首一卷　（清）徐增撰　清康熙九誥堂刻本　五冊

410000－2204－0001426　404/3

六一居士全集錄五卷外集錄二卷　（宋）歐陽修撰　（清）儲欣錄　清刻本　六冊　存六卷(全集錄一至三、五,外集錄二卷)

410000－2204－0001427　201.1/34

泰西民族文明史十四章　（法國）賽奴巴撰　（日本）野澤武之助等譯　清光緒二十九年(1903)上海商務印書館鉛印本　一冊

410000－2204－0001428　406/3

至正集八十一卷　（元）許有壬撰　清河南教育總會石印本　一冊　存八卷(六十六至七十三)

410000－2204－0001429　409.3/33

唐詩應試注釋七卷　（清）聞式堂主人(臧岳)編　清三樂齋刻本　六冊

410000－2204－0001430　311.2/2

授堂遺書　（清）武億撰　清道光二十三年(1843)偃師武氏刻本　十六冊

410000－2204－0001431　406/3

燕川集十四卷　（清）范泰恒著　清嘉慶十四年(1809)顧起廬刻本　二冊　存四卷(一至四)

410000－2204－0001432　410/39

史通削繁四卷　（唐）劉知幾撰　（清）浦起龍注　（清）紀昀評　清道光十三年(1833)刻朱墨套印本　四冊

410000－2204－0001433　410/40

應試唐詩類釋十九卷　（清）臧岳編次　清乾隆四十年(1775)刻本　八冊

410000－2204－0001434　309.2/1

芥子園畫傳初集六卷二集九卷三集六卷（清）王概編並繪　清光緒十三年(1887)上海鴻文書局石印本　六冊　存十二卷(初集一至三、五至六,二集七至九,三集一至四)

410000－2204－0001435　406/3

望江南淨土詞一卷　（元）釋白雲撰　清石印本　一冊

410000－2204－0001436　410/41

應試唐詩類釋十九卷　（清）臧岳編次　清乾隆二十二年(1757)刻本　三冊

410000－2204－0001437　216.1/1

紀元編三卷末一卷　（清）李兆洛撰　清光緒十四年(1888)蜚英館石印本　三冊

410000－2204－0001438　216.1/1

紀元編三卷末一卷　（清）李兆洛撰　清光緒十四年(1888)蜚英館石印本　三冊

410000－2204－0001439　504/11

湯文正公全集　（清）湯斌撰　清同治九年(1870)刻本　三十一冊

410000－2204－0001440　210.5/2

萬國史記二十卷　（日本）岡本監輔撰　清光緒二十三年(1897)鉛印本　八冊

410000－2204－0001441　210.5/3

萬國史記二十卷　（日本）岡本監輔著　清光緒二十三年(1897)慎記書莊石印本　四冊

410000－2204－0001442　311.2/2－1

授堂遺書　（清）武億撰　清道光二十三年(1843)偃師武氏刻本　十三冊　存八種六十六卷

410000－2204－0001443　409.3/34

唐詩試帖課蒙詳解十卷首一卷　（清）王錫侯編釋　清乾隆文茂堂、天德堂刻本　七冊

410000－2204－0001444　311.5/13

東萊呂紫微師友雜志一卷雜說一卷　（宋）呂

本中撰　清光緒歸安陸氏刻十萬卷樓叢書本　一冊

410000－2204－0001445　504/12

授堂遺書　（清）武億撰　清道光二十三年(1843)偃師武氏刻本　七冊　存五種三十八卷

410000－2204－0001446　409.1/25

續古文辭類纂二十八卷　（清）黎庶昌輯　清光緒十六年(1890)金陵書局刻本　十二冊

410000－2204－0001447　410/42

唐人應試五言六韻排律淺說四卷　（清）袁式宏選注　清康熙刻本　三冊

410000－2204－0001448　409.1/24

古文辭類纂七十五卷　（清）姚鼐輯　清同治八年(1869)刻本　十六冊

410000－2204－0001449　311.5/13

榕村語錄三十卷　（清）李光地撰　清刻本　二冊　存七卷(十二至十八)

410000－2204－0001450　302/77

薛文清公讀書錄八卷　（明）薛瑄撰　（清）張伯行輯　清同治五年(1866)福州正誼書院刻本　三冊

410000－2204－0001451　410/43

四賦體裁箋注十二卷　（清）何秀毓　（清）王鴻緒箋注　清乾隆三十九年(1774)刻本　六冊

410000－2204－0001452　409.1/26

唐宋八家文讀本三十卷　（清）沈德潛評點清乾隆十五年(1750)刻本　十四冊　存二十七卷(一至二、四至十四、十七至三十)

410000－2204－0001453　302/99

薛文清公讀書錄八卷　（明）薛瑄撰　（清）張伯行訂　清咸豐鄢陵書院刻本　四冊

410000－2204－0001454　410/44

續錦機十五卷補遺六卷　（清）劉青芝編　清乾隆刻本　三冊　存九卷(十三至十五、補遺六卷)

410000－2204－0001455　409.2/21

海峰先生精選八家文鈔不分卷　（清）劉大櫆
輯　清光緒二年(1876)刻本　二冊

410000－2204－0001456　302/98

讀書錄十一卷續錄十二卷　（明）薛瑄撰　明
嘉靖四年(1525)刻本　六冊

410000－2204－0001457　409.2/21

海峰文集八卷劉海峰制藝二卷海峰詩集十卷
（清）劉大櫆撰　清同治十三年至光緒元年
(1874－1875)刻本　三冊　存二卷(劉海峰
制藝二卷)

410000－2204－0001458　409.3/36

唐人萬首絕句選七卷　（宋）洪邁輯　（清）王
士禎選　清光緒二十三年(1897)金陵書局刻
本　二冊

410000－2204－0001459　410/46

分類代言四卷　（清）爾爾埒人撰　清刻本
四冊

410000－2204－0001460　409.2/21

惜抱軒時文一卷　（清）姚鼐撰　清光緒二年
(1876)桐城劉氏刻本　一冊

410000－2204－0001461　501/35

漢魏六朝一百三家集　（明）張溥輯　清光緒
五年(1879)刻本　九十九冊　存九十七種一
百九卷

410000－2204－0001462　214.1/3

金石萃編一百六十卷　（清）王昶編　清刻本
一冊　存三卷(四十二至四十四)

410000－2204－0001463　401/6

楚辭集注八卷辯證二卷　（宋）朱熹撰　清光
緒元年(1875)湖北崇文書局刻本　三冊

410000－2204－0001464　214.1/1

金石續錄四卷　（清）劉青藜著　清刻本
二冊

410000－2204－0001465　409.1/27

唐宋八大家類選十四卷　（清）儲欣評　清乾
隆三十八年(1773)同文堂刻本　十冊

410000－2204－0001466　409/17

御定歷代賦彙一百四十卷目錄二卷外集二十
卷逸句二卷補逸二十二卷　（清）陳元龍編輯
清刻本　四十七冊　存一百八十二卷(正
集一至三十七、四十二至一百四十,目錄二
卷,外集二十卷,逸句二卷,補逸二十二卷)

410000－2204－0001467　401/6

薰風協奏集三卷首一卷　（清）王又曾撰
（清）莊鳳壽注　清刻本　一冊　存一卷(二)

410000－2204－0001468　409.2/22

新刊陳眉公先生精選古論大觀四十卷　（明）
陳繼儒輯　明刻本　十冊　存二十卷(三至
八、十五至十六、二十一至二十八、三十七至
四十)

410000－2204－0001469　202.1/35

資治通鑑釋文三十卷　（宋）史炤撰　清刻本
四冊　存十五卷(十六至三十)

410000－2204－0001470　401/6

古文淵鑒六十四卷　（清）徐乾學等編　清刻
四色套印本　一冊　存二卷(二至三)

410000－2204－0001471　409.3/37

御選唐宋文醇五十八卷　（清）高宗弘曆選
清乾隆三年(1738)刻本　二十冊

410000－2204－0001472　401/6

童歌養正一卷　（清）歸繼先輯　清光緒九年
(1883)武昌書局刻本　一冊

410000－2204－0001473　309.1/9

歷代畫史彙傳七十二卷首一卷總目三卷附錄
二卷　（清）彭蘊璨撰　清刻本　十一冊　存
三十六卷(三十五至六十、六十五至七十二,
附錄二卷)

410000－2204－0001474　408/198

律賦蕊珠新編不分卷　（清）消應櫆　（清）顧
德馨編　清道光四年(1824)刻本　一冊

410000－2204－0001475　410/20

詩韻集成十卷　（清）余照輯　清光緒十九年
(1893)刻本　四冊

410000－2204－0001476　210.5/4

八述奇二十卷　張德彝撰　清宣統元年
(1909)石印本　十冊　存十卷(十一至二十)

410000－2204－0001477　410/21

子史輯要詩賦題解四卷　(清)胡本淵編輯
清刻本　二冊

410000－2204－0001478　409.3/38

御選唐宋文醇五十八卷　(清)高宗弘曆選
清光緒三年(1877)刻本　二十冊

410000－2204－0001479　410/21

子史輯要題解續編四卷　(清)胡本淵編輯
清刻本　二冊

410000－2204－0001480　302/78

王先生十七史蒙求十六卷　(宋)王令撰　清
道光二十八年(1848)文雅齋刻本　四冊

410000－2204－0001481　409.2/23

古文析義十六卷　(清)林雲銘評注　清刻本
十六冊

410000－2204－0001482　302/78

李氏蒙求補注六卷　(唐)李瀚撰　(清)金三
俊補注　清道光二十八年(1848)文雅齋刻本
二冊

410000－2204－0001483　413/2

納書楹紫釵記全譜二卷　(清)葉堂訂譜　清
乾隆五十七年(1792)刻本　一冊　存一卷
(一)

410000－2204－0001484　302/80

廿四史提綱歌二卷　(清)李兆洛編　清光緒
二十八年(1902)上海智新書局石印本　二冊

410000－2204－0001485　410/47

文光堂重訂古文釋義新編八卷　(清)余誠評
注　清刻本　四冊

410000－2204－0001486　409.1/2

漢魏六朝一百三名家集　(明)張溥輯　清光
緒十八年(1892)善化章經濟堂刻本　四十七
冊　存四十一種四十九卷

410000－2204－0001487　413/2

文廟禮器樂舞圖譜不分卷　(清)葉伯英撰
清光緒十二年(1886)陝西藩署刻本　一冊

410000－2204－0001488　504/13

隨園三十種　(清)袁枚撰　清乾隆、嘉慶間
刻本　十二冊　存七種三十六卷

410000－2204－0001489　215/33

論策合鈔一卷　(清)孫葆田撰　清光緒刻本
一冊

410000－2204－0001490　215/33

唐人試律說一卷　(清)紀昀編　清乾隆二十
七年(1762)刻鏡煙堂十種本　一冊

410000－2204－0001491　409.2/24

續古文辭類纂三十四卷　王先謙撰　清光緒
八年(1882)王氏虛受堂刻本　八冊

410000－2204－0001492　409.1/29

古唐詩合解十六卷　(清)王堯衢注　清致和
堂刻本　六冊

410000－2204－0001493　215/33

宋人經義約鈔三卷　(清)孫葆田輯　清光緒
二十七年(1901)宛南書院刻本　一冊

410000－2204－0001494　215/33

楚辭補注十七卷　(清)洪興祖撰　清道光二
十六年(1846)宏道書院刻惜陰軒叢書本　三
冊　存十二卷(二至三、六至十五)

410000－2204－0001495　409.2/25

古文眉詮七十九卷首一卷　(清)浦起龍輯
清乾隆九年(1744)三吳書院刻本　二十冊

410000－2204－0001496　409.1/30

古唐詩合解十六卷　(清)王堯衢注　清刻本
五冊

410000－2204－0001497　501/14

知不足齋叢書　(清)鮑廷博輯　(清)鮑志祖
續輯　清同治十年(1871)刻本　一百三冊
存八十三種三百二十五卷

410000－2204－0001498　501/17

三長物齋叢書　(清)黃本驥輯　清道光湘陰
蔣瓌刻本　七十八冊　存二十六種二百七十

三卷

410000－2204－0001499　409.1/32

唐宋八家文讀本三十卷　（清）沈德潛評點
清乾隆十五年(1750)刻本　八冊

410000－2204－0001500　209.2/91

[光緒]光州鄉土志不分卷　（清）胡贊采編
清光緒三十三年(1907)刻本　一冊

410000－2204－0001501　103/23

學詩闕疑二卷　（清）劉青芝撰　清刻本
一冊

410000－2204－0001502　409.1/31

古唐詩合解十六卷　（清）王堯衢注　清致和
堂刻本　六冊　存十二卷(一至二、五至十
二,古詩三至四)

410000－2204－0001503　103/23

通書述解二卷　（明）曹端著　清刻本　一冊
存一卷(下)

410000－2204－0001504　501/7

正誼堂全書　（清）張伯行　（清）楊浚重輯
清同治五年(1866)福州正誼書院刻八年至九
年(1869－1870)續刻本　九十三冊　存二十
八種二百十四卷

410000－2204－0001505　409.1/33

古唐詩合解十六卷　（清）王堯衢注　清刻本
六冊

410000－2204－0001506　410/48

**古文分編集評初集五卷二集五卷三集八卷四
集四卷**　（清）于光華編輯　清乾隆四十年
(1775)刻本　十六冊　存十八卷(初集五卷、
二集五卷、三集八卷)

410000－2204－0001507　409.1/34

古唐詩合解十六卷　（清）王堯衢注　清刻本
三冊

410000－2204－0001508　409.1/35

古唐詩合解十六卷　（清）王堯衢注　清刻本
五冊　存十四卷(三至十二、古詩四卷)

410000－2204－0001509　501/36

唐宋十大家全集錄　（清）儲欣輯　清光緒八
年(1882)江蘇書局刻本　三十二冊

410000－2204－0001510　409.1/36

古唐詩合解十六卷　（清）王堯衢注　清刻本
二冊

410000－2204－0001511　409.1/37

古唐詩合解十六卷　（清）王堯衢注　清刻本
六冊

410000－2204－0001512　409.1/38

古唐詩合解十六卷　（清）王堯衢注　清末上
海廣益書局石印本　六冊

410000－2204－0001513　409.2/26

歷代策論約編不分卷　（清）孫葆田輯　清光
緒二十七年(1901)麗澤堂刻本　二冊

410000－2204－0001514　409.1/42

唐宋八家文讀本三十卷　（清）沈德潛評點
清乾隆十五年(1750)刻本　十二冊

410000－2204－0001515　409.1/43

唐宋八大家類選十四卷　（清）儲欣評　清乾
隆五十年(1785)二南堂刻本　七冊　存十三
卷(一至四、六至十四)

410000－2204－0001516　409.1/44

唐宋八大家類選十四卷　（清）儲欣評　清雍
正元年(1723)刻本　八冊

410000－2204－0001517　409.1/41

古文辭類纂七十四卷　（清）姚鼐輯　清光緒
二十年(1894)湖南書局刻本　十二冊

410000－2204－0001518　409.6/17

明文才調集不分卷國朝文才調集不分卷
（清）許振褘輯　清光緒二十年(1894)鴻文書
局石印本　六冊

410000－2204－0001519　501/37

宋十五家詩選　（清）陳訏輯　清康熙三十二
年(1693)刻本　六冊　存九種十卷

410000－2204－0001520　409.6/18

**目耕齋讀本不分卷目耕齋二刻不分卷小題偶
編不分卷**　（清）徐楷評注　（清）沈叔眉選

清刻本　六冊

410000－2204－0001521　503/1

三蘇全集　（清）弓翊清校　清道光十二年
(1832)眉州三蘇祠刻本　六十三冊　存四種
一百七十一卷

410000－2204－0001522　501/9

通志堂經解　（清）成德輯　清同治十二年
(1873)粤東書局刻本　二百六十九冊　存八
十四種九百七十卷

410000－2204－0001523　409.2/27

古文觀止十二卷　（清）吳乘權　（清）吳大職
輯　清光緒二十六年(1900)刻本　六冊

410000－2204－0001524　409.2/27

古文觀止十二卷　（清）吳乘權　（清）吳大職
輯　清光緒二十六年(1900)刻本　五冊　存
十卷(一至六、九至十二)

410000－2204－0001525　409.2/30

重訂文選集評十五卷首一卷末一卷　（清）于
光華編　清乾隆四十六年(1781)心簡齋刻本
十二冊　存十二卷(一至十一、首一卷)

410000－2204－0001526　409.2/28

古文觀止十二卷　（清）吳乘權　（清）吳大職
輯　清光緒狀元閣刻本　六冊

410000－2204－0001527　409.2/29

尺木堂古文觀止十二卷　（清）吳乘權　（清）
吳大職輯　清乾隆十七年(1752)刻本　六冊

410000－2204－0001528　501/38

宋四名家詩　（清）周之鱗　（清）柴升選輯
清康熙刻本　九冊

410000－2204－0001529　501/13

增訂漢魏叢書　（清）王謨輯　清光緒二年
(1876)紅杏山房刻民國四年(1915)蜀南馬湖
盧樹柟補刻本　八十冊　存八十三種四百三
十九卷

410000－2204－0001530　104.1/13

周禮注疏刪翼三十卷　（明）王志長輯　（明）
葉培恕定　明崇禎天德堂刻本　一冊　存二

卷(一至二)

410000－2204－0001531　409.3/39

宋文鑑一百五十卷目錄三卷　（宋）呂祖謙輯
清光緒十二年(1886)江蘇書局刻本　十三
冊　存一百二十二卷(一至一百十九、目錄三
卷)

410000－2204－0001532　209.1/12

古今地名考紀畧不分卷　（清）雨亭輯　清咸
豐抄本　一冊

410000－2204－0001533　409.3/40

南宋文範七十卷外編四卷　（清）莊仲方編
清光緒十四年(1888)江蘇書局刻本　十冊
存四十九卷(四至七、十二至二十一、三十一
至六十五)

410000－2204－0001534　501/2

西京清麓叢書　（清）賀瑞麟輯　清同治至民
國間傳經堂刻本　五百三十冊　存七十三種
一千三百十三卷

410000－2204－0001535　201.1/36

重訂路史全本十六卷　（宋）羅泌撰　清光緒
二十年(1894)石印本　六冊

410000－2204－0001536　409.2/31

增廣賦海大全三十卷　（清）張承艫輯　清光
緒十九年(1893)積山書局石印本　十冊　存
二十五卷(一至十五、十八至二十、二十四至
三十)

410000－2204－0001537　302/81

潛夫論十卷　（漢）王符撰　清光緒元年
(1875)湖北崇文書局刻子書百家本　二冊

410000－2204－0001538　408/199

介亭詩草不分卷　（清）呂公路著　清光緒三
十二年(1906)刻本　二冊

410000－2204－0001539　408/200

詳注典制文琳三集三卷　（清）高第編次
（清）張春波注釋　清嘉慶九年(1804)刻本
四冊

410000－2204－0001540　206.4/3

進呈詩賦彙鈔一卷館課詩鈔一卷塾課詩附鈔一卷　(清)李鈞(李夢韶)撰　清道光十三年(1833)刻本　二冊

410000－2204－0001541　409.6/20

關中書院課士賦不分卷　(清)路德輯注　清道光十八年(1838)刻本　二冊

410000－2204－0001542　106.5/7

春秋十六卷首一卷　(清)□□輯　陸氏三傳釋文音義十六卷　(唐)陸德明撰　清同治十年(1871)刻本　十四冊

410000－2204－0001543　215/1

綱鑑總論二卷　(清)陳受頤撰　清光緒二十七年(1901)刻本　二冊

410000－2204－0001544　215/2

增定課讀鑑略妥注六卷　(明)李廷機著　(明)張瑞圖校正　清刻本　二冊

410000－2204－0001545　313/72

事類賦三十卷　(宋)吳淑撰並注　清刻本　三冊　存十五卷(一至五、十六至二十、二十六至三十)

410000－2204－0001546　501/39

子書百家　(清)崇文書局輯　清光緒元年(1875)湖北崇文書局刻本　一百三冊　存八十九種四百七十卷

410000－2204－0001547　501/15

惜陰軒叢書三十五種　(清)李錫齡輯　清道光二十六年(1846)宏道書院刻續編咸豐八年(1858)刻本　九十四冊　存二十八種二百四十九卷

410000－2204－0001548　409.2/32

國朝文彙甲前集二十卷甲集六十卷乙集七十卷丙集三十卷丁集二十卷姓氏目錄一卷　國學扶輪社輯　清宣統元年(1909)上海國學扶輪社石印本　三十一冊　存六十二卷(甲集五十五至六十，乙集一至八、十一至十四、十七至二十、五十五至六十四、六十九至七十，丙集一至二十、二十三至三十)

410000－2204－0001549　410/49

詠雪堂纂定古文必讀直解八卷　(明)張居正選注　(明)張鼐　(明)鍾惺評正　清順治十四年(1657)刻本　一冊　存二卷(一至二)

410000－2204－0001550　408/202

此君書樓詩鈔九卷　(清)夏際唐撰　清道光十五年(1835)刻本　四冊

410000－2204－0001551　409.3/41

韻蘭集賦鈔六卷　(清)陸雲槎撰　清道光元年(1821)兩儀堂刻本　三冊

410000－2204－0001552　212.1/18

新政應試必讀六卷　(清)顧厚焜等編　清光緒二十八年(1902)石印本　十二冊

410000－2204－0001553　215/35

歸方評點史記合筆六卷　(清)王拯纂　清光緒元年(1875)錦城節署刻本　四冊

410000－2204－0001554　409.2/33

古文分編集評四集四卷　(清)于光華撰　清刻本　四冊

410000－2204－0001555　409.5/7

宋邵康節先生伊川擊壤集十卷　(宋)邵雍撰　(明)吳瀚摘注　(明)吳泰增注　清康熙八年(1669)邵養定、邵養貞刻清道光二十年(1840)補刻本　六冊

410000－2204－0001556　409.6/21

增廣元魁墨萃不分卷　(清)朱炳麟輯　清光緒十九年(1893)鴻文書局石印本　十冊

410000－2204－0001557　501/19

雅雨堂藏書　(清)盧見曾輯　清乾隆二十一年(1756)德州盧氏刻本　十七冊　存七種九十九卷

410000－2204－0001558　313/56

角山樓增補類腋六十七卷　(清)姚培謙撰　(清)趙克宜增輯　清光緒十二年(1886)上海同文書局石印本　五冊　存五十九卷(物部一至二十、地部一至二十四、人部一至十五)

410000－2204－0001559　307.3/5

增刪算法統宗十一卷首一卷附校算記一卷
(明)程大位編集　(清)梅毅成增刪　清石印
本　一冊

410000－2204－0001560　408/203

紀文達公遺集十六卷首一卷　(清)紀昀撰
(清)紀樹馨編校　清宣統二年(1910)上海保
粹樓石印本　八冊

410000－2204－0001561　306.58/2

嵩厓尊生書十五卷　(清)景日昣撰　清刻本
　二冊　存五卷(一至三、十四至十五)

410000－2204－0001562　306.60/1

詳校醫宗必讀十卷　(明)李中梓著　清光緒
二十年(1894)刻本　四冊

410000－2204－0001563　102/32

附釋音尚書注疏二十卷　(漢)孔安國傳
(唐)陸德明音義　(唐)孔穎達疏　校勘記二
十卷　(清)阮元撰　(清)盧宣旬摘錄　清嘉
慶二十年(1815)南昌府學刻重刊宋本十三經
注疏附校勘記本　六冊

410000－2204－0001564　201.2/15＋2

南史八十卷　(唐)李延壽撰　清光緒五年
(1879)湖北書局刻本　十二冊

410000－2204－0001565　302/82

北溪字義二卷補遺一卷嚴陵講義一卷　(宋)
陳淳撰　清刻惜陰軒叢書本　二冊

410000－2204－0001566　204/18

國語二十一卷　(三國吳)韋昭解　國語明道
本攷異四卷　(清)汪遠孫撰　清同治八年
(1869)湖北崇文書局刻本　五冊

410000－2204－0001567　501/15－2

惜陰軒叢書　(清)李錫齡輯　清刻本　七冊
　存二種十六卷

410000－2204－0001568　404/30

劍南詩鈔六卷　(宋)陸游著　(清)楊大鶴選
　清康熙二十四年(1685)刻本　八冊

410000－2204－0001569　101/49

周易本義爻徵二卷　(清)吳曰慎撰　清道光

二十六年(1846)刻惜陰軒叢書本　二冊

410000－2204－0001570　102/33

新刻書經備旨善本輯要六卷　(清)馬大猷輯
　清文誠堂刻本　二冊

410000－2204－0001571　302/159

困學錄四卷　張諧之撰　清光緒二十二年
(1896)刻爲已精舍藏書本　二冊

410000－2204－0001572　409.1/37－1

古唐詩合解十六卷　(清)王堯衢注　清刻本
　六冊

410000－2204－0001573　204.3/4－1

明季稗史彙編　題(清)留雲居士輯　清都城
琉璃廠刻本　六冊　存四種十三卷

410000－2204－0001574　408/204

胡文忠公遺集十卷首一卷　(清)胡林翼撰
清同治五年(1866)刻本　八冊

410000－2204－0001575　311.3/8

福惠全書三十二卷　(清)黃六鴻著　清康熙
刻本　十二冊

410000－2204－0001576　108.5/33

增廣五經備旨　(清)鄒聖脈纂輯　清光緒十
三年(1887)刻本　十三冊　存三種二十六卷

410000－2204－0001577　101/50

御纂周易折中二十二卷首一卷　(清)李光地
等纂　清康熙刻本　五冊　存十一卷(一至
十、首一卷)

410000－2204－0001578　501/21

青照堂叢書　(清)李元春輯　清道光十五年
(1835)朝邑劉際清等刻本　九冊　存八種二
十六卷

410000－2204－0001579　409.1/46

唐宋八大家文分體讀本第一集八卷第二集八
卷第三集八卷　(清)汪份定　清康熙五十九
年(1720)刻本　八冊

410000－2204－0001580　501/40

九通　(清)□□輯　清光緒二十七年(1901)
上海圖書集成局鉛印本　一百十六冊　存四

種八百七十七卷

410000－2204－0001581　306.3/4

本草綱目五十二卷瀕湖脈學一卷奇經八脈攷一卷　(明)李時珍撰　**本草萬方鍼線八卷**
(清)蔡烈先編　**脈訣攷證一卷**　清刻本　六冊　存十二卷(本草綱目二十七、瀕湖脈學一卷、奇經八脈攷一卷、本草萬方鍼線八卷、脈訣攷證一卷)

410000－2204－0001582　501/23

經苑　(清)錢儀吉輯　清道光至咸豐間大梁書院刻本　三十四冊　存八種九十五卷

410000－2204－0001583　202.1/37

御批歷代通鑑輯覽一百二十卷　(清)傅恒等撰　清光緒四年(1878)刻本　四十冊

410000－2204－0001584　214.2/5

西清古鑑四十卷錢錄十六卷　(清)梁詩正等編纂　清光緒十四年(1888)邁宋書館日本銅活字印本　二十三冊　存五十四卷(西清古鑑一至八、十一至四十,錢錄十六卷)

410000－2204－0001585　502/1

武林掌故叢編　(清)丁丙輯　清光緒錢塘丁氏嘉惠堂刻本　二百六冊　存一百八十六種六百二十六卷

410000－2204－0001586　202.1/38

尺木堂加批綱鑑易知錄九十二卷　(清)吳乘權等輯　清石印本　十二冊　存十二卷(十三至二十四)

410000－2204－0001587　103/25

御纂詩義折中二十卷　(清)傅恒等撰　清刻本　十二冊

410000－2204－0001588　408/205

二曲集二十六卷　(清)李顒撰　清刻本　八冊

410000－2204－0001589　312.3/4

東周列國全志二十三卷一百八回　(清)蔡昇評點　清刻本　十二冊

410000－2204－0001590　501/22

410000－2204－0001591　408/207

十萬卷樓叢書　(清)陸心源輯　清光緒歸安陸氏刻本　三十六冊　存二十六種一百六卷

410000－2204－0001592　408/206

曾文正公家書十卷家訓二卷　(清)曾國藩撰　**大事記四卷**　(清)王定安撰　**榮哀錄一卷**　清末上海著易堂書局石印本　八冊

410000－2204－0001593　205.2/19

胡文忠公遺集八十六卷首一卷　(清)曾國荃輯　(清)胡鳳丹重輯　清光緒十四年(1888)上海著易堂鉛印本　八冊

410000－2204－0001594　408/208

忠武祠墓志七卷首一卷末一卷　(清)李復心輯　清同治三年(1864)刻本　四冊

410000－2204－0001595　212.5/13

袁文箋正十六卷補注一卷　(清)袁枚撰　清宣統石印本　五冊

410000－2204－0001596　209.2/92

名法指掌增訂二卷附刻便覽一卷　(清)沈辛田纂輯　清刻本　四冊

410000－2204－0001597　201.2/14

[乾隆]河南府志一百十六卷首四卷　(清)施誠修　(清)童鈺　(清)裴希純纂　清乾隆四十四年(1779)刻清同治六年(1867)陳肇鏞補刻本　八冊

410000－2204－0001598　104.3/90

史記一百三十卷　(漢)司馬遷撰　(南朝宋)裴駰集解　清光緒三十一年(1905)上海久敬齋石印本　八冊

410000－2204－0001599　205.1/12

禮記增訂旁訓六卷　(清)徐立綱撰　清匠門書屋刻本(卷一補配清乾隆五十二年刻本)　五冊　存五卷(一至五)

410000－2204－0001600　302/83

歷代名儒傳八卷　(清)朱軾　(清)蔡世遠訂　(清)李清植纂　清石印本　二冊

理學圖說彙編三卷　(清)何思永輯　清刻本

三冊

410000－2204－0001601　408/210

十笏山房詩鈔四卷　（清）張懷溥著　清道光
四年（1824）刻本　二冊

410000－2204－0001602　10/7

七經精義　（清）黃淦纂　清嘉慶十三年
（1808）刻本　十四冊

410000－2204－0001603　409.2/34

詠物詩選八卷　（清）俞琰輯　清刻本　六冊

410000－2204－0001604　408/209

**小園制藝二卷續稿一卷古文草一卷附詩草一
卷**　（清）毛應觀著　清道光刻本　四冊

410000－2204－0001605　408/209－1

**小園制藝二卷續稿一卷古文草一卷附詩草一
卷**　（清）毛應觀著　清道光刻本　四冊

410000－2204－0001606　105.1/1

中州人物考八卷　（清）孫奇逢撰　清刻本
四冊　存四卷（一至四）

410000－2204－0001607　409.2/35

試帖百篇最豁解不分卷　（清）王澤汪評注
清乾隆五十三年（1788）刻本　一冊

410000－2204－0001608　504/14

小倉山房詩集三十七卷補遺二卷　（清）袁枚
撰　清光緒十八年（1892）上海圖書集成印書
局鉛印本　八冊

410000－2204－0001609　409.2/36

趙菁衫自選古文檢一卷　（清）趙國華編　清
宣統三年（1911）鉛印本　一冊

410000－2204－0001610　302/84

史論啓蒙一卷　（清）周雪樵評選　（清）嵇銓
注釋　清經世文社石印本　一冊

410000－2204－0001611　306.3/5

本草從新十八卷　（清）吳儀洛撰　清光緒二
十年（1894）刻本　六冊

410000－2204－0001612　210.6/2

大清壹統輿圖三十一卷首一卷　（清）嚴樹森

撰　清同治二年（1863）刻本　十二冊

410000－2204－0001613　502/2

湖北叢書　（清）趙尚輔輯　清光緒十七年
（1891）三餘草堂刻本　九十九冊　存三十種
二百八十六卷

410000－2204－0001614　501/41

陳修園廿三種　（清）陳念祖著　清刻本　十
冊　存四種二十四卷

410000－2204－0001615　403/24

唐陸宣公集二十二卷　（唐）陸贄撰　清刻本
四冊　存十一卷（一至十一）

410000－2204－0001616　110.3/38－1

增廣字學舉隅四卷　（清）鐵珊輯　（清）凌振
家閱　（清）王寶鏞書　清同治十三年（1874）
蘭州郡署刻本　四冊

410000－2204－0001617　205.2/20

忠武志八卷　（清）張鵬翮輯　**臥龍崗志二卷**
（清）羅景輯　清同治八年（1869）李澍刻本
九冊　存九卷（忠武志一、三至八，臥龍崗
志二卷）

410000－2204－0001618　408/211

湯文正公遺書　（清）湯斌撰　清道光七年
（1827）刻本　六冊

410000－2204－0001619　409.8/2

適軒尺牘八卷　（清）徐菊生撰　清同治十三
年（1874）刻本　四冊

410000－2204－0001620　504/1

春在堂全書　（清）俞樾撰　清光緒二十五年
（1899）刻本　八十九冊　存十三種二百四十
三卷

410000－2204－0001621　407/25

施注蘇詩四十二卷總目二卷補遺二卷　（宋）
蘇軾撰　清康熙三十八年（1699）刻本　十冊

410000－2204－0001622　315/20

南華發覆八卷　（明）釋性通撰　清乾隆十四
年（1749）雲林懷德堂刻本　六冊

410000－2204－0001623　302/85

聖諭廣訓十六條不分卷 （清）聖祖玄燁撰
清光緒二十八年（1902）刻本 一冊

410000－2204－0001624 312.12/5

聊齋志異圖詠十六卷首一卷 （清）蒲松齡撰
（清）呂湛恩注 清光緒三十年（1904）上海
錦章書局石印本 一冊

410000－2204－0001625 409.2/37

聞式堂古文選釋八卷 （清）臧岳編 清古吳
三樂齋刻本 四冊

410000－2204－0001626 408/212

吳學士文集四卷詩集五卷 （清）吳鼒撰 清
光緒八年（1882）甯藩署刻本 五冊 存六卷
（文集四卷、詩集一至二）

410000－2204－0001627 202.1/39

綱鑑易知錄九十二卷 （清）吳乘權等輯 清
刻本 十六冊 存六十卷（十三至五十六、七
十七至九十二）

410000－2204－0001628 109/8

五經類編二十八卷 （清）周世樟編 清刻本
十二冊

410000－2204－0001629 408/212

茗柯文初編一卷二編二卷三編一卷四編一卷
（清）張惠言撰 清光緒七年（1881）刻本
一冊 存三卷（初編一卷、二編二卷）

410000－2204－0001630 301/16

古今說海 （明）陸楫輯 明嘉靖二十三年
（1544）雲間儼石儼山書院刻本 三冊 存五
種三卷

410000－2204－0001631 309.4/2

誠一堂琴譜六卷琴談二卷 （清）程允基撰
清抄本 一冊 存二卷（三至四）

410000－2204－0001632 504/15

曹月川先生遺書 （明）曹端撰 清咸豐十一
年（1861）刻本 九冊 存九種九卷

410000－2204－0001633 306.55/1

胎產心法三卷 （清）閻純璽撰 清刻本
三冊

410000－2204－0001634 110.3/48

說文解字句讀三十卷補正三十卷 （清）王筠
撰 清光緒八年（1882）四川尊經書局刻本
十六冊 存三十卷（一至三十）

410000－2204－0001635 108.5/34

四書左國彙纂四卷 （清）高其名 （清）鄭師
成纂 清刻本 七冊

410000－2204－0001636 202.2/13

明鑑易知錄十五卷 （清）朱國標鈔 （清）吳
乘權等輯 清刻本 五冊

410000－2204－0001637 204.12/10

彭剛直公奏稿八卷 （清）彭玉麟撰 清光緒
十七年（1891）鉛印本 四冊

410000－2204－0001638 313/60

隨園詩話十六卷補遺十卷 （清）袁枚撰 清
光緒十八年（1892）上海圖書集成印書局鉛印
本 三冊 存十二卷（一至十二）

410000－2204－0001639 408/213

隨侯書屋詩集十一卷 （清）劉錫五撰 清嘉
慶二十三年（1818）刻本 六冊

410000－2204－0001640 504/3

玉海 （宋）王應麟撰 清嘉慶十一年（1806）
刻本 九十五冊

410000－2204－0001641 215/36

史通削繁四卷 （唐）劉知幾撰 （清）浦起龍
注 （清）紀昀刪并評 清光緒二十一年
（1895）寶慶澹雅書局刻本 四冊

410000－2204－0001642 306.2/4

醫林改錯二卷 （清）王清任撰 清光緒十四
年（1888）三義堂刻本 一冊

410000－2204－0001643 106.2/19

御案春秋左傳經解備旨十二卷 （清）鄒聖脉
輯 清光緒五年（1879）星沙胡味經堂刻本
六冊

410000－2204－0001644 306.2/4

喉科秘旨二卷 （清）吳張氏撰 （清）慎獨書
屋校 清光緒十九年（1893）慎獨書屋刻本

二冊

410000－2204－0001645　302/86

荀子二十卷　（戰國）荀況著　（清）楊倞注
清光緒二十三年(1897)新化三味書室刻本
五冊　存十七卷(一至十五、十九至二十)

410000－2204－0001646　306.2/4

海上方一卷　（唐）孫思邈著　清刻本　一冊

410000－2204－0001647　313/61

詩學含英十四卷　（清）劉文蔚輯　清刻本
二冊

410000－2204－0001648　313/61

詩學含英十四卷　（清）劉文蔚輯　清刻本
二冊

410000－2204－0001649　108.5/36

四書人物類典串珠四十卷　（清）臧志仁編輯
清嘉慶十九年(1814)刻本　十二冊

410000－2204－0001650　306.5/13

痘證慈航一卷　（明）歐陽調律撰　（清）郭士
珩編　清同治四年(1865)資陽刻本　一冊

410000－2204－0001651　101/53

御纂周易折中二十二卷首一卷　（清）李光地
等纂　清刻本　十六冊

410000－2204－0001652　306.5/13

驗方新編十六卷補遺一卷　（清）鮑相璈編
清光緒二十年(1894)刻本　十四冊

410000－2204－0001653　313/57

資治通鑑彙刻　清同治、光緒間江蘇書局刻
本　一百一冊　存三種三百七十二卷

410000－2204－0001654　108.5/35

四書典故快觀四卷　題（清）春暉堂主人纂
清刻本　二冊

410000－2204－0001655　409.1/47

古唐詩合解十六卷　（清）王堯衢注　清刻本
四冊

410000－2204－0001656　308.5/7

新鐫神峯張先生通考闢謬命理正宗大全六卷

（明）張楠撰　清同治八年(1869)刻本
八冊

410000－2204－0001657　302/87

家塾蒙求五卷　（清）康基淵纂輯　清道光六
年(1826)一枝山房刻本　四冊

410000－2204－0001658　313/58

典林博覽十二卷　（清）鍾運堯輯　清光緒五
年(1879)刻本　五冊

410000－2204－0001659　306.51/4

金匱要畧淺注十卷　（清）陳念祖集注　清宣
統刻本　四冊

410000－2204－0001660　306.51/4

傷寒論淺注六卷　（清）陳念祖注　清同治六
年(1867)刻本　三冊

410000－2204－0001661　302/88

孔氏家語十卷　題（三國魏）王肅注　明末毛
氏汲古閣刻本　四冊

410000－2204－0001662　306.51/4

傷寒真方歌括六卷　（清）陳念祖撰　清刻本
一冊

410000－2204－0001663　215/1－1

綱鑑總論二卷　（清）□□撰　清光緒二十七
年(1901)刻本　二冊

410000－2204－0001664　306.51/4

傷寒醫訣串解六卷附十藥神書注解一卷
（清）陳念祖著　清光緒二年(1876)傚南雅堂
刻本　二冊

410000－2204－0001665　108.2/5

日講四書解義二十六卷　（清）喇沙里等撰
清刻本　八冊　存十四卷(孟子十三至二十
六)

410000－2204－0001666　101/52

誠齋先生易傳二十卷　（宋）楊萬里撰　清道
光、咸豐間大梁書院刻經苑本　四冊

410000－2204－0001667　313/59

增訂錦字箋四卷　（清）黃溎輯　清聚錦堂刻
本　六冊

410000－2204－0001668　109/9

應制五經題解五卷　（清）劉廷琨纂　清乾隆
八年(1743)積秀堂刻本　六冊

410000－2204－0001669　212.5/14

補注洗冤錄集證六卷　（宋）宋慈輯　（清）王
又槐增輯　（清）李觀瀾補輯　清咸豐八年
(1858)刻本　二冊

410000－2204－0001670　408/214

燕川集十四卷　（清）范泰恒著　清嘉慶十四
年(1809)刻本　六冊

410000－2204－0001671　106.2/20

如酉所刻諸名家評點春秋綱目左傳句解彙雋
六卷　（清）韓菼重訂　清光緒十三年(1887)
刻本　六冊

410000－2204－0001672　306.57/3

針灸大成十卷　（明）楊繼洲(楊濟時)編著
清光緒十三年(1887)刻本　十冊

410000－2204－0001673　308.4/11

選時四卷　（清）問萬珍編　清刻本　四冊
存三卷(二至四)

410000－2204－0001674　205.3/8

如山于公[成龍]年譜二卷遺本一卷　（清）宋
犖　（清）李樹德撰　清道光刻本　二冊

410000－2204－0001675　101/54

御纂周易折中二十二卷首一卷　（清）李光地
等纂　清刻本　十冊

410000－2204－0001676　101/55

御纂周易折中二十二卷首一卷　（清）李光地
等纂　清刻本　十六冊

410000－2204－0001677　307/7

練兵實紀九卷雜記六卷　（明）戚繼光撰　清
嘉慶刻本　四冊

410000－2204－0001678　309.1/10

歷代畫史彙傳七十二卷首一卷　（清）彭蘊璨
輯　清刻本　十二冊　存三十五卷(一至三
十四、首一卷)

410000－2204－0001679　501/42

河南程氏全書　（宋）程顥　（宋）程頤撰
（宋）朱熹輯　清同治十年(1871)六安涂氏求
我齋刻洪氏唐石經館叢書本　十六冊

410000－2204－0001680　306.1/3

新鐫本草醫方合編　（清）汪昂著輯　清刻本
三冊　存六卷(增訂本草備要一至二、四，
醫方集解上、中四至七、下)

410000－2204－0001681　302/89

二程全書五十一卷拾遺一卷　（宋）程顥
（宋）程頤撰　（宋）朱熹輯　清刻本　十二冊

410000－2204－0001682　302/90

二程全書五十一卷拾遺一卷　（宋）程顥
（宋）程頤撰　（宋）朱熹輯　清刻本　六冊
存二十二卷(一至二十二)

410000－2204－0001683　308.6/6

奇門遁甲秘笈大全三十卷　（明）劉基著　清
刻本　八冊

410000－2204－0001684　408/215

味蓼軒詩鈔十卷　（清）高宅暘著　清刻本
一冊

410000－2204－0001685　408/215

冊山詩抄一卷附花品一卷　（清）王再咸著
清刻本　一冊

410000－2204－0001686　409.2/38

古文啮鳳新編八卷　（清）汪基輯　清學庫山
房刻本　六冊

410000－2204－0001687　408/215

澤雅堂詩鈔不分卷　（清）施補華著　志遠堂
詩鈔不分卷　（清）鄒鐘著　大風樓詩鈔不分
卷　（清）郭翊著　春谷詩鈔不分卷　（清）李
坤厚著　清刻本　一冊

410000－2204－0001688　408/215

尺壼山人百一草一卷　（清）王蔭昌著　豔秋
閣詩鈔三卷　（清）鈜東笙著　閼音山館詩鈔
一卷　（清）徐啟謨著　聽綠山房詩鈔一卷
(清)翟熙典著　清刻本　一冊

410000－2204－0001689　313/62

牧令全書二十三卷　（清）丁日昌輯　清光緒
二十二年(1896)上海圖書集成印書局石印本
八冊

410000－2204－0001690　104.3/15

禮記十卷　（元）陳澔集說　清乾隆致和堂刻
本　五冊　存五卷(六至十)

410000－2204－0001691　501/12

廣漢魏叢書　（明）何允中輯　清乾隆刻本
七十三冊　存七十種四百十五卷

410000－2204－0001692　302/96

新刊性理大全八卷　（宋）周敦頤撰　（宋）朱
熹注　清文興堂刻本　五冊

410000－2204－0001693　306.53/1

外科大成八卷　（清）祁坤輯著　清刻本
八冊

410000－2204－0001694　106.2/21

左傳選十四卷　（清）儲欣評　清雍正三年
(1725)刻本　八冊

410000－2204－0001695　501/46

孫夏峰全集　（清）孫奇逢撰　清康熙刻道光
至光緒遞刻本　五冊　存四種五卷

410000－2204－0001696　414.2/12

繡像綠野仙蹤八卷八十回　（清）李百川撰
清光緒二十二年(1896)上海書局石印本
八冊

410000－2204－0001697　313/64

廣治平畧三十六卷續編八卷　（清）蔡方炳撰
清道光小琅嬛館書坊刻本　十冊

410000－2204－0001698　302/91

御纂性理精義十二卷　（清）李光地等纂修
清咸豐二年(1852)刻本　六冊

410000－2204－0001699　313/63

增廣五經備旨　（清）鄒聖脉纂輯　清光緒十
三年(1887)刻本　十一冊　存三種十九卷

410000－2204－0001700　313/65

小學紺珠十卷　（宋）王應麟撰　清刻本
五冊

410000－2204－0001701　202.1/40

御批歷代通鑑輯覽一百二十卷　（清）傅恒等
撰　清光緒三十年(1904)上海經藝書局石印
本　二十四冊

410000－2204－0001702　404/31

歐陽文忠公全集一百五卷　（宋）歐陽修撰
年譜一卷　（宋）胡柯編　清康熙十一年
(1672)刻本　二十四冊

410000－2204－0001703　212.5/15

律例圖說十卷幕學舉要一卷　（清）萬維翰纂
清刻本　十冊

410000－2204－0001704　306.1/4

古今醫統正脈全書　（明）王肯堂輯　明萬曆
新安吳勉學刻本　六冊　存五種二十卷

410000－2204－0001705　311/16

論衡三十卷　（漢）王充著　清刻本　八冊

410000－2204－0001706　212.11/4

樊山公牘四卷　樊增祥撰　清宣統三年
(1911)廣益書局石印本　四冊

410000－2204－0001707　408/219

錢牧齋文鈔不分卷　（清）錢謙益撰　清宣統
元年(1909)上海國學扶輪社鉛印本　四冊

410000－2204－0001708　205.1/13

國朝先正事略六十卷首一卷續編四卷　（清）
李元度纂　清光緒二十七年(1901)上海千頃
堂石印本　十冊

410000－2204－0001709　409/25

知味軒稟言四卷　（清）陳毓靈撰　清道光二
十三年(1843)刻本　六冊

410000－2204－0001710　302/92

朱子原訂近思錄十四卷　（清）江永集注　清
光緒刻本　四冊

410000－2204－0001711　501/43

河南二程全書　（宋）程顥　（宋）程頤撰
(宋)朱熹輯　清刻本　二十冊

410000－2204－0001712　409/26

知味軒啟事四卷　（清）陳毓靈撰　清道光二

十三年(1843)刻本　　四冊

410000－2204－0001713　101/56

周易本義十二卷　(宋)朱熹撰　(宋)呂祖謙音訓　**周易本義考一卷**　(清)劉世讜輯　清光緒元年(1875)刻西京清麓叢書本　　二冊

410000－2204－0001714　306.1/5

御纂醫宗金鑑九十卷　(清)吳謙等輯　清刻本　六冊　存四種十二卷

410000－2204－0001715　311/17

迪吉錄八卷首一卷　(明)顏茂猷編輯　(明)顧錫疇評定　清光緒八年(1882)遐齡精舍刻本　八冊

410000－2204－0001716　308.4/12

靈棋經二卷　題(漢)東方朔撰　(晉)顏幼明(南朝宋)何乘天注　(元)陳師凱　(明)劉基解　**月波洞中記二卷**　(三國吳)張仲遠撰　清刻本　二冊

410000－2204－0001717　101/57

寄傲山房塾課纂輯御案易經備旨七卷　(清)鄒聖脉纂輯　清嘉慶二十五年(1820)刻五經備旨本　四冊

410000－2204－0001718　403/25

杜詩詳注二十五卷首一卷附編二卷　(唐)杜甫撰　(清)仇兆鰲輯注　清刻本　十四冊

410000－2204－0001719　108.5/37

四書人物類典串珠四十卷　(清)臧志仁編輯　清刻本　八冊　存二十九卷(五至十八、二十一至三十五)

410000－2204－0001720　202.1/41

綱鑑會纂三十九卷首一卷　(明)王世貞編　**綱鑑會通明紀十五卷**　(清)陳志襄輯　清書業德刻本　四十七冊　存五十四卷(綱鑑會纂二至三十九、首一卷、綱鑑會通明紀十五卷)

410000－2204－0001721　108.5/38

漱芳軒合纂四書體注十九卷　(清)范翔条訂　清宏道堂刻本　六冊

410000－2204－0001722　108.5/39

增補四書精繡圖像人物備考十二卷　(清)薛方山(薛應旂)撰　清道光二年(1822)文德堂刻本　六冊

410000－2204－0001723　312.12/6

槐西雜誌四卷　(清)紀昀撰　清咸豐四年(1854)刻本　四冊

410000－2204－0001724　108.5/40

四書章句集注十九卷　(宋)朱熹撰　清光緒十二年(1886)刻本　六冊

410000－2204－0001725　212.8/7

欽定學堂章程二十卷附學部奏定女子小學堂章程一卷　(清)張之洞重訂　清光緒三十三年(1907)鉛印本　四冊

410000－2204－0001726　101/58

周易本義十二卷　(宋)朱熹撰　(宋)呂祖謙音訓　**周易本義考一卷**　(清)劉世讜輯　清光緒元年(1875)傳經堂刻西京清麓叢書本　二冊

410000－2204－0001727　407/26

震川先生集三十卷　(明)歸有光著　清光緒六年(1880)常熟歸氏刻本　十四冊

410000－2204－0001728　302/93

朱子語類一百四十卷　(宋)朱熹撰　(宋)黃士毅編纂　清刻本　四十冊　存一百二十卷(一至六十八、八十九至一百四十)

410000－2204－0001729　306.5/14

醫方集解三卷　(清)汪昂輯　清刻本　二冊

410000－2204－0001730　110.4/20

佩文韻府一百六卷　(清)張玉書等輯　清刻本　七十三冊　存八十六卷(一至二十、二十三至三十三、三十八至六十七、七十四至九十一、一百至一百六)

410000－2204－0001731　108.5/41

四書說六卷　(明)辛全著　清光緒二十四年(1898)柏經正堂刻本　四冊

410000－2204－0001732　101/59

伊川文集八卷易傳四卷　(宋)程頤撰　清刻本　六冊　存七卷(文集六至八、易傳四卷)

410000－2204－0001733　212.3/2

欽定康濟錄四卷　(清)陸曾禹撰　(清)倪國璉編　清刻本　二冊　存一卷(四)

410000－2204－0001734　108.5/43

四書蒙讀淺解十九卷　(宋)朱熹集註　清光緒二十六年(1900)刻本　六冊

410000－2204－0001735　202.1/42

御批增補了凡綱鑑四十卷首一卷　(明)袁黃編纂　清光緒二十五年(1899)上海著易堂石印本　八冊　存三十二卷(一至二十四、二十九至三十二、三十五至三十八)

410000－2204－0001736　108.5/42

四書玩注詳說一百六十卷首一卷　(清)冉覲祖撰　清光緒八年(1882)刻本　十八冊　存十八卷(三十二至四十、六十一至六十九)

410000－2204－0001737　108.5/45

讀四書叢說四卷　(元)許謙撰　論語意原四卷　(宋)鄭汝諧撰　清刻本　八冊　存六卷(讀四書叢說四卷、論語意原三至四)

410000－2204－0001738　101/61

周易本義十二卷　(宋)朱熹撰　(宋)呂祖謙音訓　周易本義考一卷　(清)劉世鑨輯　清光緒元年(1875)傳經堂刻西京清麓叢書本　二冊

410000－2204－0001739　315/22

莊子十卷　(戰國)莊周著　(晉)郭象注　(唐)陸德明音義　清光緒二年(1876)浙江書局刻本　五冊

410000－2204－0001740　212.1/21

皇朝通志一百二十六卷　(清)嵇璜等撰　清光緒八年(1882)浙江書局刻九通本　四十冊

410000－2204－0001741　110.4/21

詩韻對錦十卷　(清)馬至毅輯　清刻本　二冊

410000－2204－0001742　108.5/44

四書典制新穎三十五卷　(清)黃濟川參訂　清同治十年(1871)刻本　五冊

410000－2204－0001743　302/94

近思錄十四卷　(宋)朱熹　(宋)呂祖謙輯　(清)張伯行集解　清刻本　八冊

410000－2204－0001744　104.1/14

周官精義十二卷　(清)連斗山編　清嘉慶二十三年(1818)刻本　六冊

410000－2204－0001745　313/66

王船山先生經史論八種　(清)王夫之撰　清光緒二十五年(1899)公記書莊石印本　十六冊

410000－2204－0001746　408/220

天根詩鈔二卷文鈔四卷文鈔續集一卷文法一卷　(清)何家琪撰　清光緒三十三年(1907)刻本　六冊

410000－2204－0001747　106.2/22

東萊博議四卷　(宋)呂祖謙撰　增補虛字注釋一卷　(清)張文炳評點　清刻本　四冊

410000－2204－0001748　313/67

佩文韻府一百六卷　(清)張玉書等編　清光緒十二年(1886)上海點石齋石印本　二十一冊　存八十九卷(一至八十九)

410000－2204－0001749　303/8

火龍經三卷　(三國蜀)諸葛亮著　二集三卷　(明)劉基補著　(明)毛希秉彙輯　兵法百戰經一卷　(明)王鳴鶴編訂　(□)何仲叔參輯　七注陰符經一卷　(周)姜尚注　(漢)張良解　(三國蜀)諸葛亮釋　清刻本　四冊

410000－2204－0001750　101/60

周易兼義九卷　(三國魏)王弼　(晉)韓康伯注　(唐)孔穎達正義　音義一卷　(唐)陸德明撰　注疏校勘記九卷釋文校勘記一卷　(清)阮元撰　(清)盧宣旬摘錄　清道光六年(1826)刻重刊宋本十三經注疏附校勘記本　四冊

410000－2204－0001751　409.3/43

皇朝經世文續編一百二十卷　　（清）葛士濬輯
清光緒二十四年(1898)慎記書莊石印本
二十四冊

410000－2204－0001752　101/60－1

周易兼義九卷　　（三國魏）王弼　（晉）韓康伯
注　（唐）孔穎達正義　音義一卷　（唐）陸德
明撰　注疏校勘記九卷釋文校勘記一卷
(清)阮元撰　　（清）盧宣旬摘錄　清道光六年
(1826)刻重刊宋本十三經注疏附校勘記本
二冊　存十二卷(周易兼義五至九、音義一
卷、注疏校勘記五至九、釋文校勘記一卷)

410000－2204－0001753　313/68

龍文鞭影五卷附幼學便記讀本一卷　　（明）蕭
良有注　（清）楊臣諍增訂　（清）劉有廉輯
清光緒十三年(1887)刻本　六冊

410000－2204－0001754　204/19

曾文正公奏稿三十卷　　（清）曾國藩撰　（清）
李瀚章編　清光緒十四年(1888)鴻文書局石
印本　十冊

410000－2204－0001755　314/3

大方廣佛華嚴經八十卷　　（唐）釋實叉難陀譯
清刻本　七冊　存二十一卷(二十二至二
十四、三十四至三十九、四十九至五十一、五
十五至五十七、六十四至六十六、七十三至七
十五)

410000－2204－0001756　104.4/7

三禮約編喈鳳十九卷　　（清）汪基撰　清嘉慶
九年(1804)刻本　六冊

410000－2204－0001757　501/45

二十二子　　（清）浙江書局輯　清光緒浙江書
局刻本　八十冊　存二十二種三百三十八卷

410000－2204－0001758　205.1/14

國朝漢學師承記八卷國朝經師經義目錄一卷
　（清）江藩纂　國朝宋學淵源記二卷附記一
卷　（清）江藩輯　清光緒十一年(1885)掃葉
山房刻本　四冊

410000－2204－0001759　306.3/6

太醫院增補青囊藥性賦直解八卷首一卷末一

卷　（明）羅必煒參訂　清光緒二十七年
(1901)新化三昧書局刻本　一冊　存五卷
(一至四、首一卷)

410000－2204－0001760　307.1/3

數學啓蒙圖解二卷　　（英國）偉烈亚力撰　清
光緒二十八年(1902)刻古今算學叢書本　一
冊　存一卷(二)

410000－2204－0001761　307.1/3

天經或問不分卷　　（清）游藝撰　清抄本
一冊

410000－2204－0001762　110.4/22

詩韻集成十卷　　（清）余照輯　（清）上海三元
堂校　清光緒七年(1881)銅板印本　四冊

410000－2204－0001763　414.2/13

增像全圖三國演義十六卷一百二十回　　（明）
羅本撰　（清）毛宗崗評　清石印本　八冊

410000－2204－0001764　10/8

皇清經解一千四百八卷　　（清）阮元輯　清道
光九年(1829)廣東學海堂刻咸豐十一年
(1861)補刻本　二百五十八冊　存六百八十
二卷(一至三十四、四十二至七十六、二百二
十一至二百二十三、二百三十六至二百三十
七、二百五十二至二百五十五、二百六十一至
二百六十二、二百八十一至二百八十三、二百
九十三至二百九十六、三百八至三百九、三百
十三至四百四十九、四百五十四至五百五、五
百十二至五百十五、五百十八至五百二十、五
百三十七至五百四十、五百五十五至五百六
十五、五百七十一至六百七十八、六百八十四
至六百八十五、七百十一至七百十三、七百十
八至七百二十五、七百五十六至七百七十六、
七百八十三至七百八十四、七百八十九至七
百九十、七百九十二至七百九十五、八百二、
八百二十一至八百三十、九百五十六至一千
七十六、一千九十至一千九十二、一千一百一
至一千一百二、一千一百二十至一千一百二
十一、一千一百五十二至一千一百六十、一千
一百七十六至一千一百七十七、一千一百八
十一至一千一百九十四、一千二百至一千二

百二、一千二百七至一千二百九、一千二百十八至一千二百五十一、一千二百五十六至一千二百八十三）

410000－2204－0001765　306.2/5
臨證指南醫案十卷　（清）葉桂著　清聚錦堂刻本　六冊　存六卷（一至六）

410000－2204－0001766　302/95
三字經注解備要二卷　（宋）王應麟著　（清）賀興思注　清咸豐十年(1860)刻本　二冊

410000－2204－0001767　408/221
紅樹山房試帖二卷　（清）鄒靖撰　清道光七年(1827)刻本　四冊

410000－2204－0001768　306.2/6
全體闡微三卷　（美國）柯為良　（清）林鼎文編譯　清光緒十五年(1889)刻本　三冊

410000－2204－0001769　413/3
玉玲瓏□□卷　（清）□□撰　清刻本　一冊　存二卷（三至四）

410000－2204－0001770　306.2/7
臨證指南醫案十卷附種福堂精選良方四卷（清）葉桂撰　（清）華岫雲編　清文苑堂刻本　六冊　存八卷（臨證指南醫案七至十、種福堂精選良方一至四）

410000－2204－0001771　312.12/7
灤陽消夏錄六卷　（清）觀弈道人(紀昀)撰　清刻本　四冊

410000－2204－0001772　202.1/44
綱鑑擇言十卷　（清）司徒修輯　（清）宣譽氏補注　清同治九年(1870)刻本　六冊

410000－2204－0001773　308.1/1
皇極經世六十卷觀物外編二卷　（宋）邵雍撰　清咸豐元年(1851)洛陽安樂窩刻本　十二冊

410000－2204－0001774　209.2/3
[正德]武功縣志三卷首一卷　（明）康海纂（清）孫景烈評注　清光緒十三年(1887)大梁書舍石印本　二冊

410000－2204－0001775　209.2/3
[正德]武功縣志三卷首一卷　（明）康海纂（清）孫景烈評注　清光緒十三年(1887)大梁書舍石印本　二冊

410000－2204－0001776　209.2/3
[正德]武功縣志三卷首一卷　（明）康海纂（清）孫景烈評注　清光緒十三年(1887)大梁書舍石印本　二冊

410000－2204－0001777　209.2/3
[正德]武功縣志三卷首一卷　（明）康海纂（清）孫景烈評注　清光緒十三年(1887)大梁書舍石印本　二冊

410000－2204－0001778　209.2/3－5
[正德]武功縣志三卷首一卷　（明）康海纂（清）孫景烈評注　清光緒十三年(1887)大梁書舍石印本　二冊

410000－2204－0001779　209.2/3－5
[正德]武功縣志三卷首一卷　（明）康海纂（清）孫景烈評注　清光緒十三年(1887)大梁書舍石印本　二冊

410000－2204－0001780　209.2/3－5
[正德]武功縣志三卷首一卷　（明）康海纂（清）孫景烈評注　清光緒十三年(1887)大梁書舍石印本　二冊

410000－2204－0001781　209.2/3－5
[正德]武功縣志三卷首一卷　（明）康海纂（清）孫景烈評注　清光緒十三年(1887)大梁書舍石印本　二冊

410000－2204－0001782　308.1/2
皇極經世六十卷觀物外編二卷　（宋）邵雍撰　（清）俞長贊鑒定　清咸豐元年(1851)洛陽安樂窩刻本　十二冊

410000－2204－0001783　209.2/3－5
[正德]武功縣志三卷首一卷　（明）康海纂（清）孫景烈評注　清光緒十三年(1887)大梁書舍石印本　二冊

410000－2204－0001784　209.2/3－10

[正德]武功縣志三卷首一卷　（明）康海纂
（清）孫景烈評注　清光緒十三年（1887）大梁
書舍石印本　二冊

410000－2204－0001785　209.2/3－10
[正德]武功縣志三卷首一卷　（明）康海纂
（清）孫景烈評注　清光緒十三年（1887）大梁
書舍石印本　二冊

410000－2204－0001786　209.2/3－10
[正德]武功縣志三卷首一卷　（明）康海纂
（清）孫景烈評注　清光緒十三年（1887）大梁
書舍石印本　二冊

410000－2204－0001787　209.2/3－10
[正德]武功縣志三卷首一卷　（明）康海纂
（清）孫景烈評注　清光緒十三年（1887）大梁
書舍石印本　二冊

410000－2204－0001788　209.2/3－10
[正德]武功縣志三卷首一卷　（明）康海纂
（清）孫景烈評注　清光緒十三年（1887）大梁
書舍石印本　二冊

410000－2204－0001789　209.2/3－15
[正德]武功縣志三卷首一卷　（明）康海纂
（清）孫景烈評注　清光緒十三年（1887）大梁
書舍石印本　二冊

410000－2204－0001790　209.2/3－15
[正德]武功縣志三卷首一卷　（明）康海纂
（清）孫景烈評注　清光緒十三年（1887）大梁
書舍石印本　二冊

410000－2204－0001791　209.2/3－15
[正德]武功縣志三卷首一卷　（明）康海纂
（清）孫景烈評注　清光緒十三年（1887）大梁
書舍石印本　二冊

410000－2204－0001792　209.2/3－15
[正德]武功縣志三卷首一卷　（明）康海纂
（清）孫景烈評注　清光緒十三年（1887）大梁
書舍石印本　二冊

410000－2204－0001793　209.2/3－15
[正德]武功縣志三卷首一卷　（明）康海纂

（清）孫景烈評注　清光緒十三年（1887）大梁
書舍石印本　二冊

410000－2204－0001794　209.2/3－20
[正德]武功縣志三卷首一卷　（明）康海纂
（清）孫景烈評注　清光緒十三年（1887）大梁
書舍石印本　二冊

410000－2204－0001795　209.2/3－20
[正德]武功縣志三卷首一卷　（明）康海纂
（清）孫景烈評注　清光緒十三年（1887）大梁
書舍石印本　二冊

410000－2204－0001796　209.2/3－20
[正德]武功縣志三卷首一卷　（明）康海纂
（清）孫景烈評注　清光緒十三年（1887）大梁
書舍石印本　二冊

410000－2204－0001797　209.2/3－20
[正德]武功縣志三卷首一卷　（明）康海纂
（清）孫景烈評注　清光緒十三年（1887）大梁
書舍石印本　二冊

410000－2204－0001798　209.2/3－20
[正德]武功縣志三卷首一卷　（明）康海纂
（清）孫景烈評注　清光緒十三年（1887）大梁
書舍石印本　二冊

410000－2204－0001799　209.2/3－25
[正德]武功縣志三卷首一卷　（明）康海纂
（清）孫景烈評注　清光緒十三年（1887）大梁
書舍石印本　二冊

410000－2204－0001800　209.2/3－25
[正德]武功縣志三卷首一卷　（明）康海纂
（清）孫景烈評注　清光緒十三年（1887）大梁
書舍石印本　二冊

410000－2204－0001801　209.2/3－25
[正德]武功縣志三卷首一卷　（明）康海纂
（清）孫景烈評注　清光緒十三年（1887）大梁
書舍石印本　二冊

410000－2204－0001802　209.2/3－25
[正德]武功縣志三卷首一卷　（明）康海纂
（清）孫景烈評注　清光緒十三年（1887）大梁

書舍石印本　二冊

410000－2204－0001803　209.2/3－25

[正德]武功縣志三卷首一卷　（明）康海纂
（清）孫景烈評注　清光緒十三年(1887)大梁
書舍石印本　二冊

410000－2204－0001804　308.1/3

皇極經世六十卷觀物外編二卷　（宋）邵雍撰
（清）俞長贊鑒定　清咸豐元年(1851)洛陽
安樂窩刻本　十四冊　存五十四卷(七至十
一、十四至六十二)

410000－2204－0001805　104.3/16

潄芳軒合纂禮記體注四卷　（清）范翔參訂
清嘉慶二十三年(1818)刻本　三冊

410000－2204－0001806　104.3/17

禮記十卷　（元）陳澔集說　清乾隆五十九年
(1794)刻本　十冊

410000－2204－0001807　104.3/19

潄芳軒合纂禮記體注四卷　（清）范翔參訂
清嘉慶四年(1799)刻本　四冊

410000－2204－0001808　103/54

毛詩注疏二十卷　（漢）毛亨傳　（漢）鄭玄箋
（唐）陸德明音義　（唐）孔穎達疏　明萬曆
十七年(1589)刻十三經注疏本　九冊　存十
四卷(一至五、十二至二十)

410000－2204－0001809　408/222

飲冰室文集二十卷　梁啟超著　清光緒二十
八年至二十九年(1902－1903)日本東京新智
學社石印本　十四冊　存十四卷(壬寅文集
六至十二、十四至十六,癸卯集四卷)

410000－2204－0001810　104.3/18

禮記旁訓辨體合訂六卷　（清）徐立綱輯　清
乾隆循陔堂刻本　六冊

410000－2204－0001811　106.2/23

左繡三十卷首一卷　（清）馮李驊　（清）陸浩
評輯　清石印本　八冊　存十六卷(十五至
三十)

410000－2204－0001812　104.3/20

禮記大全傳本三卷　（清）胡瑤光輯　清刻本
四冊

410000－2204－0001813　106.2/24

左繡三十卷首一卷　（清）馮李驊　（清）陸浩
評輯　清道光五年(1825)華川書屋刻本(卷
十二至三十補配清刻本)　八冊

410000－2204－0001814　106.2/25

左繡三十卷首一卷　（清）馮李驊　（清）陸浩
評輯　清刻本　七冊　存十四卷(八至十五、
十八至二十一、二十五至二十六)

410000－2204－0001815　108.5/46

四書集注十九卷　（宋）朱熹撰　清刻本　一
冊　存二卷(孟子四至五)

410000－2204－0001816　104.3/21

全本禮記體注十卷　（清）范翔原定　（清）徐
旦紛訂　（清）徐瑄補輯　清乾隆致和堂刻本
十二冊

410000－2204－0001817　104.3/22

欽定禮記義疏八十二卷首一卷　（清）鄂爾泰
等撰　清刻本　五十二冊　存七十卷(一至
十六、二十至七十二,首一卷)

410000－2204－0001818　104.3/23

全本禮記體注十卷　（清）范翔原定　（清）徐
旦紛訂　（清）徐瑄補輯　清刻本　七冊　存
七卷(一至二、四、六至七、九至十)

410000－2204－0001819　104.3/24

全本禮記體注十卷　（清）范翔原定　（清）徐
旦紛訂　（清）徐瑄補輯　清刻本　三冊　存
三卷(一至二、九)

410000－2204－0001820　104.3/24

禮記十卷　（元）陳澔集說　清刻本　一冊
存一卷(四)

410000－2204－0001821　104.3/26

潄芳軒合纂禮記體注四卷　（清）范翔參訂
清刻本　四冊

410000－2204－0001822　202.1/45

御批歷代通鑑輯覽一百二十卷　（清）傅恒等

撰 清光緒三十年（1904）上海商務印書局鉛印本 十冊 存五十卷（一至四十、六十六至七十、九十一至九十五）

410000－2204－0001823 202.1/46

御批歷代通鑑輯覽一百二十卷 （清）傅恒等撰 清上海廣益書局石印本 九冊 存二十九卷（六十三至九十一）

410000－2204－0001824 409.2/39

續古文辭類纂二十八卷 （清）黎庶昌纂 清光緒二十一年（1895）金陵狀元閣刻本 五冊 存十二卷（一至八、十一至十四）

410000－2204－0001825 106.2/26

左傳易讀六卷 （清）司徒修輯 清刻本 五冊 存五卷（二至六）

410000－2204－0001826 202.1/47

御批歷代通鑑輯覽一百二十卷 （清）傅恒等撰 清光緒二十五年（1899）新化三味堂刻本 五十六冊 存一百一卷（一至二十、二十四至二十五、三十至四十四、四十七至四十八、五十三至五十八、六十至七十一、七十四至八十九、九十三至一百二十）

410000－2204－0001827 104.3/27

禮記十卷 （元）陳澔集說 清光緒十二年（1886）湖北官書處刻本 十冊

410000－2204－0001828 108.5/53

四書朱子本義滙參四十三卷首四卷 （清）王步青輯 （清）王士魋編 清敦復堂刻本 二十四冊 存二十六卷（大學一至三、首一卷，中庸一至六、首一卷，孟子一至十四、首一卷）

410000－2204－0001829 106.5/8

欽定春秋傳說彙纂三十八卷首二卷 （清）王掞等撰 清刻本 六冊 存十三卷（十一至二十三）

410000－2204－0001830 202.1/48

御批歷代通鑑輯覽一百二十卷 （清）傅恒等撰 清刻朱墨套印本 十七冊 存三十四卷（五十一至六十六、七十一至八十八）

410000－2204－0001831 108.5/48

四書朱子本義滙參四十三卷首四卷 （清）王步青輯 （清）王士魋編 清刻本 二十一冊 存三十七卷（大學一至三，首一卷；中庸一至六，首一卷；孟子一至四、七至十四，首一卷；論語八至二十）

410000－2204－0001832 106.2/28

左繡三十卷首一卷 （清）馮李驊 （清）陸浩評輯 清嘉慶十六年（1811）刻本 十二冊

410000－2204－0001833 106.5/9

欽定春秋傳說彙纂三十八卷首二卷 （清）王掞等撰 清刻本 七冊 存十一卷（二十八至三十八）

410000－2204－0001834 101/63

御纂周易折中二十二卷首一卷 （清）李光地等纂 清刻本 二冊 存六卷（一至二、十六至十八，首一卷）

410000－2204－0001835 101/62

御纂周易折中二十二卷首一卷 （清）李光地等纂 清刻本 五冊 存十一卷（三至六、九至十二、十五至十七）

410000－2204－0001836 104.3/28

禮記心典傳本四卷 （清）胡瑤光纂 清刻本 四冊

410000－2204－0001837 106.2/29

左繡三十卷 （清）馮李驊 （清）陸浩評輯 清三槐書屋刻本 十五冊

410000－2204－0001838 106.2/30

左繡三十卷首一卷 （清）馮李驊 （清）陸浩評輯 清刻本 十五冊 存二十九卷（一至六、九至三十，首一卷）

410000－2204－0001839 202.1/49

尺木堂綱鑑易知錄九十二卷明紀二十卷 （清）吳乘權等輯 清康熙五十年（1711）刻本 二十四冊 存五十二卷（一至五十二）

410000－2204－0001840 106.2/31

左繡三十卷首一卷 （清）馮李驊 （清）陸浩

評輯 清光緒二十八年（1902）新化三味書室刻本 十四冊 存二十八卷（一至七、十至二十九，首一卷）

410000－2204－0001841 202.1/50
尺木堂綱鑑易知錄九十二卷 （清）吳乘權等輯 清刻本 二十六冊 存五十八卷（三十五至九十二）

410000－2204－0001842 10/9
皇清經解續編一千四百三十卷 王先謙輯 清光緒十四年（1888）南菁書院刻本 二百二十一冊 存九百六十三卷（五十七至二百七十五、三百三十四至四百四、四百十一至至八百三十九、八百五十七至八百六十四、八百七十二至八百八十一、八百九十四至八百九十七、九百十六至九百二十八、九百三十四至九百三十九、九百五十至九百五十九、九百六十六至九百七十一、九百八十四至九百八十八、九百九十三至一千十、一千十九至一千二十七、一千三十九至一千四十五、一千八十三至一千八十五、一千九十二、一千一百七十六至一千二百六、一千二百二十六至一千二百七十九、一千二百八十一至一千二百九十四、一千三百三十八至一千三百七十一、一千四百十六至一千四百二十、一千四百二十五至一千四百三十）

410000－2204－0001843 106.5/10
春秋旁訓辨體合訂四卷 （清）徐立綱輯 清乾隆循陔堂刻本 二冊

410000－2204－0001844 104.3/29
全本禮記體注十卷 （清）范翔原定 （清）徐瑄補輯 清聚錦堂刻本 十冊

410000－2204－0001845 202.1/51
鼎鍥趙田了凡袁先生編纂古本歷史大方綱鑑補三十九卷首一卷 （明）袁黃編 清刻本 一冊 存一卷（三十八）

410000－2204－0001846 101/100
御纂周易折中二十二卷首一卷 （清）李光地等纂 清刻本 十二冊

410000－2204－0001847 106.2/32
增補左繡三十卷首一卷 （清）馮李驊 （清）陸浩評輯 清嵩山書屋刻本 八冊 存十六卷（一至十五、首一卷）

410000－2204－0001848 202.1/52
大文堂綱鑑易知錄九十二卷明紀十五卷 （清）吳乘權等輯 清刻本 三十六冊 存九十卷（一至十二、十五至九十二）

410000－2204－0001849 202.1/53
尺木堂綱鑑易知錄九十二卷明紀十五卷 （清）吳乘權等輯 清刻本 六冊 存十二卷（綱鑑易知錄一至十二）

410000－2204－0001850 202.1/51
正字通十二卷 （明）張自烈撰 （清）廖文英輯 清刻本 一冊 存一卷（酉集上）

410000－2204－0001851 108.2/8
孟子講義十二卷 （清）史廷輝輯 清刻本 二冊 存二卷（七、九）

410000－2204－0001852 108.2/37
孟子講義十二卷 （清）史廷輝輯 清刻本 三冊 存六卷（五至六、九至十二）

410000－2204－0001853 108.2/8
孟子講義十二卷 （清）史廷輝輯 清刻本 一冊 存一卷（十一）

410000－2204－0001854 108.2/10
孟子講義十二卷 （清）史廷輝輯 清刻本 九冊 存九卷（一至二、四至六、八、十至十二）

410000－2204－0001855 104.3/30
禮記十卷 （元）陳澔集說 清李光明莊刻本 十冊

410000－2204－0001856 104.2/5
儀禮鄭注句讀十七卷 （漢）鄭玄注 （清）張爾岐句讀 監本正誤一卷石本誤字一卷 （清）張爾岐撰 清刻本 五冊 存十六卷（一至三、七至十七，監本正誤一卷，石本誤字一卷）

410000－2204－0001857　104.2/6

欽定儀禮義疏四十八卷首二卷　（清）朱軾等撰　清刻本　二十二冊　存二十一卷（十七至二十三、二十九至三十三、三十六至四十四）

410000－2204－0001858　202.1/54

綱鑑易知錄九十二卷　（清）吳乘權等輯　清刻本　五冊　存二十卷（五十七至七十六）

410000－2204－0001859　108.2/11

孟子講義十二卷　（清）史廷煇輯　清刻本　七冊　存十卷（三至十二）

410000－2204－0001860　104.2/7

欽定儀禮義疏四十八卷首二卷　（清）朱軾等撰　清刻本　五十冊

410000－2204－0001861　202.1/55

尺木堂綱鑑易知錄九十二卷　（清）吳乘權等撰　御撰資治通鑑綱目三編二十卷　（清）張廷玉等輯　清光緒二十八年（1902）刻本（卷一至三補配清刻本）　二十二冊　存四十六卷（一至三、二十一至四十三、五十二至五十八、八十四至九十二,御撰資治通鑑綱目三編一至四）

410000－2204－0001862　104.3/31

禮記不分卷　（元）陳澔集說　清道光十年（1830）刻本　四冊

410000－2204－0001863　104.3/32

禮記十卷　（元）陳澔集說　清光緒十二年（1886）湖北官書處刻本　六冊　存六卷（一至六）

410000－2204－0001864　209.1/16

天下郡國利病書一百二十卷　（清）顧炎武輯　清成都龍萬育燮堂刻本　八冊　存二十一卷（一百至一百二十）

410000－2204－0001865　202.1/56

大文堂綱鑑易知錄九十二卷　（清）吳乘權等輯　清刻本　二十五冊　存五十三卷（三十六至四十三、四十八至五十七、五十八至七十五、七十六至九十二）

410000－2204－0001866　108.2/12

四書集注十九卷　（宋）朱熹撰　清刻本　一冊　存二卷（孟子四至五）

410000－2204－0001867　501/39＋1

子書百家　（清）崇文書局輯　清光緒元年（1875）湖北崇文書局刻本　九冊　存十一種二十一卷

410000－2204－0001868　108.2/12

四書集注十九卷　（宋）朱熹撰　清刻本　一冊　存二卷（孟子六至七）

410000－2204－0001869　104.3/34

禮記旁訓辨體合訂六卷　（清）徐立綱輯　清循陔堂刻本　六冊

410000－2204－0001870　108.2/12

四書集注十九卷　（宋）朱熹撰　清刻本　一冊　存二卷（孟子四至五）

410000－2204－0001871　108.2/12

四書述要十九卷　（清）楊玉緒著　清刻本　一冊　存一種三卷

410000－2204－0001872　202.1/58

御批歷代通鑑輯覽一百二十卷　（清）傅恒等撰　清石印本　七冊　存八十四卷（十五至四十、六十三至一百二十）

410000－2204－0001873　108.2/12

四書集注十九卷　（宋）朱熹撰　清刻本　一冊　存二卷（孟子四至五）

410000－2204－0001874　108.2/12

四書集注十九卷　（宋）朱熹撰　清刻本　二冊　存四卷（孟子四至七）

410000－2204－0001875　108.2/12

孟子精要□□卷　（宋）朱熹撰　清刻本　一冊　存一卷（一）

410000－2204－0001876　108.2/12

四書集注十九卷　（宋）朱熹撰　清刻本　一冊　存三卷（孟子一至三）

410000－2204－0001877　202.1/59

綱鑑易知錄九十二卷　（清）吳乘權等輯　清

刻本　八冊　存十八卷(二至三、六至八、十九至二十五、三十七至三十八、六十七至六十八、七十一至七十二)

410000－2204－0001878　108.5/52

四書朱子本義彙叅四十三卷首四卷 （清）王步青輯　（清）王士鼇編　清敦復堂刻本　十冊　存十二卷(大學一,中庸六,論語十四至十五,孟子二、五、八至九、十一、十三至十四,首一卷)

410000－2204－0001879　108.2/20

孟子集注本義彙叅十四卷首一卷 （清）王步青輯　清刻本　五冊　存四卷(二至五)

410000－2204－0001880　108.2/21

四書集注十九卷 （宋）朱熹撰　清刻本　三冊　存七卷(孟子七卷)

410000－2204－0001881　108.2/21

四書集注十九卷 （宋）朱熹撰　清刻本　一冊　存二卷(孟子六至七)

410000－2204－0001882　213.2/7

欽定四庫全書簡明目錄二十卷 （清）紀昀等撰　清光緒刻本　四冊　存十八卷(一至三、六至二十)

410000－2204－0001883　108.2/23

四書集注十九卷 （宋）朱熹撰　清石印本　一冊　存七卷(孟子七卷)

410000－2204－0001884　108.2/24

四書集注十九卷 （宋）朱熹撰　清刻本　一冊　存四卷(孟子四至七)

410000－2204－0001885　108.2/24

四書集注十九卷 （宋）朱熹撰　清刻本　一冊　存二卷(孟子六至七)

410000－2204－0001886　108.2/24

四書集注十九卷 （宋）朱熹撰　清刻本　一冊　存三卷(孟子一至三)

410000－2204－0001887　201.2/17

史記一百三十卷附司馬貞補史記一卷 （漢）司馬遷撰　（南朝宋）裴駰集解　（唐）司馬貞索隱　（唐）張守節正義　清光緒二十年(1894)上海同文書局石印本　十八冊　存七十七卷(一、七至十四、十七至十八、二十二至四十、四十四至四十七、五十八至八十五、九十一至九十六、一百二十三至一百三十,補史記一卷)

410000－2204－0001888　104.3/35

欽定禮記義疏八十二卷首一卷 （清）鄂爾泰等撰　清刻本　三十八冊　存六十四卷(三至五、八至九、十一至十四、十七至四十、四十五至五十七、六十至七十二、七十四、七十六至七十九)

410000－2204－0001889　108.5/48－1

四書朱子本義滙叅四十三卷首四卷 （清）王步青輯　（清）王士鼇編　清刻本　九冊　存十四卷(大學一至三、首一卷,中庸一至三、一卷,孟子一至五、首一卷)

410000－2204－0001890　108.2/27

孟子集注撮言□□卷 （清）胡蓉芝輯　清刻本　四冊　存五卷(六、八至十一)

410000－2204－0001891　202.1/60

尺木堂綱鑑易知錄九十二卷明鑑易知錄十五卷 （清）吳乘權等輯　清鉛印本　六冊　存四十卷(二十二至三十九、七十一至九十二)

410000－2204－0001892　202.1/61

尺木堂綱鑑易知錄九十二卷 （清）吳乘權等輯　清刻本　五冊　存十二卷(四至六、二十七至二十八、七十九至八十五)

410000－2204－0001893　104.4/8

欽定三禮義疏 （清）允祿等撰　清刻御纂七經本　六十八冊　存三種一百十五卷(儀禮三、十一至十二、十九至二十一、二十六、三十三至四十八,禮記五至二十六、三十一至五十、五十三至七十二、七十九至八十二,周官一至十二、十七至十八、二十一至二十二、二十四至二十五、三十一至三十四、三十九、四十三至四十四,首一卷)

410000－2204－0001894　311/18

四書集注十九卷 （宋）朱熹撰 清光緒九年(1883)成文堂刻本 一冊 存五卷(論語六至十)

410000－2204－0001895 106.5/11

全本春秋體注三十卷 （清）湯慶蒸輯 清刻本 四冊 存十卷(五至八、十二至十三、二十二至二十五)

410000－2204－0001896 103/26

詩集傳八卷附叶韻 （宋）朱熹撰 清光緒李光明莊刻本 一冊 存二卷(一至二)

410000－2204－0001897 202.1/62

尺木堂綱鑑易知錄九十二卷 （清）吳乘權等輯 清刻本 十冊 存十九卷(一至十九)

410000－2204－0001898 103/26

詩經八卷 （宋）朱熹集傳 清慎詒堂刻本 一冊 存二卷(三至四)

410000－2204－0001899 103/26

慎詒堂詩經八卷 （宋）朱熹集傳 清刻本 一冊 存二卷(一至二)

410000－2204－0001900 103/29

新訂詩經備旨附攷八卷圖說一卷 （清）陳抒孝輯 （清）汪基增訂 清乾隆二十六年(1761)三多齋刻本 三冊 存六卷(一至二、五至八)

410000－2204－0001901 103/26

詩經喈鳳詳解八卷 （清）陳抒孝輯 （清）汪基增訂 清刻本 一冊 存二卷(三至四)

410000－2204－0001902 202.1/63

御批歷代通鑑輯覽一百二十卷 （清）傅恒等撰 清同治刻本 六十冊

410000－2204－0001903 409.1/48

古唐詩合解十六卷 （清）王堯衢注 清道光二十一年(1841)蘇州桐石山房刻本 八冊

410000－2204－0001904 409.1/48

古唐詩合解十六卷 （清）王堯衢注 清刻本 三冊 存六卷(唐詩七至十二)

410000－2204－0001905 409.1/56

古唐詩合解十六卷 （清）王堯衢注 清致和堂刻本 八冊

410000－2204－0001906 106.2/33

如西所刻諸名家評點春秋綱目左傳句解六卷 （清）韓葵重訂 清乾隆五美堂刻本 八冊

410000－2204－0001907 106.2/34

春秋左傳五十卷 （晉）杜預 （宋）林堯叟注 （唐）陸德明音義 清刻本 六冊 存二十五卷(二十六至五十)

410000－2204－0001908 106.2/35

春秋左傳五十卷 （晉）杜預 （宋）林堯叟注 （唐）陸德明音義 清刻本 一冊 存四卷(二十一至二十四)

410000－2204－0001909 106.2/35

春秋左傳五十卷 （晉）杜預 （宋）林堯叟注 （唐）陸德明音義 清刻本 一冊 存八卷(二十六至三十三)

410000－2204－0001910 104.3/37

禮記十卷 （元）陳澔集說 清刻本 九冊 存九卷(二至十)

410000－2204－0001911 106.2/70

增補左傳易讀六卷 （清）司徒修輯 清宏道堂刻本 六冊

410000－2204－0001912 308.2/6

管窺輯要八十卷 （清）黃鼎撰 清順治十年(1653)刻本 二十冊 存三十七卷(一至三十七)

410000－2204－0001913 106.2/38

如西所刻諸名家評點春秋綱目左傳句解六卷 （清）韓葵重訂 清乾隆五美堂刻本 一冊 存一卷(一)

410000－2204－0001914 101/104

宋史四百九十六卷 （元）脫脫等撰 明萬曆二十七年(1599)北京國子監刻本 五冊 存八卷(四十一至四十四、八十四、二百十、二百十九、三百九十二)

410000－2204－0001915 201.3/43

後漢書九十卷　（南朝宋）范曄撰　（唐）李賢注　志三十卷　（晉）司馬彪撰　（南朝梁）劉昭注補　清光緒十三年（1887）金陵書局刻本　十五冊　存一百四卷（後漢書九十卷，志一至十四）

410000－2204－0001916　201.2/18
史記一百三十卷　（漢）司馬遷撰　明嘉靖六年（1527）震澤王氏刻本　十三冊　存五十七卷（一、七至十二、十六至十八、四十至四十二、四十七至六十八、七十三至七十九、九十三至一百、一百七至一百一十、一百二十八至一百三十）

410000－2204－0001917　106.2/38
春秋左傳五十卷　（晉）杜預　（宋）林堯叟注　（唐）陸德明音義　清刻本　一冊　存四卷（十一至十四）

410000－2204－0001918　106.2/38
春秋左傳五十卷　（晉）杜預　（宋）林堯叟注　（唐）陸德明音義　清刻本　一冊　存五卷（十三至十七）

410000－2204－0001919　109.2/1
王荊公唐百家詩選二十卷　（宋）王安石撰　清鉛印本　三冊

410000－2204－0001920　106/74
易經大全會解四卷　（清）來爾繩纂輯　清刻本　四冊

410000－2204－0001921　409.1/80
寧都三魏全集　（清）林時益輯　清道光二十五年（1845）寧都謝庭綏綏園書塾刻本　二十六冊　存四種三十八卷

410000－2204－0001922　104.3/39
全本禮記體注十卷　（清）范翔原定　（清）徐瑄補輯　清三多齋刻本　六冊　存六卷（二至五、八至九）

410000－2204－0001923　104.3/40
禮記十卷　（元）陳澔集說　清刻本　七冊　存七卷（二至八）

410000－2204－0001924　106.2/43
春秋左傳五十卷　（晉）杜預　（宋）林堯叟注　（唐）陸德明音義　（明）鍾惺等評點　清刻本　八冊　存二十五卷（二十六至五十）

410000－2204－0001925　104.3/41
全本禮記體注十卷　（清）范翔原定　（清）徐瑄補輯　清致和堂刻本　五冊　存五卷（六至十）

410000－2204－0001926　104.3/42
禮記易讀四卷附禮記輯論一卷　（□）□□輯　清刻本　四冊

410000－2204－0001927　409.2/40
古文輯注八卷　（清）朱良玉編　清刻本　三冊　存三卷（三、五、八）

410000－2204－0001928　313/69
詩韻類錦十二卷　（清）郭化霖編　清刻本　六冊　存五卷（七至十一）

410000－2204－0001929　104.3/46
禮記旁訓辨體合訂六卷　（清）徐立綱輯　清刻本　六冊

410000－2204－0001930　104.3/47
全本禮記體注十卷　（清）范翔原定　（清）徐瑄補輯　清同志堂刻本　十冊

410000－2204－0001931　104.3/48
禮記心典傳本三卷　（清）胡瑤光纂　清刻本　四冊

410000－2204－0001932　409.1/52
重訂七種古文選　（清）儲欣評　清乾隆三十八年（1773）同文堂刻本　十二冊　存六種二十六卷

410000－2204－0001933　409.1/53
重訂七種古文選　（清）儲欣評　清乾隆四十五年（1780）刻本　五冊　存五種十卷

410000－2204－0001934　104.3/49
全本禮記體注十卷　（清）范翔原定　（清）徐瑄補輯　清百尺樓刻本（卷一補配清刻本）　十一冊

410000－2204－0001935　104.3/50

漱芳軒合纂禮記體注四卷　（清）范翔糸訂
清乾隆五十五年(1790)二南堂刻本　三冊
存三卷(一、三至四)

410000－2204－0001936　104.3/50

漱芳軒合纂禮記體注四卷　（清）范翔糸訂
清乾隆五十五年(1790)刻本　一冊　存一卷
(一)

410000－2204－0001937　106.2/41

春秋左傳五十卷　（晉）杜預　（宋）林堯曳注
　（唐）陸德明音義　（明）鍾惺等評點　清三
多齋刻本　十四冊　存四十三卷(一至四十、
四十八至五十)

410000－2204－0001938　106.5/12

春秋三十卷　（宋）胡安國傳　清乾隆三十八
年(1773)刻本　八冊

410000－2204－0001939　10/10

十三經注疏　明崇禎古虞毛氏汲古閣刻本
二十六冊　存二種六十九卷

410000－2204－0001940　104.3/52

漱芳軒合纂禮記體注四卷　（清）范翔糸訂
清刻本　四冊

410000－2204－0001941　104.3/53

漱芳軒合纂禮記體注四卷　（清）范翔糸訂
清康熙五十二年(1713)刻本　四冊

410000－2204－0001942　106.2/42

如酉所刻諸名家評點春秋綱目左傳句解六卷
　（清）韓菼重訂　清刻本　四冊

410000－2204－0001943　106.2/47

增補春秋左傳易讀六卷　（清）司徒修輯　清
光緒善成堂刻本　一冊　存一卷(一)

410000－2204－0001944　202.1/64

御批歷代通鑑輯覽一百二十卷　（清）傅恒等
撰　清光緒三味堂刻本　一冊　存二卷(九
十九至一百)

410000－2204－0001945　106.2/44

曲江書屋新訂批註左傳快讀十八卷首一卷
（晉）杜預撰　（唐）陸德明音義　（清）李紹
崧選訂　清嘉慶四年(1799)泰林書局刻本
六冊　存十一卷(一至十一)

410000－2204－0001946　106.2/45

曲江書屋新訂批註左傳快讀十八卷首一卷
（晉）杜預撰　（唐）陸德明音義　（清）李紹
崧選訂　清刻本　五冊　存八卷(八、十二至
十八)

410000－2204－0001947　106.5/13

春秋五傳十七卷附春秋年表一卷首一卷
（明）張岐然輯　（清）張璞重編　清乾隆六年
(1741)同文堂刻本　五冊　存七卷(四至八、
年表一卷、首一卷)

410000－2204－0001948　106.5/13

春秋五傳十七卷附春秋年表一卷首一卷
（明）張岐然輯　（清）張璞重編　清乾隆六年
(1741)同文堂刻本　四冊　存四卷(五至八)

410000－2204－0001949　201.3/44

漢書一百卷　（漢）班固撰　（唐）顏師古注
清刻本　十冊　存七十卷(三十一至一百)

410000－2204－0001950　106.2/47

春秋公羊注疏二十八卷　（漢）何休學　明末
汲古閣刻本　二冊　存四卷(十五至十六、二
十三至二十四)

410000－2204－0001951　102/34

新刻書經備旨善本輯要六卷　（清）馬大猷輯
　清文誠堂刻本　五冊

410000－2204－0001952　103/31

詩經增訂旁訓四卷　（清）徐立綱撰　（清）
□□增訂　清乾隆五十四年(1789)刻本
三冊

410000－2204－0001953　202.1/18

資治通鑑二百九十四卷　（宋）司馬光撰
（元）胡三省音注　清刻本　十四冊　存四十
卷(八十九至一百十一、二百十六至二百三十
二)

410000－2204－0001954　504/17

隨園三十種 （清）袁枚撰 清乾隆、嘉慶間刻本 十五冊 存四種五十九卷

410000－2204－0001955 104.3/39－1

全本禮記體注十卷 （清）范翔原定 （清）徐旦參訂 （清）徐瑄補輯 清三多齋刻本 三冊 存三卷(一、三、九)

410000－2204－0001956 104.3/43

全本禮記體注十卷 （清）范翔原定 （清）徐瑄補輯 清刻本 三冊 存三卷(二、五、七)

410000－2204－0001957 104.3/43

全本禮記體注十卷 （清）范翔原定 （清）徐瑄補輯 清刻本 三冊 存三卷(六至七、十)

410000－2204－0001958 104.3/61

全本禮記體注十卷 （清）范翔原定 （清）徐瑄補輯 清致和堂刻本 十冊

410000－2204－0001959 106.5/14

春秋體注大全合參四卷 （清）周熾纂輯 清康熙刻本 一冊 存二卷(一至二)

410000－2204－0001960 314.31/2

金剛經詳釋□□卷 （清）歐陽泰著 清光緒石印本 一冊 存一卷(一)

410000－2204－0001961 202.1/66

御批歷代通鑑輯覽一百二十卷 （清）傅恒等撰 清刻本 四十六冊 存八十三卷(十九至七十四、八十九至九十七、一百三至一百二十)

410000－2204－0001962 202.1/67

御批歷代通鑑輯覽一百二十卷 （清）傅恒等撰 清鉛印本 九冊 存四十五卷(十六至二十五、四十一至五十五、六十六至七十、七十六至八十、一百一至一百五、一百十一至一百十五)

410000－2204－0001963 313/70

續廣事類賦三十卷 （清）王鳳喈撰 清道光四年(1824)刻本 八冊 存十七卷(一至十七)

410000－2204－0001964 104.3/55

禮記省度四卷 （清）彭頤纂 清刻朱墨套印本 四冊

410000－2204－0001965 104.3/54

禮記約編十卷 （清）汪基撰 清文聚堂刻三禮約編本 七冊 存八卷(一至三、六至十)

410000－2204－0001966 409.2/41

友益齋古文觀止十二卷 （清）吳乘權 （清）吳大職輯 清康熙三十四年(1695)刻本 四冊

410000－2204－0001967 104.2/9

欽定儀禮義疏四十八卷首二卷 （清）朱軾等撰 清刻本 十九冊 存二十四卷(十三至三十六)

410000－2204－0001968 104.3/31－1

禮記不分卷 （元）陳澔集說 清道光十年(1830)刻本 四冊

410000－2204－0001969 104.3/104

漱芳軒合纂禮記體注四卷 （清）范翔參訂 清刻本 四冊

410000－2204－0001970 409.2/42

文選六十卷 （南朝梁）蕭統輯 （唐）李善等注 清汲古閣刻本 六冊 存三十卷(三十一至六十)

410000－2204－0001971 104.3/57

禮記十卷 （元）陳澔集說 清刻本 七冊 存七卷(四至十)

410000－2204－0001972 104.3/58

禮記十卷 （元）陳澔集說 清乾隆四十四年(1779)刻本 九冊 存九卷(一至二、四至十)

410000－2204－0001973 104.3/62

全本禮記體注十卷 （清）范翔原定 （清）徐瑄補輯 清英德堂刻本 十冊

410000－2204－0001974 104.4/9

三禮約編十九卷 （清）汪基撰 清文聚堂刻本 四冊

410000－2204－0001975　106.2/48

增補左繡三十卷首一卷　（清）馮李驊　（清）陸浩評輯　清嵩山書屋刻本　十冊　存二十五卷（一至二、六至二十七,首一卷）

410000－2204－0001976　104.3/63

全本禮記體注十卷　（清）范翔原定　（清）徐瑄補輯　清刻本　五冊　存五卷（一至二、四至五、八）

410000－2204－0001977　104.3/64

全本禮記體注十卷　（清）范翔原定　（清）徐瑄補輯　清刻本　十冊

410000－2204－0001978　301/17

子史精華一百六十卷　（清）吳士玉　（清）吳襄等纂　清刻本　二十二冊　存五十七卷（三十九至四十、四十三至五十八、九十七至九十九、一百七至一百一十、一百十六至一百十七、一百二十一至一百二十六、一百三十三至一百三十四、一百三十七至一百四十八、一百五十一至一百六十）

410000－2204－0001979　104.3/59

漱芳軒合纂禮記體注四卷　（清）范翔參訂　清刻本　四冊

410000－2204－0001980　104.3/60

漱芳軒合纂禮記體注四卷　（清）范翔參訂　清刻本　二冊　存二卷（三至四）

410000－2204－0001981　10/11

重刊宋本十三經注疏附校勘記　（清）阮元撰　校勘記　（清）盧宣旬摘錄　清嘉慶二十年（1815）南昌府學刻本　八十四冊　存八種三百九十六卷

410000－2204－0001982　104.3/65

禮記旁訓辨體合訂六卷　（清）徐立綱輯　清循陔堂刻本　六冊

410000－2204－0001983　104.3/66

禮記省度四卷　（清）彭頤纂　清嘉慶十二年（1807）刻本　四冊

410000－2204－0001984　10/12

410000－2204－0001984　10/12

重刊宋本十三經注疏附校勘記　（清）阮元撰　校勘記　（清）盧宣旬摘錄　清嘉慶二十年（1815）南昌府學刻本　五十四冊　存十種七十四卷

410000－2204－0001985　104.3/67

漱芳軒合纂禮記體注四卷　（清）范翔糸訂　清康熙五十二年(1713)刻本　四冊

410000－2204－0001986　104.3/68

全本禮記體注十卷　（清）范翔原定　（清）徐瑄補輯　清百尺樓刻本　四冊　存三卷（六至八）

410000－2204－0001987　104.3/68

全本禮記體注十卷　（清）范翔原定　（清）徐瑄補輯　清致和堂刻本　二冊　存二卷（二、九）

410000－2204－0001988　302/100

批點大學衍義四十三卷　（宋）真德秀彙輯　（明）陳仁錫評閱　清光緒三十一年(1905)河南茹古山房石印本　四冊　存三十一卷（一至七、十六至三十九）

410000－2204－0001989　504/18

玉海　（宋）王應麟撰　清光緒九年(1883)浙江書局刻玉海本　七冊　存七種二十六卷

410000－2204－0001990　104.1/16

周官精義十二卷　（清）連斗山編　清刻本　三冊　存五卷（四至七、十二）

410000－2204－0001991　104.3/70

大戴禮記十三卷　（漢）戴德著　（明）沈泰閱　清刻本　二冊

410000－2204－0001992　104.1/16

周官精義十二卷　（清）連斗山編　清嘉慶二年(1797)致和堂刻本　二冊　存四卷（一至三、十二）

410000－2204－0001993　104.1/18

周官精義十二卷　（清）連斗山編　清乾隆四十一年(1776)刻本　六冊

410000－2204－0001994　104.3/76

禮記易讀四卷附禮記輯論一卷　（□）□□輯
　　清刻本　四冊

410000－2204－0001995　202.2/14

後漢書九十卷附考證　（南朝宋）范曄撰
（唐）李賢注　志三十卷附考證　（晉）司馬彪
撰　（南朝梁）劉昭註　清乾隆四年（1739）刻
本　十二冊　存三十九卷（四十九至七十五、
一百六至一百十七）

410000－2204－0001996　104.3/76

禮記易讀四卷附禮記輯論一卷　（□）□□輯
　　清宏道堂刻本　四冊

410000－2204－0001997　407/27

楊忠愍公全集四卷　（明）楊繼盛撰　清光緒
二十一年（1895）柏經堂刻西京清麓叢書本
四冊

410000－2204－0001998　313/71

新增說文韻府羣玉二十卷　（元）陰時夫編輯
（元）陰中夫編注　清刻本　十五冊　存十
五卷（三、六至九、十一至二十）

410000－2204－0001999　10/13

四書古注羣義彙解　清石印本　七冊　存八
種四十七卷

410000－2204－0002000　407/27

北溪字義二卷補遺一卷嚴陵講義一卷　（宋）
陳淳撰　清光緒十三年（1887）刻西京清麓叢
書本　二冊

410000－2204－0002001　104.1/19

周禮注疏刪翼三十卷　（明）王志長輯　清天
德堂刻本　四冊　存十三卷（一至二、六至十
一、二十二、二十七至三十）

410000－2204－0002002　108.3/4＋3

大學衍義四十三卷　（宋）真德秀撰　清光緒
十三年（1887）柏經正堂刻西京清麓叢書本
七冊　存二十五卷（十九至四十三）

410000－2204－0002003　108.3/4＋4

大學衍義四十三卷　（宋）真德秀撰　清光緒
十三年（1887）柏經正堂刻西京清麓叢書本

十冊　存三十七卷（七至四十三）

410000－2204－0002004　108.2/28

四書疏注撮言大全三十七卷　（清）胡蓉芝輯
　　清刻本　一冊　存四卷（三至六）

410000－2204－0002005　108.2/28

四書集注十九卷　（宋）朱熹撰　清刻本　一
冊　存四卷（孟子四至七）

410000－2204－0002006　108.5/51

大題觀海二集不分卷　（清）點石齋選輯　清
末石印本　十五冊

410000－2204－0002007　104.2/11

儀禮鄭注句讀十七卷監本正誤一卷石經正誤
一卷　（漢）鄭玄注　（清）張爾岐句讀　清同
治十三年（1874）湖南書局刻本　七冊　存十
五卷（一至十三、十六至十七）

410000－2204－0002008　104.3/78

禮記約編五卷　（清）汪基撰　清光緒三十二
年（1906）石印本　五冊

410000－2204－0002009　104.3/79

禮記易讀四卷附禮記輯論一卷　題（清）志遠
堂主人輯　清光緒二十一年（1895）文明堂、
來鹿堂刻本　二冊

410000－2204－0002010　409.1/54

古唐詩合解十六卷　（清）王堯衢注　清刻本
　　一冊　存四卷（唐詩一至二、八至九）

410000－2204－0002011　409.1/54

宏文堂唐詩合解十二卷附古詩四卷　（清）王
堯衢注　清同治九年（1870）宏文堂刻本　二
冊　存十卷（唐詩一至四、十一至十二，古詩
四卷）

410000－2204－0002012　104.3/71

禮記省度四卷　（清）彭頤纂　清刻朱墨套印
本　四冊

410000－2204－0002013　104.3/72

禮記易讀四卷　（□）□□輯　清宏道堂刻本
　　四冊

410000－2204－0002014　108.2/20

孟子集注本義彙叅十四卷首一卷 （清）王步
青輯 清刻本 一冊 存一卷（十三）

410000－2204－0002015 103/32

詩經體注大全體要八卷 （清）高朝瓔定
（清）沈世楷輯 清刻本 四冊

410000－2204－0002016 104.3/73

禮記十卷 （元）陳澔集說 清文苑堂刻本
九冊 存九卷（一至三、五至十）

410000－2204－0002017 104.1/20

欽定周官義疏四十八卷首一卷 （清）鄂爾泰
等撰 清同治七年（1868）刻本 四冊

410000－2204－0002018 106.2/49

左繡三十卷首一卷 （清）馮李驊 （清）陸浩
評輯 清嘉慶七年（1802）華川書屋刻本 十
冊 存二十六卷（一至十八、二十一至二十
二、二十六至三十，首一卷）

410000－2204－0002019 106.2/50

春秋經傳集解三十卷 （晉）杜預撰 （宋）林
堯曳附注 （唐）陸德明音釋 清華川書屋刻
本 六冊 存十五卷（十六至三十）

410000－2204－0002020 209.1/13

天下郡國利病書一百二十卷 （清）顧炎武輯
清敷文閣木活字印本 四十六冊 存一百
二卷（四至五十、五十五至八十六、八十九至
一百十一）

410000－2204－0002021 106.2/51

左繡三十卷首一卷 （清）馮李驊 （清）陸浩
評輯 清光緒二十四年（1898）益元書局刻本
八冊 存十七卷（一至二、六至七、十至十
五、十八至二十一、二十九至三十，首一卷）

410000－2204－0002022 409.1/56

儒興堂唐詩合解□□卷 （清）王堯衢注 清
儒興堂刻本 一冊 存三卷（唐詩五至七）

410000－2204－0002023 109/10

五經類編二十八卷 （清）周世樟編 清刻本
二冊 存十三卷（十六至二十八）

410000－2204－0002024 409.1/56

古唐詩合解十六卷 （清）王堯衢注 清積秀
堂刻本 三冊 存六卷（唐詩一至六）

410000－2204－0002025 409.1/56

古唐詩合解十六卷 （清）王堯衢注 清刻本
一冊 存四卷（唐詩一至四）

410000－2204－0002026 409.1/56

古唐詩合解十六卷 （清）王堯衢注 清刻本
一冊 存四卷（古詩四卷）

410000－2204－0002027 501/77

五代史七十四卷 （宋）歐陽修撰 （宋）徐無
黨注 清同治十一年（1872）湖北崇文書局刻
二十四史本 六冊 存五十八卷（一至五十
八）

410000－2204－0002028 108.1/6

二論詳解四卷 （清）劉忠輯 清末上海鑄記
書莊石印本 三冊 存三卷（二至四）

410000－2204－0002029 10/14

皇清經解一百七十三種 （清）阮元輯 清光
緒十三年（1887）石印本 四冊 存五種四十
五卷

410000－2204－0002030 108.1/6

二論詳解四卷 （清）劉忠輯 清末上海鑄記
書莊石印本 一冊 存一卷（二）

410000－2204－0002031 104.2/12

欽定儀禮義疏四十八卷首二卷 （清）朱軾等
撰 清刻本 二十七冊 存四十九卷（一至
四十五、四十七至四十八，首二卷）

410000－2204－0002032 106.5/15

欽定春秋傳說彙纂三十八卷首二卷 （清）王
掞等撰 清同治九年（1870）浙江刻本 七冊
存十八卷（一至十一、三十四至三十八，首
二卷）

410000－2204－0002033 108.5/54

四書朱子本義滙叅四十三卷首四卷 （清）王
步青輯 （清）王士驤編 清刻本 四冊 存
九卷（中庸一至五、首一卷，論語十四至十六）

410000－2204－0002034 104.3/74

禮記體注大全合纂四卷　（清）范翔鑒定
（清）曹士瑋纂輯　（清）徐旦纂訂　清刻本
三冊　存三卷（二至四）

410000－2204－0002035　103/34

唐書二百二十五卷附考證　（宋）歐陽修
（宋）宋祁等撰　釋音二十五卷　（宋）董衝撰
清乾隆四年（1739）刻本　四冊　存三十二
卷（五至三十六）

410000－2204－0002036　302/101

朱子語類八十卷　（宋）朱熹撰　（清）程川重
編　清刻本　十二冊

410000－2204－0002037　212.1/24

通志二百卷　（宋）鄭樵撰　清刻本　九十八
冊　存一百三十二卷（十五至八十一、九十一
至九十九、一百二至一百一十二、一百二十四至
一百三十二、一百三十四至一百三十九、一百
四十至一百五十六、一百五十八至一百五十
九、一百九十至二百）

410000－2204－0002038　502/5

三怡堂叢書　張鳳臺輯　清光緒至民國河南
官書局刻本　六冊　存二種十九卷

410000－2204－0002039　108.5/54

四書朱子本義滙纂四十三卷首四卷　（清）王
步青輯　（清）王士籠編　清敦復堂刻本　一
冊　存一卷（中庸六）

410000－2204－0002040　108.5/54

四書朱子本義滙纂四十三卷首四卷　（清）王
步青輯　（清）王士籠編　清刻本　一冊　存
一卷（孟子八）

410000－2204－0002041　214.1/4

金石三例續編三種　（清）朱記榮輯　清光緒
十一年（1885）刻本　四冊　存二種八卷（漢
石例六卷、金石例補二卷）

410000－2204－0002042　101/66

新鐫增補周易儁旨一見能解六卷　（清）黃淳
耀撰　（清）嚴而寬增補　清嘉慶元年（1796）
致和堂刻本　六冊

410000－2204－0002043　106.2/52

左繡三十卷首一卷　（清）馮李驊　（清）陸浩
評輯　清華川書屋刻本　七冊　存十三卷
（十八至三十）

410000－2204－0002044　214.1/4

金石文字記六卷　（清）顧炎武撰　清刻本
二冊

410000－2204－0002045　104.3/75

全本禮記體注十卷　（清）范翔原定　（清）徐
瑄補輯　清刻本　十冊

410000－2204－0002046　301/18

子史精華一百六十卷　（清）吳士玉　（清）吳
襄等纂　清刻本　二十四冊　存一百七卷
（二十六至一百五、一百三十四至一百六十）

410000－2204－0002047　106.2/53

左繡三十卷首一卷　（清）馮李驊　（清）陸浩
評輯　清乾隆四十四年（1779）華川書屋刻本
八冊　存十六卷（一至十五、首一卷）

410000－2204－0002048　201.3/47

晉書一百三十卷　（唐）太宗李世民撰　音義
三卷　（唐）何超撰　清刻本　十一冊　存二
十五卷（六十一至八十五）

410000－2204－0002049　101/64

周易四卷　（宋）朱熹本義　清刻本　二冊

410000－2204－0002050　214.1/6

授堂金石文字續跋十四卷　（清）武億著　清
道光二十三年（1843）刻本　三冊

410000－2204－0002051　302/103

大學衍義補一百六十卷首一卷　（明）丘濬撰
（明）陳仁錫評閱　明刻本　二十冊　存七
十八卷（八十三至一百六十）

410000－2204－0002052　214.1/6

授堂金石文字續跋十四卷　（清）武億著　清
道光二十三年（1843）刻本　二冊　存十卷
（五至十四）

410000－2204－0002053　101/65

周易四卷　（宋）朱熹本義　清慎詒堂刻本

一冊

410000－2204－0002054　108.5/57

四書題鏡三十六卷附總論一卷 （清）汪鯉翔
纂述　清乾隆五十一年(1786)金谷園刻本
六冊　存十六卷(大學一卷、中庸一卷、上論
一至十、下論一至四)

410000－2204－0002055　202.1/68

御批歷代通鑑輯覽一百二十卷 （清）傅恒等
撰　清光緒二十五年(1899)三味堂刻本　十
六冊　存三十四卷(一至十九、七十五至八十
九)

410000－2204－0002056　101/67

梁山來知德先生易經集注十六卷啓蒙一卷
（明）來知德撰　（清）崔華重訂　清刻本　七
冊　存八卷(易經集注十至十六、啓蒙一卷)

410000－2204－0002057　101/68

易經大全會解四卷 （清）來爾繩纂輯　清康
熙二十年(1681)崇道堂刻本　二冊

410000－2204－0002058　101/69

易經體注大全合纂四卷 （清）李兆賢緝著
清刻本　二冊　存二卷(一至二)

410000－2204－0002059　106/70

易經體注大全四卷 （清）來爾繩纂輯　清刻
本　二冊

410000－2204－0002060　106/71

易經體注大全會解四卷 （清）來爾繩纂輯
清康熙二十年(1681)致和堂刻本　二冊

410000－2204－0002061　313/102

事類賦三十卷 （宋）吳淑撰並注　清刻本
三冊　存十五卷(六至十五、二十一至二十
五)

410000－2204－0002062　313/73

廣事類賦四十卷 （清）華希閔輯　清刻本
四冊　存十五卷(三至十七)

410000－2204－0002063　106/72

周易二十四卷 （宋）程頤傳　（宋）朱熹本義
清刻本　三冊　存十九卷(六至二十四)

410000－2204－0002064　10/15

增廣五經備旨 （清）鄒聖脉纂輯　清光緒十
三年(1887)刻本　六冊　存三種二十二卷

410000－2204－0002065　202.1/69

御批歷代通鑑輯覽一百二十卷 （清）傅恒等
撰　清上海廣益書局石印本　七冊　存二十
八卷(三十五至六十二)

410000－2204－0002066　106/73

易經體注大全合纂四卷 （清）李兆賢緝著
清刻本　三冊

410000－2204－0002067　104.3/81

禮記十卷 （元）陳澔集說　清刻本　二冊
存二卷(四、九)

410000－2204－0002068　106.2/54

左繡三十卷首一卷 （清）馮李驊　（清）陸浩
評輯　清華川書屋刻本　三冊　存十二卷
(一至三、八至十五,首一卷)

410000－2204－0002069　106.2/54

左繡三十卷首一卷 （清）馮李驊　（清）陸浩
評輯　清華川書屋刻本　二冊　存六卷(三
至八)

410000－2204－0002070　104.3/80

附釋音禮記注疏六十三卷 （漢）鄭玄注
（唐）陸德明音義　（唐）孔穎達疏　**校勘記六
十三卷** （清）阮元撰　（清）盧宣旬摘錄　清
嘉慶二十年(1815)南昌學府刻重刊宋本十三
經注疏附校勘記本　五冊　存十六卷(十至
十一、二十四至二十九,校勘記十至十一、二
十四至二十九)

410000－2204－0002071　106.2/56

左繡三十卷首一卷 （清）馮李驊　（清）陸浩
評輯　清刻本　六冊　存十四卷(三至五、八
至九、十六至十七、二十二至二十八)

410000－2204－0002072　106.2/57

左繡三十卷首一卷 （清）馮李驊　（清）陸浩
評輯　清光緒九年(1883)刻本　一冊　存一
卷(首一卷)

410000－2204－0002073 106.2/57

左繡三十卷首一卷 （清）馮李驊 （清）陸浩評輯 清刻本 一冊 存二卷(十二至十三)

410000－2204－0002074 106.5/17

全本春秋遵解三十卷 （清）胡必豪 （清）胡紹曾輯 清乾隆慎怡堂刻本 五冊 存五卷(五、九、十二、十四、二十三)

410000－2204－0002075 108.5/58

四書朱子本義滙叅四十三卷首四卷 （清）王步青輯 （清）王士䲡編 清刻本 四冊 存十一卷(孟子一至七、首一卷,大學章句一至二、首一卷)

410000－2204－0002076 104.3/83

漱芳軒合纂禮記體注四卷 （清）范翔叅訂 清刻本 三冊 存三卷(一至三)

410000－2204－0002077 104.3/81

禮記十卷 （元）陳澔集說 清刻本 一冊 存一卷(一)

410000－2204－0002078 407/29

文清公薛先生文集二十四卷首一卷 （明）薛瑄撰 （明）張鼎校正編輯 清刻本 八冊 存十八卷(一至二、五至六、十一至二十四)

410000－2204－0002079 110.3/50

康熙字典十二集三十六卷總目一卷檢字一卷辨似一卷等韻一卷補遺一卷備考一卷 （清）張玉書等撰 清刻本 二十三冊 存二十五卷(子上、丑、寅中下、卯上下、辰上中、巳中、午中、申至酉、戌上中、亥上、總目一卷,檢字一卷,辨似一卷,等韻一卷)

410000－2204－0002080 110.3/50

康熙字典十二集三十六卷總目一卷檢字一卷辨似一卷等韻一卷補遺一卷備考一卷 （清）張玉書等撰 清道光七年(1827)刻本 三冊 存五卷(辰下、丑中、總目一卷,檢字一卷,辨似一卷)

410000－2204－0002081 110.3/50

康熙字典十二集三十六卷總目一卷檢字一卷辨似一卷等韻一卷補遺一卷備考一卷 （清）

張玉書等撰 清刻本 一冊 存一卷(丑下)

410000－2204－0002082 407/30

蟻蟓集五卷 （明）盧枏著 清刻本 五冊

410000－2204－0002083 207/21

廿一史約編八卷首一卷 （清）鄭元慶述 清刻本 一冊 存一卷(一)

410000－2204－0002084 313/75

陰隲文不分卷 （□）□□撰 清嘉慶十三年(1808)刻本 一冊

410000－2204－0002085 108.2/30

四書集注十九卷 （宋）朱熹撰 清刻本 二冊 存四卷(孟子四至七)

410000－2204－0002086 108.2/30

四書集注十九卷 （宋）朱熹撰 清光緒傳經堂刻本 二冊 存四卷(孟子四至七)

410000－2204－0002087 202.1/70

尺木堂綱鑑易知錄九十二卷明鑑易知錄十五卷 （清）吳乘權等輯 清鉛印本 八冊 存五十八卷(五至五十三、明鑑易知錄七至十五)

410000－2204－0002088 201.3/48

宋書一百卷 （南朝梁）沈約撰 明萬曆二十二年(1594)刻本 四冊 存二十卷(四十五至六十四)

410000－2204－0002089 313/75

三才略三卷 蔣德鈞輯 清光緒二十七年(1901)上海書局石印本 一冊

410000－2204－0002090 212.1/25

皇朝經世文編一百二十卷 （清）賀長齡輯 清鉛印本 五冊 存二十七卷(五十八至六十八、一百五至一百二十)

410000－2204－0002091 212.1/26

皇朝經世文編一百二十卷 （清）賀長齡輯 清鉛印本 八冊 存三十九卷(二十至二十三、三十至三十四、五十三至五十六、六十八至九十三)

410000－2204－0002092 110.3/53

說文解字義證五十卷 （清）桂馥撰 清同治九年(1870)湖北崇文書局刻本 七冊 存九卷(一至二、七至八、十至十四)

410000－2204－0002093 201.3/2＋5

前漢書一百卷附考證 （漢）班固撰 （唐）顏師古注 清乾隆四年(1739)刻本 十六冊 存四十一卷(二十至二十五上、二十七上中至三十五、四十七至七十二)

410000－2204－0002094 108.2/32

四書集注十九卷 （宋）朱熹撰 清刻本 三冊 存七卷(孟子七卷)

410000－2204－0002095 108.2/32

孟子文解□□卷 （清）路傅孔解 （清）孫聯捷增刪 清刻本 一冊 存三卷(一至三)

410000－2204－0002096 103/35

詩經喈鳳詳解八卷 （清）陳抒孝輯著 （清）汪基增訂 清光緒二年(1876)刻本 四冊

410000－2204－0002097 106.5/16

春秋體注大全四卷 （清）范翔鑒定 清刻本 三冊 存三卷(二至四)

410000－2204－0002098 104.1/21

周禮注疏刪翼三十卷 （明）王志長輯 清芥子園刻本 五冊 存十卷(一至二、五至十二)

410000－2204－0002099 104.3/84

禮記旁訓辨體合訂六卷 （清）徐立綱輯 清孝思堂刻本 六冊

410000－2204－0002100 104.1/22

周禮易讀六卷 （清）司徒修輯 清咸豐四年(1854)忠興堂刻本 二冊

410000－2204－0002101 104.3/85

禮記約編十卷 （清）汪基撰 清道光善成堂刻本 六冊

410000－2204－0002102 214.1/8

金石萃編一百六十卷 （清）王昶撰 清光緒十九年(1893)鴻寶齋石印本 十二冊 存一百一十一卷(一至一百一十一)

410000－2204－0002103 104.3/86

禮記旁訓辨體合訂六卷 （清）徐立綱輯 清循陔堂刻本 六冊

410000－2204－0002104 305/8

二如亭群芳譜三十卷首十三卷 （明）王象晉輯 清刻本 六冊 存十三卷(茶譜一卷、首一卷,竹譜一卷、首一卷,桑麻葛譜一卷、棉譜一卷、藥譜一至三、首一卷,木譜一至二、首一卷)

410000－2204－0002105 305/8

二如亭群芳譜三十卷首十三卷 （明）王象晉輯 清刻本 四冊 存四卷(果譜二至四、花譜四)

410000－2204－0002106 305/10

二如亭群芳譜三十卷首十三卷 （明）王象晉輯 清刻本 十二冊 存十五卷(果譜二至三、天譜三卷、歲譜二至四、花譜四卷、卉譜二卷、鶴魚譜一卷)

410000－2204－0002107 104.3/87

禮記訓纂四十九卷 （清）朱彬編輯 清刻本 十二冊

410000－2204－0002108 106.5/18

春秋體注大全四卷 （清）范翔鑒定 清乾隆五年(1740)致和堂刻本 四冊

410000－2204－0002109 106.5/19

全本春秋遵解三十卷 （清）胡必豪 （清）胡紹曾輯 清乾隆六十年(1795)三多齋刻本 五冊 存十四卷(一至四、十八至二十二、二十五至二十九)

410000－2204－0002110 104.3/88

漱芳軒合纂禮記體注四卷 （清）范翔參訂 清刻本 四冊

410000－2204－0002111 104.3/89

禮記大全傳本三卷 （清）胡瑤光輯 清刻本 三冊

410000－2204－0002112 106.2/59

如酉所刻諸名家評點春秋綱目左傳句解六卷

（清）韓葵重訂　清乾隆刻本　三冊

410000－2204－0002113　201.2/19

史記論文一百三十卷　（漢）司馬遷撰　（清）吳見思評點　（清）吳興祚叅訂　清康熙刻本　十冊　存一百十五卷（八至三十二、四十一至一百三十）

410000－2204－0002114　202.1/71

資治通鑑二百九十四卷目錄三十卷　（宋）司馬光編集　（元）胡三省音注　清刻本　四冊　存九卷（二百三至二百十一）

410000－2204－0002115　201.3/49

後漢書九十卷　（南朝宋）范曄撰　（唐）李賢注　志三十卷　（晉）司馬彪撰　（南朝梁）劉昭注　清刻本　十冊　存五十三卷（三十八至九十）

410000－2204－0002116　106.5/14

春秋繁露十七卷　（漢）董仲舒撰　清刻本　二冊

410000－2204－0002117　106.5/14

十六國春秋不分卷　（北魏）崔鴻撰　清刻本　一冊

410000－2204－0002118　201.3/50

明史三百三十二卷　（清）張廷玉等撰　清刻本　十六冊　存七十二卷（一百三十五至一百四十、一百六十至一百六十四、一百七十一至一百八十六、一百九十一至一百九十八、二百七至二百四十三）

410000－2204－0002119　306.52/4

重訂驗方新編十八卷　（清）鮑相璈等輯（清）關氏校繕　清光緒三十三年(1907)上海鑄記書局石印本　三冊

410000－2204－0002120　214.1/9

金石萃編一百六十卷　（清）王昶撰　清石印本　八冊　存五十一卷（一百十至一百六十）

410000－2204－0002121　202.1/17

綱鑑會纂三十九卷首一卷　（明）王世貞編　清刻本　三十三冊

410000－2204－0002122　306.5/11＋1

喉科秘旨二卷　（清）吳張氏撰　清光緒十九年(1893)慎獨書屋刻本　二冊

410000－2204－0002123　212.1/27

皇朝通志一百二十六卷　（清）嵇璜等撰　清光緒二十七年(1901)上海圖書集成局鉛印本　十二冊

410000－2204－0002124　110.4/11＋1

音韻貫珠八卷　（清）賈椿齡編　清刻本　七冊

410000－2204－0002125　101/75

周易四卷圖說一卷筮儀一卷卦歌一卷　（宋）朱熹本義　清慎詒堂刻本　一冊

410000－2204－0002126　101/76

周易四卷圖說一卷筮儀一卷卦歌一卷　（宋）朱熹本義　清愛日堂刻本　四冊

410000－2204－0002127　403/26

唐柳河東集四十五卷遺文一卷本傳一卷評語一卷附錄一卷外集五卷　（唐）柳宗元撰（明）蔣之翹輯注　清乾隆五十三年(1788)雙梧居刻本　十二冊　存三十七卷（六至十、十四至十八、二十一至三十三、四十一至四十五,遺文一卷,本傳一卷,評語一卷,附錄一卷,外集五卷）

410000－2204－0002128　502/4－12

洛陽曹氏叢書　（清）曹曾矩輯　清同治、光緒間刻本　八冊　存七種十四卷

410000－2204－0002129　104.3/91

禮記十卷　（元）陳澔集說　清刻本　十冊

410000－2204－0002130　104.3/92

禮記十卷　（元）陳澔集說　清致和堂刻本　十冊

410000－2204－0002131　104.3/93

禮記旁訓辨體合訂六卷　（清）徐立綱輯　清循陔堂刻本　六冊

410000－2204－0002132　104.3/94

漱芳軒合纂禮記體注四卷　（清）范翔參訂

清刻本　四冊

410000－2204－0002133　104.3/95

禮記旁訓辨體合訂六卷　（清）徐立綱輯　清孝思堂刻本　六冊

410000－2204－0002134　104.3/96

禮記增訂旁訓六卷　（清）徐立綱撰　清匠門書屋孝思堂刻本　五冊　存五卷（一至五）

410000－2204－0002135　201.3/22＋3

金史一百三十五卷　（元）脫脫等撰　清刻本　二冊　存十四卷（三十二至四十五）

410000－2204－0002136　106.2/60

左繡三十卷首一卷　（清）馮李驊　（清）陸浩評輯　清乾隆四十四年（1779）華川書屋刻本　八冊　存十五卷（一、十六至二十一、二十四至三十,首一卷）

410000－2204－0002137　104.3/98

欽定禮記義疏八十二卷首一卷　（清）鄂爾泰等撰　清刻本　三冊　存三卷（十四、二十八、六十四）

410000－2204－0002138　104.3/97

禮記十卷　（元）陳澔集說　清刻本　八冊　存八卷（三至十）

410000－2204－0002139　108.5/60

四書集注大全　（清）陸隴其輯　清康熙四十一年（1702）三魚堂刻本　五冊　存二種十四卷（論語十一至二十、孟子一至四）

410000－2204－0002140　108.5/59

四書或問語類大全合訂四十一卷　（清）黃越等輯　清康熙三十七年（1698）古吳光裕堂刻本　二十二冊　存三十九卷（論語二十卷,大學三卷,中庸四卷,孟子一至二、五至十四）

410000－2204－0002141　104.1/23

周官精義十二卷　（清）連斗山編　清嘉慶二年（1797）致和堂刻本　四冊

410000－2204－0002142　311/20

經餘必讀八卷　（清）雷琳等輯　清嘉慶十一年（1806）咸裕堂刻本　四冊

410000－2204－0002143　311/21

經餘必讀八卷　（清）雷琳等輯　清嘉慶十一年（1806）咸裕堂刻本　四冊

410000－2204－0002144　311/22

經餘必讀八卷　（清）雷琳等輯　清嘉慶十二年（1807）刻本　四冊

410000－2204－0002145　501/53

增廣五經備旨四十五卷　（清）鄒聖脉纂輯　清光緒十三年（1887）榴紅書屋刻本　十四冊　存五種三十九卷

410000－2204－0002146　409.2/43

古文喈鳳新編八卷　（清）汪基輯　清大盛堂刻本　四冊　存四卷（二、五、七至八）

410000－2204－0002147　311.2/10

困學紀聞二十卷　（宋）王應麟撰　清刻本　四冊　存八卷（一至八）

410000－2204－0002148　106.2/61

左繡三十卷首一卷　（清）馮李驊　（清）陸浩評輯　清道光二年（1822）刻本　十二冊　存二十四卷（一至二十三、首一卷）

410000－2204－0002149　106.2/62

左繡三十卷首一卷　（清）馮李驊　（清）陸浩評輯　清刻本　六冊　存十六卷（三至五、十六至二十八）

410000－2204－0002150　311/23

經餘必讀八卷　（清）雷琳等輯　清嘉慶十年（1805）刻本　四冊

410000－2204－0002151　311/23

經餘必讀八卷　（清）雷琳等輯　清嘉慶十年（1805）刻本　四冊

410000－2204－0002152　311/25

經餘必讀八卷　（清）雷琳等輯　清刻本　四冊

410000－2204－0002153　311/26

經餘必讀八卷　（清）雷琳等輯　清嘉慶八年（1803）大中堂刻本　四冊

410000－2204－0002154　311/26

經餘必讀續編八卷 （清）雷琳等輯 清道光
元年(1821)刻本 四冊

410000－2204－0002155 501/12＋1
廣漢魏叢書 （明）何允中輯 明萬曆二十年
(1592)刻本 七冊 存十一種三十二卷

410000－2204－0002156 101/77
御纂周易折中二十二卷首一卷 （清）李光地
等纂 清刻本 二冊

410000－2204－0002157 202.1/72
御批歷代通鑑輯覽一百二十卷 （清）傅恒等
撰 清刻本 十九冊 存三十四卷(十二至
十三、十九至二十、二十三至二十四、三十一
至三十三、六十三至七十、八十三至九十、九
十四至九十五、九十七至一百一、一百十二至
一百十三)

410000－2204－0002158 501/2＋1
朱子大全文集一百卷續集五卷別集七卷
（宋）朱熹撰 附文集正譌一卷文集記疑一卷
正譌記疑補遺一卷 （清）賀瑞麟撰 清光緒
二年(1876)刻西京清麓叢書本 一冊 存二
卷(別集四至五)

410000－2204－0002159 106.5/20
春秋增訂旁訓四卷 （清）徐立綱撰 清乾隆
二十一年(1756)匠門書屋刻本 一冊

410000－2204－0002160 106.5/20
春秋增訂旁訓四卷 （清）徐立綱撰 清乾隆
三十年(1765)匠門書屋刻本 一冊

410000－2204－0002161 106.5/20
春秋左傳類對賦一卷 （宋）徐晉卿撰 （清）
高士奇補注 清嘉慶十一年(1806)刻本
一冊

410000－2204－0002162 501/2＋1
山谷詩集注二十卷 （宋）黃庭堅撰 （宋）任
淵注 清刻本 一冊 存三卷(十二至十四)

410000－2204－0002163 102/35
書傳音釋三卷 （元）鄒季友撰 清刻本
一冊

410000－2204－0002164 308/3
皇極經世緒言九卷首一卷 （宋）邵雍著
（明）黃畿洲注釋 （清）包耀麗校 清嘉慶四
年(1799)刻本 八冊

410000－2204－0002165 102/35
書傳音釋三卷 （元）鄒季友撰 清刻本
一冊

410000－2204－0002166 313/76
佩文韻府一百六卷 （清）張玉書等編 清光
緒十二年(1886)上海同文書局石印本 三十
四冊 存七十五卷(一至十六、二十六至三
十、三十七至三十八、四十三至四十五、四十
九至五十一、五十一至六十三、六十三至六十
七、七十四至七十五、七十七至八十二、八十
五至九十二、九十五至一百六)

410000－2204－0002167 313/77
佩文韻府一百六卷 （清）張玉書等編 清光
緒十六年(1890)上海同文書局石印本 五冊
存十卷(一至十)

410000－2204－0002168 212.1/29
吾學錄初編二十四卷 （清）吳榮光撰 清光
緒七年(1881)桐蔭軒刻本 十二冊

410000－2204－0002169 108.5/62
四書朱子本義滙叅四十三卷首四卷 （清）王
步青輯 （清）王士籠編 清敦復堂刻本 二
十六冊

410000－2204－0002170 108.5/61
四書人物類典串珠四十卷 （清）臧志仁編輯
清嘉慶刻本 八冊

410000－2204－0002171 103/36
御纂詩義折中二十卷 （清）傅恒等撰 清文
光堂刻本 十二冊

410000－2204－0002172 103/37
欽定詩經傳說彙纂二十一卷首二卷詩序二卷
（清）王鴻緒等撰 清雍正五年(1727)刻本
二十四冊 存二十四卷(一至十、十二至二
十一,首二卷,詩序二卷)

410000－2204－0002173　103/37

欽定詩經傳說彙纂二十一卷首二卷詩序二卷
　（清）王鴻緒等撰　清雍正五年(1727)刻本
　十二冊　存十三卷(六至七、九、十一至十
　二、十八至二十一,首二卷,詩序二卷)

410000－2204－0002174　201.2/20

史記一百三十卷　（漢）司馬遷撰　（南朝宋）
裴駰集解　清光緒四年(1878)金陵書局刻本
　四冊　存二十二卷(一至四、五十六至六十
　三、八十五至八十九、一百二十三至一百二十
　七)

410000－2204－0002175　108.5/63

大中一貫錄一卷　（清）曹存存著　清刻本
一冊

410000－2204－0002176　101.1/79

弘簡錄二百五十四卷　（明）邵經邦學　清刻
本　十冊　存四十三卷(一百十三至一百五
十五)

410000－2204－0002177　201.3/52

元史二百十卷　（明）宋濂等撰　明洪武三年
(1370)刻南京國子監明清遞修本　十八冊
存六十六卷(四十九至七十、七十二至八十、
九十三至九十五、九十八至一百三、一百十四
至一百二十、一百三十七至一百五十、一百五
十九至一百六十三)

410000－2204－0002178　202.1/39

鼎鍥趙田了凡袁先生編纂古本歷史大方綱鑑
補三十九卷首一卷　（明）袁黃編纂　清刻本
　一冊　存一卷(三十九)

410000－2204－0002179　110.3/2－2

康熙字典十二集三十六卷總目一卷檢字一卷
辨似一卷等韻一卷備考一卷補遺一卷　（清）
張玉書等撰　清康熙五十五年(1716)內府刻
本　四十冊

410000－2204－0002180　103/39

詩經體注大全合參八卷　（清）高朝瓔定
(清)沈世楷輯　清刻本　四冊

410000－2204－0002181　108.2/33

孟子正義三十卷　（清）焦循撰集　清石印本
　五冊　存二十五卷(一至五、十一至三十)

410000－2204－0002182　103/40

御纂詩義折中二十卷　（清）傅恒等撰　清刻
本　六冊　存十一卷(一至十一)

410000－2204－0002183　504/19

曾文正公奏稿三十六卷　（清）曾國藩撰　清
同治、光緒間傳忠書局刻本　八冊　存十三
卷(二十四至三十六)

410000－2204－0002184　313/78

佩文韻府一百六卷韻府拾遺一百六卷　（清）
張玉書等編　清刻本　七十七冊　存一百五
十八卷(八至十二、十六至二十七、四十四至
五十五、六十六至七十三、九十至九十九、一
百二至一百六,拾遺一百六卷)

410000－2204－0002185　313/79

韻府拾遺一百六卷　（清）張玉書等輯　清刻
本　八冊　存八卷(九十二至九十九)

410000－2204－0002186　103/41

新增詩經補注附考備旨八卷　（清）鄒聖脈纂
　（清）鄒廷猷編　清刻本　四冊　存五卷
(二至五、七)

410000－2204－0002187　108.5/64

四書典制串珠類聯合璧□□卷　（清）臧志仁
編輯　清刻本　六冊　存六卷(二至七)

410000－2204－0002188　103/42

詩集傳八卷附叶韻　（宋）朱熹撰　清光緒李
光明莊刻本　一冊　存二卷(一至二)

410000－2204－0002189　103/42

詩集傳八卷附叶韻　（宋）朱熹撰　清光緒李
光明莊刻本　一冊　存二卷(一至二)

410000－2204－0002190　103/44

詩經體注大全八卷　（清）高朝瓔定　（清）沈
世楷輯　清刻本　三冊　存六卷(三至八)

410000－2204－0002191　108.5/65

四書人物類典串珠四十卷　（清）臧志仁編輯
　清嘉慶刻本　四冊　存十五卷(一至三、九

至十三、十九至二十五）

410000－2204－0002192　102/36
尚書離句六卷　（清）錢在培輯解　清崇德堂
刻本　四冊

410000－2204－0002193　102/37
尚書離句六卷　（清）錢在培輯解　清光霽堂
刻本　二冊

410000－2204－0002194　501/48
三長物齋叢書　（清）黃本驥輯　清道光湘陰
蔣璨刻本　二十八冊　存十六種一百四十卷

410000－2204－0002195　106.2/63
左繡三十卷首一卷　（清）馮李驊　（清）陸浩
評輯　清刻本　七冊　存十七卷（十四至三
十）

410000－2204－0002196　315/34
新刻六直汪舜儀評訂神仙鑑三集二十二卷
（清）徐道述　清刻本　五冊　存三卷（十一
（第九節）、十二至十三）

410000－2204－0002197　103/45
詩經體注大全八卷　（清）高朝瓔定　（清）沈
世楷輯　清刻本　三冊　存六卷（三至八）

410000－2204－0002198　103/46
永安堂增補詩經衍義體注大全合叅八卷
（清）高朝瓔定　（清）沈李龍增訂　清永安堂
刻本　二冊　存三卷（三至五）

410000－2204－0002199　108.5/66
大學中庸講義四卷　（清）史廷輝輯　清刻本
四冊

410000－2204－0002200　103/46
詩經體注大全合參八卷　（清）高朝瓔定
（清）沈世楷輯　清刻本　一冊　存三卷（六
至八）

410000－2204－0002201　108.5/66
大學中庸講義四卷　（清）史廷輝輯　清刻本
二冊　存二卷（二至三）

410000－2204－0002202　108.5/66
大學中庸講義四卷　（清）史廷輝輯　清刻本

一冊　存一卷（三）

410000－2204－0002203　108.5/66
大學中庸講義四卷　（清）史廷輝輯　清刻本
一冊　存一卷（四）

410000－2204－0002204　108.3/9
石渠閣校刻大學衍義補纂要六卷首一卷
（明）徐鳳竹選定　清懷德堂刻本　八冊

410000－2204－0002205　108.5/70
大學中庸講義四卷　（清）史廷輝輯　清刻本
二冊

410000－2204－0002206　106.2/64
左繡三十卷首一卷　（清）馮李驊　（清）陸浩
評輯　清嘉慶十六年（1811）刻本　八冊　存
十六卷（一至十五、首一卷）

410000－2204－0002207　106.2/65
左繡三十卷首一卷　（清）馮李驊　（清）陸浩
評輯　清道光五年（1825）華川書屋刻本　四
冊　存二十二卷（一至十一、十六至二十五，
首一卷）

410000－2204－0002208　106.2/60
左繡三十卷首一卷　（清）馮李驊　（清）陸浩
評輯　清刻本　一冊　存三卷（二十八至三
十）

410000－2204－0002209　108.1/8
二論講義養正編十卷　（清）史廷輝輯　清刻
本　一冊　存三卷（上論三至五）

410000－2204－0002210　108.1/8
二論講義養正編十卷　（清）史廷輝輯　清刻
本　一冊　存三卷（下論八至十）

410000－2204－0002211　108.1/8
二論講義養正編十卷　（清）史廷輝輯　清刻
本　一冊　存三卷（下論八至十）

410000－2204－0002212　108.1/8
二論講義養正編十卷　（清）史廷輝輯　清刻
本　一冊　存三卷（上論三至五）

410000－2204－0002213　108.1/8
二論講義養正編十卷　（清）史廷輝輯　清益

元堂刻本　一冊　存一卷(下論六)

410000－2204－0002214　108.1/13

二論講義養正編十卷　(清)史廷煇輯　清刻本　一冊　存二卷(下論六至七)

410000－2204－0002215　108.1/13

二論講義養正編十卷　(清)史廷煇輯　清刻本　一冊　存二卷(下論六至七)

410000－2204－0002216　108.1/13

二論講義養正編十卷　(清)史廷煇輯　清刻本　一冊　存三卷(上論三至五)

410000－2204－0002217　201.3/55

宋書一百卷　(南朝梁)沈約撰　明萬曆二十二年(1594)國子監刻本　五冊　存十九卷(三十六、六十五至八十二)

410000－2204－0002218　201.3/56

五代史七十四卷　(宋)歐陽修撰　(宋)徐無黨注　明萬曆四年(1576)南京國子監刻本　四冊　存三十二卷(九至十七、二十七至三十五、六十一至七十四)

410000－2204－0002219　108.3/10

大學衍義四十三卷　(宋)真德秀輯　清刻本　十冊

410000－2204－0002220　108.3/10

四書大全　(清)陸隴其輯　清康熙四十一年(1702)三魚堂刻本　五冊　存二種三卷

410000－2204－0002221　315/25

莊子十卷　(戰國)莊周撰　(晉)郭象注　(唐)陸德明音義　清光緒二年(1876)浙江書局刻二十二子本　六冊

410000－2204－0002222　103/48

詩集傳八卷附叶韻　(宋)朱熹撰　清光緒三十三年(1907)宏道堂刻本　一冊　存三卷(一至二、圖說一卷)

410000－2204－0002223　108.2/34

孟子講義十二卷　(清)史廷煇輯　清刻本　十二冊

410000－2204－0002224　109/12

五經類編二十八卷　(清)周世樟編　清嘉慶十五年(1810)刻本　三冊　存七卷(一至五、十四至十五)

410000－2204－0002225　109/12

五經類編二十八卷　(清)周世樟編　清刻本　十五冊　存二十七卷(一至十二、十四至二十八)

410000－2204－0002226　103/49

詩集傳八卷附叶韻　(宋)朱熹撰　清光緒李光明莊刻本　五冊　存七卷(一至二、四至八)

410000－2204－0002227　103/50

增補詩經衍義體注合參大全八卷圖考一卷　(清)沈李龍增訂　清刻本　四冊

410000－2204－0002228　108.5/72

大學中庸講義四卷　(清)史廷煇輯　清刻本　四冊

410000－2204－0002229　401/50

彙纂詩法度鍼三十三卷　(清)徐文弼編輯　清刻本　一冊　存六卷(十一至十六)

410000－2204－0002230　401/50

彙纂詩法度鍼三十三卷　(清)徐文弼編輯　清乾隆三十年(1765)刻本　一冊　存三卷(一至三)

410000－2204－0002231　401/50

彙纂詩法度鍼三十三卷　(清)徐文弼編輯　清乾隆四十二年(1777)刻本　二冊　存十卷(一至十)

410000－2204－0002232　311.1/16

女四書　(清)王相箋注　清文成堂刻本　一冊　存二種二卷

410000－2204－0002233　201.3/57

後漢書九十卷　(南朝宋)范曄撰　(唐)李賢注　志三十卷　(晉)司馬彪撰　(南朝梁)劉昭注　明毛氏汲古閣刻本　四冊　存二十五卷(三至六、十一至十六、二十二至二十六、八十至八十九)

410000－2204－0002234　311.1/16

女四書 （清）王相箋注　清刻本　一冊　存
二種二卷

410000－2204－0002235　101/80

易經講義八卷 （清）萇仕周撰　清乾隆五十
四年(1789)刻本　五冊　存五卷(三至七)

410000－2204－0002236　202.1/74

大文堂綱鑑易知錄九十二卷 （清）吳乘權等
輯　清刻本　十三冊　存二十七卷(十三至
三十五、四十四至四十七)

410000－2204－0002237　108.1/16

論語或問二十卷 （宋）朱熹著　清刻本　三
冊　存八卷(一至八)

410000－2204－0002238　101/81

滋德堂彙纂周易淺解四卷 （清）張步瀛輯
清康熙三十年(1691)滋德堂刻本　三冊　存
二卷(二至三)

410000－2204－0002239　108.5/73

四書集注十九卷 （宋）朱熹撰　清李光明莊
刻本　一冊　存十卷(論語十卷)

410000－2204－0002240　103/51

詩經喈鳳詳解八卷圖說一卷 （清）陳抒孝輯
著　（清）汪基增訂　清乾隆五十七年(1792)
積秀堂刻本　八冊

410000－2204－0002241　103/52

詩經喈鳳詳解八卷圖說一卷 （清）陳抒孝輯
著　（清）汪基增訂　清光緒二年(1876)刻本
四冊

410000－2204－0002242　103/53

詩經體注大全合參八卷 （清）高朝瓔定
(清)沈世楷輯　清刻本　四冊

410000－2204－0002243　103/55

欽定詩經傳說彙纂二十一卷首二卷詩序二卷
（清）王鴻緒等撰　清刻本　二冊　存二卷
(二十一、詩序上)

410000－2204－0002244　212.2/4

聖門禮樂統二十四卷首一卷 （清）張行言纂

輯　清康熙四十一年(1702)刻本　八冊

410000－2204－0002245　409.1/61

重訂七種文選 （清）儲欣評　清乾隆五十年
(1785)二南堂刻本　九冊　存四種十四卷

410000－2204－0002246　214.2/6

陶齋吉金續錄二卷 （清）端方輯　清宣統元
年(1909)石印本　二冊

410000－2204－0002247　212.2/6

四禮從宜一卷 （清）任若海著　清光緒二十
一年(1895)刻本　一冊

410000－2204－0002248　108.5/74

四書或問語類集解釋注大全四十一卷 （清）
朱良玉纂輯　（清）黃際飛鑒定　清雍正六年
(1728)古吳光裕堂刻本　三十九冊　存三十
九卷(大學二至三、中庸二至四、論語二十卷、
孟子十四卷)

410000－2204－0002249　108.5/75

四書或問語類集解釋注大全四十一卷 （清）
朱良玉纂輯　（清）黃際飛鑒定　清雍正六年
(1728)古吳光裕堂刻本　三冊　存四卷(孟
子八、十一,中庸三至四)

410000－2204－0002250　108.5/76

四書或問語類大全合訂四十一卷 （清）黃越
等合訂　清刻本　二十冊　存四十卷(論語
二十卷、孟子十四卷、大學二至三、中庸四卷)

410000－2204－0002251　501/9＋1

三山拙齋林先生尚書全解四十卷 （清）林之
奇撰　清同治十二年(1873)粵東書局刻本
二冊　存五卷(二十四至二十八)

410000－2204－0002252　101/82

新鐫增補周易備旨一見能解六卷 （清）黃淳
耀撰　清文盛堂刻本　六冊

410000－2204－0002253　302/104

萬象一原圖一卷 張紹元繪編　清宣統三年
(1911)刻本　一冊

410000－2204－0002254　210.2/26

水經四十卷 （漢）桑欽撰　（北魏）酈道元注

清乾隆刻本　七冊　存二十三卷(一至二十三)

410000－2204－0002255　210.36/2

洛陽伽藍記五卷　（北魏）楊衒之撰　清光緒二年(1876)刻本　一冊

410000－2204－0002256　209.1/14

太平寰宇記二百卷　（宋）樂史撰　清刻本（原缺卷一百十三至一百十九）　七冊　存四十卷(十五至十九、六十二至九十、一百三十八至一百四十三)

410000－2204－0002257　210.36/2

童蒙必讀書　（明）呂近溪（呂得勝）著　（清）涂宗瀛輯　清光緒九年(1883)武昌書局刻本　三冊

410000－2204－0002258　101/83

周易四卷圖說一卷筮儀一卷卦歌一卷　（宋）朱熹本義　清光緒三十三年(1907)宏道堂刻本　二冊

410000－2204－0002259　103/56

欽定詩經傳說彙纂二十一卷首二卷詩序二卷　（清）王鴻緒等撰　清刻本　二十三冊　存二十四卷(欽定詩經傳說彙纂二十一卷,首上,詩序二卷)

410000－2204－0002260　212.5/16

大清新法令十三卷附錄三卷　商務印書館編譯所編　清宣統元年(1909)商務印書館鉛印本　九冊　存九卷(七、九至十三,附錄三卷)

410000－2204－0002261　103/57

欽定詩經傳說彙纂二十一卷首二卷詩序二卷　（清）王鴻緒等撰　清刻本　十冊　存十三卷(十一至二十一、詩序二卷)

410000－2204－0002262　409.6/14

聞式堂明文小題傳薪五卷　（清）臧岳評釋　清嘉慶二十年(1815)三樂齋刻本　四冊　存四卷(上論、下論、上孟、下孟)

410000－2204－0002263　409.1/62

三蘇策論十二卷　（宋）蘇洵等著　清光緒二

十七年(1901)上海書局石印本　二冊　存四卷(一至二、九至十)

410000－2204－0002264　213.1/3

彙刻書目十卷　（清）顧脩撰　清光緒元年(1875)刻本　十冊

410000－2204－0002265　101/84

梁山來知德先生易經集注十六卷首二卷　（明）來知德撰　（清）崔華重訂　清乾隆十一年(1746)刻本　十六冊

410000－2204－0002266　206.5/3

大清搢紳全書不分卷　（清）榮祿堂編　清道光二十九年(1849)榮祿堂刻本　四冊

410000－2204－0002267　302/106

人生必讀書十二卷　（清）唐彪著　清刻本　四冊　存五卷(五、九至十二)

410000－2204－0002268　404/33

東坡先生全集七十五卷　（宋）蘇軾撰　清刻本　二十八冊　存七十三卷(一至七十三)

410000－2204－0002269　109/13

五經類編二十八卷　（清）周世樟編　清刻本　二冊　存九卷(四至十二)

410000－2204－0002270　101/85

新鐫增補周易俙旨一見能解六卷　（清）黃淳耀撰　（清）嚴而寬增補　清文光堂刻本　四冊　存五卷(一、三至六)

410000－2204－0002271　104.1/24

周官精義十二卷　（清）連斗山編　清嘉慶二年(1797)致和堂刻本　六冊

410000－2204－0002272　104.1/25

周官精義十二卷　（清）連斗山編　清嘉慶二年(1797)致和堂刻本　六冊

410000－2204－0002273　104.1/26

周官精義十二卷　（清）連斗山編　清嘉慶二年(1797)致和堂刻本　六冊

410000－2204－0002274　104.1/26

周官精義十二卷　（清）連斗山編　清刻本　一冊　存三卷(十至十二)

410000－2204－0002275　408/225

晦庵先生朱文公文集一百卷續集五卷別集七卷 （宋）朱熹撰　清康熙二十七年(1688)寶翰樓刻本　十六冊　存五十卷(一至三十、八十一至一百)

410000－2204－0002276　501/49

振綺堂叢書 （清）汪康年輯　清光緒至宣統泉唐汪氏鉛印本　四冊　存七種十六卷

410000－2204－0002277　404/34

東坡詩選十二卷本傳一卷 （宋）蘇軾撰 （明）譚元春選　**年譜一卷** （宋）王宗稷編　明天啟刻本　六冊

410000－2204－0002278　410/53

文章正宗復刻三十卷 （宋）真德秀輯　清同治三年(1864)刻本　一冊　存十卷(一至十)

410000－2204－0002279　104.1/28

周官精義十二卷 （清）連斗山編　清嘉慶十年(1805)刻本　六冊

410000－2204－0002280　104.1/29

周官精義十二卷 （清）連斗山編　清嘉慶二年(1797)致和堂刻本　六冊

410000－2204－0002281　101/87

周易四卷 （宋）朱熹本義　清文誠堂刻本　二冊

410000－2204－0002282　313/80

類林新詠三十六卷 （清）姚之駰撰　清康熙四十七年(1708)刻本　十二冊

410000－2204－0002283　104.1/30

周官精義十二卷 （清）連斗山編　清乾隆四十九年(1784)刻本　六冊

410000－2204－0002284　108.5/77

四書人物類典串珠四十卷首一卷 （清）臧志仁編輯　（清）楊春圃采補　清嘉慶十八年(1813)刻本　九冊　存二十五卷(一至五、十二至三十,首一卷)

410000－2204－0002285　104.1/31

周官精義十二卷 （清）連斗山編　清嘉慶十

八年(1813)經餘堂刻本　六冊

410000－2204－0002286　104.1/32

周官精義十二卷 （清）連斗山編　清乾隆四十一年(1776)刻本　六冊

410000－2204－0002287　101/88

周易象解四卷 （清）南明信撰　清乾隆刻本　二冊

410000－2204－0002288　313/81

新增說文韻府羣玉二十卷 （元）陰時夫編輯 （元）陰中夫編注　清刻本　十二冊　存十四卷(六、八至二十)

410000－2204－0002289　202.1/75

大文堂綱鑑易知錄九十二卷 （清）吳乘權等輯　清刻本　二十三冊　存四十八卷(四、二十、四十四至五十一、五十九至八十一)

410000－2204－0002290　108.5/78

四書或問語類集解釋注大全四十一卷 （清）朱良玉纂輯　清古吳致和堂刻本　三十八冊　存三十九卷(大學一至三,孟子一至十、十二至十四,論語一至二十,中庸一至三)

410000－2204－0002291　409.2/44

御選唐宋詩醇四十七卷 （清）高宗弘曆選　清刻本　五冊　存二十卷(七至二十六)

410000－2204－0002292　101/89

周易四卷圖說一卷筮儀一卷卦歌一卷 （宋）朱熹本義　清光緒宏道堂刻本　四冊

410000－2204－0002293　409.2/45

古文觀止十二卷 （清）吳乘權 （清）吳大職輯　清李光明莊刻本　三冊　存六卷(七至十二)

410000－2204－0002294　504/20

曾文正公全集 （清）曾國藩撰　清光緒二十九年(1903)鴻寶書局石印本　十九冊　存八種七十三卷

410000－2204－0002295　101/90

御纂周易折中二十二卷首一卷 （清）李光地等纂　清刻本　四冊　存四卷(十一至十二、

十九至二十)

410000－2204－0002296　108.5/79

四書人物類典串珠四十卷　(清)臧志仁編輯
　　清刻本　十冊　存三十一卷(三至二十五、
三十三至四十)

410000－2204－0002297　101/91

周易義傳合訂十五卷　(宋)朱熹本義　(宋)
程頤傳文　(清)張道緒音釋　清光緒十六年
(1890)刻本　三冊　存五卷(三至四、十三至
十五)

410000－2204－0002298　110.3/54

字彙十二卷首一卷末一卷　(明)梅膺祚音釋
　　清刻本　三冊　存三卷(丑、卯、末一卷)

410000－2204－0002299　110.3/54

字彙十二卷首一卷末一卷　(明)梅膺祚音釋
　　清刻本　一冊　存一卷(末一卷)

410000－2204－0002300　110.3/56

字彙十二卷首一卷末一卷　(明)梅膺祚音釋
　　明萬曆四十三年(1615)刻本　十二冊　存
十二卷(子至寅、辰至戌,首一卷,末一卷)

410000－2204－0002301　110.3/57

六書分類十二卷首一卷　(清)傅世垚撰　清
聽松閣刻本　六冊　存六卷(七至十二)

410000－2204－0002302　101/92

易經衷一□□卷　(清)張聖度訂　清光裕堂
刻本　二冊　存二卷(一至二)

410000－2204－0002303　10/16

皇朝五經彙解二百七十卷　(清)抉經心室纂
　　清石印本　八冊　存六十九卷(一百五十
三至二百二十一)

410000－2204－0002304　404/35

劍南詩鈔六卷　(宋)陸游撰　(清)楊大鶴選
　　清宣統二年(1910)上海掃葉山房石印本
五冊

410000－2204－0002305　103/58

詩經體注大全體要八卷　(清)高朝瓔定
(清)沈世楷輯　清道光二十年(1840)刻本

四冊

410000－2204－0002306　102/38

寄傲山房塾課纂輯書經備旨蔡注捷錄七卷
(清)鄒聖脉纂輯　清刻本　二冊　存三卷
(一至三)

410000－2204－0002307　103/59

詩經八卷　(宋)朱熹集傳　清成文堂刻本
三冊　存五卷(一至五)

410000－2204－0002308　103/60

詩經八卷　(宋)朱熹集傳　清刻本　一冊
存一卷(五)

410000－2204－0002309　103/60－1

詩經八卷　(宋)朱熹集傳　清刻本　一冊
存一卷(五)

410000－2204－0002310　104.4/10

欽定三禮義疏　(清)允祿等撰　清乾隆內府
刻御纂七經本　三十冊　存三種四十八卷
(周官八至二十九、禮記二十六至四十一、儀
禮十八至二十七)

410000－2204－0002311　101/93

御纂周易折中二十二卷首一卷　(清)李光地
等纂　清刻本　十冊　存十八卷(一至六、十
一至二十二)

410000－2204－0002312　311/28

經餘必讀續編八卷　(清)雷琳等輯　清嘉慶
十一年(1806)致和堂刻本　四冊

410000－2204－0002313　311/28

經餘必讀續編八卷　(清)雷琳等輯　清嘉慶
十一年(1806)致和堂刻本　四冊

410000－2204－0002314　108.5/80

四書人物類典串珠四十卷　(清)臧志仁編輯
　　清刻本　七冊　存二十六卷(五至六、十五
至二十四、二十七至四十)

410000－2204－0002315　501/50

唐宋十大家全集錄　(清)儲欣輯　清康熙四
十四年(1705)刻本　十二冊　存四種十六卷

410000－2204－0002316　404/36

施注蘇詩四十二卷總目二卷　（宋）蘇軾撰
（宋）施元之注　東坡先生年譜一卷　（清）王
宗稷編　（清）邵長蘅重訂　王注正譌一卷
（清）邵長蘅識　清刻本　七冊　存二十卷
（四至十九、總目二卷、東坡先生年譜一卷、王
注正譌一卷）

410000－2204－0002317　504/21

授堂遺書　（清）武億撰　清道光二十三年
（1843）武氏刻本　五冊　存三種二十二卷

410000－2204－0002318　403/27

五百家注音辨昌黎先生文集四十卷　（唐）韓
愈撰　（宋）魏仲舉輯　清刻本　三冊　存九
卷（六至八、十五至十七、二十一至二十三）

410000－2204－0002319　410/54

新刻重校增補圓機活法詩學全書二十四卷
（明）李衡撰　（明）王世貞校正　清刻本　七
冊　存十卷（一至六、九至十、十六至十七）

410000－2204－0002320　410/55

新刻重校增補圓機活法詩學全書二十四卷
（明）李衡撰　（明）王世貞校正　清刻本　八
冊　存十一卷（一至六、八至十、十五至十六）

410000－2204－0002321　110.4/23

新刊校正增補圓機韻學活法全書十四卷
（明）王世貞增校　清刻本　五冊　存八卷
（七至十四）

410000－2204－0002322　108.5/81

四書人物類典串珠四十卷　（清）臧志仁編輯
清刻本　九冊　存三十五卷（六至四十）

410000－2204－0002323　110.3/59

說文解字注三十二卷附汲古閣說文訂一卷
（清）段玉裁注　清光緒元年（1875）湖北崇文
書局刻本　十二冊　存十二卷（一至七、十一
至十五）

410000－2204－0002324　410/56

新刊校正增補圓機活法詩學全書二十四卷
（明）王世貞校正　清刻本　二冊　存七卷
（十五至二十一）

410000－2204－0002325　110.3/62

說文解字句讀三十卷　（清）王筠撰　清刻本
七冊　存十卷（二十一至三十）

410000－2204－0002326　209.2/94

校正韓汝慶先生朝邑志一卷　（清）王元啟訂
清道光十一年（1831）刻本　一冊

410000－2204－0002327　104.1/33

欽定周官義疏四十八卷首一卷　（清）鄂爾泰
等撰　清刻本　四冊　存九卷（四至十二）

410000－2204－0002328　101/95

周易四卷圖說一卷筮儀一卷卦歌一卷　（宋）
朱熹本義　清光緒三十三年（1907）宏道堂刻
本　二冊

410000－2204－0002329　409.1/63

重訂七種文選　（清）儲欣評　清乾隆五十年
（1785）二南堂刻本　三十冊　存六種四十
八卷

410000－2204－0002330　409.3/44

唐詩別裁集引典備注二十卷　（清）沈德潛選
（清）俞汝昌增注　清刻本　六冊

410000－2204－0002331　504/22

十八家詩鈔二十八卷　（清）曾國藩撰　清同
治、光緒間傳忠書局刻曾文正公全集本　一
冊　存一卷（十）

410000－2204－0002332　101/96

周易四卷圖說一卷筮儀一卷卦歌一卷　（宋）
朱熹本義　清刻本　四冊

410000－2204－0002333　108.2/36

孟子講義十二卷　（清）史廷煇輯　清刻本
六冊　存六卷（一至二、五、九至十一）

410000－2204－0002334　214.1/10

金石索十二卷　（清）馮雲鵬　（清）馮雲鶼輯
清道光元年（1821）滋陽縣署刻本　三冊
存四卷（一至四）

410000－2204－0002335　214.1/11

金石稱例四卷續一卷　（清）梁廷枏撰　清光
緒十三年（1887）刻本　四冊

410000－2204－0002336　403/28

讀書堂杜工部詩集注解二十卷文集注解二卷
（唐）杜甫撰　（清）張溍評注　編年詩史譜
目一卷　清道光二十一年(1841)讀書堂刻本
十二冊

410000－2204－0002337　404/37

宋邵康節先生伊川擊壤集十卷　（宋）邵雍撰
（明）吳瀚　（明）吳泰注　清刻本　三冊
存四卷(七至十)

410000－2204－0002338　110.3/63

字彙十二卷首一卷末一卷　（明）梅膺祚音釋
清刻本　十四冊

410000－2204－0002339　108.5/82

四書人物類典串珠四十卷　（清）臧志仁編輯
清刻本　十冊　存三十六卷(一至十一、十
四至十六、十九至四十)

410000－2204－0002340　108.5/83

四書人物類典串珠四十卷　（清）臧志仁編輯
清刻本　六冊　存十九卷(十七至三十五)

410000－2204－0002341　504/23

金石一跋四卷二跋四卷三跋二卷　（清）武億
撰　清道光二十三年(1843)武氏刻曾文正公
全集本　二冊

410000－2204－0002342　202.2/17

綱鑑正史約三十六卷　（明）顧錫疇撰　清刻
本　四冊　存十卷(十至十九)

410000－2204－0002343　311/30

經餘必讀八卷　（清）雷琳等輯　清嘉慶八年
(1803)刻本　四冊

410000－2204－0002344　311/31

經餘必讀續編八卷　（清）雷琳等輯　清嘉慶
十一年(1806)大德堂刻本　四冊

410000－2204－0002345　103/62

詩經體注大全八卷　（清）高朝瓔定　（清）沈
世楷輯　清刻本　四冊

410000－2204－0002346　103/63

詩經旁訓辨體合訂四卷　（清）徐立綱輯　清

刻本　三冊

410000－2204－0002347　202.1/76

綱鑑會纂三十九卷首一卷　（明）王世貞編
清刻本　十八冊　存十九卷(十三至三十、三
十三)

410000－2204－0002348　103/64

詩經體注大全體要八卷　（清）高朝瓔定
（清）沈世楷輯　清乾隆四十二年(1777)懷德
堂刻本(卷三至四補配清刻本)　二冊　存四
卷(一至四)

410000－2204－0002349　103/65

詩經體注大全合參八卷　（清）高朝瓔定
（清）沈世楷輯　清刻本　三冊　存五卷(一
至五)

410000－2204－0002350　104.2/13

儀禮十七卷監本正誤一卷石本誤字一卷
（漢）鄭玄注　（清）張爾岐句讀　清李光明莊
刻本　六冊

410000－2204－0002351　104.2/14

儀禮十七卷監本正誤一卷石本誤字一卷
（漢）鄭玄注　（清）張爾岐句讀　清刻本　七
冊　存十七卷(一至五、八至十七,監本正誤
一卷,石本誤字一卷)

410000－2204－0002352　104.2/15

儀禮章句十七卷　（清）吳廷華撰　清嘉慶四
年(1799)文會堂刻本　六冊

410000－2204－0002353　104.3/100

禮記十卷　（元）陳澔集說　清刻本　六冊

410000－2204－0002354　104.3/101

禮記十卷　（元）陳澔集說　清同治十三年
(1874)湖南書局刻本　十冊

410000－2204－0002355　103/66

欽定詩經傳說彙纂二十一卷首二卷詩序二卷
（清）王鴻緒等撰　清雍正五年(1727)刻本
十二冊　存十七卷(五至七、十至十七、十
九、二十一,首二卷,詩序二卷)

410000－2204－0002356　104.2/16

117

儀禮十七卷監本正誤一卷石本誤字一卷
(漢)鄭玄注　(清)張爾岐句讀　清光緒十七
年(1891)務本書局刻本　五冊　存十一卷
(一至二、六至十一、十七,監本正誤一卷,石
本誤字一卷)

410000－2204－0002357　501/51
增訂漢魏叢書　(清)王謨輯　清刻本　九冊
　存六種五十二卷

410000－2204－0002358　202.1/77
綱鑑會纂三十九卷首一卷　(明)王世貞編
清刻本　十二冊　存十九卷(一至五、七至十
一、二十九、三十一至三十七,首一卷)

410000－2204－0002359　205.2/21
列女傳八卷　(漢)劉向撰　清光緒十三年
(1887)刻本　二冊

410000－2204－0002360　103/67
詩經八卷　(宋)朱熹集傳　清道光十五年
(1835)刻本　四冊

410000－2204－0002361　101/97
易經大全會解四卷　(清)來爾繩纂輯　清光
緒十九年(1893)益元書局刻本　四冊

410000－2204－0002362　103/68
詩經體注大全體要八卷　(清)高朝瓔定
(清)沈世楷輯　清乾隆二十二年(1757)古吳
三樂齋刻本　四冊

410000－2204－0002363　101/98
周易四卷圖說一卷筮儀一卷卦歌一卷　(宋)
朱熹本義　清慎詒堂刻本　二冊

410000－2204－0002364　410/57
仁在堂時藝辨不分卷　(清)路德撰　清道光
十六年(1836)仁在堂刻本　六冊

410000－2204－0002365　301/19
類腋五十五卷　(清)姚培謙集　清刻本　二
冊　存六卷(三至八)

410000－2204－0002366　103/69
詩經八卷　(宋)朱熹集傳　清光緒十二年
(1886)湖北官書處刻本　三冊　存六卷(一

至三、六至八)

410000－2204－0002367　409.4/12
國朝山左詩鈔六十卷　(清)盧見曾纂　清乾
隆二十三年(1758)雅雨堂刻本　六冊　存三
十卷(二十六至五十五)

410000－2204－0002368　104.1/34
周禮約編六卷　(清)汪基撰　(清)江永春校
訂　清刻本　三冊

410000－2204－0002369　104.1/34
附釋音周禮注疏四十二卷　(漢)鄭玄注
(唐)陸德明音義　(唐)賈公彥疏　校勘記四
十二卷　(清)阮元撰　(清)盧宣旬摘錄　清
嘉慶刻本　二冊　存十卷(二十六至二十八、
三十九至四十,校勘記二十六至二十八、三十
九至四十)

410000－2204－0002370　103/70
欽定詩經傳說彙纂二十一卷首二卷詩序二卷
　(清)王鴻緒等撰　清雍正五年(1727)刻本
　六冊　存五卷(十三、十八、二十至二十一、
首上)

410000－2204－0002371　103/71
欽定詩經傳說彙纂二十一卷首二卷詩序二卷
　(清)王鴻緒等撰　清刻本　五冊　存五卷
(十九至二十一、詩序二卷)

410000－2204－0002372　409.6/22
小題文府不分卷　題(清)同文書局主人編
清光緒石印本　五冊

410000－2204－0002373　212.1/30
皇朝經世文編一百二十卷總目三卷　(清)賀
長齡輯　清光緒十二年(1886)思補樓石印本
　五十九冊　存一百二十二卷(一至八十八、
九十至一百二十,總目三卷)

410000－2204－0002374　311.5/15
酬世錦囊集成二集七卷三集二卷　(清)鄒景
揚輯　清乾隆大德堂刻本　五冊

410000－2204－0002375　311/32
經餘必讀續編八卷　(清)雷琳等輯　清嘉慶

十一年(1806)致和堂刻本　四冊

410000－2204－0002376　311/32
經餘必讀續編八卷　(清)雷琳等輯　清嘉慶
十一年(1806)致和堂刻本　四冊

410000－2204－0002377　104.3/102
欽定禮記義疏八十二卷首一卷　(清)鄂爾泰
等撰　清刻本　八冊　存十五卷(六十八至
八十二)

410000－2204－0002378　103/72
詩經喈鳳詳解八卷圖說一卷　(清)陳抒孝輯
著　(清)汪基增訂　清刻本　四冊

410000－2204－0002379　311.5/15
正字通十二卷　(明)張自烈撰　(清)廖文英
輯　清刻本　一冊　存一卷(丑集下)

410000－2204－0002380　408/226
晦庵先生朱文公文集一百卷續集五卷別集七
卷　(宋)朱熹撰　清刻本　二十冊　存三十
九卷(三十一至四十四、八十二至九十八,續
集五卷,別集一至三)

410000－2204－0002381　311/34
經餘必讀八卷　(清)雷琳等輯　清嘉慶十一
年(1806)咸裕堂刻本　四冊　存四卷(一、
三、五、七)

410000－2204－0002382　110.5/1
說文釋例二十卷補正二十卷　(清)王筠學
清同治四年(1865)刻本　八冊　存三十二卷
(一至二、五至十六、十九至二十,補正一至
二、五至十六、十九至二十)

410000－2204－0002383　408/227
晦庵先生朱文公文集一百卷續集五卷別集七
卷　(宋)朱熹撰　清刻本　十四冊　存三十
六卷(三十一至五十四、續集五卷、別集七卷)

410000－2204－0002384　205.2/22
綱鑑會纂三十九卷　(明)王世貞編　清刻本
七冊　存七卷(一、三至八)

410000－2204－0002385　205.2/23
綱鑑會纂三十九卷　(明)王世貞編　清刻本

六冊　存六卷(三十一、三十四至三十六、
三十八至三十九)

410000－2204－0002386　302/107
淵鑑齋御纂朱子全書六十六卷　(宋)朱熹撰
(清)李光地等纂修　清康熙刻本　三十冊
存五十卷(十七至六十六)

410000－2204－0002387　209.1/15
天下郡國利病書一百二十卷　(清)顧炎武輯
清敷文閣木活字印本　三冊　存七卷(五
十至五十四、八十七至八十八)

410000－2204－0002388　302/108
淵鑑齋御纂朱子全書六十六卷　(宋)朱熹撰
(清)李光地等纂修　清刻本　十五冊　存
三十四卷(三十三至六十六)

410000－2204－0002389　106.2/67
春秋左傳三十卷　(晉)杜預注　(宋)林堯叟
附注　(唐)陸德明音釋　清光緒十二年
(1886)湖北官書處刻本　十二冊

410000－2204－0002390　202.1/80
增評加批歷史綱鑑補三十九卷首一卷　(明)
袁黃　(明)王世貞編　御撰資治通鑑綱目三
編六卷　(清)張廷玉撰　清光緒石印本　六
冊　存三十卷(增評加批歷史綱鑑補十六至
三十九、御撰資治通鑑綱目三編六卷)

410000－2204－0002391　302/109
淵鑑齋御纂朱子全書六十六卷　(宋)朱熹撰
(清)李光地等纂修　清康熙五十三年
(1714)武英殿刻本　三十冊　存六十四卷
(一至四十八、五十一至六十六)

410000－2204－0002392　202.2/18
綱鑑正史約三十六卷　(明)顧錫疇編　(清)
陳弘謀增訂　清刻本　六冊　存十三卷(二
十四至三十六)

410000－2204－0002393　103/73
欽定詩經傳說彙纂二十一卷首二卷詩序二卷
(清)王鴻緒等撰　清刻本　六冊　存五卷
(十九至二十一、詩序二卷)

410000－2204－0002394　311.2/11

校訂困學紀聞三箋二十卷　（宋）王應麟撰
清刻本　四冊　存八卷（一至八）

410000－2204－0002395　103/74

欽定詩經傳說彙纂二十一卷首二卷詩序二卷
（清）王鴻緒等撰　清雍正五年（1727）刻本
十二冊　存十二卷（一至十、首二卷）

410000－2204－0002396　104.3/103

欽定禮記義疏八十二卷首一卷　（清）鄂爾泰
等撰　清刻本　六冊　存八卷（十一至十二、
十五至二十）

410000－2204－0002397　212.10/1

駁案新編三十二卷　（清）全士潮輯　清乾隆
元年（1736）全士潮刻本　十四冊　存三十卷
（三至三十二）

410000－2204－0002398　501/52

小嫏嬛山館彙刊類書十二種　（清）□□輯
清咸豐元年（1851）刻本　四冊　存四種十
二卷

410000－2204－0002399　201.3/58

漢書一百卷　（漢）班固撰　（唐）顏師古注
清刻本　五冊　存十八卷（八十三至一百）

410000－2204－0002400　101/99

魏書一百十四卷　（北齊）魏收撰　明萬曆二
十四年（1596）北京國子監刻本　十冊　存三
十五卷（四至七、九至十八、三十八至四十六、
五十六至六十、七十二至七十七、一百五）

410000－2204－0002401　212.1/31

籌濟編三十二卷首一卷　（清）楊景仁輯　清
光緒五年（1879）刻本　七冊　存二十九卷
（一至六、十一至三十二，首一卷）

410000－2204－0002402　104.3/105

禮記大全傳本三卷　（清）胡瑤光輯　清刻本
三冊

410000－2204－0002403　108.5/84

四書人物類典串珠四十卷首一卷　（清）臧志
仁輯　清嘉慶十六年（1811）刻本　十二冊

410000－2204－0002404　104.3/106

禮記易讀四卷　（□）□□輯　清宏道堂刻本
四冊

410000－2204－0002405　311/35

經餘必讀八卷　（清）雷琳等輯　清嘉慶八年
（1803）刻本　四冊

410000－2204－0002406　502/4－13

洛陽曹氏叢書　（清）曹曾矩輯　清同治、光
緒間刻本　十冊　存六種十一卷

410000－2204－0002407　410/58

應試唐詩類釋十九卷　（清）臧岳編　清乾隆
二十六年（1761）刻本　七冊　存十七卷（一
至二、五至十九）

410000－2204－0002408　202.1/79

**鼎鐫趙田了凡袁先生編纂古本歷史大方綱鑑
補三十九卷首一卷**　（明）袁黃編　清光緒刻
本　九冊　存十一卷（二十一至二十二、二十
五至二十九、三十五至三十八）

410000－2204－0002409　103/75

韓詩外傳十卷　（漢）韓嬰著　清嘉慶四年
（1799）刻本　二冊

410000－2204－0002410　104.2/17

儀禮十七卷監本正誤一卷石本誤字一卷
（漢）鄭玄注　（清）張爾岐句讀　清光緒二十
六年（1900）新化三味堂刻本　四冊　存十一
卷（一至八、十二至十四）

410000－2204－0002411　202.1/82

王鳳洲先生綱鑑正史全編二十四卷　（明）王
世貞撰　（明）陳仁錫評　（明）林夢熊校
（明）顧錫疇摘　（明）張睿卿輯　（明）湯賓
尹纂　清康熙刻本　七冊　存七卷（一至四、
七至八、十）

410000－2204－0002412　202.1/80

增評加批歷史綱鑑補三十九卷　（明）袁黃
（明）王世貞編　清光緒上海富強齋石印本
一冊　存六卷（二十一至二十六）

410000－2204－0002413　104.3/107

禮記十卷 （元）陳澔集說 清光緒十二年
(1886)湖北官書處刻本 七冊 存七卷(一
至三、七至十)

410000－2204－0002414 104.3/108

全本禮記體注十卷 （清）范翔原定 （清）徐
旦纂訂 （清）徐瑄補輯 清英德堂刻本 六
冊 存六卷(一至三、八至十)

410000－2204－0002415 409.7/3

欽定正嘉四書文不分卷 （清）方苞輯 清光
緒二年(1876)崇文書局刻本 十五冊

410000－2204－0002416 202.1/83

綱鑑會纂三十九卷首一卷 （明）王世貞編
清刻本 十九冊 存十九卷(十、十二至十
四、十六至二十、二十二、二十六、二十八至二
十九、三十一至三十二、三十四、三十六至三
十八)

410000－2204－0002417 104.3/109

全本禮記體注十卷 （清）范翔原定 （清）徐
旦纂訂 （清）徐瑄補輯 清百尺樓刻本 一
冊 存一卷(十)

410000－2204－0002418 409.7/4

欽定本朝四書文不分卷 （清）方苞輯 清刻
本 六冊

410000－2204－0002419 409.7/2

注釋典制文琳初集不分卷 （清）倪鑑編
(清)周瀛橋 （清）謝寶堂箋注 清嘉慶四年
(1799)金陵致和堂、味經堂刻本 四冊

410000－2204－0002420 202.1/84

綱鑑正史約三十六卷附記一卷 （明）顧錫疇
編 清刻本 四冊 存九卷(一至九)

410000－2204－0002421 409.6/23

欽定化治四書文不分卷 （清）方苞輯 清光
緒刻本 八冊

410000－2204－0002422 108.5/85

四書左國彙纂四卷 （清）高其名 （清）鄭師
成纂 清百尺樓刻本 七冊

410000－2204－0002423 110.3/64

康熙字典十二集三十六卷總目一卷檢字一卷
辨似一卷等韻一卷補遺一卷備考一卷 （清）
張玉書等撰 清刻本 六冊 存六卷(子、寅
上、卯上中)

410000－2204－0002424 110.3/64

**康熙字典十二集三十六卷總目一卷檢字一卷
辨似一卷等韻一卷補遺一卷備考一卷** （清）
張玉書等撰 清刻本 一冊 存一卷(等韻
一卷)

410000－2204－0002425 110.3/64

**康熙字典十二集三十六卷總目一卷檢字一卷
辨似一卷等韻一卷補遺一卷備考一卷** （清）
張玉書等撰 清道光七年(1827)刻本 一冊
存三卷(總目一卷、檢字一卷、辨似一卷)

410000－2204－0002426 106.2/69

左繡三十卷首一卷 （清）馮李驊 （清）陸浩
評輯 清刻本 八冊 存十六卷(十五至三
十)

410000－2204－0002427 108.5/86

四書疏注撮言大全三十七卷 （清）胡蓉芝輯
(清)紀昀鑒定 清經綸堂刻本 十九冊

410000－2204－0002428 108.2/8

孟子講義十二卷 （清）史廷輝輯 清刻本
二冊 存二卷(四、九)

410000－2204－0002429 108.5/87

四書疏注撮言大全三十七卷 （清）胡蓉芝輯
(清)紀昀鑒定 清乾隆三讓堂刻本 十
五冊

410000－2204－0002430 106.2/68

春秋左傳三十卷 （晉）杜預注 （宋）林堯叟
附注 （唐）陸德明音釋 清光緒十二年
(1886)湖北官書處刻本 十二冊

410000－2204－0002431 202.1/85

增評加批歷史綱鑑補三十九卷首一卷 （明）
袁黃 （明）王世貞編 資治明紀綱目二十卷
資治明紀綱目三編一卷 （清）張廷玉等輯
明紀福唐桂三王本末一卷 清石印本 十三
冊 存四十二卷(增評加批歷史綱鑑補一至

十、二十九至三十二、三十四至三十九,首一卷;資治明紀綱目二十卷;明紀福唐桂三王本末一卷)

410000－2204－0002432　108.5/88

四書疏注撮言大全三十七卷　(清)胡蓉芝輯　清刻本　十五冊　存二十九卷(孟子一至八、中庸二、論語一至二十)

410000－2204－0002433　409.2/46

古文眉詮七十九卷首一卷　(清)浦起龍編　清乾隆九年(1744)三吳書院刻本　十二冊　存三十三卷(一至十六、六十四至七十九,首一卷)

410000－2204－0002434　10/17

七經精義　(清)黃淦纂　清嘉慶十二年(1807)慈谿養正堂刻本　四冊　存二種六卷

410000－2204－0002435　311/36

經餘必讀續編八卷　(清)雷琳等輯　清嘉慶十三年(1808)刻本　四冊

410000－2204－0002436　311/38

經餘必讀八卷　(清)雷琳等輯　清嘉慶八年(1803)刻本　四冊

410000－2204－0002437　311/37

經餘必讀續編八卷　(清)雷琳等輯　清嘉慶十三年(1808)刻本　四冊

410000－2204－0002438　212.1/32

欽定大清會典事例一千二百二十卷首一卷　(清)崑岡等纂修　清光緒三十四年(1908)商務印書館石印本　一百三十七冊　存一千一百二十四卷(一至一百二十、一百二十八至一百四十三、二百十八至五百十七、五百二十七至六百六十五、六百七十三至一千二百二十,首一卷)

410000－2204－0002439　409.1/65

古唐詩合解十六卷　(清)王堯衢注　清宏道堂刻本　三冊

410000－2204－0002440　104.2/18

儀禮章句十七卷　(清)吳廷華撰　清乾隆五

十九年(1794)刻本　六冊

410000－2204－0002441　104.1/36

周禮注疏刪翼三十卷　(明)王志長輯　(明)葉培恕定　清乾隆五十七年(1792)刻本　二十冊

410000－2204－0002442　108.5/90

四書疏注撮言大全三十七卷　(清)胡蓉芝輯　(清)紀昀鑒定　清尚德堂刻本　五冊　存十三卷(中庸一,大學一,論語六至十三、十七至十九)

410000－2204－0002443　108.5/91

四書疏注撮言大全三十七卷　(清)胡蓉芝輯　清刻本　七冊　存八卷(中庸二、孟子八至十四)

410000－2204－0002444　108.5/92

四書疏注撮言大全三十七卷　(清)胡蓉芝輯　清刻本　二冊　存六卷(孟子九至十四)

410000－2204－0002445　205.1/15

國朝先正事畧六十卷　(清)李元度纂　清刻本　九冊　存三十二卷(二十九至六十)

410000－2204－0002446　108.5/93

四書疏注撮言大全三十七卷　(清)胡蓉芝輯　清刻本　四冊　存十卷(論語一至十)

410000－2204－0002447　207/22

廿一史約編八卷首一卷　(清)鄭元慶述　清刻本　五冊　存五卷(四至八)

410000－2204－0002448　108.5/94

四書疏注撮言大全三十七卷　(清)胡蓉芝輯　清刻本　二冊　存十卷(論語十一至二十)

410000－2204－0002449　108.5/95

四書疏注撮言大全三十七卷　(清)胡蓉芝輯　清光緒益元書局刻本　五冊　存五卷(大學一,孟子七、十二至十四)

410000－2204－0002450　108.5/96＋2

四書疏注撮言大全三十七卷　(清)胡蓉芝輯　清刻本　六冊　存九卷(孟子一至七、论语十二至十三)

410000－2204－0002451　108.5/97＋1

四書疏注撮言大全三十七卷　（清）胡蓉芝輯
　清刻本　三冊　存七卷(孟子二至三、八至
十二)

410000－2204－0002452　108.5/96

四書疏注撮言大全三十七卷　（清）胡蓉芝輯
　清宏道堂刻本　六冊　存八卷(大學一,中
庸一,論語一至二,十五至十六,孟子一至二)

410000－2204－0002453　311/39

經餘必讀續編八卷　（清）雷琳等輯　清刻本
　三冊　存六卷(三至八)

410000－2204－0002454　311/39

經餘必讀續編八卷　（清）雷琳等輯　清刻本
　三冊　存六卷(三至八)

410000－2204－0002455　108.5/97

四書疏注撮言大全三十七卷　（清）胡蓉芝輯
　清刻本　四冊　存十一卷(中庸二,論語十
五至二十,孟子一至二、五至六)

410000－2204－0002456　102/57

書經體注大全合參六卷　（清）錢希祥輯
（清）范翔鑒定　清光緒十四年(1888)善成堂
刻本　四冊

410000－2204－0002457　409.2/47

古文辭類纂七十四卷　（清）姚鼐輯　清同治
八年(1869)江蘇書局刻本　一冊　存五卷
(論辨類一至五)

410000－2204－0002458　202.1/86

**鼎鍥趙田了凡袁先生編纂古本歷史大方綱鑑
補三十九卷首一卷**　（明）袁黃編　清刻本
二冊　存二卷(三、七)

410000－2204－0002459　110.3/67

**康熙字典十二集三十六卷總目一卷檢字一卷
辨似一卷等韻一卷補遺一卷備考一卷**　（清）
張玉書等撰　清刻本　十八冊　存十八卷
(子至丑、卯中下、辰上中、未下、申至酉,補遺
一卷)

410000－2204－0002460　110.3/68

**康熙字典十二集三十六卷總目一卷檢字一卷
辨似一卷等韻一卷補遺一卷備考一卷**　（清）
張玉書等撰　清刻本　五冊　存五卷(子下、
丑上、卯上下、亥下)

410000－2204－0002461　110.3/69

**康熙字典十二集三十六卷總目一卷檢字一卷
辨似一卷等韻一卷補遺一卷備考一卷**　（清）
張玉書等撰　清刻本　一冊　存一卷(辰上)

410000－2204－0002462　110.3/69

**康熙字典十二集三十六卷總目一卷檢字一卷
辨似一卷等韻一卷補遺一卷備考一卷**　（清）
張玉書等撰　清刻本　一冊　存一卷(亥中)

410000－2204－0002463　110.3/69

**康熙字典十二集三十六卷總目一卷檢字一卷
辨似一卷等韻一卷補遺一卷備考一卷**　（清）
張玉書等撰　清刻本　一冊　存一卷(申下)

410000－2204－0002464　110.3/69

**康熙字典十二集三十六卷總目一卷檢字一卷
辨似一卷等韻一卷補遺一卷備考一卷**　（清）
張玉書等撰　清刻本　二冊　存二卷(丑中、
寅中)

410000－2204－0002465　110.3/69

字彙十二卷首一卷末一卷　（明）梅膺祚音釋
　清刻本　七冊　存七卷(子至午)

410000－2204－0002466　403/29

唐大家柳柳州文抄十二卷　（唐）柳宗元撰
（明）茅坤批評　清康熙刻本　一冊　存四卷
(一至四)

410000－2204－0002467　403/29

唐大家韓文公文抄十六卷　（唐）韓愈撰
（明）茅坤批評　清康熙刻本　二冊　存七卷
(二至五、九至十一)

410000－2204－0002468　203.2/8

聖武記十四卷　（清）魏源撰　清刻本　四冊
　存四卷(五至八)

410000－2204－0002469　110.3/74

康熙字典十二集三十六卷總目一卷檢字一卷

辨似一卷等韻一卷補遺一卷備考一卷　（清）
張玉書等撰　（清）凌紹雯纂修　清道光刻本
　二十八冊　存二十四卷(子至丑、辰至巳、
申至酉，總目一卷，檢字一卷，辨似一卷,等韻
一卷,補遺一卷,備考一卷)

410000－2204－0002470　202.2/19
伊川經說八卷　（宋）程頤撰　清刻本　三冊
　存四卷(一至四)

410000－2204－0002471　202.2/19
河南程氏外書十二卷　（宋）程顥　（宋）程頤
撰　清刻本　一冊　存六卷(一至六)

410000－2204－0002472　202.2/19
河南程氏遺書附錄一卷　（宋）程顥　（宋）程
頤著　清刻本　一冊

410000－2204－0002473　202.2/22
重訂王鳳洲先生綱鑑會纂四十六卷續宋元二
十三卷　（明）王世貞纂　（明）陳仁錫訂　清
善成堂刻本　十一冊　存十八卷(一至十一、
三十八至三十九、四十二至四十六)

410000－2204－0002474　409.6/24
[光緒]會試闈墨不分卷　（清）□□輯　清河
南闈文明堂刻本　一冊

410000－2204－0002475　409.2/48
古今玉堂詩選□□卷　（明）舒芬選　明萬曆
七年(1579)唐氏富春堂刻本　一冊　存一卷
(七)

410000－2204－0002476　211.1/1
欽定吏部則例四種十九卷　（清）張廷玉等纂
修　清乾隆七年(1742)武英殿刻本　十二冊

410000－2204－0002477　211.1/3
欽定吏部處分則例五十二卷　（清）吏部纂修
　清刻本　二十三冊　存三十三卷(二至十
三、十九至二十八、三十二至三十五、四十一
至四十七)

410000－2204－0002478　211.1/4
欽定吏部處分則例五十二卷　（清）吏部纂修
　清刻本　十冊　存十八卷(十七至二十五、

四十一至四十七、五十一至五十二)

410000－2204－0002479　201.3/60
史記一百三十卷　（漢）司馬遷撰　（南朝宋）
裴駰集解　（唐）司馬貞索隱　（唐）張守節正
義　清末鉛印本　七冊　存一百二十三卷
(八至一百三十)

410000－2204－0002480　104.4/11
重刻朱文公家禮正宗八卷　（明）邱濬校正
清文秀堂刻本　四冊　存四卷(一至四)

410000－2204－0002481　209.2/93
[乾隆]河南府志一百十六卷首四卷　（清）施
誠修　（清）童鈺　（清）裴希純纂　清乾隆四
十四年(1779)刻本　六冊　存二十二卷(七
至十六、七十一至七十二、八十五至八十六、
九十三至九十八、一百九至一百十)

410000－2204－0002482　108.5/256
欽定啓禎四書文不分卷　（清）方苞著　清刻
本　六冊

410000－2204－0002483　102/53
欽定書經傳說彙纂二十一卷首二卷書序一卷
　（清）王頊齡等撰　清刻本　六冊　存十卷
(十至十九)

410000－2204－0002484　212.1/33
欽定續文獻通考二百五十卷　（清）嵇璜等撰
　清光緒二十七年(1901)上海圖書集成局鉛
印本　三十六冊　存二百四十八卷(一至四
十四、四十七至二百五十)

410000－2204－0002485　212.1/34
欽定續文獻通考二百五十卷　（清）嵇璜等撰
　清光緒二十七年(1901)上海圖書集成局鉛
印本　三十六冊

410000－2204－0002486　102/54
欽定書經傳說彙纂二十一卷首二卷書序一卷
　（清）王頊齡等撰　清刻本　十冊　存十三
卷(十至二十一、書序一卷)

410000－2204－0002487　209.2/94
廣事類賦四十卷　（清）華希閔輯　清康熙刻

本　一冊　存二卷(一至二)

410000－2204－0002488　311.1/18

養正俚吟七種　(清)薛仁斎撰　清光緒十四年(1888)刻本　一冊

410000－2204－0002489　202.1/87

新刊趙田了凡袁先生編纂古本歷史大方綱鑑補三十九卷首一卷　(明)袁黃編　清刻本三十冊　存三十一卷(一、三至十八、二十至二十二、三十至三十九,首一卷)

410000－2204－0002490　110.3/75

正字通十二卷　(明)張自烈撰　(清)廖文英輯　清刻本　九冊　存四卷(丑下、戌、酉中下、亥)

410000－2204－0002491　311.1/18

遲悔齋文集六卷　(清)曹肅孫撰　清刻本一冊

410000－2204－0002492　315/26

太上感應篇增訂圖說十二卷　(清)朱日豐輯　(清)鐵珊增訂　清同治十三年(1874)蘭州官署刻本　十二冊

410000－2204－0002493　104.1/19

周禮六卷　(漢)鄭康成(鄭玄)注　(唐)陸德明音義　清刻本　二冊　存二卷(夏官一卷、秋官一卷)

410000－2204－0002494　106.2/71

左傳易讀六卷　(清)司徒修輯　清光緒十四年(1888)寶興堂刻本　六冊

410000－2204－0002495　103/76

詩集傳八卷　(宋)朱熹撰　清刻本　一冊存二卷(三至四)

410000－2204－0002496　209.2/93

左傳選十四卷　(清)儲欣評　清刻本　一冊存一卷(十一)

410000－2204－0002497　106.5/22

春秋寶筏十二卷　(清)翁長庸訂　清刻本三冊

410000－2204－0002498　209.2/93

增訂繪圖精忠說岳全傳八卷八十回　(清)錢彩撰　清石印本　二冊　存二卷(四至五)

410000－2204－0002499　311.1/18

太極集注一卷　(明)孫子昶集注　清康熙二十六年(1687)刻本　一冊

410000－2204－0002500　303/11

紀效新書十八卷首一卷　(明)戚繼光撰　清刻本　四冊　存八卷(十一至十八)

410000－2204－0002501　313/83

韻府拾遺一百六卷　(清)張玉書等輯　清刻本　二冊　存十一卷(三十一至四十一)

410000－2204－0002502　106.5/23

春秋胡傳體注四卷　(清)徐寅賓纂　(清)解志元糸訂　清雍正三山周士元刻本　四冊

410000－2204－0002503　108.5/98

四書或問語類集解釋注大全四十一卷　(清)朱良玉纂輯　清光裕堂刻本　十七冊　存十九卷(論語一至十、十二至二十)

410000－2204－0002504　110.3/49

尚書讀法二卷　(清)王汝謙撰　清光緒刻本一冊　存一卷(一)

410000－2204－0002505　10/18

九經　(明)秦鏷訂正　清刻本　十七冊　存九種四十一卷

410000－2204－0002506　106.5/26

春秋左傳五十卷　(晉)杜預　(宋)林堯叟注釋　(唐)陸德明音義　(明)鍾惺等評點　清三多齋刻本　三冊　存十二卷(六至十一、二十一至二十三、三十六至三十八)

410000－2204－0002507　106.5/24

春秋體注四卷　(清)范翔糸訂　清乾隆三十七年(1772)敬業堂刻本　四冊

410000－2204－0002508　201.2/22

欽定續通志六百四十卷　(清)嵇璜等撰　清末鉛印本　十一冊　存一百十六卷(一百八十一至二百九十六)

410000－2204－0002509　102/40

書經體注大全合參六卷　（清）錢希祥纂
（清）范翔鑒定　清道光二十六年(1846)刻本
　　四冊

410000－2204－0002510　102/39

欽定書經傳說彙纂二十一卷首二卷書序一卷
　（清）王頊齡等撰　清刻本　十冊　存十三
　卷(九至二十一)

410000－2204－0002511　102/41

書經體注大全合參六卷　（清）錢希祥輯
（清）范翔鑒定　清道光十四年(1834)刻本
　　四冊

410000－2204－0002512　202.1/88

資治通鑑二百九十四卷　（宋）司馬光編集
（元）胡三省音注　通鑑釋文辯誤十二卷
（元）胡三省撰　清嘉慶二十一年(1816)刻本
　　九十冊　存二百七十六卷(三十一至二百
　　九十四、辯誤十二卷)

410000－2204－0002513　106.2/35

增補左傳易讀六卷　（清）司徒修輯　清刻本
　　二冊　存二卷(一、六)

410000－2204－0002514　102/43

書經集解六卷　（清）萬經輯　清刻本　四冊

410000－2204－0002515　102/42

書經體注大全合參六卷　（清）錢希祥輯
（清）范翔鑒定　清刻本　四冊

410000－2204－0002516　106.2/75

評點春秋綱目左傳句解彙雋六卷　（清）韓菼
重訂　清刻本　三冊　存四卷(一、三、五至
六)

410000－2204－0002517　109.3/1

國朝先正事略六十卷　（清）李元度撰　清光
緒二十九年(1903)石印本　一冊　存五卷
(一至五)

410000－2204－0002518　106.2/76

評點春秋綱目左傳句解彙雋六卷　（清）韓菼
重訂　清刻本　五冊　存五卷(二至六)

410000－2204－0002519　102/44

書經六卷　（宋）蔡沈集傳　清刻本　二冊
存三卷(四至六)

410000－2204－0002520　409.2/49

古文喈鳳新編八卷　（清）汪基輯　清宏德堂
刻本　四冊

410000－2204－0002521　102/45

書經六卷　（宋）蔡沈集傳　（清）范翔鑒定
清刻本　四冊

410000－2204－0002522　109.3/1

歷代名臣言行錄二十四卷　（清）朱桓編　清
光緒石印本　一冊　存一卷(二十一)

410000－2204－0002523　102/49

書經體注大全合參六卷　（清）錢希祥輯
（清）范翔鑒定　清刻本　二冊

410000－2204－0002524　102/46

書經六卷　（宋）蔡沈集傳　清刻本　四冊

410000－2204－0002525　102/47

書經六卷　（宋）蔡沈集傳　清刻本　三冊
存五卷(二至六)

410000－2204－0002526　102/48

書集傳六卷　（宋）蔡沈撰　清刻本　四冊

410000－2204－0002527　102/50

黃翰林校正書經大全十卷圖一卷考異一卷
（明）胡廣等纂修　（清）黃際飛校訂　清康熙
五十年(1711)刻本　七冊　存九卷(一至五、
八至九,圖一卷,考異一卷)

410000－2204－0002528　102/51

書經六卷　（宋）蔡沈集傳　清刻本　五冊
存五卷(二至六)

410000－2204－0002529　302/111

孔子家語八卷　（明）何孟春注　（清）盧文弨
校補　清光緒十八年(1892)刻本　二冊

410000－2204－0002530　204/21

戰國策□□卷　（漢）高誘注　清刻本　四冊
存四卷(三至四、六至七)

410000－2204－0002531　102/52

書經六卷　（宋）蔡沈集傳　清宣統石印本
三冊　存四卷（一至四）

410000－2204－0002532　212.1/35

皇朝經世文編一百二十卷　（清）賀長齡輯
清鉛印本　七冊　存七十二卷（二十至二十
三、七十五至一百四十二）

410000－2204－0002533　202.2/23

東華錄四十五卷（天命朝至雍正朝）續錄七十
五卷（乾隆朝至道光朝）　王先謙編　清光緒
十年（1884）鉛印本　六十冊

410000－2204－0002534　107/4

古文孝經集解一卷首一卷末一卷　（清）曹若
梅著　清光緒二十一年（1895）中州明道書院
刻本　一冊

410000－2204－0002535　102/56

書經體注大全合參六卷　（清）錢希祥輯
（清）范翔鑒定　清刻本　三冊　存五卷（二
至六）

410000－2204－0002536　107/4

新刊校正增補圓機活法詩學全書二十四卷
（明）王世貞校正　清刻本　一冊　存二卷
（十四至十五）

410000－2204－0002537　102/58

書經旁訓辨體合訂四卷　（清）徐立綱輯　清
刻本　二冊

410000－2204－0002538　501/54

鏡煙堂十種　（清）紀昀撰　清太和堂刻本
三冊　存二種三卷

410000－2204－0002539　106.2/78

左傳易讀六卷　（清）司徒修輯　清道光二十
年（1840）刻本　六冊

410000－2204－0002540　110.3/76

康熙字典十二集三十六卷總目一卷檢字一卷
辨似一卷等韻一卷補遺一卷備考一卷考證一
卷　（清）張玉書等撰　清刻本　五冊　存五
卷（未上、卯下、申上下,考證一卷）

410000－2204－0002541　106.5/25

春秋十六卷首一卷附經傳一卷　（清）□□輯
清光緒二年（1876）刻本　一冊　存一卷
（首一卷）

410000－2204－0002542　106.5/26

春秋五傳十七卷附春秋年表一卷首一卷
（明）張岐然輯　（清）張璞重編　清刻本　一
冊　存一卷（七）

410000－2204－0002543　106.5/26

春秋公羊傳十一卷　（漢）何休學　（唐）陸德
明音義　清刻本　一冊　存六卷（六至十一）

410000－2204－0002544　313/84

新增說文韻府羣玉二十卷　（元）陰時夫編輯
（元）陰中夫編注　清刻本　五冊　存五卷
（六至十）

410000－2204－0002545　106.5/25

左傳易讀六卷　（清）司徒修輯　清刻本　一
冊　存一卷（五）

410000－2204－0002546　311.1/19

日知錄集釋三十二卷刊誤二卷　（清）黃汝成
撰　清光緒十三年（1887）上海大同書局石印
本　一冊　存六卷（二十七至三十二）

410000－2204－0002547　106.5/25

左傳易讀六卷　（清）司徒修輯　清刻本　一
冊　存一卷（二）

410000－2204－0002548　108.2/38

孟子集注本義彙紊十四卷首一卷　（清）王步
青輯　清刻本　九冊　存八卷（六至十三）

410000－2204－0002549　311.1/19

續廣事類賦三十卷　（清）王鳳喈撰　清刻本
一冊　存二卷（十至十一）

410000－2204－0002550　311.1/19

新鐫校正詳注分類百子金丹全書九卷首一卷
（清）郭偉選注　清刻本　二冊　存二卷
（五至六）

410000－2204－0002551　403/31

河東先生文集六卷　（唐）柳宗元撰　清宣統
二年（1910）石印本　六冊

410000－2204－0002552　108.5/99

四書朱子本義彙叅四十三卷首四卷 （清）王步青輯　清乾隆十年(1745)敦復堂刻本　九冊　存九卷(一至三、十至十三、十七至十八)

410000－2204－0002553　205.1/16

畿輔人物考八卷 （清）孫奇逢輯　（清）高鑣（清）孫立雅編　清同治八年(1869)刻本　八冊

410000－2204－0002554　409.1/66

古唐詩合解十六卷 （清）王堯衢注　清刻本　三冊　存七卷(唐詩一至二、五至七、十一至十二)

410000－2204－0002555　409.1/66

古唐詩合解十六卷 （清）王堯衢注　清刻本　二冊　存五卷(唐詩三至四、七至九)

410000－2204－0002556　409.1/66

古唐詩合解十六卷 （清）王堯衢注　清刻本　一冊　存二卷(古詩一至二)

410000－2204－0002557　409.1/66

古唐詩合解十六卷 （清）王堯衢注　清刻本　二冊　存八卷(唐詩三至六、古詩四卷)

410000－2204－0002558　313/86

事類統編九十三卷首一卷 （清）王鳳喈撰　清刻本　十一冊　存十五卷(十五至二十九)

410000－2204－0002559　313/87

事類統編九十三卷首一卷 （清）王鳳喈撰（清）林敬昭重校　清味經堂林氏刻本　十二冊　存二十五卷(四十二至五十二、六十七至八十)

410000－2204－0002560　108.5/100

小題四集參變二卷 （清）王步青評　（清）王士鼇編　清經正堂刻本　二冊　存一卷(論語下)

410000－2204－0002561　108.5/101

注釋典制文琳二集四卷 （清）方彙章等編（清）許壽門　（清）周瀛橋注釋　清嘉慶七年(1802)金陵致和堂、味經堂刻本　八冊

410000－2204－0002562　501/55

祕書廿一種 （清）汪士漢輯　清嘉慶九年(1804)新安汪氏刻本　六冊　存五種三卷

410000－2204－0002563　10/19

五經旁訓辨體 （清）徐立綱撰　清乾隆五十四年(1789)循陔堂刻本　五冊　存四種十四卷

410000－2204－0002564　202.1/89

資治通鑑二百九十四卷目錄三十卷 （宋）司馬光編集　（元）胡三省音注　清光緒刻本　五冊　存二十四卷(六十八至七十二、八十三至八十七、九十三至一百六)

410000－2204－0002565　408/229

御製文初集三十卷目錄二卷 （清）高宗弘曆撰　清乾隆二十九年(1764)刻本　五冊　存十九卷(一至三、十七至三十,目錄二卷)

410000－2204－0002566　313/88

淵鑒類函四百五十卷目錄四卷 （清）張英等輯　清石印本　五十五冊　存三百八十九卷(五十五至四百四十三)

410000－2204－0002567　409.1/70

隨園三十種 （清）袁枚撰　清乾隆、嘉慶間刻本　二十一冊　存六種八十卷

410000－2204－0002568　408/230

小倉山房文集三十五卷 （清）袁枚撰　清刻本　六冊　存十七卷(十九至三十五)

410000－2204－0002569　408/231

晦庵先生朱文公文集一百卷續集五卷別集七卷 （宋）朱熹撰　清刻本　八冊　存十四卷(六十至七十一、七十四至七十五)

410000－2204－0002570　104.1/38

周禮注疏四十二卷 （漢）鄭玄撰　（唐）陸德明音義　（唐）賈公彥疏　**校勘記四十二卷**（清）阮元撰　（清）盧宣旬摘錄　清刻本　七冊　存二十八卷(十五至二十二、二十五至二十六、三十三至三十六,校勘記十五至二十二、二十五至二十六、三十三至三十六)

410000－2204－0002571　214.3/9

隨軒金石文字不分卷　（清）徐渭仁輯　清道光十七年(1837)刻本　四冊

410000－2204－0002572　107/5

孝經大全二十八卷首一卷本義二卷首一卷　（明）呂維祺箋次　清康熙七年(1668)刻本　七冊

410000－2204－0002573　307.1/4

管窺輯要八十卷　（清）黃鼎撰　清刻本　五冊　存六卷(四至七、十八、二十)

410000－2204－0002574　202.1/90

增評加批歷史綱鑑補三十九卷首一卷　（明）袁黃　（明）王世貞編纂　清石印本　十冊　存十八卷(十一至二十八)

410000－2204－0002575　301/20

子史精華一百六十卷　（清）吳士玉　（清）吳襄等纂　清刻本　七冊　存十六卷(五十九至六十一、八十一至八十三、八十七至八十八、九十四至九十六、一百至一百一、一百一十一至一百十三)

410000－2204－0002576　313/89

玉海二百卷　（宋）王應麟撰　元刻明正德、嘉靖、萬曆、崇禎補刻清康熙二十六年(1687)吉水李振裕補刻玉海本　八冊　存二十二卷(八十九至一百十)

410000－2204－0002577　212.1/36

資治新書二集二十卷　（清）李漁輯　清刻本　六冊　存十卷(十一至二十)

410000－2204－0002578　313/90

策學淵萃四十六卷目錄二卷　（清）□□輯　清光緒十一年(1885)刻本　二十冊

410000－2204－0002579　404/39

蘇文忠公詩集五十卷　（宋）蘇軾撰　（清）紀昀輯　清道光十四年(1834)兩廣節署刻朱墨套印本　十二冊　存三十五卷(一至十五、三十一至五十)

410000－2204－0002580　109.3/2

410000－2204－0002581　404/40

國朝先正事略六十卷　（清）李元度撰　清同治五年(1866)循陔草堂刻本　十五冊　存二十八卷(一至二十八)

410000－2204－0002581　404/40

王臨川全集一百卷目錄二卷　（宋）王安石撰　清刻本　二冊　存十二卷(六十五至六十九、八十二至八十八)

410000－2204－0002582　104.1/39

周禮六卷　（漢）鄭玄注　（唐）陸德明音義　清刻本　六冊　存五卷(天官一卷、地官一卷、春官一卷、夏官一卷、秋官一卷)

410000－2204－0002583　314.3/7

激素飛青閣摹刻古碑不分卷　楊守敬輯　清同治至宣統間刻本　十七冊

410000－2204－0002584　104.1/40

周禮注疏刪翼三十卷　（明）王志長輯　明刻本　三冊　存十三卷(二十三至二十六、十八至二十一、十二至十六)

410000－2204－0002585　108.5/102

詳注典制文琳四集三卷　（清）許錢輯　清嘉慶九年(1804)文盛堂、致和堂、味經堂刻本　四冊

410000－2204－0002586　409.3/47

唐詩解五十卷目錄一卷　（明）唐汝詢輯　清順治十六年(1659)趙孟龍萬笈堂刻本　十九冊　存四十九卷(二至五十)

410000－2204－0002587　409.3/46

蘭山課業松厓詩錄二卷　（清）吳鎮撰　清刻本　一冊　存一卷(二)

410000－2204－0002588　110.3/77

說文解字十五卷　（漢）許慎著　清刻本　五冊

410000－2204－0002589　104.3/110

欽定禮記義疏八十二卷首一卷　（清）鄂爾泰等撰　清刻本　七冊　存十八卷(三十至四十七)

410000－2204－0002590　404/40

通鑑答問五卷 （宋）王應麟撰 清浙江書局
刻本 一冊 存二卷（四至五）

410000－2204－0002591 408/232

有正味齋詩集十六卷詞集八卷外集五卷詩續
集八卷外集二卷詞續集二卷駢體文續集八卷
（清）吳錫麟撰 清刻本 八冊 存三十五
卷（詩集五至十六、詞集八卷、外集五卷、詩續
集八卷、詞續集二卷）

410000－2204－0002592 110.3/78

康熙字典十二集三十六卷總目一卷檢字一卷
辨似一卷等韻一卷補遺一卷備考一卷 （清）
張玉書等撰 清刻本 八冊 存八卷（亥中
上、午下、卯下、戌中下、辰中下）

410000－2204－0002593 404/40

漢藝文志考證十卷 （宋）王應麟撰 清浙江
書局刻本 二冊

410000－2204－0002594 409.1/71

古唐詩合解十六卷 （清）王堯衢注 清刻本
四冊 存十卷（唐詩一至七、十至十二）

410000－2204－0002595 313/93

新增說文韻府羣玉二十卷 （元）陰時夫編輯
（元）陰中夫編注 清文光堂刻本 五冊
存五卷（六至十）

410000－2204－0002596 313/94

佩文韻府一百六卷韻府拾遺一百六卷 （清）
張玉書等撰 （清）蔡升元等輯 清石印本
二十五冊 存七十三卷（十一至十八、二十四
下至三十、三十七至五十、九十三至一百六，
拾遺一至三十）

410000－2204－0002597 103/77

欽定詩經傳說彙纂二十一卷首二卷詩序二卷
（清）王鴻緒等撰 清刻本 十一冊 存十
二卷（一至五、十、十三至十七、二十）

410000－2204－0002598 104.3/111

禮記十卷 （元）陳澔集說 清道光十二年
（1832）刻本 一冊 存一卷（一）

410000－2204－0002599 104.3/111

禮記十卷 （元）陳澔集說 清刻本 一冊
存一卷（八）

410000－2204－0002600 101/101

御纂周易折中二十二卷首一卷 （清）李光地
等纂 清同治六年（1867）刻本 八冊

410000－2204－0002601 201.3/63

前漢書一百卷 （漢）班固撰 （唐）顏師古注
清光緒十年（1884）上海同文書局影印本
七冊 存十九卷（一至十九）

410000－2204－0002602 104.3/111

禮記十卷 （元）陳澔集說 清刻本 二冊
存一卷（二）

410000－2204－0002603 103/78

欽定詩經傳說彙纂二十一卷首二卷詩序二卷
（清）王鴻緒等撰 清刻本 五冊 存七卷
（十二至十八）

410000－2204－0002604 101/102

易經大全會解四卷 （清）來爾繩纂輯 清致
和堂刻本 四冊

410000－2204－0002605 103/79

御纂詩義折中二十卷 （清）傅恒等撰 清石
印本 一冊 存五卷（一至五）

410000－2204－0002606 201.3/64

漢書一百卷 （漢）班固撰 （唐）顏師古注
清刻本 九冊 存二十三卷（二十至三十六、
五十七至六十二）

410000－2204－0002607 103/80

御纂詩義折中二十卷 （清）傅恒等撰 清刻
本 四冊 存六卷（十四至十六、十八至二
十）

410000－2204－0002608 313/95

佩文韻府一百六卷韻府拾遺一百六卷 （清）
張玉書等撰 清光緒十二年（1886）上海同文
書局石印本 二十八冊 存一百三十二卷
（十七至三十四、三十七下至三十八、六十至
六十五、六十八至七十、七十四至八十四、一
百二下至一百六，拾遺一至十五、三十一至一

百二)

410000－2204－0002609　101/102

易經體注大全合纂四卷　（清）李兆賢緝著
清刻本　一冊　存一卷（一）

410000－2204－0002610　313/96

佩文韻府一百六卷　（清）張玉書等撰　清石
印本　一冊　存十卷（九十至九十九上）

410000－2204－0002611　204/22

增評加批歷史綱鑑補三十九卷首一卷　（明）
袁黃　（明）王世貞編　清石印本　一冊　存
一卷（三十三）

410000－2204－0002612　103/81

御纂詩義折中二十卷　（清）傅恒等撰　清刻
本　二冊　存四卷（十二至十五）

410000－2204－0002613　204/22

欽定協紀辨方書三十六卷　（清）允祿纂　清
石印本　一冊　存一卷（八）

410000－2204－0002614　204/22

唐詩三百首不分卷　（清）蘅塘退士（孫洙）編
清刻本　一冊

410000－2204－0002615　103/82

御纂詩義折中二十卷　（清）傅恒等撰　清刻
本　三冊　存十卷（十一至二十）

410000－2204－0002616　103/82

御纂詩義折中二十卷　（清）傅恒等撰　清刻
本　三冊　存五卷（十六至二十）

410000－2204－0002617　301/21

子史精華一百六十卷　（清）吳士玉　（清）吳
襄等纂　清刻本　五冊　存二十五卷（一至
二十五）

410000－2204－0002618　204/22

古唐詩合解十六卷　（清）王堯衢注　清石印
本　一冊　存二卷（三至四）

410000－2204－0002619　301/22

子史精華一百六十卷　（清）吳士玉　（清）吳
襄等纂　清刻本　十二冊　存四十三卷（一
至二十、一百三十八至一百六十）

410000－2204－0002620　201.3/14

晉書一百三十卷　（唐）太宗李世民撰　清刻
本　二十七冊　存五十九卷（二至六十）

410000－2204－0002621　301/23

子史精華一百六十卷　（清）吳士玉　（清）吳
襄等纂　清刻本　十四冊　存三十六卷（三
至十、十四至十九、二十九至三十一、三十七
至三十八、四十一至四十二、六十二至六十
六、七十一至七十七、八十四至八十六）

410000－2204－0002622　313/97

新增說文韻府羣玉二十卷　（元）陰時夫編輯
（元）陰中夫編注　清聚錦堂刻本　三冊
存三卷（一、五、八）

410000－2204－0002623　313/97

新增說文韻府羣玉二十卷　（元）陰時夫編輯
（元）陰中夫編注　清刻本　五冊　存五卷
（八至十一、二十）

410000－2204－0002624　203.2/10

聖武記十四卷　（清）魏源撰　清刻本　四冊
存四卷（八至十、十四）

410000－2204－0002625　108.2/39

孟子集注本義彙纂十四卷首一卷　（清）王步
青輯　清刻本　十一冊　存八卷（一至八）

410000－2204－0002626　108.2/40

孟子集注本義彙纂十四卷首一卷　（清）王步
青輯　清刻本　一冊　存一卷（七）

410000－2204－0002627　409.3/48

御選唐宋詩醇四十七卷目錄二卷　（清）高宗
弘曆選　清光緒七年（1881）浙江書局摹刻本
二十冊

410000－2204－0002628　409.6/25

庚辰集五卷　（清）紀昀編　清乾隆刻本
五冊

410000－2204－0002629　210.36/3

洛陽伽藍記五卷　（北魏）楊衒之撰　清刻本
二冊

410000－2204－0002630　212.1/37

欽定大清會典一百卷 （清）張廷玉等纂修
清刻本 六冊 存三十七卷（四十六至五十
七、七十至八十六、九十三至一百）

410000－2204－0002631 210.36/3
白虎通四卷 （漢）班固撰 清刻本 一冊
存二卷（一至二）

410000－2204－0002632 103/85
御纂詩義折中二十卷 （清）傅恒等撰 清刻
本 十二冊

410000－2204－0002633 210.36/3
詩序辨說一卷 （宋）朱熹撰 清刻本 一冊

410000－2204－0002634 210.36/3
孔子家語十卷 題（三國魏）王肅注 清刻本
一冊 存五卷（六至十）

410000－2204－0002635 201.3/65
漢書一百卷 （漢）班固撰 （唐）顏師古注
清刻本 十五冊 存九十三卷（八至一百）

410000－2204－0002636 108.5/103
新訂四書補注備旨十卷 （明）鄧林撰 清刻
本 一冊 存一卷（下孟三）

410000－2204－0002637 201.3/66
漢書一百卷 （漢）班固撰 （唐）顏師古注
清刻本 十四冊 存六十一卷（十四至十七、
二十至三十、三十七至八十二）

410000－2204－0002638 108.5/103
四書字類釋義六卷 （清）李毓秀撰 清光緒
十六年（1890）柏經正堂刻本 一冊

410000－2204－0002639 108.4/1
中庸章句本義彙纂六卷首一卷 （清）王步青
輯 清刻本 三冊 存四卷（三至六）

410000－2204－0002640 209.2/95
[正德]武功縣志三卷首一卷 （明）康海纂
（清）孫景烈評註 清光緒十三年（1887）大梁
書舍石印本 二冊

410000－2204－0002641 108.4/1
孟子集注本義彙纂十四卷首一卷 （清）王步
青輯 清刻本 六冊 存七卷（一至七）

410000－2204－0002642 108.5/105
新訂四書補注備旨十卷 （明）鄧林撰 清刻
本 二冊 存三卷（大學一卷、中庸一卷、下
孟三）

410000－2204－0002643 209.2/95
[正德]武功縣志三卷首一卷 （明）康海纂
（清）孫景烈評註 清光緒十三年（1887）大梁
書舍石印本 二冊

410000－2204－0002644 209.2/95
[正德]武功縣志三卷首一卷 （明）康海纂
（清）孫景烈評註 清光緒十三年（1887）大梁
書舍石印本 二冊

410000－2204－0002645 209.2/95
[正德]武功縣志三卷首一卷 （明）康海纂
（清）孫景烈評註 清光緒十三年（1887）大梁
書舍石印本 二冊

410000－2204－0002646 209.2/95
[正德]武功縣志三卷首一卷 （明）康海纂
（清）孫景烈評註 清光緒十三年（1887）大梁
書舍石印本 二冊

410000－2204－0002647 209.2/95
[正德]武功縣志三卷首一卷 （明）康海纂
（清）孫景烈評註 清光緒十三年（1887）大梁
書舍石印本 二冊

410000－2204－0002648 209.2/95
[正德]武功縣志三卷首一卷 （明）康海纂
（清）孫景烈評註 清光緒十三年（1887）大梁
書舍石印本 二冊

410000－2204－0002649 209.2/95
[正德]武功縣志三卷首一卷 （明）康海纂
（清）孫景烈評註 清光緒十三年（1887）大梁
書舍石印本 二冊

410000－2204－0002650 108.5/103
新訂四書補注備旨十卷 （明）鄧林撰 清刻
本 一冊 存二卷（下論三至四）

410000－2204－0002651 209.2/95
[正德]武功縣志三卷首一卷 （明）康海纂

(清)孫景烈評註　清光緒十三年(1887)大梁
書舍石印本　二冊

410000 – 2204 – 0002652　209.2/95
[正德]武功縣志三卷首一卷　(明)康海纂
(清)孫景烈評註　清光緒十三年(1887)大梁
書舍石印本　二冊

410000 – 2204 – 0002653　209.2/95
[正德]武功縣志三卷首一卷　(明)康海纂
(清)孫景烈評註　清光緒十三年(1887)大梁
書舍石印本　二冊

410000 – 2204 – 0002654　108.5/107
四書朱子本義彙叅四十三卷首四卷　(清)王
步青輯　清乾隆敦復堂刻本　五冊　存十一
卷(大學一至三、首一卷,論語一至三、首一
卷,中庸六,孟子五至六)

410000 – 2204 – 0002655　104.1/41
欽定周官義疏四十八卷首一卷　(清)鄂爾泰
等撰　清刻本　一冊　存一卷(一)

410000 – 2204 – 0002656　104.1/41
欽定儀禮義疏四十八卷首二卷　(清)朱軾等
撰　清刻本　一冊　存一卷(四十七)

410000 – 2204 – 0002657　209.2/95 – 11
[正德]武功縣志三卷首一卷　(明)康海纂
(清)孫景烈評註　清光緒十三年(1887)大梁
書舍石印本　二冊

410000 – 2204 – 0002658　209.2/95 – 11
[正德]武功縣志三卷首一卷　(明)康海纂
(清)孫景烈評註　清光緒十三年(1887)大梁
書舍石印本　二冊

410000 – 2204 – 0002659　209.2/95 – 11
[正德]武功縣志三卷首一卷　(明)康海纂
(清)孫景烈評註　清光緒十三年(1887)大梁
書舍石印本　二冊

410000 – 2204 – 0002660　209.2/95 – 11
[正德]武功縣志三卷首一卷　(明)康海纂
(清)孫景烈評註　清光緒十三年(1887)大梁
書舍石印本　二冊

410000 – 2204 – 0002661　209.2/95 – 11
[正德]武功縣志三卷首一卷　(明)康海纂
(清)孫景烈評註　清光緒十三年(1887)大梁
書舍石印本　二冊

410000 – 2204 – 0002662　209.2/95 – 11
[正德]武功縣志三卷首一卷　(明)康海纂
(清)孫景烈評註　清光緒十三年(1887)大梁
書舍石印本　二冊

410000 – 2204 – 0002663　209.2/95 – 11
[正德]武功縣志三卷首一卷　(明)康海纂
(清)孫景烈評註　清光緒十三年(1887)大梁
書舍石印本　二冊

410000 – 2204 – 0002664　209.2/95 – 11
[正德]武功縣志三卷首一卷　(明)康海纂
(清)孫景烈評註　清光緒十三年(1887)大梁
書舍石印本　二冊

410000 – 2204 – 0002665　209.2/95 – 11
[正德]武功縣志三卷首一卷　(明)康海纂
(清)孫景烈評註　清光緒十三年(1887)大梁
書舍石印本　二冊

410000 – 2204 – 0002666　209.2/95 – 11
[正德]武功縣志三卷首一卷　(明)康海纂
(清)孫景烈評註　清光緒十三年(1887)大梁
書舍石印本　二冊

410000 – 2204 – 0002667　209.2/95 – 11
[正德]武功縣志三卷首一卷　(明)康海纂
(清)孫景烈評註　清光緒十三年(1887)大梁
書舍石印本　二冊

410000 – 2204 – 0002668　209.2/95 – 22
[正德]武功縣志三卷首一卷　(明)康海纂
(清)孫景烈評註　清光緒十三年(1887)大梁
書舍石印本　二冊

410000 – 2204 – 0002669　209.2/95 – 22
[正德]武功縣志三卷首一卷　(明)康海纂
(清)孫景烈評註　清光緒十三年(1887)大梁
書舍石印本　二冊

410000 – 2204 – 0002670　209.2/95 – 22

[正德]武功縣志三卷首一卷 （明）康海纂 （清）孫景烈評註 清光緒十三年（1887）大梁書舍石印本 二冊

410000－2204－0002671 209.2/95－22

[正德]武功縣志三卷首一卷 （明）康海纂 （清）孫景烈評註 清光緒十三年（1887）大梁書舍石印本 二冊

410000－2204－0002672 209.2/95－22

[正德]武功縣志三卷首一卷 （明）康海纂 （清）孫景烈評註 清光緒十三年（1887）大梁書舍石印本 二冊

410000－2204－0002673 209.2/95－22

[正德]武功縣志三卷首一卷 （明）康海纂 （清）孫景烈評註 清光緒十三年（1887）大梁書舍石印本 二冊

410000－2204－0002674 209.2/95－22

[正德]武功縣志三卷首一卷 （明）康海纂 （清）孫景烈評註 清光緒十三年（1887）大梁書舍石印本 二冊

410000－2204－0002675 209.2/95－22

[正德]武功縣志三卷首一卷 （明）康海纂 （清）孫景烈評註 清光緒十三年（1887）大梁書舍石印本 二冊 存三卷（一至二，首一卷）

410000－2204－0002677 108.2/42

孟子集注大全十四卷 （明）胡廣等輯 清康熙刻本 四冊 存十卷（五至十四）

410000－2204－0002678 201.3/67

唐書二百二十五卷 （宋）歐陽修 （宋）宋祁等撰 清同治十二年（1873）浙江書局刻二十四史本 五冊 存十八卷（一至十八）

410000－2204－0002679 201.3/67

舊唐書二百卷 （五代）劉昫等撰 清同治十

一年（1872）浙江書局刻二十四史本 一冊 存三卷（一至三）

410000－2204－0002680 313/99

應試詩料箋釋四卷 （清）郭禮堂撰 清刻本 一冊

410000－2204－0002681 308.1/5

皇極經世六十卷觀物外編二卷 （宋）邵雍撰 （清）俞長贊鑒定 清刻本 四冊 存十八卷（七至二十四）

410000－2204－0002682 313/99

錦字箋四卷 （清）黃溧纂 清刻本 一冊 存二卷（三至四）

410000－2204－0002683 308.6/7

地理五訣八卷 （清）趙廷棟著 清石印本 二冊

410000－2204－0002684 108.1/17

論語集注本義彙祭二十卷 （清）王步青輯 清乾隆敦復堂刻本 五冊 存十八卷（三至二十）

410000－2204－0002685 106.2/81

春秋左傳三十卷 （晉）杜預注 （宋）林堯叟附注 （唐）陸德明音釋 清刻本 二冊 存六卷（十四至十九）

410000－2204－0002686 308.1/6

皇極經世六十卷觀物外編二卷 （宋）邵雍撰 （清）俞長贊鑒定 清咸豐元年（1851）刻本 四冊 存二十四卷（一至二十四）

410000－2204－0002687 313/101

廣事類賦四十卷 （清）華希閔輯 清康熙刻本 一冊 存八卷（一至八）

410000－2204－0002688 108.2/43

孟子集注大全十四卷 （明）胡廣等輯 清康熙刻本 七冊 存八卷（七至十四）

410000－2204－0002689 106.2/81

春秋穀梁傳十二卷 （晉）范甯集解 （唐）陸德明音義 清光緒二十二年（1896）新化三味堂刻本 一冊 存三卷（一至三）

410000－2204－0002690　313/101

書經旁訓辨體合訂四卷　（清）徐立綱輯　清刻本　一冊

410000－2204－0002691　110.3/79

康熙字典十二集三十六卷總目一卷檢字一卷辨似一卷等韻一卷補遺一卷備考一卷考證一卷　（清）張玉書等撰　清道光善成堂刻本　八冊　存十卷(子至丑、總目一卷、檢字一卷、辨似一卷、等韻一卷)

410000－2204－0002692　106.2/82

春秋左傳五十卷　（晉）杜預　（宋）林堯叟注釋　（唐）陸德明音義　清三多齋刻本　三冊　存九卷(三十二至三十四、三十八至四十三)

410000－2204－0002693　10/20

七經精義　（清）黃淦纂　清嘉慶十二年(1807)刻本　四冊　存二種九卷

410000－2204－0002694　308.1/7

皇極經世六十卷觀物外編二卷　（宋）邵雍撰　清刻本　五冊　存二十六卷(三十五至六十)

410000－2204－0002695　101/105

魏書一百十四卷　（北齊）魏收撰　明萬曆二十四年(1596)北京國子監刻本　二冊　存六卷(一、八至十二)

410000－2204－0002696　201.3/69

史記一百三十卷　（漢）司馬遷撰　（南朝宋）裴駰集解　清刻本　八冊　存二十三卷(十八至四十)

410000－2204－0002697　106.2/83

春秋左傳五十卷　（晉）杜預　（宋）林堯叟注釋　（唐）陸德明音義　清刻本　五冊　存十六卷(十一至二十六)

410000－2204－0002698　308.1/7

皇極經世六十卷觀物外編二卷　（宋）邵雍撰　清刻本　一冊　存四卷(四十三至四十六)

410000－2204－0002699　409.1/73

古唐詩合解十六卷　（清）王堯衢注　清慎遠堂刻本　四冊　存八卷(唐詩五至十、古詩一至二)

410000－2204－0002700　101/105

詩集傳八卷　（宋）朱熹撰　清刻本　一冊　存二卷(三至四)

410000－2204－0002701　409.1/73

古唐詩合解十六卷　（清）王堯衢注　清刻本　四冊　存十卷(唐詩三至八、古詩四卷)

410000－2204－0002702　106.2/83

春秋左傳五十卷　（晉）杜預　（宋）林堯叟注釋　（唐）陸德明音義　清經濟堂刻本　七冊　存二十一卷(三十至五十)

410000－2204－0002703　101/105

詩集傳八卷　（宋）朱熹撰　清刻本　一冊　存二卷(三至四)

410000－2204－0002704　409.1/73

古唐詩合解十六卷　（清）王堯衢注　清刻本　一冊　存二卷(唐詩一至二)

410000－2204－0002705　106.2/83

春秋五傳十七卷附春秋年表一卷首一卷　(明)張岐然輯　（清）張璞重編　清刻本　一冊　存一卷(九)

410000－2204－0002706　409.6/15

關中書院課士詩不分卷　（清）路德輯　清道光十八年(1838)刻本　一冊

410000－2204－0002707　109.3/3

國朝先正事略六十卷　（清）李元度撰　清光緒上海文盛書局石印本　四冊　存十四卷(一至四、二十一至三十)

410000－2204－0002708　409.3/49

樨花館試帖輯注一卷　（清）路德著　清刻本　一冊

410000－2204－0002709　409.3/52

古文釋義新編八卷　（清）余誠評注　清刻本　三冊　存六卷(三至八)

410000－2204－0002710　409.3/49

135

授經圖二十卷 （明）朱睦㮮著 清刻本 一冊 存八卷(春秋一至四、禮一至四)

410000－2204－0002711 409.2/51

乾坤法竅三卷 （清）范宜賓輯 清刻本 一冊 存一卷(龍經辨正一卷)

410000－2204－0002712 409.2/51

古文雅正十四卷 （清）蔡世遠選評 清刻本 一冊 存三卷(八至十)

410000－2204－0002713 409.2/51

重訂古文雅正十四卷 （清）蔡世遠選評 清刻本 一冊 存二卷(十三至十四)

410000－2204－0002714 409.4/13

國朝中州詩鈔三十二卷 （清）楊淮輯 清刻本 六冊 存十五卷(十至十二、二十一至三十二)

410000－2204－0002715 110.3/80

康熙字典十二集三十六卷總目一卷檢字一卷辨似一卷等韻一卷補遺一卷備考一卷 （清）張玉書等撰 清刻本 六冊 存九卷(總目一卷,檢字一卷,辨似一卷,午集上、未集中、申集、酉集上)

410000－2204－0002716 108.1/18

論語集注本義彙㕘二十卷 （清）王步青輯 清乾隆敦復堂刻本 九冊 存十四卷(七至十一、十二至二十)

410000－2204－0002717 106.2/85

春秋左傳杜注三十卷首一卷 （清）姚培謙學 清光緒九年(1883)江南書局刻本 五冊 存十六卷(一至十五、首一卷)

410000－2204－0002718 108.4/2

中庸章句本義彙㕘六卷首一卷 （清）王步青輯 清刻本 三冊 存四卷(一、四至六)

410000－2204－0002719 108.4/2

孟子集注本義彙㕘十四卷首一卷 （清）王步青輯 清刻本 五冊 存四卷(二至五)

410000－2204－0002720 108.2/45

孟子集注本義彙㕘十四卷首一卷 （清）王步

青輯 清刻本 八冊 存九卷(六至十四)

410000－2204－0002721 106.2/86

附釋音春秋左傳注疏六十卷 （晉）杜預注 （唐）陸德明音義 （唐）孔穎達疏 校勘記六十卷 （清）阮元撰 （清）盧宣旬摘錄 清嘉慶二十年(1815)江西南昌府學刻重刊宋本十三經注疏本 八冊 存四十二卷(二十四至三十九、五十六至六十,校勘記二十四至三十九、五十六至六十)

410000－2204－0002722 102/60

書經六卷 （宋）蔡沈集傳 清刻本 三冊 存三卷(三至五)

410000－2204－0002723 106.5/28

春秋體注四卷 （清）范翔㕘訂 清乾隆四十四年(1779)世德堂刻本 四冊

410000－2204－0002724 102/61

古文尚書二卷 （漢）伏生傳 清光緒二十九年(1903)問經精舍刻本 二冊

410000－2204－0002725 501/56

西京清麓叢書 （清）賀瑞麟輯 清同治至民國間傳經堂刻本 二冊 存二種六卷

410000－2204－0002726 101/106

周易四卷圖說一卷筮儀一卷卦歌一卷 （宋）朱熹本義 清刻本 一冊 存三卷(二至四)

410000－2204－0002727 101/106

說文解字句讀三十卷 （清）王筠撰 清同治四年(1865)刻本 一冊 存二卷(一至二)

410000－2204－0002728 106.5/29

春秋四卷附錄一卷 （清）賀瑞麟輯 清光緒十三年(1887)傳經堂刻西京清麓叢書本 二冊

410000－2204－0002729 106.5/29

春秋□□卷 （□）□□撰 清刻本 一冊 存一卷(一)

410000－2204－0002730 101/107

周易兼義九卷 （三國魏）王弼 （晉）韓康伯注 （唐）孔穎達正義 音義一卷 （唐）陸德

明撰　注疏校勘記九卷釋文校勘記一卷
（清）阮元撰　（清）盧宣旬摘　清光緒十八年
（1892）湖南寶慶務本書局刻重刊宋本十三經
注疏附校勘記本　一冊　存二卷（一、注疏校
勘記一卷）

410000－2204－0002731　106.2/87

如酉所刻諸名家評點春秋綱目左傳句解六卷
　（清）韓菼重訂　清刻本　六冊

410000－2204－0002732　106.5/31

春秋本義十二卷　（清）呂公滋集注　清乾隆
五十六年（1791）刻　四冊

410000－2204－0002733　106.5/32

春秋本義十二卷　（清）呂公滋集注　清乾隆
五十六年（1791）刻本　二冊　存六卷（七至
十二）

410000－2204－0002734　301/24

子書二十二種　（清）浙江書局輯　清光緒二
十三年（1897）上海圖書集成局鉛印本　十二
冊　存十一種九十四卷

410000－2204－0002735　501/57

子書百家　（清）崇文書局輯　清光緒元年
（1875）湖北崇文書局刻本　三冊　存八種二
十七卷

410000－2204－0002736　101/107

增補重訂千家詩注解二卷　（元）謝枋得選
清刻本　一冊　存一卷（一）

410000－2204－0002737　103/88

詩經體注大全合參八卷　（清）高朝瓔定
（清）沈世楷輯　清嘉慶二十一年（1816）文星
堂刻本　四冊

410000－2204－0002738　101/107

全唐詩九百卷　（清）曹寅等輯　清刻本　一
冊　存九卷（王勃二卷、李嶠五卷、杜審言一
卷、董思恭等一卷）

410000－2204－0002739　202.1/20

新刊通鑑輯要□□卷　（□）□□輯　清刻本
二冊　存二卷（二十八至二十九）

410000－2204－0002740　202.1/20

皐蘭課業詩賦約編不分卷　（清）葉□□輯
清刻本　一冊

410000－2204－0002741　211.1/5

欽定吏部處分則例五十二卷　（清）吏部纂修
　清刻本　二冊　存六卷（二十六至二十八、
四十八至五十）

410000－2204－0002742　201.3/70

史記一百三十卷　（漢）司馬遷撰　（南朝宋）
裴駰集解　清光緒四年（1878）金陵書局刻本
　一冊　存五卷（一至五）

410000－2204－0002743　201.3/70

陳思王集二卷　（三國魏）曹植撰　（明）張溥
閱　清刻本　一冊

410000－2204－0002744　201.3/70

宋史四百九十六卷　（元）脫脫等撰　清刻本
　一冊　存二卷（二百三十至二百三十一）

410000－2204－0002745　207/23

二十一史約編八卷首一卷　（清）鄭元慶述
清刻本　五冊　存五卷（二至六）

410000－2204－0002746　302/112

說苑二十卷　（漢）劉向著　清刻本　三冊
存十二卷（九至二十）

410000－2204－0002747　110.2/16

爾雅注疏十一卷　（晉）郭璞注　（宋）邢昺疏
　清嘉慶七年（1802）三樂齋刻本　六冊

410000－2204－0002748　414.2/14

東周列國全志二十三卷一百八回　（清）蔡奡
評點　清讓德堂刻本　十二冊　存十一卷
（一至十一）

410000－2204－0002749　108.5/108

小題文府不分卷　（清）□□輯　清石印本
一冊

410000－2204－0002750　110.2/17

爾雅注疏十一卷　（晉）郭璞注　（宋）邢昺疏
　清乾隆四十三年（1778）三樂齋刻本　六冊

410000－2204－0002751　108.5/108

小題文府不分卷　題(清)同文書局主人輯
清石印本　二冊

410000 – 2204 – 0002752　108.5/108

小題文府不分卷　題(清)同文書局主人輯
清石印本　二冊

410000 – 2204 – 0002753　108.5/111

四書疏注撮言大全三十七卷　(清)胡蓉芝輯
(清)紀昀鑒定　清刻本　九冊　存十一卷
(孟子四至十四)

410000 – 2204 – 0002754　106.5/33

欽定春秋傳說彙纂三十八卷首二卷　(清)王
掞等撰　清刻本　十二冊　存二十五卷(一
至十、二十四至三十八)

410000 – 2204 – 0002755　312.11/7

儒林外史五十六回　(清)吳敬梓撰　清刻本
五冊　存十五回(三十至三十二、三十七至
四十八)

410000 – 2204 – 0002756　106.5/33

欽定春秋傳說彙纂三十八卷首二卷　(清)王
掞等撰　清刻本　一冊　存二卷(三十三至
三十四)

410000 – 2204 – 0002757　409.2/53

閩式堂古文選釋八卷　(清)臧岳編　清三樂
齋刻本　五冊　存五卷(四至八)

410000 – 2204 – 0002758　106.5/35

欽定春秋傳說彙纂三十八卷首二卷　(清)王
掞等撰　清刻本　十五冊　存二十三卷(三
至十四、十七至二十七)

410000 – 2204 – 0002759　106.2/88

讀左補義五十卷首一卷　(清)姜炳璋輯　清
刻本　八冊　存十一卷(四十至五十)

410000 – 2204 – 0002760　106.5/36

欽定春秋傳說彙纂三十八卷首二卷　(清)王
掞等撰　清刻本　三十二冊

410000 – 2204 – 0002761　106.5/37

御纂春秋直解十二卷　(清)傅恒等撰　清刻
本　七冊　存十卷(三至十二)

410000 – 2204 – 0002762　316/1

墨子閒詁十五卷目錄一卷附錄一卷後語二卷
(清)孫詒讓撰　清光緒三十三年(1907)掃
葉山房石印本　五冊　存十一卷(一至二、七
至十、十五,目錄一卷,附錄一卷,後語二卷)

410000 – 2204 – 0002763　108.5/112

四書集注十九卷　(宋)朱熹撰　清刻本　一
冊　存五卷(論語六至十)

410000 – 2204 – 0002764　104.2/20

應酬尺牘彙選八卷　(清)陸九如纂輯　清嘉
慶十四年(1809)經緯堂刻本　一冊

410000 – 2204 – 0002765　108.5/112

四書集注十九卷　(宋)朱熹撰　清刻本　一
冊　存五卷(論語六至十)

410000 – 2204 – 0002766　108.5/112

六書音均表五卷　(清)段玉裁撰　清光緒元
年(1875)湖北崇文書局刻本　二冊

410000 – 2204 – 0002767　214.2/7

陶齋吉金錄八卷　(清)端方撰　清光緒三十
四年(1908)石印本　六冊　存六卷(一至四、
七至八)

410000 – 2204 – 0002768　409.1/76

憑山閣彙輯留青新集三十卷　(清)陳枚撰
清刻本　七冊　存七卷(二十四至三十)

410000 – 2204 – 0002769　501/58

鄭氏佚書二十三種　(漢)鄭玄撰　(清)袁鈞
輯　清刻本　七冊　存十八種五十三卷

410000 – 2204 – 0002770　209.2/96

[乾隆]續河南通志八十卷首四卷　(清)阿思
哈　(清)嵩貴纂修　清乾隆三十二年(1767)
刻清至民國間遞修本　六冊　存十七卷(六
十至六十七、七十二至八十)

410000 – 2204 – 0002771　501/15 – 1

戰國策十卷　(宋)鮑彪校注　(元)吳師道重
校　(清)李錫齡輯　清道光二十六年(1846)
宏道書院刻惜陰軒叢書本　三冊　存三卷
(五至七)

410000－2204－0002772　409.1/77

憑山閣彙輯留青新集三十卷 （清）陳枚撰
清刻本　二冊　存二卷(十五、二十一)

410000－2204－0002773　302/113

二程粹言二卷 （宋）楊時訂定　（宋）張栻編
次　清刻本　二冊

410000－2204－0002774　408/235

南邨草堂詩鈔二十四卷 （清）鄧顯鶴撰　清
道光九年(1829)刻本　二冊

410000－2204－0002775　302/113

伊川經說八卷 （宋）程頤撰　清刻本　二冊
存六卷(一至六)

410000－2204－0002776　108.5/113

四書朱子本義滙參四十三卷首四卷 （清）王
步青輯　（清）王士錠編　清刻本　八冊　存
十一卷(孟子集注十四,論語集注四至六、十
二、十五至二十)

410000－2204－0002777　302/113

伊川易傳四卷 （宋）程頤撰　清刻本　四冊

410000－2204－0002778　408/236

壯悔堂文集十卷 （清）侯方域著　清刻本
一冊　存二卷(一至二)

410000－2204－0002779　202.2/24

欽定明鑑二十四卷首一卷 （清）托津等撰
清刻本　五冊　存十卷(十五至二十四)

410000－2204－0002780　408/236

典故列女全傳四卷 （明）解縉撰　清刻本
一冊　存二卷(三至四)

410000－2204－0002781　410/61

宋詩紀事一百卷 （清）厲鶚　（清）馬曰琯撰
清刻本　八冊　存二十三卷(二十三至四
十五)

410000－2204－0002782　408/236

國語二十一卷 （三國吳）韋昭注解　（宋）宋
庠補音　清刻本　一冊　存五卷(四至八)

410000－2204－0002783　106.5/38

春秋詳說五十六卷 （清）冉覲祖輯撰　清刻

本　十八冊　存二十六卷(十六至二十八、四
十三至五十一、五十三至五十六)

410000－2204－0002784　306.56/4

痘科正傳六卷 （清）沈巨源撰　清刻本
六冊

410000－2204－0002785　101/109

易經旁訓辨體合訂三卷 （清）徐立綱輯　清
道光元年(1821)刻本　一冊

410000－2204－0002786　106.2/89

附釋音春秋左傳注疏六十卷 （晉）杜預注
（唐）陸德明音義　（唐）孔穎達疏　**校勘記六
十卷** （清）阮元撰　（清）盧宣旬摘錄　清嘉
慶二十年(1815)江西南昌府學刻重刊宋本十
三經注疏本　十五冊　存六十八卷(八至九、
二十五至二十八、三十三至六十,校勘記八至
九、二十五至二十八、三十三至六十)

410000－2204－0002787　106.2/90

左傳易讀六卷 （清）司徒修輯　清光緒十四
年(1888)寶興堂刻本　六冊

410000－2204－0002788　101/109

周易四卷圖說一卷筮儀一卷卦歌一卷 （宋）
朱熹本義　清刻本　一冊　存二卷(二至三)

410000－2204－0002789　106.5/39

全本春秋遵解三十卷 （清）胡必豪　（清）胡
紹曾輯　清乾隆六十年(1795)三多齋刻本
十冊

410000－2204－0002790　106.5/40

春秋□□卷 （□）□□撰　清刻本　五冊
存六卷(二至七)

410000－2204－0002791　106.3/8

春秋公羊經傳解詁十二卷 （漢）何休學　清
同治李光明莊刻本　三冊　存九卷(一至九)

410000－2204－0002792　501/44－1

二程全書 （宋）程顥　（宋）程頤撰　（宋）
朱熹輯　清刻本　九冊　存三種十二卷

410000－2204－0002793　106.2/91

批點春秋左傳綱目句解彙雋六卷 （清）韓葵

139

重訂　清刻本　三冊　存三卷(二、四至五)

410000－2204－0002794　101/109

新鐫增補周易備旨一見能解六卷　(清)黃淳
耀撰　清刻本　二冊　存三卷(二至四)

410000－2204－0002795　106.2/91

太史張天如詳節春秋綱目句解左傳彙雋六卷
　(清)韓菼重訂　清刻本　四冊　存四卷
(三至六)

410000－2204－0002796　504/20－1

曾文正公全集　(清)曾國藩撰　清光緒二十
九年(1903)鴻寶書局石印本　七冊　存七種
二十五卷

410000－2204－0002797　106.2/93

春秋左傳五十卷　(晉)杜預　(宋)林堯叟注
釋　(唐)陸德明音義　清刻本　七冊　存二
十四卷(三至二十六)

410000－2204－0002798　403/32

讀杜心解六卷首二卷　(清)浦起龍撰　清刻
本　三冊　存三卷(三、五至六)

410000－2204－0002799　106.2/93

春秋左傳十八卷　(晉)杜預注釋　(宋)林堯
叟注釋　(唐)陸德明音義　清致和堂刻本
一冊　存一卷(九)

410000－2204－0002800　106.2/95

春秋左傳五十卷　(晉)杜預　(宋)林堯叟注
釋　(唐)陸德明音義　清刻本　三冊　存十
卷(一至十)

410000－2204－0002801　106.2/96

春秋左傳五十卷　(晉)杜預　(宋)林堯叟注
釋　(唐)陸德明音義　清刻本　八冊　存二
十五卷(一至二十五)

410000－2204－0002802　102/62

附釋音尚書注疏二十卷　(漢)孔安國傳
(唐)陸德明音義　(唐)孔穎達疏　**校勘記二
十卷**　(清)阮元撰　(清)盧宣旬摘錄　清光
緒十八年(1892)湖南寶慶務本書局刻重刊宋
本十三經注疏附校勘記本　六冊　存二十四

卷(一至六、九至十四,校勘記一至六、九至十
四)

410000－2204－0002803　102/62

附釋音春秋左傳注疏六十卷　(晉)杜預注
(唐)陸德明音義　(唐)孔穎達疏　**校勘記六
十卷**　(清)阮元撰　(清)盧宣旬摘錄　清嘉
慶二十年(1815)江西南昌府學刻重刊宋本十
三經注疏附校勘記本　三冊　存十二卷(二
至七,校勘記二至七)

410000－2204－0002804　106.3/9

監本附釋音春秋公羊注疏二十八卷　(漢)何
休撰　(唐)陸德明音義　(唐)徐彥疏　**校勘
記二十八卷**　(清)阮元撰　(清)盧宣旬摘錄
　清刻本　五冊　存二十二卷(一至四、二十
二至二十八,校勘記一至四、二十二至二十
八)

410000－2204－0002805　212.5/18

**大清律例增修統纂集成四十卷督捕則例附纂
二卷**　(清)姚雨薌(姚潤)纂輯　清刻本　九
冊　存十一卷(五、十一至十二、二十三至二
十九、三十三)

410000－2204－0002806　214.3/10

古誌石華三十卷　(清)黃本驥撰　清刻本
七冊　存二十九卷(二至三十)

410000－2204－0002807　409.6/26

庚辰集五卷　(清)紀昀編　清刻本　五冊

410000－2204－0002808　409.6/27

庚辰集五卷　(清)紀昀編　清刻本　六冊

410000－2204－0002809　106.2/98

春秋穀梁傳十二卷　(晉)范甯集解　(唐)陸
德明音義　清刻本　四冊

410000－2204－0002810　106.2/99

曲江書屋新訂批注左傳快讀十八卷首一卷
(晉)杜預撰　(唐)陸德明音義　(清)李紹
崧選訂　清刻本　七冊　存八卷(十一至十
八)

410000－2204－0002811　414.2/15

東周列國全志二十三卷一百八回　（清）蔡昇
評點　清刻本　八冊　存二十卷（三至五、九
至二十五）

410000－2204－0002812　110.3/82

康熙字典十二集三十六卷總目一卷檢字一卷
辨似一卷等韻一卷補遺一卷備考一卷　（清）
張玉書等撰　清刻本　十五冊　存十五卷
（寅下、巳、未、申上中、酉、亥下,補遺一卷,備
考一卷）

410000－2204－0002813　108.5/114

四書朱子本義滙条四十三卷首四卷　（清）王
步青輯　（清）王士龍編　清刻本　四冊　存
十五卷（大學一至三、中庸一至六、論語一至
四,首二卷）

410000－2204－0002814　103/89

附釋音毛詩注疏七十卷附校勘記七十卷
（漢）毛亨傳　（漢）鄭玄箋　（唐）陸德明音
義　（唐）孔穎達疏　清刻本　九冊　存二十
二卷（一至二、八至十六,校勘記一至二、八至
十六）

410000－2204－0002815　108.5/114

四書朱子本義滙条四十三卷首四卷　（清）王
步青輯　（清）王士龍編　清刻本　二冊　存
三卷（論語四至六）

410000－2204－0002816　106.2/3

左傳摘要四卷　（清）□□輯　清抄本　四冊

410000－2204－0002817　10/22

五經旁訓讀本　（清）徐立綱撰　清乾隆五十
四年（1789）刻本　四冊　存三種九卷

410000－2204－0002818　106.2/100

附釋音春秋左傳注疏六十卷　（晉）杜預注
（唐）陸德明音義　（唐）孔穎達疏　校勘記六
十卷　（清）阮元撰　（清）盧宣旬摘錄　清嘉
慶二十年（1815）南昌府學刻重刊宋本十三經
注疏附校勘記本　八冊　存三十八卷（四十
二至六十、校勘記四十二至六十）

410000－2204－0002819　409.2/54

古文析義十四卷　（清）林雲銘評注　清乾隆

三十二年（1767）致和堂刻本　三冊　存六卷
（一至六）

410000－2204－0002820　106.5/41

欽定春秋傳說彙纂三十八卷首二卷　（清）王
掞等撰　清刻本　八冊　存十卷（一至八、首
二卷）

410000－2204－0002821　409.1/79

唐宋八大家文鈔八種　（明）茅坤批評　清刻
本　五冊　存三種二十卷

410000－2204－0002822　10/23

五經旁訓讀本　（清）徐立綱撰　清嘉慶二十
一年（1816）刻本　七冊　存四種十三卷

410000－2204－0002823　103/90

詩集傳八卷首一卷詩序辨說一卷附集傳考異
（宋）朱熹撰　清光緒十三年（1887）刻西京
清麓叢書本　三冊　存九卷（詩集傳八卷、首
一卷）

410000－2204－0002824　409.6/28

庚辰集五卷　（清）紀昀編　清乾隆二十七年
（1762）刻本　四冊

410000－2204－0002825　409.6/29

庚辰集五卷　（清）紀昀編　清刻本　五冊

410000－2204－0002826　102/63

欽定書經傳說彙纂二十一卷首二卷書序一卷
（清）王頊齡等撰　清同治七年（1868）刻本
四冊　存十二卷（七至九、十六至二十一,
首二卷,書序一卷）

410000－2204－0002827　102/64

書經體注大全合条六卷　（清）范翔鑒定
（清）錢希祥輯　清刻本　四冊

410000－2204－0002828　211.1/6

福惠全書三十二卷　（清）黃六鴻撰　清刻本
三冊　存九卷（八至十一、十五至十九）

410000－2204－0002829　102/65

書經體注大全合条六卷　（清）范翔鑒定
（清）錢希祥輯　清致和堂刻本　四冊

410000－2204－0002830　102/66

書經體注大全合纂六卷　（清）范翔鑒定
（清）錢希祥輯　清刻本　三冊

410000－2204－0002831　102/67

書經體注大全合纂六卷　（清）范翔鑒定
（清）錢希祥輯　清刻本　四冊

410000－2204－0002832　102/68

書經體注大全合纂六卷　（清）范翔鑒定
（清）錢希祥輯　清刻本　三冊　存五卷（二
至六）

410000－2204－0002833　103/91

御纂詩義折中二十卷　（清）傅恒等撰　清刻
本　六冊　存九卷（十二至二十）

410000－2204－0002834　103/91

御纂詩義折中二十卷　（清）傅恒等撰　清刻
本　一冊　存二卷（六至七）

410000－2204－0002835　207/24

二十一史約編八卷首一卷　（清）鄭元慶述
清刻本　六冊　存三卷（六至八）

410000－2204－0002836　207/25

二十一史約編八卷首一卷　（清）鄭元慶述
清刻本　二冊　存二卷（一至二）

410000－2204－0002837　313/103

事類賦三十卷　（宋）吳淑撰並注　清刻本
一冊　存五卷（十一至十五）

410000－2204－0002838　409.2/55

善成堂重訂古文釋義新編八卷　（清）余誠編
著　清刻本　三冊　存六卷（三至八）

410000－2204－0002839　209.2/97

［乾隆］河南府志一百十六卷首四卷　（清）施
誠修　（清）童鈺　（清）裴希純纂　清刻本
四冊　存八卷（三十一至三十八）

410000－2204－0002840　102/69

書經體注大全合纂六卷　（清）范翔鑒定
（清）錢希祥輯　清刻本　四冊

410000－2204－0002841　102/71

書經體注大全合纂六卷　（清）范翔鑒定
（清）錢希祥輯　清刻本　三冊　存五卷（二

至六）

410000－2204－0002842　302/114

養正遺規三卷　（清）陳宏謀撰　清乾隆八年
（1743）南昌李安民刻五種遺規本　一冊

410000－2204－0002843　302/114

五種遺規　（清）陳弘謀撰　清同治七年
（1868）崇文書局刻本　五冊　存三種九卷

410000－2204－0002844　102/88

寄傲山房塾課纂輯書經備旨蔡注捷錄七卷
（清）鄒聖脈纂輯　清刻本　四冊

410000－2204－0002845　301/25

類腋五十五卷補遺一卷　（清）姚培謙集　清
務本堂刻本　四冊　存十卷（一至二、五至十
一，補遺一卷）

410000－2204－0002846　209.2/17－1

［正德］武功縣志三卷首一卷　（明）康海纂
（清）孫景烈評註　清刻本　一冊

410000－2204－0002847　102/72

書經六卷　（宋）蔡沈集傳　清刻本　一冊
存二卷（五至六）

410000－2204－0002848　102/72

書經六卷　（宋）蔡沈集傳　清刻本　一冊
存一卷（四）

410000－2204－0002849　201.2/26

通志二百卷目錄一卷　（宋）鄭樵撰　清咸豐
九年（1859）崇仁謝氏刻本　四十一冊　存四
十五卷（五下至十四、八十二至九十、一百
九至一百二十三、一百七十至一百八十九，目
錄一卷）

410000－2204－0002850　102/72

澹香齋試帖一卷　（清）王廷紹撰　清光緒二
年（1876）刻本　一冊

410000－2204－0002851　201.2/26

通志二百卷目錄一卷　（宋）鄭樵撰　清咸豐
九年（1859）崇仁謝氏刻本　四冊　存六卷
（一百十三至一百十八）

410000－2204－0002852　501/60

二十四史　清光緒同文書局影印本　二十冊
　　存三種五十九卷

410000－2204－0002853　101/112
周易四卷圖說一卷筮儀一卷卦歌一卷　（宋）
朱熹本義　清刻本　四冊

410000－2204－0002854　308.1/9
皇極經世六十卷觀物外編二卷　（宋）邵雍撰
　（清）俞長贊鑒定　清刻本　七冊　存三十
六卷（二十五至六十）

410000－2204－0002855　308.1/10
皇極經世六十卷觀物外編二卷　（宋）邵雍撰
　（清）俞長贊鑒定　清刻本　六冊　存二十
卷（四十三至六十、外篇二卷）

410000－2204－0002856　308.1/11
皇極經世六十卷觀物外編二卷　（宋）邵雍撰
　（清）俞長贊鑒定　清刻本　六冊　存二十
八卷（三十五至六十、外篇二卷）

410000－2204－0002857　214.3/11
御刻三希堂石渠寶笈法帖不分卷　（清）梁詩
正等輯　清石印本　七冊

410000－2204－0002858　102/74
書經六卷　（宋）蔡沈集傳　清光緒十四年
(1888)森寶書局刻本　一冊　存一卷（一）

410000－2204－0002859　102/74
書經六卷　（宋）蔡沈集傳　清刻本　一冊
存二卷（五至六）

410000－2204－0002860　102/74
書經六卷　（宋）蔡沈集傳　清刻本　一冊
存二卷（五至六）

410000－2204－0002861　305/9
二如亭群芳譜三十卷首十三卷　（明）王象晉
輯　清刻本　八冊　存十六卷（花譜一至三、
首一卷,卉譜二卷、首一卷,鶴魚譜一卷、首一
卷,穀譜一卷、首一卷,蔬譜一至二、首一卷,
果譜一、首一卷）

410000－2204－0002862　305/12
二如亭群芳譜三十卷首十三卷　（明）王象晉
輯　清刻本　六冊　存十三卷（茶譜一卷、首
一卷,竹譜一卷、首一卷,桑麻葛譜一卷,棉譜
一卷,藥譜三卷、首一卷,木譜二卷、首一卷）

410000－2204－0002863　205.1/17
歷代循吏傳八卷　（清）朱軾仝訂　清道光十
五年(1835)刻本　二冊　存六卷（一至六）

410000－2204－0002864　205.1/17
古文喈鳳新編八卷　（清）汪基輯　清刻本
二冊　存二卷（三至四）

410000－2204－0002865　305/11
二如亭群芳譜三十卷首十三卷　（明）王象晉
輯　清刻本　十四冊　存二十五卷（天譜一
至二,首一卷;歲譜二至四,首一卷;蔬譜二
卷,首一卷;果譜一至二、四,首一卷;穀譜一
卷,首一卷;藥譜二至三;木譜一,首一卷;茶
譜一卷,首一卷;竹譜一卷,首一卷;桑麻葛譜
一卷）

410000－2204－0002866　202.1/91
續資治通鑑二百二十卷　（清）畢沅編集　清
同治六年(1867)應氏刻本　六十冊

410000－2204－0002867　202.1/92
續資治通鑑二百二十卷　（清）畢沅編集　清
刻本　十二冊　存四十卷（一百六十至一百
九十九）

410000－2204－0002868　202.1/93
資治通鑑二百九十四卷　（宋）司馬光編集
(元)胡三省音注　清刻本　六冊　存二十卷
（六十九至八十八）

410000－2204－0002869　202.1/94
資治通鑑二百九十四卷　（宋）司馬光編集
(元)胡三省音注　清刻本　四冊　存十五卷
（二百十三至二百二十三、二百三十至二百三
十三）

410000－2204－0002870　106.2/101
左傳經世鈔二十三卷　（清）魏禧評點　（清）
彭家屛參訂　清乾隆刻本　十六冊

410000－2204－0002871　501/9＋2

通志堂經解　（清）成德輯　清同治十二年(1873)粵東書局刻本　十三冊　存六種五十卷

410000－2204－0002872　106.2/102

左傳易讀六卷　（清）司徒修輯　清道光十六年(1836)刻本　六冊

410000－2204－0002873　501/9＋2

新定三禮圖二十卷　（宋）聶崇義集注　（清）林之奇輯　清同治十二年(1873)粵東書局刻通志堂經解本　一冊　存十卷(一至十)

410000－2204－0002874　311.4/2

春秋公羊傳十一卷　（漢）何休撰　（唐）陸明德音義　清光緒二十五年(1899)寶慶益元堂刻本　一冊　存五卷(一至五)

410000－2204－0002875　501/2＋2

西京清麓叢書　（清）賀瑞麟輯　清同治至民國間傳經堂刻本　十三冊　存十種二十六卷

410000－2204－0002876　312.1/5

李志一卷漢中士女志一卷梓潼士女志一卷　（晉）常璩著　清刻本　一冊

410000－2204－0002877　106.5/42

春秋□□卷　（□）□□撰　清刻本　五冊　存七卷(五至六、八至十、十二至十三)

410000－2204－0002878　106.2/103

春秋左傳五十卷　（晉）杜預　（宋）林堯叟注釋　（唐）陸德明音義　清刻本　三冊　存二十一卷(十二至二十、三十九至五十)

410000－2204－0002879　106.2/103

春秋左傳五十卷　（晉）杜預　（宋）林堯叟注釋　（唐）陸德明音義　清三多齋刻本　二冊　存七卷(四十一至四十七)

410000－2204－0002880　407/31

六如居士制義一卷　（明）唐寅著　（清）唐仲冕編　清刻本　一冊

410000－2204－0002881　106.2/105

評點春秋綱目左傳句解彙雋六卷　（清）韓菼重訂　清刻本　三冊

410000－2204－0002882　106.2/106

欽定春秋左傳讀本三十卷　（清）英和等撰　清光緒十二年(1886)居俟書屋刻本　八冊　存十六卷(一至十六)

410000－2204－0002883　315/27

增訂太上感應篇圖說不分卷　（清）朱日豐輯　清同治十三年(1874)蘭州官署刻本　十二冊

410000－2204－0002884　104.4/12

文公家禮儀節八卷　（宋）朱熹編　（明）楊慎輯　清刻本　六冊

410000－2204－0002885　108.5/116

四書考輯要二十卷　（清）陳宏謀輯　（清）陳蘭森編校　清刻本　三冊　存四卷(九至十二)

410000－2204－0002886　106.5/43

欽定春秋傳說彙纂三十八卷首二卷　（清）王掞等撰　清刻本　五冊　存十六卷(五至十四、十八至二十、二十五至二十七)

410000－2204－0002887　106.5/43

欽定春秋傳說彙纂三十八卷首二卷　（清）王掞等撰　清刻本　一冊　存一卷(六)

410000－2204－0002888　106.5/43

欽定春秋傳說彙纂三十八卷首二卷　（清）王掞等撰　清刻本　一冊　存一卷(八)

410000－2204－0002889　301/26

子史精華一百六十卷　（清）吳士玉　（清）吳襄等纂　清刻本　六冊　存十三卷(三十六至三十七、八十五至八十六、一百五至一百七、一百十一至一百十三、一百五十四至一百五十六)

410000－2204－0002890　108.5/117

四書章句集注十九卷　（宋）朱熹撰　清光緒十二年(1886)刻本　六冊

410000－2204－0002891　201.3/71

唐書二百二十五卷　（宋）歐陽修　（宋）宋祁等撰　清刻本　十二冊　存八十七卷(七十

六至一百六十二）

410000－2204－0002892　106.2/107

春秋左傳五十卷　（晉）杜預　（宋）林堯叟注釋　（唐）陸德明音義　清李光明莊刻本　十四冊　存四十三卷（一至六、十一至四十七）

410000－2204－0002893　104.3/112

欽定禮記義疏八十二卷首一卷　（清）鄂爾泰等撰　清刻本　十七冊　存四十三卷（二至三、九至二十九、四十八至六十七）

410000－2204－0002894　106.5/46

欽定春秋傳說彙纂三十八卷首二卷　（清）王掞等撰　清刻本　十五冊　存十九卷（八至十七、十九至二十七）

410000－2204－0002895　104.1/43

欽定周官義疏四十八卷首一卷　（清）鄂爾泰等撰　清同治七年(1868)刻本　十七冊　存四十二卷（一至三十六、四十四至四十八，首一卷）

410000－2204－0002896　106.5/47

欽定春秋傳說彙纂三十八卷首二卷　（清）王掞等撰　清刻本　六冊　存十四卷（二十五至三十八）

410000－2204－0002897　106.2/108

增補左傳易讀六卷　（清）司徒修輯　清刻本　三冊　存三卷（四至六）

410000－2204－0002898　501/7＋1

正誼堂全書　（清）張伯行輯　（清）楊浚重輯　清同治五年(1866)福州正誼書院刻八年至九年(1869－1870)續刻本　一百六十七冊

410000－2204－0002899　108.5/118

四書貫解十九卷　（清）朱良玉纂　清刻本　五冊　存十四卷（大學一卷、中庸一卷、論語一至五、孟子七卷）

410000－2204－0002900　106.2/109

左傳易讀六卷　（清）司徒修輯　清道光十六年(1836)刻本　五冊　存五卷（一、三至六）

410000－2204－0002901　106.2/110

春秋左傳分類賦四卷　（清）夏大觀編　清刻本　三冊　存三卷（二至四）

410000－2204－0002902　108.5/119

四書貫解十九卷　（清）朱良玉纂　清三讓堂刻本　三冊　存十二卷（大學一、中庸一、論語十卷）

410000－2204－0002903　106.2/110

說左約箋二卷　（清）馮李驊編撰　（清）夏大觀箋注　清經元堂刻本　二冊

410000－2204－0002904　106.2/112

曲江書屋新訂批註左傳快讀十八卷首一卷　（晉）杜預撰　（唐）陸德明音義　（清）李紹崧選訂　清刻本　六冊　存六卷（十二至十四、十六至十八）

410000－2204－0002905　106.2/113

如酉所刻諸名家評點春秋綱目左傳句解彙雋六卷　（清）韓菼重訂　清光緒三十年(1904)崇實書局刻本　一冊　存一卷（一）

410000－2204－0002906　106.2/115

春秋左傳五十卷　（晉）杜預　（宋）林堯叟注釋　（唐）陸德明音義　清刻本　一冊　存三卷（八至十）

410000－2204－0002907　106.2/115

評點春秋綱目左傳句解彙雋六卷　（清）韓菼重訂　清刻本　一冊　存一卷（三）

410000－2204－0002908　106.2/117

評點春秋綱目左傳句解彙雋六卷　（清）韓菼重訂　清刻本　六冊

410000－2204－0002909　501/7＋2

正誼堂全書六十八種　（清）張伯行輯　（清）楊浚重輯　清同治五年(1866)福州正誼書院刻八年至九年(1869－1870)續刻本　一百六十七冊

410000－2204－0002910　201.2/28

通志二百卷目錄一卷　（宋）鄭樵撰　清咸豐九年(1859)崇仁謝氏刻本　九冊　存十卷（一百六十至一百六十九）

410000－2204－0002911　201.3/2＋6

前漢書一百卷　(漢)班固撰　(唐)顏師古注
　　清刻本　十六冊　存五十九卷(五至三十
八、六十四至七十四、八十一至八十七、九十
三至九十九)

410000－2204－0002912　308.3/10

八宅明鏡二卷　題(清)箬冠道人撰　清埽葉
山房刻本　二冊

410000－2204－0002913　110.3/83

周易便蒙襯解四卷　(清)李盤輯著　清嘉慶
刻本　二冊

410000－2204－0002914　501/9＋4

儀禮圖十七卷旁通圖一卷附儀禮本經十七卷
　　(宋)楊復撰　清康熙十九年(1680)刻通志
堂經解本　一冊　存五卷(儀禮圖一至五)

410000－2204－0002915　210.36/2－1

洛陽伽藍記五卷　(北魏)楊衒之撰　清光緒
二年(1876)刻本　一冊

410000－2204－0002916　209.2/98

[康熙]孟津縣志四卷　(清)孟常裕纂修
(清)徐元燦增補　清康熙四十七年(1708)增
刻順治十六年(1659)本　四冊

410000－2204－0002917　202.1/96

資治通鑑綱目五十九卷　(宋)朱熹撰　**前編
二十五卷**　(明)南軒撰　**續編二十七卷末一
卷**　(明)商輅等撰　清刻本　一百四十冊
存一百一卷(三至六、十二至五十九,前編一
至二十一,續編二十七卷,末一卷)

410000－2204－0002918　209.2/98

[康熙]孟津縣志四卷　(清)孟常裕纂修
(清)徐元燦增補　清康熙四十七年(1708)增
刻順治十六年(1659)本　二冊

410000－2204－0002919　110.3/84

說文解字義證五十卷　(清)桂馥撰　清刻本
十四冊　存三十一卷(十五至四十五)

410000－2204－0002920　201.3/72

史記一百三十卷　(漢)司馬遷撰　(南朝宋)
裴駰集解　清刻本　一冊　存六卷(三十一
至三十六)

410000－2204－0002921　202.1/95

**新刊趙田了凡袁先生編纂古本歷史大方綱鑑
補三十九卷首一卷**　(明)袁黃編　清刻本
六冊　存六卷(十九、二十三、二十六至二十
九)

410000－2204－0002922　103/94

詩集傳八卷　(宋)朱熹撰　清刻本　二冊
存四卷(五至八)

410000－2204－0002923　201.3/73

明史三百三十二卷　(清)張廷玉等撰　清鉛
印本　三十九冊　存二百八十三卷(三十二
至五十一、六十三至三百二十五)

410000－2204－0002924　202.1/97

資治通鑑綱目五十九卷　(宋)朱熹撰　**續編
二十七卷**　(明)商輅等撰　清刻本　二十四
冊　存二十卷(一至五、七、九至十一、十四、
十六、十八至二十、二十六至二十七、四十四
至四十五、五十八,續編二十四)

410000－2204－0002925　202.1/98

資治通鑑綱目五十九卷　(宋)朱熹撰　(明)
陳仁錫評閱　清康熙十四年(1675)王公行刻
本　六十七冊　存五十一卷(一至二十八、三
十至三十六、四十四至五十九)

410000－2204－0002926　409.2/57

古文辭類纂七十四卷　(清)姚鼐輯　清同治
八年(1869)江蘇書局刻本　二冊　存十四卷
(六至十二、五十一至五十七)

410000－2204－0002927　202.1/99

資治通鑑綱目正編五十九卷　(宋)朱熹撰
(明)陳仁錫評閱　**前編二十五卷**　(明)南軒
撰　(明)陳仁錫評閱　**續編二十七卷末一卷**
　　(明)商輅等撰　(明)陳仁錫評閱　清嘉慶
八年(1803)宏道堂刻本　一百三十三冊　存
一百一卷(正編一至十一、十七至五十九,前
編二十五卷,續編一至八、十至二十七、四十
七至五十)

410000－2204－0002928　202.1/100

御批資治通鑑綱目五十九卷首一卷　（宋）朱熹撰　**前編十八卷舉要三卷**　（元）金履祥撰　**外紀一卷**　（明）陳桱撰　**續編二十七卷**（明）商輅等撰　清光緒十三年(1887)上海同文書局石印本　二十四冊

410000－2204－0002929　411.3/1

桃花扇二卷　（清）孔尚任撰　清刻本　一冊　存一卷(一)

410000－2204－0002930　202.1/101

資治通鑑綱目五十九卷　（宋）朱熹撰　清刻本　九冊　存六卷(十三至十八)

410000－2204－0002931　501/2＋3

聖室錄感一卷　（清）李顒撰　清同治至民國間傳經堂刻西京清麓叢書本　一冊

410000－2204－0002932　501/2＋3

人譜類記增訂六卷　（明）劉宗周著　清光緒三年(1877)湖北崇文書局刻本　一冊　存四卷(一至四)

410000－2204－0002933　501/61

玉海　（宋）王應麟撰　清光緒刻本　十六冊　存九種三十七卷

410000－2204－0002934　202.1/102

資治通鑑綱目正編五十九卷　（宋）朱熹等撰　**前編二十五卷**　（明）南軒撰　清刻本　五冊　存五卷(正編一至二,前編二十二至二十四)

410000－2204－0002935　108.5/130

四書述要十九卷　（清）張尹鑒定　（清）楊玉緒著　清刻本　五冊

410000－2204－0002936　202.1/103

御撰資治通鑑綱目三編二十卷末一卷　（清）張廷玉等纂　清刻本　二冊　存十七卷(五至二十、末一卷)

410000－2204－0002937　201.3/74

漢書一百卷　（漢）班固撰　（唐）顏師古注　清同治八年(1869)金陵書局刻二十四史本

十八冊　存三十卷(八至十五上、十六至二十、二十四至四十)

410000－2204－0002938　201.3/75

漢書一百卷　（漢）班固撰　（唐）顏師古注　清同治八年(1869)金陵書局刻二十四史本　三冊　存十四卷(一至十三、十五下)

410000－2204－0002939　202.1/104

御撰資治通鑑綱目三編二十卷　（清）張廷玉等纂　清刻本　四冊

410000－2204－0002940　411.3/1

四書集注十九卷　（宋）朱熹撰　清李光明莊刻本　一冊　存二卷(大學一卷、中庸一卷)

410000－2204－0002941　313/103

佩文韻府一百六卷　（清）張玉書等編　清石印本　十冊　存八卷(一至四、八十二至八十五)

410000－2204－0002942　202.1/105

御撰資治通鑑綱目三編二十卷　（清）張廷玉等纂　清刻本　四冊　存十三卷(四至十三、十八至二十)

410000－2204－0002943　202.1/106

續資治通鑑綱目二十七卷　（明）商輅等撰　（明）陳仁錫評閱　清刻本　十冊　存十卷(十八至二十七)

410000－2204－0002944　202.1/107

續資治通鑑綱目二十七卷　（明）商輅等撰　（明）陳仁錫評閱　清刻本　五冊　存四卷(六至九)

410000－2204－0002945　106.2/118

春秋左傳杜注三十卷首一卷　（清）姚培謙學　清刻本　一冊　存三卷(十三至十五)

410000－2204－0002946　106.2/118

春秋左傳三十卷　（晉）杜預注　（宋）林堯叟附注　（唐）陸德明音釋　（清）馮李驊集解　清刻本　一冊　存二卷(二十二至二十三)

410000－2204－0002947　202.1/108

御撰資治通鑑綱目三編二十卷　（清）張廷玉

等纂　清益元堂刻本　六册

410000－2204－0002948　106.2/118

春秋穀梁傳十二卷　(晉)范甯集解　(唐)陸德明音義　清刻本　一册　存七卷(六至十二)

410000－2204－0002949　202.1/109

御撰資治通鑑綱目三編二十卷　(清)張廷玉等纂　清刻本　六册

410000－2204－0002950　202.1/110

御撰資治通鑑綱目三編二十卷　(清)張廷玉等纂　清刻本　六册

410000－2204－0002951　202.1/111

御撰資治通鑑綱目三編二十卷　(清)張廷玉等纂　清刻本　六册

410000－2204－0002952　107/6

觀音經一卷　(□)□□著　清刻本　一册

410000－2204－0002953　107/6

邑侯甯州劉公德政頌一卷　(清)徐士佳撰　清光緒二十四年(1898)江陰禮延書院刻本　一册

410000－2204－0002954　302/117

近思錄集解十四卷　(宋)葉采集解　清刻本　一册　存二卷(一至二)

410000－2204－0002955　302/117

金剛經石注一卷　(清)石成金撰　清光緒三十二年(1906)刻本　一册

410000－2204－0002956　314/6

禪門佛事二卷　(□)□□輯　清刻本　二册

410000－2204－0002957　314/6

天主聖教十誡二卷　(葡萄牙)陽瑪諾述　清順治十六年(1659)刻本　一册

410000－2204－0002958　215/37

綱鑑總論二卷　(清)陳受頤撰　清光緒二十七年(1901)上海煥文書局石印本　一册　存一卷(上)

410000－2204－0002959　215/37

綱鑑會纂三十九卷首一卷　(明)王世貞編　清上海著易堂石印本　一册　存四卷(三十六至三十九)

410000－2204－0002960　308.5/8

新增袖裡繡像百中經□□卷　(明)劉基撰　清魁文堂刻本　一册　存二卷(一至二)

410000－2204－0002961　407/32

碧山堂續稿不分卷　(清)柏謙著　清刻本　一册

410000－2204－0002962　407/32

產後論□□卷　(清)傅山著　清刻本　一册　存一卷(三)

410000－2204－0002963　407/32

資治新書二集二十卷　(清)李漁輯　清刻本　一册　存二卷(十六至十七)

410000－2204－0002964　108.5/123

四書題鏡三十六卷　(清)汪鯉翔纂述　清刻本　四册　存十卷(一至十)

410000－2204－0002965　108.5/123

四書題鏡三十六卷　(清)汪鯉翔纂述　清刻本　二册　存五卷(四至八)

410000－2204－0002966　311.4/3

傳家寶三十二卷　(清)石成金撰　清刻本　二十三册　存二十三卷(初集三至五,二集一至八,三集一至八,四集二、五、七至八)

410000－2204－0002967　407/33

蒼谷全集十二卷　(明)王尚絅撰　清刻本　一册　存一卷(十二)

410000－2204－0002968　407/33

增補病機沙篆二卷　(明)李中梓著述　(清)尤乘增補　清刻本　一册　存一卷(一)

410000－2204－0002969　201.3/76

前漢書一百卷　(漢)班固撰　(唐)顏師古注　清刻本　一册　存四卷(一至四)

410000－2204－0002970　201.3/76

習齋記餘十卷　(清)顏元撰　清刻本　一册　存二卷(六至七)

410000 – 2204 – 0002971   311.5/16

增删卜易六卷   題(清)野鶴老人著   清刻本
一冊   存二卷(三至四)

410000 – 2204 – 0002972   201.3/76

學禮五卷附錄二卷   (清)李塨撰   清刻本
一冊

410000 – 2204 – 0002973   409.1/81

憑山閣增定留青全集二十四卷   (清)陳枚選
輯   (清)李汾參訂   清刻本   一冊   存一卷
(一)

410000 – 2204 – 0002974   311.5/16

二論漸通□□卷   (清)□□撰   清刻本   一
冊   存一卷(三)

410000 – 2204 – 0002975   409.1/81

論語注疏解經二十卷   (三國魏)何晏集解
(宋)邢昺疏   **校勘記二十卷**   (清)阮元撰
(清)盧宣旬摘錄   清刻本   一冊   存八卷
(四至七、校勘記四至七)

410000 – 2204 – 0002976   102/77

寄傲山房塾課纂輯書經備旨蔡注捷錄七卷
(清)鄒聖脉纂輯   清刻本   一冊   存四卷
(四至七)

410000 – 2204 – 0002977   102/77

詩學含英十四卷   (清)劉文蔚輯   清刻本
一冊   存七卷(八至十四)

410000 – 2204 – 0002978   102/77

硃批七家詩選箋注七卷   (清)張熙宇輯   清
文富堂刻朱墨套印本   一冊   存四卷(一至
四)

410000 – 2204 – 0002979   102/77

書經六卷   (宋)蔡沈集傳   清刻本   一冊
存二卷(五至六)

410000 – 2204 – 0002980   201.3/76

紀文達公遺集十六卷   (清)孫樹馨編校   清
石印本   一冊   存一卷(九)

410000 – 2204 – 0002981   103/95

毛詩音韻考四卷   (清)程以恬撰   清刻本
一冊   存一卷(二)

410000 – 2204 – 0002982   103/95

養蒙金鑑二卷   (清)林之望編輯   (清)沈錫
慶刪定   (清)瞿廷韶校   清刻本   一冊   存
一卷(一)

410000 – 2204 – 0002983   103/95

河内竇氏三世家傳合編一卷   (清)俞樾撰
張祖翼書   清刻本   一冊

410000 – 2204 – 0002984   102/79

書經六卷   (宋)蔡沈集傳   清刻本   一冊
存二卷(五至六)

410000 – 2204 – 0002985   102/79

易經旁訓辨體合訂三卷   (清)徐立綱輯   清
嘉慶元年(1796)三益堂刻本   一冊

410000 – 2204 – 0002986   102/79

洞主仙師白喉治法忌表抉微一卷   題(清)耐
修子錄并注   清光緒十七年(1891)汪守正刻
本   一冊

410000 – 2204 – 0002987   311.5/16

全唐詩話六卷   (宋)尤袤著   (清)何文煥訂
清石印本   二冊   存四卷(一至二、五至
六)

410000 – 2204 – 0002988   311.5/16

御纂性理精義十二卷   (清)李光地等纂修
清刻本   二冊   存四卷(三至六)

410000 – 2204 – 0002989   409.1/81

大洞經示讀注釋三卷   (清)劉體恕輯   清道
光二十二年(1842)刻本   一冊

410000 – 2204 – 0002990   409.1/81

爾雅注疏十一卷   (晉)郭璞注   (宋)邢昺疏
清刻本   一冊   存一卷(四)

410000 – 2204 – 0002991   412.3/1

桃花扇傳奇四卷   (清)孔尚任撰   清刻本
一冊   存二卷(一至二)

410000 – 2204 – 0002992   412.3/1

四書典制類聯音注三十三卷   (清)閻其淵輯
清嘉慶元年(1796)刻本   一冊   存十卷

（一至十）

410000 – 2204 – 0002993　412.3/1

新訂四書補注備旨十卷　（明）鄧林著　清刻本　一冊　存一卷（下論三）

410000 – 2204 – 0002994　412.3/1

增補四書精繡圖像人物備考十二卷　（明）薛應旂撰　（明）陳仁錫增訂　清刻本　一冊　存二卷（十一至十二）

410000 – 2204 – 0002995　409.2/59

試帖百篇最豁解四卷　（清）王澤泩評注　清刻本　一冊　存二卷（一至二）

410000 – 2204 – 0002996　201.3/6＋6

三國志六十五卷　（晉）陳壽撰　（南朝宋）裴松之注　清刻本　九冊　存二十六卷（一至二、七至三十）

410000 – 2204 – 0002997　108.5/127

大學中庸講義四卷　（清）史廷輝輯　清刻本　一冊　存二卷（一至二）

410000 – 2204 – 0002998　202.1/112

御撰資治通鑑綱目三編二十卷　（清）張廷玉等纂　清光緒三十年（1904）維新書局刻本　三冊

410000 – 2204 – 0002999　202.1/112

御撰資治通鑑綱目三編二十卷　（清）張廷玉等纂　清刻本　一冊　存六卷（十五至二十）

410000 – 2204 – 0003000　315/29

庭訓格言一卷　（清）聖祖玄燁撰　（清）世宗胤禛編　清刻本　一冊

410000 – 2204 – 0003001　315/29

梓潼帝君陰騭文敷言二卷　（清）王士桓（清）高錦瀾輯　清道光十五年（1835）刻本　二冊

410000 – 2204 – 0003002　108.1/21

四書集註十九卷　（宋）朱熹撰　清刻本　一冊　存四卷（論語一至四）

410000 – 2204 – 0003003　108.1/21

易經大全會解四卷　（清）來爾繩纂輯　清刻

本　一冊　存一卷（二）

410000 – 2204 – 0003004　108.1/21

新刊秘授外科百效全書六卷　（清）龔居中編　清繡谷滸灣書林五雲堂刻本　一冊

410000 – 2204 – 0003005　108.5/127

增補四書備旨十卷　（明）鄧林著　清刻本　一冊　存一卷（下孟三）

410000 – 2204 – 0003006　108.5/129

寄願堂四書玩注詳說四十卷　（清）冉覲祖輯　清刻本　十冊　存八卷（大學一至二、中庸一、上論一至五）

410000 – 2204 – 0003007　202.1/114

御撰資治通鑑綱目三編二十卷末一卷　（清）張廷玉等纂　清刻本　五冊　存十七卷（五至二十、末一卷）

410000 – 2204 – 0003008　201.3/77

漢書一百卷　（漢）班固撰　（唐）顏師古注　清同治八年（1869）金陵書局刻二十四史本　二冊　存七卷（一至七）

410000 – 2204 – 0003009　202.1/115

增補綱鑑輯要四十卷首一卷　（明）袁黃編纂　清光緒二十八年（1902）善成堂刻本　十七冊

410000 – 2204 – 0003010　212.2/7

大清通禮五十四卷首一卷　（清）來保等纂修　（清）穆克登額等續纂　清道光四年（1824）刻本　九冊　存四十卷（一至三、七至十、十二至十六、二十四至五十，首一卷）

410000 – 2204 – 0003011　202.1/116

資治通鑑綱目五十九卷　（宋）朱熹撰　清刻本　八冊　存八卷（四十九至五十六）

410000 – 2204 – 0003012　201.3/78

南齊書五十九卷　（南朝梁）蕭子顯撰　明萬曆十七年（1589）刻本　一冊　存五卷（四十一至四十五）

410000 – 2204 – 0003013　201.3/78

前漢書一百卷　（漢）班固撰　（唐）顏師古注

明嘉靖至清康熙遞修本　一冊　存二卷
（十七至十八）

410000－2204－0003014　110.3/85
康熙字典十二集三十六卷總目一卷檢字一卷
辨似一卷等韻一卷補遺一卷備考一卷　（清）
張玉書等撰　清刻本　五冊　存五卷(巳下、
午、戌中)

410000－2204－0003015　110.3/85
康熙字典十二集三十六卷總目一卷檢字一卷
辨似一卷等韻一卷補遺一卷備考一卷　（清）
張玉書等撰　清刻本　一冊　存一卷(丑上)

410000－2204－0003016　110.3/87
康熙字典十二集三十六卷總目一卷檢字一卷
辨似一卷等韻一卷補遺一卷備考一卷　（清）
張玉書等撰　清康熙五十五年(1716)刻本
二十一冊　存二十四卷(子至丑、寅下、巳至
未、戌中下、亥,總目一卷,檢字一卷,辨似一
卷)

410000－2204－0003017　110.3/88
康熙字典十二集三十六卷總目一卷檢字一卷
辨似一卷等韻一卷補遺一卷備考一卷　（清）
張玉書等撰　清刻本　十九冊　存十九卷
(寅、卯上、辰中下、巳、午中、未上、戌至亥,備
考一卷,補遺一卷)

410000－2204－0003018　408/238
續同人集十七卷　（清）袁枚輯　清乾隆五十
五年(1790)刻隨園三十種本　二冊　存五卷
(過訪一卷、投贈一卷、宴集一卷、文類三至
四)

410000－2204－0003019　306.5/15
醫方集解三卷　（清)汪昂輯　清刻本　二冊

410000－2204－0003020　109/15
五經類編二十八卷　（清)周世樟編　清刻本
　一冊　存一卷(十三)

410000－2204－0003021　109/15
讀杜心解六卷首二卷　（清)浦起龍撰　清刻
本　一冊　存一卷(三)

410000－2204－0003022　108.5/131
四書句辨一卷　（□)□□輯　清成文堂刻本
　一冊

410000－2204－0003023　108.5/131
四書困學編三十八卷　（清)湯豫誠撰　清清
源堂刻本　一冊　存一卷(論語二)

410000－2204－0003024　108.5/255
四書朱子異同條辨四十卷　（清)李沛霖
（清)李禎撰　清康熙近譬堂刻本　一冊　存
一卷(四)

410000－2204－0003025　108.5/255
四書集註十九卷　（宋)朱熹撰　清刻本　一
冊　存三卷(論語六至八)

410000－2204－0003026　108.5/255
新訂四書補注備旨十卷　（明)鄧林撰　清刻
本　一冊　存二卷(大學一卷、中庸一卷)

410000－2204－0003027　108.5/255
慎詒堂四書十九卷　（宋)朱熹撰　清善成堂
刻本　一冊　存二卷(大學章句一卷、中庸章
句一卷)

410000－2204－0003028　312.11/8
閱微草堂筆記二十四卷　（清)觀弈道人(紀
昀)撰　清刻本　一冊　存二卷(十七至十
八)

410000－2204－0003029　103/96
詩集傳八卷　（宋)朱熹撰　清刻本　一冊
存二卷(三至四)

410000－2204－0003030　103/96
詩集傳八卷　（宋)朱熹撰　清刻本　一冊
存一卷(三)

410000－2204－0003031　103/96
四書集注十九卷　（宋)朱熹集注　清刻本
一冊　存五卷(論語六至十)

410000－2204－0003032　108.5/137
新訂四書補注備旨十卷　（明)鄧林撰　清刻
本　六冊

410000－2204－0003033　108.5/137

新訂四書補注備旨十卷　（明）鄧林撰　清刻本　一冊　存二卷（大學一卷、中庸一卷）

410000－2204－0003034　108.5/139

四書約旨十九卷　（清）任啓運著　清刻本　九冊

410000－2204－0003035　103/96

四書集注十九卷　（宋）朱熹撰　清李光明莊刻本　一冊　存五卷（論語六至十）

410000－2204－0003036　306.51/8

長沙方歌括六卷　（清）陳念祖著　清刻本　二冊　存四卷（一至二、五至六）

410000－2204－0003037　306.51/8

金匱方歌括六卷　（清）陳念祖定　（清）陳蔚訂　（清）陳元犀韻注　清刻本　二冊　存四卷（三至六）

410000－2204－0003038　306.51/8

金匱方歌括六卷　（清）陳念祖定　（清）陳蔚訂　（清）陳元犀韻注　清刻本　二冊　存三卷（一至二、六）

410000－2204－0003039　205.1/19

國朝先正事畧六十卷　（清）李元度纂　清刻本　六冊　存十一卷（二至十一、二十二）

410000－2204－0003040　108.5/140

四書人名攷二十卷　（清）胡之煜等校　清刻本　十六冊

410000－2204－0003041　108.5/141

四書句讀釋義十九卷　（清）范凝鼎錄　清乾隆十八年（1753）述善堂刻本　六冊　存六卷（一至六）

410000－2204－0003042　202.1/117

資治通鑑綱目五十九卷續編二十七卷　（宋）朱熹撰　清刻本　四十七冊　存五十八卷（四至五十三、續編二十至二十七）

410000－2204－0003043　202.1/118

續資治通鑑綱目二十七卷　（明）商輅等撰　（明）陳仁錫評閱　清康熙四十年（1701）刻本　十冊　存九卷（一至九）

410000－2204－0003044　108.5/42

禮記詳說一百七十八卷　（清）冉覲祖撰　清光緒七年（1881）大梁書局刻本　一冊　存一卷（一百三十五）

410000－2204－0003045　108.5/142

寄願堂四書玩注詳說四十卷　（清）冉覲祖輯　清寄願堂刻本　十七冊　存十六卷（上論一至十、上孟一至六）

410000－2204－0003046　202.1/119

資治通鑑綱目五十九卷　（宋）朱熹撰　清刻本　六冊　存四卷（十三至十六）

410000－2204－0003047　106.2/120

左繡三十卷首一卷　（清）馮李驊　（清）陸浩評輯　清嘉慶七年（1802）刻本　二冊　存七卷（一至二、四至七,首一卷）

410000－2204－0003048　501/22

本草原始十二卷　（明）李中立纂輯　清刻本　一冊　存二卷（八至九）

410000－2204－0003049　106.2/120

左繡三十卷首一卷　（清）馮李驊　（清）陸浩評輯　清刻本　一冊　存二卷（六至七）

410000－2204－0003050　108.5/143

增訂四書析疑二十三卷　（清）張權時輯　清乾隆二十一年（1756）文盛堂刻本　二十四冊

410000－2204－0003051　108.5/144

增訂四書析疑二十三卷　（清）張權時輯　清乾隆四十九年（1784）文盛堂刻本　二十一冊

410000－2204－0003052　110.3/89

涵芬樓古今文鈔小傳四卷首一卷附錄一卷　商務印書館編譯所編　清宣統三年（1911）上海商務印書館鉛印本　一冊

410000－2204－0003053　110.3/89

太上古佛救苦藏經一卷　（□）□□撰　清光緒十七年（1891）石印本　一冊

410000－2204－0003054　110.3/89

繡像紅樓夢補四卷四十八回　題（清）歸鋤子撰　清石印本　一冊　存一卷（二）

410000－2204－0003055　110.3/89

初學巧搭小艸不分卷　（清）馬名駒著　清道
光二十三年(1843)刻本　一冊

410000－2204－0003056　501/2＋4

二程全書　（宋）程顥　（宋）程頤撰　（宋）
朱熹輯　清光緒十八年(1892)五劉傳經堂刻
西京清麓叢書本　十七冊

410000－2204－0003057　412.7/1

五祖黃梅寶卷二卷　（□）□□撰　清光緒三
十四年(1908)刻本　一冊

410000－2204－0003058　412.7/1

鐵版神數二卷　（唐）袁天剛撰　（唐）李淳風
撰　清刻本　一冊

410000－2204－0003059　412.7/1

風水一書七卷　題（漢）青烏子撰　（清）歐陽
純補　清刻本　一冊　存四卷(四至七)

410000－2204－0003060　204/24

國語二十一卷　（三國吳）韋昭解　（宋）宋庠
補音　清乾隆二十七年(1762)刻本　二冊
存九卷(一至三、九至十四)

410000－2204－0003061　408/239

力圜詩草十卷集古詩一卷　（清）呂瀍曾撰
清乾隆新安呂氏刻本　二冊

410000－2204－0003062　302/121

宣講拾遺六卷　（清）莊跛仙輯　清刻本　二
冊　存二卷(三、六)

410000－2204－0003063　308.6/9

地理五訣八卷　（清）趙廷棟著　清上海文益
書局石印本　二冊

410000－2204－0003064　104.1/44

宋葉文康公禮經會元四卷　（宋）葉時撰
（清）許元淮輯　清乾隆五十年(1785)仁和黃
暹刻本　四冊

410000－2204－0003065　212.5/19

式敬編五卷　（清）楊景仁撰　清道光二年
(1822)刻本　二冊

410000－2204－0003066　211.2/4

公門修行錄一卷續錄一卷附錄一卷　（清）宋
楚望輯　清光緒六年(1880)刻本　一冊

410000－2204－0003067　211.2/4

悟性窮原一卷　題（清）涵谷子著　清光緒十
六年(1890)刻本　一冊

410000－2204－0003068　211.2/4

悟性窮原一卷　題（清）涵谷子著　清刻本
一冊

410000－2204－0003069　409.1/82

唐宋八家文讀本三十卷　（清）沈德潛評點
清刻本　一冊　存四卷(四至七)

410000－2204－0003070　409.1/82

唐人試律說一卷　（清）紀昀編　清乾隆二十
五年(1760)同人堂刻本　一冊

410000－2204－0003071　201.3/9＋2

宋書一百卷　（南朝梁）沈約撰　清同治十一
年(1872)金陵書局刻二十四史本　五冊　存
三十卷(二十八至五十七)

410000－2204－0003072　110.3/90

**維揚宏道堂新刻增訂釋義經書便用通考雜字
二卷**　（清）徐三省輯　（清）戴啟達增訂　清
宏道堂刻本　一冊

410000－2204－0003073　306.51/11

金匱要暑淺注十卷　（漢）張機撰　（清）陳念
祖集註　清刻本　二冊　存四卷(四至七)

410000－2204－0003074　110.3/90

晦庵先生朱文公別集十卷　（宋）朱熹撰　清
刻本　一冊　存四卷(七至十)

410000－2204－0003075　306.51/11

景岳新方砭四卷　（清）陳念祖著　清刻本
一冊

410000－2204－0003076　312.12/8

小倉山房詩集三十七卷　（清）袁枚撰　清刻
本　一冊　存二卷(三十至三十一)

410000－2204－0003077　312.12/8

書帖二卷　（清）□□輯　清刻本　一冊　存
一卷(下)

410000 – 2204 – 0003078　312.12/8

詳注聊齋志異圖詠十六卷　（清）蒲松齡撰
（清）呂湛恩注　清石印本(有圖)　一冊　存
二卷(七至八)

410000 – 2204 – 0003079　202.1/120

御撰資治通鑑綱目三編二十卷　（清）張廷玉
等纂　清刻本　六冊

410000 – 2204 – 0003080　202.1/120

御撰資治通鑑綱目三編二十卷　（清）張廷玉
等纂　清刻本　三冊　存十六卷(五至二十)

410000 – 2204 – 0003081　315/32

金丹正理大全　（□）涵蟾子輯　明萬曆十九
年(1591)金陵閣氏刻道書全集本　一冊　存
三種七卷(周易参同契解三卷,周易参同契分
章注二卷,周易参同契通真義中、下)

410000 – 2204 – 0003082　202.1/122

御撰資治通鑑綱目三編二十卷　（清）張廷玉
等纂　清刻本　二冊

410000 – 2204 – 0003083　408/241

抱膝廬文集六卷　（清）劉宗泗撰　清乾隆二
十年(1755)刻劉氏傳家集本　一冊　存三卷
(一至三)

410000 – 2204 – 0003084　408/241

呂子節錄四卷續四卷附呂新吾先生身家盛衰
循環圖說一卷宗約歌一卷好人歌一卷　（明）
呂坤撰　清道光四年(1824)朱桂楨刻續二十
一年(1841)李天錫刻三益集本　一冊　存五
卷(呂子節錄四卷、循環圖說一卷)

410000 – 2204 – 0003085　202.1/123

資治通鑑綱目五十九卷　（宋）朱熹撰　清刻
本　十八冊　存十四卷(三至十一、二十四至
二十八)

410000 – 2204 – 0003086　202.1/124

資治通鑑綱目五十九卷　（宋）朱熹撰　清刻
本　二十六冊　存十六卷(一至四、九至十
四、十九至二十四)

410000 – 2204 – 0003087　410/64

隨園詩話十六卷補遺十卷　（清）袁枚著　清
刻本　一冊　存四卷(五至六、補遺六至七)

410000 – 2204 – 0003088　315/32

小學韻語一卷　（清）羅澤南著　清光緒九年
(1883)柏經正堂刻西京清麓叢書本　一冊

410000 – 2204 – 0003089　107/7

南園詩選二卷　（清）何士顒撰　牘外餘言一
卷　（清）袁枚撰　清刻本　一冊

410000 – 2204 – 0003090　107/7

孝經或問三卷　（明）呂維祺著　孝經翼一卷
　（明）呂維祜著　清刻本　一冊

410000 – 2204 – 0003091　107/7

孝經易知一卷　（清）耿介纂輯　清同治四年
(1865)刻本　一冊

410000 – 2204 – 0003092　108.5/145

增訂四書析疑二十三卷　（清）張權時輯　清
刻本　三冊　存三卷(中庸一,孟子一、四)

410000 – 2204 – 0003093　108.5/145

增訂四書析疑二十三卷　（清）張權時輯　清
刻本　一冊　存二卷(孟子四至五)

410000 – 2204 – 0003094　315/33

尼山心法八卷　（清）佟朝選著　（清）楊吉陞
述　清光緒三十四年(1908)刻本　二冊　存
二卷(三、七)

410000 – 2204 – 0003095　306.3/9

本草綱目拾遺十卷　（清）趙學敏輯　清同治
三年(1864)鉛印本　二冊

410000 – 2204 – 0003096　306.60/3

孚佑帝君戒淫文一卷冥罰淫律錄一卷　（清）
□□撰　清光緒元年(1875)刻本　一冊

410000 – 2204 – 0003097　306.60/3

壽世青編二卷　（清）尤生洲(尤乘)纂　清刻
本　一冊

410000 – 2204 – 0003098　306.60/3

太陽天子延壽真經太陰星君延壽真經地藏王
菩薩救苦真經一卷　（□）□□撰　清刻本
一冊

410000－2204－0003099　104.1/45

周禮精華六卷　（清）陳龍標輯　清道光五年（1825）務本堂刻本　六冊

410000－2204－0003100　306.60/3

湖北官書處書目一卷　（清）湖北官書處編　清光緒三年（1877）刻本　一冊

410000－2204－0003101　108.5/147

四書味根錄三十七卷首二卷　（清）金澂撰　清刻本　七冊　存十九卷（論語五至二十、中庸一至二、大學一）

410000－2204－0003102　108.5/147

四書味根錄三十七卷首二卷　（清）金澂撰　清刻本　一冊　存三卷（論語十一至十三）

410000－2204－0003103　210.4/4

黃山紀勝四卷　（清）徐璈輯　清刻本　一冊　存二卷（三至四）

410000－2204－0003104　210.4/4

三才略三卷　蔣德鈞輯　清光緒五年（1879）華陽醉經堂刻本　一冊

410000－2204－0003105　202.1/125

資治通鑑綱目五十九卷　（宋）朱熹撰　（明）陳仁錫評閱　**續編二十七卷末一卷**　（明）商輅等撰　（明）陳仁錫評閱　清刻本　四十二冊　存五十六卷（四至九、二十九至五十九，續編一至十八，末一卷）

410000－2204－0003106　210.4/4

類林輯要五卷　（清）趙青藜撰　清刻本　一冊　存一卷（二）

410000－2204－0003107　210.4/4

四書集注十九卷　（宋）朱熹撰　清刻本　一冊　存二卷（大學一卷、中庸一卷）

410000－2204－0003108　210.4/4

鑑撮四卷　（清）曠敏本撰　清刻本　一冊　存一卷（二）

410000－2204－0003109　202.1/126

御撰資治通鑑綱目三編二十卷　（清）張廷玉等纂　清刻本　三冊　存十五卷（一至十五）

410000－2204－0003110　202.1/127

御撰資治通鑑綱目三編二十卷　（清）張廷玉等纂　清光緒三十年（1904）維新書局刻本　四冊

410000－2204－0003111　110/20

小四書五卷　（明）朱升輯　清恒德堂刻本　四冊

410000－2204－0003112　202.1/128

資治通鑑綱目五十九卷　（宋）朱熹撰　**續編二十七卷**　（明）商輅等撰　清刻本　八冊　存八卷（二十六至三十二、續編九）

410000－2204－0003113　306.5/16

驗方新編十六卷補遺一卷　（清）鮑相璈編　清刻本　一冊　存一卷（十）

410000－2204－0003114　108.5/150

四書闡注十九卷　（清）浦泰輯　清乾隆四十七年（1782）博古堂刻本　五冊　存十七卷（大學一、中庸一、論語一至十、孟子一至五）

410000－2204－0003115　212.1/40

九通序錄四卷　（唐）杜佑等撰　清上海富強齋譯書局石印本　四冊

410000－2204－0003116　207/27

增定妥注鑑略離句讀本三卷　（明）李廷機著　（明）張瑞圖校正　（清）鄒聖脈原訂　清石印本　一冊　存二卷（中、下）

410000－2204－0003117　108.5/151

四書近指二十卷　（清）孫奇逢纂　清康熙元年（1662）中州學署刻本　五冊

410000－2204－0003118　210.5/5

地球韻言四卷　（清）張士瀛撰　清光緒二十九年（1903）上海同文印書局鉛印本　一冊　存二卷（一至二）

410000－2204－0003119　210.5/5

老殘游記四卷　（清）劉鶚撰　清石印本　一冊　存一卷（三）

410000－2204－0003120　210.5/5

校碑隨筆□□卷　方若著　清石印本　一冊

存一卷(二)

410000－2204－0003121　108.5/152
四書本義彙參三十六卷首四卷　(清)王步青輯　清石印本　一冊　存一卷(下孟)

410000－2204－0003122　202.2/26
欽定明鑑二十四卷首一卷　(清)托津等撰　清同治九年(1870)湖北崇文書局刻本　五冊　存十五卷(一至十四、首一卷)

410000－2204－0003123　103/98
欽定詩經傳說彙纂二十一卷首二卷詩序二卷　(清)王鴻緒等撰　清同治十年(1871)湖北崇文書局刻本　六冊　存十二卷(一至十,首二卷)

410000－2204－0003124　409.6/32
投時秘要一卷　題(清)抱樸生輯　清光緒二十四年(1898)許昌二酉堂刻本　一冊

410000－2204－0003125　301/27
子史精華一百六十卷　(清)吳士玉　(清)吳襄等纂　清刻本　七冊　存二十八卷(一百六至一百三十三)

410000－2204－0003126　302/123
顏習齋先生[元]年譜二卷　(清)李塨纂　清光緒定州王氏刻畿輔叢書本　二冊

410000－2204－0003127　409.6/32
家庭談話四卷　(清)學部編譯圖書局編　清光緒三十三年(1907)學部圖書局石印本　一冊

410000－2204－0003128　202.1/129
資治通鑑綱目五十九卷　(宋)朱熹撰　清刻本　十一冊　存十八卷(十至二十七)

410000－2204－0003129　202.2/26－1
欽定明鑑二十四卷首一卷　(清)托津等撰　清同治九年(1870)湖北崇文書局刻本　十冊

410000－2204－0003130　202.1/130
資治通鑑綱目五十九卷　(宋)朱熹撰　清康熙十四年(1675)同文堂刻本　七冊　存九卷(一至二、八至九、二十一至二十五)

410000－2204－0003131　202.1/131
資治通鑑綱目五十九卷　(宋)朱熹撰　清刻本　六冊　存二卷(一至二)

410000－2204－0003132　315/36
老子道德經二卷　(三國魏)王弼注　清刻本　一冊

410000－2204－0003133　202.1/132
資治通鑑綱目五十九卷　(宋)朱熹撰　清刻本　五冊　存十卷(二十至二十九)

410000－2204－0003134　408/243
青墅詩鈔初刻十卷青墅讀史雜感十三卷　(清)鄭大謨撰　清嘉慶三年(1798)桑薴古園刻本　四冊　存八卷(詩鈔初刻一至四、雜感讀史一至四)

410000－2204－0003135　315/36
易知編四卷　(清)李廷遴輯　清刻本　一冊　存一卷(四)

410000－2204－0003136　108.5/153
四書疏注撮言大全三十七卷　(清)胡蓉芝輯　(清)紀昀鑒定　清刻本　十三冊

410000－2204－0003137　108.5/154
增刪四書講義彙通三十卷　(清)李戴禮纂輯　清康熙三十二年(1693)百城樓刻本　二十四冊

410000－2204－0003138　313/108
寄傲山房塾課新增幼學故事瓊林四卷首一卷　(清)程登吉撰　(清)鄒聖脉增補　清積秀堂刻本　四冊

410000－2204－0003139　101/116
易經精華六卷首一卷末一卷　(清)薛嘉穎輯　清光緒十六年(1890)刻本　六冊

410000－2204－0003140　101/116
周禮精華六卷　(清)陳龍標輯　清光緒十六年(1890)刻本　六冊

410000－2204－0003141　108.5/155
四書大全摘要二十卷　(清)李武纂輯　清刻本　十冊　存八卷(孟子一至四、論語六至

九)

410000－2204－0003142　108.5/156

四書大全摘要二十卷　(清)李武纂輯　清煥
文堂刻本　六冊　存四卷(孟子一至四)

410000－2204－0003143　108.5/157

四書大全摘要二十卷　(清)李武纂輯　清煥
文堂刻本　七冊　存八卷(論語一至二、五，
孟子一至五)

410000－2204－0003144　108.5/158

四書經注集證十九卷　(清)吳昌宗輯　清嘉
慶三年(1798)江都汪氏刻本　八冊　存十卷
(大學一、中庸一、論語一至八)

410000－2204－0003145　101/126

周禮精華六卷　(清)陳龍標輯　清道光十二
年(1832)刻本　四冊

410000－2204－0003146　108.5/159

四書反身錄八卷　(清)李顒撰　清道光二十
年(1840)刻本　四冊

410000－2204－0003147　108.5/160

讀四書叢說八卷　(元)許謙撰　清同治十一
年(1872)永康胡氏退補齋刻本　二冊　存五
卷(中庸下,論語上、下,孟子上、下)

410000－2204－0003148　108.5/161

四書或問語類集解釋注大全四十一卷　(清)
朱良玉纂輯　清光裕堂刻本　二冊　存二卷
(孟子一、七)

410000－2204－0003149　402/16

梁簡文帝集八卷　(南朝梁)簡文帝蕭綱撰
清宣統三年(1911)上海書局刻本　一冊

410000－2204－0003150　315/37

莊子因六卷　(清)林雲銘評述　清刻本
一冊

410000－2204－0003151　108.5/161

四書或問語類集解釋注大全四十一卷　(清)
朱良玉纂輯　清刻本　一冊　存一卷(孟子
十一)

410000－2204－0003152　308.5/10

鼎刻欽天監戈先生校定子平淵海大全七卷
(清)戈承科著　清光緒二十六年(1900)刻本
一冊

410000－2204－0003153　110.4/26

韻歧五卷　(清)江昱輯　清光緒七年(1881)
刻本　一冊　存一卷(一)

410000－2204－0003154　308.5/10

新鋟希夷陳先生紫微斗數全書四卷　(宋)陳
搏撰　清文光堂刻本　一冊

410000－2204－0003155　110.4/26

禪宗正指三卷　(清)劉體恕編　清刻本
一冊

410000－2204－0003156　110.4/26

性命雙修萬神圭旨四卷　題(明)尹真人授
明刻本　一冊　存一卷(亨)

410000－2204－0003157　204.12/6＋1

熙朝人鑒二集八卷首二卷　(清)張之萬輯
清宣統二年(1910)刻本　一冊　存三卷(上
集一至二,首一)

410000－2204－0003158　311.1/21

望嵩堂李氏蒙求補注二卷　(唐)李瀚撰
(清)鄭道印輯　清刻本　一冊

410000－2204－0003159　311.1/21

幼學格言要錄一卷　(清)賈之彥輯　清康熙
五十二年(1713)刻本　一冊

410000－2204－0003160　314.2/3

節孝真經二卷　(□)□□撰　清光緒三十三
年(1907)刻本　一冊

410000－2204－0003161　314.2/3

小學弦歌八卷　(清)李元度輯　清刻本　三
冊　存五卷(二至六)

410000－2204－0003162　314.2/4

觀音濟度本願真經二卷　(清)彭德源撰　清
康熙五年(1666)刻本　一冊

410000－2204－0003163　314.2/4

觀音濟度本願真經二卷　(清)彭德源撰　清
刻本　一冊　存一卷(下)

410000 – 2204 – 0003164　403/34

新訂解人頤廣集八卷　（清）胡澹菴輯　（清）錢德蒼重訂　清刻本　一冊　存二卷（四至五）

410000 – 2204 – 0003165　403/34

注釋唐詩三百首□□卷　（清）蘅塘退士（孫洙）編　清石印本　一冊　存三卷（一至三）

410000 – 2204 – 0003166　108.5/163

增訂四書析疑二十三卷　（清）張權時輯　清刻本　六冊　存九卷（論語二至七、孟子一至三）

410000 – 2204 – 0003167　108.5/164

增訂四書析疑二十三卷　（清）張權時輯　清刻本　六冊　存四卷（孟子一至四）

410000 – 2204 – 0003168　409.7/7

欽定本朝四書文不分卷　（清）方苞輯　清刻本　十冊

410000 – 2204 – 0003169　110.3/91

康熙字典十二集三十六卷總目一卷檢字一卷辨似一卷等韻一卷補遺一卷備考一卷　（清）張玉書等撰　清刻本　六冊　存六卷（午、未）

410000 – 2204 – 0003170　308.3/11

陽宅大全圖說十卷　（明）周繼撰　清上海埽葉山房石印本　二冊

410000 – 2204 – 0003171　212.1/38

皇朝經世文編一百二十卷　（清）賀長齡輯　清鉛印本　十八冊　存九十一卷（三十至一百二十）

410000 – 2204 – 0003172　315/39

聖經摘要不分卷　（清）□□撰　清咸豐五年（1855）刻本　二冊

410000 – 2204 – 0003173　205.2/26

關帝志四卷　（清）張鎮輯　清刻本　一冊　存一卷（二）

410000 – 2204 – 0003174　205.1/21

李鴻章十二章　梁啟超著　清光緒二十七年

（1901）石印本　一冊

410000 – 2204 – 0003175　205.1/21

各省諮議局及議員選舉章程一卷　奕劻等編　清光緒三十四年（1908）中國圖書公司鉛印本　一冊

410000 – 2204 – 0003176　205.1/21

城鎮鄉地方自治及選舉章程一卷　（清）□□編　清光緒三十四年（1908）中國圖書公司鉛印本　一冊

410000 – 2204 – 0003177　212.1/39

三通序一卷　（唐）杜佑等撰　清刻本　一冊

410000 – 2204 – 0003178　107/9

節孝圖說一卷　（清）郭鳳桐纂　（清）謝泰階編　清光緒十二年（1886）刻本　一冊

410000 – 2204 – 0003179　107/9

言子文學錄三卷首一卷末一卷　（春秋）言偃撰　（清）言如泗輯　（清）言家駒補輯　清光緒二十五年（1899）刻本　一冊

410000 – 2204 – 0003180　210.36/5

洛陽伽藍記五卷　（北魏）楊衒之撰　清光緒二年（1876）刻本　一冊

410000 – 2204 – 0003181　210.36/5

秘藏指南二卷　（清）趙鉞編　清道光二十七年（1847）刻本　一冊

410000 – 2204 – 0003182　302/125

養正遺規摘鈔一卷補鈔一卷　（清）陳宏謀編　清同治七年（1868）湖北崇文書局刻本　一冊

410000 – 2204 – 0003183　302/125

刑家會心集二卷　（清）林筠谷輯　清嘉慶十五年（1810）刻本　二冊

410000 – 2204 – 0003184　302/125

生人眼目二卷　（清）□□輯　清同治二年（1863）刻本　一冊

410000 – 2204 – 0003185　308.6/10

雪心賦正解四卷　（唐）卜應天著　（清）孟浩注　清玉田齋刻本　一冊

410000 – 2204 – 0003186　308.6/10

勾瞿山房詩集一卷　(清)釋如琇著　清刻本
　一冊

410000 – 2204 – 0003187　308.6/10

夏小正四卷　(漢)戴德傳　(清)任兆麟補注
　(清)武士選輯定　清約六家塾刻本　一冊

410000 – 2204 – 0003188　409.2/59

試帖百篇最豁解不分卷　(清)王澤泩評注
　清乾隆五十九年(1794)式文齋刻本　一冊

410000 – 2204 – 0003189　409.2/59

試帖百篇最豁解四卷　(清)王澤泩評注　清
　刻本　一冊　存二卷(三至四)

410000 – 2204 – 0003190　315/40

暗室燈二卷　題(清)深山居士輯　清光緒九
　年(1883)刻本　一冊

410000 – 2204 – 0003191　315/40

暗室燈二卷　題(清)深山居士輯　清刻本
　一冊

410000 – 2204 – 0003192　302/127

詳注普通歌訣全書初編五卷　(清)馮丙然輯
　清光緒二十八年(1902)刻本　二冊　存四
　卷(經學、理學、子學、掌故學)

410000 – 2204 – 0003193　302/127

韻選辨異一卷　(清)姚文田輯　清道光二十
　九年(1849)刻本　一冊

410000 – 2204 – 0003194　502/6

李恕谷[塨]先生年譜五卷　(清)馮辰撰　清
　光緒五年(1879)定州王氏謙德堂刻畿輔叢書
　本　一冊　存二卷(一至二)

410000 – 2204 – 0003195　313/111

驚風辨證必讀書不分卷　(清)劉德馨輯　清
　光緒二十七年(1901)上元江氏刻本　一冊

410000 – 2204 – 0003196　313/111

張仲景傷寒論辯證廣注十卷首一卷　(清)汪
　琥辯注　清刻本　一冊　存一卷(四)

410000 – 2204 – 0003197　108.2/46

孟子外書四卷　(宋)熙時子(劉攽)撰　清刻

本　一冊

410000 – 2204 – 0003198　201.3/134

晉書一百三十卷　(唐)太宗李世民撰　清刻
本　二冊　存十四卷(八十二至九十五)

410000 – 2204 – 0003199　108.2/46

性理字訓一卷　(宋)程若庸撰　清刻本
一冊

410000 – 2204 – 0003200　101/119

易經音訓不分卷　(清)楊國楨撰　清刻本
一冊　存一卷(二)

410000 – 2204 – 0003201　108.2/46

崇文書局彙刻書　(清)崇文書局輯　清光緒
湖北崇文書局刻本　一冊　存二種三卷

410000 – 2204 – 0003202　101/119

欽定書經傳說彙纂二十一卷首二卷書序一卷
　(清)王頊齡等撰　清同治十年(1871)湖北
崇文書局刻本　一冊　存二卷(一至二)

410000 – 2204 – 0003203　302/129

大學聖經要錄四卷　(清)賈之彥錄　清瀍濱
刻本　一冊　存二卷(一至二)

410000 – 2204 – 0003204　409.7/5

欽定隆萬四書文不分卷　(清)方苞輯　清刻
本　二冊

410000 – 2204 – 0003205　409.7/5

欽定正嘉四書文不分卷　(清)方苞輯　清刻
本　二冊

410000 – 2204 – 0003206　104.4/13

新定三禮圖二十卷　(宋)聶崇義撰　清刻本
　一冊　存九卷(十二至二十)

410000 – 2204 – 0003207　302/129

好人歌一卷　(明)呂坤撰　清刻本　一冊

410000 – 2204 – 0003208　409.7/8

欽定本朝四書文不分卷　(清)方苞輯　清刻
本　四冊

410000 – 2204 – 0003209　104.4/13

易學啓蒙四卷附啓蒙五贊一卷　(宋)朱熹著

清光緒元年(1875)刻本　一冊

410000－2204－0003210　315/42

暗室燈二卷　題(清)深山居士輯　清光緒二十三年(1897)刻本　一冊

410000－2204－0003211　315/42

暗室燈二卷　題(清)深山居士輯　清道光二十八年(1848)刻本　一冊

410000－2204－0003212　315/42

暗室燈二卷　題(清)深山居士輯　清錢塘項爾康刻本　一冊

410000－2204－0003213　108.5/165

四書或問語類集解釋注大全四十一卷　(清)朱良玉纂輯　清刻本　二冊　存二卷(孟子九、十二)

410000－2204－0003214　108.5/166

四書類典賦二十四卷　(清)甘紱著　清嘉慶二年(1797)刻本　十六冊

410000－2204－0003215　108.5/167

四書異同商□□卷　(清)黃鶴撰　清咸豐刻本　六冊　存四卷(上論一、下論一、上孟一、中孟一)

410000－2204－0003216　108.5/168

四書摭餘說七卷　(清)曹之升輯　清嘉慶三年(1798)刻　六冊

410000－2204－0003217　302/131

河南程氏遺書二十五卷　(宋)程顥　(宋)程頤撰　清刻本　八冊　存十七卷(一至十七)

410000－2204－0003218　108.5/169

四書貫解十九卷　(清)朱良玉纂　清刻本　二冊　存五卷(孟子一至五)

410000－2204－0003219　302/132

性理體注標題講義八卷　(清)張道升　(清)仇廷桂纂　(清)徐鏘增訂　清增美堂刻本　二冊　存四卷(一至四)

410000－2204－0003220　302/132

性理體注訓解標題八卷　(清)張道升　(清)仇廷桂纂　清保德堂刻本　一冊　存二卷

(三至四)

410000－2204－0003221　410/65

應試唐詩類釋十九卷　(清)臧岳編　清刻本　五冊

410000－2204－0003222　104.1/46

周官精義十二卷　(清)連斗山編　清光緒三十年(1904)刻本　六冊

410000－2204－0003223　309.1/12

肅親王遺墨一卷　愛新覺羅善耆書　清宣統元年(1909)京華書局石印本　一冊

410000－2204－0003224　108.5/170

增補四書精繡圖像人物備考十二卷　(明)薛應旂撰　(明)陳仁錫增訂　清嘉慶三年(1798)刻本　三冊　存九卷(一至六、十至十二)

410000－2204－0003225　108.5/171

四書類典賦二十四卷　(清)甘紱著　清刻本　七冊　存十六卷(五至十二、十七至二十四)

410000－2204－0003226　104.1/47

周禮十二卷　(漢)鄭玄注　(唐)陸德明音義　清光緒十二年(1886)湖北官書處刻本　四冊

410000－2204－0003227　104.1/56

春秋穀梁傳十二卷　(晉)范甯集解　(唐)陸德明音義　清刻本　三冊　存九卷(四至十二)

410000－2204－0003228　104.1/48

周禮注疏刪翼三十卷　(明)王志長輯　(明)葉培恕定　清刻本　五冊　存九卷(一至五、二十七至三十)

410000－2204－0003229　109.3/4

國朝先正事略六十卷　(清)李元度撰　清同治五年(1866)循陔草堂刻本　六冊　存十三卷(一、二十三至三十四)

410000－2204－0003230　215/38

讀史兵略四十六卷　(清)胡林翼撰　清刻本

三冊　存十八卷(二十九至四十六)

410000－2204－0003231　108.5/172

新訂四書補注備旨十卷　(明)鄧林撰　清文盛堂刻本　七冊　存八卷(大學一卷、中庸一卷、論語三至四、孟子四卷)

410000－2204－0003232　108.3/10

四書大全學知録二十三卷　(清)許泰交纂輯　清三槐堂刻本　一冊　存二卷(中庸一至二)

410000－2204－0003233　108.5/175

四書彙徵□□卷　(清)陳智錫等輯　清刻本　六冊　存二十三卷(孟子一至八、論語六至二十)

410000－2204－0003234　108.5/176

康熙字典點畫較正四書集注真本□□卷　(清)□□輯　清乾隆二十九年(1764)刻本　一冊　存五卷(辯字一、句辯一、人物附攷一、大學一、中庸一)

410000－2204－0003235　108.5/176

四書朱子本義滙叅四十三卷首四卷　(清)王步青輯　(清)王士鼇編　清敦復堂刻本　一冊　存一卷(論語十四)

410000－2204－0003236　209.2/97

[乾隆]河南府志一百十六卷首四卷　(清)施誠修　(清)童鈺　(清)裴希純纂　清刻本　十四冊　存四十八卷(十七至四十二、四十六至五十四、七十至七十二、八十九至九十二、九十九至一百、一百六至一百八,首一卷)

410000－2204－0003237　108.1/23

論語集注本義彙叅二十卷　(清)王步青輯　清乾隆敦復堂刻本　九冊　存十卷(十一至二十)

410000－2204－0003238　409.2/62

高王多心藥師聖經合璧一卷　(清)□□輯　清光緒八年(1882)刻本　一冊

410000－2204－0003239　108.1/23

論語集注本義彙叅二十卷　(清)王步青輯

清乾隆敦復堂刻本　一冊　存一卷(十五)

410000－2204－0003240　314.2/6

詩經體注大全合叅八卷　(清)高朝瓔定　(清)沈世楷輯　清刻本　一冊　存二卷(一至二)

410000－2204－0003241　409.2/62

名言彙鑑四卷　(清)呂永輝輯　清光緒八年(1882)中州鶴湖家塾呂氏篤實堂刻本　一冊　存二卷(一至二)

410000－2204－0003242　408/248

南華山人詩鈔十六卷　(清)張鵬翀撰　清乾隆刻本　一冊　存四卷(八至十一)

410000－2204－0003243　302/134

是人便讀二卷附戒淫詩一卷　題(清)苦口老人著　清同治六年(1867)刻本　一冊

410000－2204－0003244　302/134

觀音心經真解一卷　(清)覺真子注解　清光緒十八年(1892)刻本　一冊

410000－2204－0003245　302/134

共學譜一卷附敬勝編一卷　(清)楊孝廉著　清光緒二十四年(1898)明道書院刻本　一冊

410000－2204－0003246　209.2/100

[乾隆]河南府志一百十六卷首四卷　(清)施誠修　(清)童鈺　(清)裴希純纂　清刻本　五冊　存二十八卷(一至十六、二十九至三十五、四十六至五十)

410000－2204－0003247　302/134

銀海精微二卷　(唐)孫思邈原輯　(清)周亮節較正　清刻本　一冊

410000－2204－0003248　101/120

周易義傳合訂十五卷　(宋)朱熹本義　(宋)程頤傳文　(清)張道緒音釋　清刻本　一冊　存二卷(五至六)

410000－2204－0003249　209.2/101

[乾隆]河南府志一百十六卷首四卷　(清)施誠修　(清)童鈺　(清)裴希純纂　清刻本　四冊　存二十卷(一至二十)

410000－2204－0003250　101/120

周易本義啓蒙通刊十四卷首一卷周易經二卷
（清）吳世尚更定　清嘉慶七年（1802）敦化堂刻本　二冊　存四卷（四至六、首一卷）

410000－2204－0003251　409.3/53

五朝詩別裁集　（清）沈德潛　（清）陳培脉選
清掃葉山房石印本　十二冊　存四種四十三卷

410000－2204－0003252　408/246

湯子遺書十卷首一卷　（清）湯斌撰　清同治九年（1870）刻本　一冊　存一卷（首一卷）

410000－2204－0003253　408/246

增訂立命功過格二卷首一卷末一卷　（清）寶佩蘅鑒定　清同治六年（1867）刻本　一冊

410000－2204－0003254　408/247

紅樓夢偶說二卷　題（清）晶三蘆月舍居士撰
清光緒二年（1876）簣覆山房刻本　二冊

410000－2204－0003255　104.4/14

禮書綱目八十五卷首三卷　（清）江永撰　清刻本　九冊　存四十一卷（一至四十一）

410000－2204－0003256　209.2/102

[乾隆]續河南通志八十卷首四卷　（清）阿思哈［清］嵩貴纂修　清乾隆三十二年（1767）刻清至民國間補刻本　八冊　存二十卷（九至十一、十八至三十四）

410000－2204－0003257　201.3/15

史記一百三十卷　（漢）司馬遷撰　（南朝宋）裴駰集解　清刻本　一冊　存六卷（一百二十二至一百二十七）

410000－2204－0003258　201.3/15

前漢書一百卷　（漢）班固撰　（唐）顏師古注　清刻本　二冊　存九卷（六十六至七十四）

410000－2204－0003259　108.5/178

日講四書解義二十六卷　（清）喇沙里等撰　清康熙十六年（1677）刻本　三冊　存三卷（一至三）

410000－2204－0003260　201.3/15

孟子集注大全十四卷　（明）胡廣等輯　清刻本　一冊　存二卷（九至十）

410000－2204－0003261　201.3/15

宋邵康節先生伊川擊壤集十卷　（宋）邵雍撰　清刻本　一冊　存二卷（九至十）

410000－2204－0003262　302/137

呻吟語六卷　（明）呂坤撰　清同治刻本　六冊

410000－2204－0003263　302/138

呻吟語六卷　（明）呂坤撰　清乾隆刻本　二冊　存三卷（四至六）

410000－2204－0003264　101/122

經典釋文三十卷　（唐）陸德明撰　清刻本　四冊　存十卷（一至十）

410000－2204－0003265　408/249

峯泖去思集一卷　（清）顧鍾泰等著　清光緒二十六年（1900）刻本　一冊

410000－2204－0003266　209.2/103

[乾隆]河南府志一百十六卷首四卷　（清）施誠修　（清）童鈺　（清）裴希純纂　清刻本　四冊　存十七卷（五十五至六十四、九十六至九十八、一百一至一百四）

410000－2204－0003267　212.2/8

皇朝祭器樂舞錄二卷　（清）徐暢達輯　清同治十年（1871）楚北崇文書局刻本　一冊

410000－2204－0003268　212.2/8

嘉懿集初鈔四卷　（清）高塇輯　清乾隆五十四年（1789）刻本　一冊　存一卷（一）

410000－2204－0003269　408/248

李賀詩集一卷　（唐）李賀撰　清刻本　一冊

410000－2204－0003270　402/17

潛菴先生遺稿五卷　（清）湯斌著　（清）閻興邦評　清刻本　一冊　存一卷（二）

410000－2204－0003271　408/248

杜詩詳注二十五卷首一卷附編二卷　（唐）杜甫撰　（清）仇兆鰲輯注　清刻本　一冊　存一卷（二）

410000 – 2204 – 0003272　402/17

新書十卷　(漢)賈誼撰　清光緒元年(1875)
湖北崇文書局刻本　一冊

410000 – 2204 – 0003273　302/139

關聖全書六卷　(清)洪範撰　清道光八年
(1828)刻本　一冊

410000 – 2204 – 0003274　302/139

濟世活人編□□卷　(清)毛守蕙著　清刻本
一冊　存二卷(一至二)

410000 – 2204 – 0003275　305/13

庸吏庸言一卷附庸吏餘談一卷　(清)劉衡撰
清刻本　一冊

410000 – 2204 – 0003276　305/13

重刊代耕架圖說一卷　(明)王徵著　清刻本
一冊

410000 – 2204 – 0003277　305/13

棉業圖說八卷首一卷　(清)農工商部編　清
宣統二年(1910)鉛印本　一冊　存四卷(一
至四)

410000 – 2204 – 0003278　302/141

治平大略四卷　(清)張秉直著　清光緒元年
(1875)傳經堂刻本　一冊

410000 – 2204 – 0003279　103/101

詩經八卷　(宋)朱熹集傳　清石印本　一冊
存一卷(五)

410000 – 2204 – 0003280　103/101

詩經八卷　(宋)朱熹集傳　清宣統三年
(1911)上海章福記石印本　一冊　存二卷
(一至二)

410000 – 2204 – 0003281　302/141

新刻法筆驚天雷四卷　(清)□□著　清刻本
一冊　存二卷(一至二)

410000 – 2204 – 0003282　302/141

養真集不分卷　題(清)養真道人撰　清同治
十二年(1873)九曲明珠堂刻本　一冊

410000 – 2204 – 0003283　103/101

詩經正文□□卷　(□)□□撰　清刻本　一

册　存二卷(一至二)

410000 – 2204 – 0003284　103/101

就正齋語錄□□卷　(清)吳曰慎著　清刻本
一冊　存一卷(五)

410000 – 2204 – 0003285　103/101

四書集註十九卷　(宋)朱熹撰　清石印本
一冊　存五卷(論語一至五)

410000 – 2204 – 0003286　108.4/4

中庸注一卷　康有為著　清光緒二十七年
(1901)鉛印本　一冊

410000 – 2204 – 0003287　308.3/12

求子良方四卷　(清)□□輯　清道光二十年
(1840)刻本　一冊　存二卷(三至四)

410000 – 2204 – 0003288　308.3/12

宅譜修方催生二卷　題(清)清江子編　清刻
本　一冊

410000 – 2204 – 0003289　409.5/9

寧都三魏全集　(清)林時益輯　清道光二十
五年(1845)寧都謝庭綏綵園書塾刻本　十六
冊　存四種三十卷

410000 – 2204 – 0003290　110.3/92

山堂肆考二百四十卷　(明)彭大翼纂著
(明)張幼學編輯　明刻本　一冊　存三卷
(角集二十八至三十)

410000 – 2204 – 0003291　101/123

周易四卷　(宋)朱熹本義　清慎詒堂刻本
二冊

410000 – 2204 – 0003292　409.4/10

明道書院鈔存五卷續編四卷末一卷　(清)黃
舒昺撰　清光緒二十五年(1899)刻本　四冊

410000 – 2204 – 0003293　501/67

子書百家　(清)崇文書局輯　清光緒元年
(1875)湖北崇文書局刻本　七冊　存二十一
種五十六卷

410000 – 2204 – 0003294　101/123

易經體注大全合參四卷　(清)李兆賢緝著
清致和堂刻本　一冊

410000－2204－0003295　210.1/11

華陽國志十二卷　（晉）常璩著　清刻本　一冊　存三卷（蜀志、南中志、公孫述劉牧二志）

410000－2204－0003296　101/123

易經體注大全合參四卷　（清）范翔鑑　（清）李兆賢緝著　（清）來爾繩糸　清刻本　一冊　存一卷（一）

410000－2204－0003297　210.1/11

賦學正鵠十卷　（清）李元度輯　清刻本　一冊　存三卷（八至十）

410000－2204－0003298　315/46

玉歷鈔傳警世不分卷附敬信錄一卷　（□）□□撰　清道光十四年（1834）刻本　一冊

410000－2204－0003299　315/46

指玄篇上集律詩一卷絕句一卷　題（唐）呂真人（呂嵒）著　清同治元年（1862）刻本　一冊

410000－2204－0003300　209.2/104

[乾隆]續河南通志八十卷首四卷　（清）阿思哈　（清）嵩貴纂修　清乾隆三十二年（1767）刻清至民國間補刻本　七冊　存二十九卷（一至二十九）

410000－2204－0003301　408/252

國朝詩選十四卷　（清）彭廷梅選　（清）張大法　（清）易祖愉輯　清乾隆十四年（1749）金陵書坊刻本　七冊　存八卷（一至八）

410000－2204－0003302　110.3/93

康熙字典十二集三十六卷總目一卷檢字一卷辨似一卷等韻一卷補遺一卷備考一卷　（清）張玉書等撰　清刻本　六冊　存六卷（寅至卯）

410000－2204－0003303　108.5/179

四書貫解旁訓十九卷　（清）朱良玉纂輯　清澹明軒刻本　四冊

410000－2204－0003304　404/44

明道文集五卷　（宋）程顥撰　清刻本　七冊

410000－2204－0003305　108.5/180

欽定本朝四書文不分卷　（清）方苞輯　清刻

本　四冊

410000－2204－0003306　201.1/135

三國志六十五卷　（晉）陳壽撰　（南朝宋）裴松之集注　（明）陳仁錫評閱　明刻本　十一冊　存十六卷（魏書二至四、六至九、十一至十四、十九至二十三）

410000－2204－0003307　108.5/181

集虛齋四書口義十卷　（清）方棻如著　清乾隆五十九年（1794）刻本　十冊

410000－2204－0003308　108.5/182

增補四書精繡圖像人物備考十二卷　（明）薛應旂撰　（明）陳仁錫增訂　清嘉慶三年（1798）刻本　八冊

410000－2204－0003309　201.3/24＋3

明史三百三十二卷目錄四卷　（清）張廷玉等撰　清刻本　七冊　存四十卷（一百二十九至一百六十四、一百七十一至一百七十四）

410000－2204－0003310　204.12/11

學蔀通辯十二卷　（明）陳建撰　清光緒十八年（1892）刻西京清麓叢書本　一冊　存三卷（十至十二）

410000－2204－0003311　204.12/11

區田編加注一卷　（清）李廷樟撰　清宣統二年（1910）奇文齋石印本　一冊

410000－2204－0003312　201.3/24＋4

明史三百三十二卷目錄四卷　（清）張廷玉等撰　清光緒三年（1877）湖北崇文書局刻本六冊　存二十六卷（二百七至二百二十八、目錄四卷）

410000－2204－0003313　104.1/49

周禮六卷　（漢）鄭玄注　（唐）陸德明音義（明）秦鑌訂正　清刻本　一冊　存三卷（一至三）

410000－2204－0003314　204.12/11

江楚會奏變法摺三摺　（清）劉坤一　（清）張之洞撰　清光緒二十七年（1901）鉛印本一冊

410000－2204－0003315　104.1/49

周禮集解節要六卷　（清）高紫超（高愈）撰
（清）鄧愷纂訂　清刻本　一冊　存三卷（一
至三）

410000－2204－0003316　108.5/183

四書大全四十卷　（清）陸隴其輯　清刻本
五冊　存四卷（大學大全章句一卷、大學或問
一卷,中庸大全章句二卷）

410000－2204－0003317　409.2/64

新鐫五言千家詩箋註二卷　（清）王相選注
清成文堂刻本　一冊　存一卷（下）

410000－2204－0003318　104.1/49

周禮精義六卷首一卷　（清）黃淦撰　清刻本
一冊　存四卷（三至六）

410000－2204－0003319　409.2/64

歷科圖表句解不分卷　（清）劉慎修選輯
（清）汪基增訂　清雍正二年（1724）刻本
一冊

410000－2204－0003320　104.1/49

儀禮精義不分卷補編一卷　（清）黃淦纂　清
嘉慶十五年（1810）刻七經精義本　二冊

410000－2204－0003321　302/143

聖諭廣訓不分卷　（清）聖祖玄燁撰　（清）世
宗胤禛廣訓　清刻本　一冊

410000－2204－0003322　404/44

入洛集一卷　（清）陸吾山（陸襄鉞）等撰　清
光緒六年（1880）刻本　一冊

410000－2204－0003323　210.1/12

日下舊聞四十二卷補遺四十二卷　（清）朱彝
尊會粹　（清）朱昆田補遺　清刻本　三冊
存十八卷（十七至十九、二十九至三十一、四
十至四十二,補遺十七至十九、二十九至三十
一、四十至四十二）

410000－2204－0003324　404/44

六一居士外集錄二卷　（宋）歐陽修撰　清刻
本　一冊

410000－2204－0003325　408/253

蘿藦亭遺詩四卷　（清）喬松年撰　清光緒七
年（1881）刻本　一冊　存一卷（一）

410000－2204－0003326　408/253

任子遺書一卷　（清）任孔昭集　清光緒二十
二年（1896）刻本　一冊

410000－2204－0003327　409.2/65

文選六十卷　（南朝梁）蕭統輯　（唐）李善注
清汲古閣刻本　一冊　存五卷（三十六至
四十）

410000－2204－0003328　409.2/65

江左制義輯存三卷　王先謙輯　清光緒十四
年（1888）刻本　一冊　存一卷（一）

410000－2204－0003329　504/24

隨園三十種　（清）袁枚撰　清刻本　四冊
存四種十六卷

410000－2204－0003330　302/145

人範六卷　（清）蔣元輯　清光緒二十七年
（1901）廣雅書局刻本　一冊

410000－2204－0003331　110.4/28

四聲切韻表一卷　（清）江永編　清宣統二年
（1910）清麓精舍刻本　一冊

410000－2204－0003332　409.1/83

文章練要左傳評十卷　（清）王源評訂　清乾
隆九年（1744）居業堂刻本　二冊　存五卷
（一至三、九至十）

410000－2204－0003333　302/146

聖學入門書三卷　（清）陳瑚著　清道光三十
年（1850）刻本　一冊

410000－2204－0003334　302/146

明道書院約言三卷　（清）黃舒昺輯　清光緒
二十四年（1898）刻本　一冊

410000－2204－0003335　409.2/66

賦學正鵠十卷　（清）李元度輯　清同治十年
（1871）爽谿書院刻本　一冊　存一卷（一）

410000－2204－0003336　501/68

十一經音訓　（清）楊國楨撰　清道光十年
（1830）大梁書院刻本　一冊　存二種

410000－2204－0003337　409.2/66
同仁堂虔修諸門應症丸散膏丹一卷　（清）樂
鳳鳴輯　清刻本　一冊

410000－2204－0003338　501/68
讀書記疑四卷　張諧之撰　清光緒二十二年
（1896）刻為己精舍藏書本　一冊

410000－2204－0003339　409.2/66
京畿金石考二卷　（清）孫星衍撰　清刻本
一冊　存一卷（一）

410000－2204－0003340　301/28
道書十二種　（清）劉一明撰　清嘉慶二十四
年（1819）常郡護國庵刻本　一冊　存二種
二卷

410000－2204－0003341　301/28
庚辰集五卷　（清）紀昀編　清刻本　一冊
存一卷（一）

410000－2204－0003342　301/28
新刻六直汪舜儀評訂神仙鑑二集□□卷
（清）徐道述　清刻本　一冊　存一卷（十四）

410000－2204－0003343　314.31/3
金剛經注一卷　（後秦）釋鳩摩羅什譯　清咸
豐元年（1851）刻本　一冊

410000－2204－0003344　314.31/3
御製勸善要言一卷　（清）世祖福臨撰　清光
緒二十三年（1897）河南書局刻本　一冊

410000－2204－0003345　410/66
新刊古今名賢品彙注釋玉堂詩選八卷　（明）
舒芬輯　（明）舒琛增補　（明）楊淙注　明刻
本　一冊　存一卷（三）

410000－2204－0003346　108.5/184
四書經史摘證七卷　（清）宋繼穜輯著　清光
緒十八年（1892）拜經精舍刻本　一冊　存四
卷（一至四）

410000－2204－0003347　108.5/191
四書大全摘要二十卷　（清）李武纂輯　清刻
本　五冊　存七卷（論語四至十）

410000－2204－0003348　410/66

正字千文二卷首一卷　（明）李登輯　（清）丁
庚挍書　（清）鄭漢訂　**右軍書法十七帖一卷**
（清）周亮登臨　（清）鄭漢較　**漢隸源流統**
署歌一卷篆瀍偏旁點畫辯一卷　（清）陳紀較
書　（清）鄭漢音釋　清莆陽鄭氏刻本　一冊

410000－2204－0003349　108.5/185
增刪四書朱子大全精言四十一卷　（清）周大
璋重訂　清乾隆三年（1738）刻本　三十一冊
存三十三卷（大學三卷、中庸四卷、論語二
至二十、孟子八至十四）

410000－2204－0003350　409.7/10
欽定本朝四書文不分卷　（清）方苞輯　清刻
本　一冊

410000－2204－0003351　308.4/14
神課金口訣六卷別錄一卷　題（明）適適子撰
清刻本　一冊　存二卷（六、別錄一卷）

410000－2204－0003352　108.5/186
四書朱子大全精言四十一卷　（清）周大璋編
輯　清寶旭齋刻本　八冊　存十卷（大學三
卷、中庸四卷、論語一至三）

410000－2204－0003353　108.5/187
四書引左彙解十卷　（清）蕭榕年纂輯　清乾
隆三十九年（1774）謙牧堂刻本　四冊

410000－2204－0003354　308.4/14
陽宅會心集三卷　（清）林筠谷著　清嘉慶十
六年（1811）刻本　一冊

410000－2204－0003355　409.7/10
續栞文廟祀位不分卷　（清）杜宗預補校　清
李觀濤刻本　一冊

410000－2204－0003356　108.5/188
四書釋義十九卷　（清）李沛霖論定　清道光
四年（1824）刻本　三冊　存十一卷（大學一、
中庸一、論語一至五、孟子四至七）

410000－2204－0003357　107/10
文昌帝君孝經合刊二卷附二十二史校感錄一
卷述夢記一卷　（清）徐桐輯　清光緒十一年
（1885）刻本　一冊

410000－2204－0003358　108.5/189

四書集注十九卷　（宋）朱熹撰　清刻本　三冊　存十七卷(論語一至十、孟子一至七)

410000－2204－0003359　107/10

孝經一卷　（唐）玄宗李隆基注　清李光明莊刻本　一冊

410000－2204－0003360　501/69

復性齋叢書　（清）王檢心輯　清咸豐六年(1856)慎修堂刻本　三冊　存三種四卷

410000－2204－0003361　107/10

了凡四訓一卷　（明）袁黃撰　**雲谷先大師傳一卷**　（明）釋德清　清刻本　一冊

410000－2204－0003362　103/104

詩經八卷　（宋）朱熹集傳　清刻本　一冊　存一卷(五)

410000－2204－0003363　103/104

四書集注十九卷　（宋）朱熹撰　清刻本　一冊　存二卷(大學一卷、中庸一)

410000－2204－0003364　215/39

綱鑑總論二卷　（清）陳受頤撰　清光緒二十七年(1901)新化三味書局刻本　一冊　存一卷(上)

410000－2204－0003365　103/104

周禮集解會參六卷　（清）高紫超(高愈)撰　（清）鄧愷纂訂　清刻本　一冊　存二卷(一至二)

410000－2204－0003366　215/39

綱鑑□□卷　（清）□□撰　清刻本　二冊　存二卷(十三、十五)

410000－2204－0003367　108.5/192

增補四書精繡圖像人物備考十二卷　（明）薛應旂撰　（明）陳仁錫增定　清乾隆二十一年(1756)四美堂刻本　五冊　存十卷(一至十)

410000－2204－0003368　107/12

孝經本義二卷首一卷　（明）呂維祺集注　清刻本　一冊

410000－2204－0003369　107/12

孝經大全二十八卷首一卷本義二卷首一卷　（明）呂維祺篹次　清刻本　二冊　存十三卷(十二至十八、二十三至二十八)

410000－2204－0003370　210.2/29

湖山便覽十二卷　（清）翟灝　（清）翟瀚輯　（清）王維翰重訂　清刻本　二冊　存四卷(三至四、七至八)

410000－2204－0003371　108.5/193

四書朱子本義彙[糸参]四十三卷首四卷　（清）王步青輯　（清）王士鼇編　清敦復堂刻本　六冊　存八卷(大學一至三、首一卷,中庸三至六)

410000－2204－0003372　108.5/194

四書類典賦二十四卷　（清）甘紱著　清乾隆三十五年(1770)刻本　十四冊　存二十一卷(一至十四、十六至十八、二十一至二十四)

410000－2204－0003373　108.5/195

四書類典賦二十四卷　（清）甘紱著　清刻本　五冊　存二十一卷(四至二十四)

410000－2204－0003374　101/128

辨志堂新輯易經集解四卷　（清）萬經輯　清康熙二十五年(1686)西爽堂刻本　一冊　存一卷(一)

410000－2204－0003375　104.1/53

周禮注疏刪翼三十卷　（明）王志長輯　（明）葉培恕定　明崇禎天德堂刻本　六冊　存十二卷(一至二、四至十三)

410000－2204－0003376　409.6/36

大梁書院課藝六卷　（清）倉景愉選輯　清光緒九年(1883)開封大梁書院刻本　一冊　存二卷(五至六)

410000－2204－0003377　402/18

曹子建集十卷　（三國魏）曹植撰　清宣統三年(1911)上海文明書局鉛印本　二冊

410000－2204－0003378　313/113

佩文韻府一百六卷　（清）張玉書等編　清嶺南潘氏海山仙館刻本　三十九冊　存三十卷

（五至七、十二至十五、三十七至四十三、五十六至六十三、六十五、七十四至七十六、八十一、九十九至一百一）

410000－2204－0003379　108.5/196
四書疏注撮言大全三十七卷　（清)胡蓉芝輯
(清)紀昀鑒定　清刻本　四冊

410000－2204－0003380　308/12
欽定協紀辨方書三十六卷　（清)允祿纂　清刻本　五冊　存五卷(二至五、九)

410000－2204－0003381　103/105
詩集傳八卷　（宋)朱熹撰　清刻本　二冊　存四卷(五至八)

410000－2204－0003382　108.5/197
四書章句集注十九卷　（宋)朱熹撰　清光緒十二年(1886)刻西京清麓叢書本　五冊　存十四卷(大學一、中庸一、論語六至十、孟子一至七)

410000－2204－0003383　108.5/198
四書章句集注十九卷　（宋)朱熹撰　清光緒十二年(1886)刻西京清麓叢書本　六冊　存十七卷(大學一,中庸一,論語一至三、六至十,孟子一至七)

410000－2204－0003384　108.5/199
四書章句集注十九卷　（宋)朱熹撰　清光緒十二年(1886)刻西京清麓叢書本　一冊　存三卷(孟子一至三)

410000－2204－0003385　108.5/199
四書章句集注十九卷　（宋)朱熹撰　清光緒十二年(1886)刻西京清麓叢書本　一冊　存三卷(孟子一至三)

410000－2204－0003386　108.5/201
四書貫解十九卷　（清)朱良玉纂輯　清三多齋刻本　四冊　存九卷(大學一卷、中庸一卷、孟子七卷)

410000－2204－0003387　108.5/203
慎詒堂四書十九卷　（宋)朱熹撰　清宏道堂刻本　四冊　存十四卷(大學一、中庸一、論

語六至十、孟子一至七)

410000－2204－0003388　108.5/202
四書貫解旁訓大全十九卷　（清)朱良玉纂輯　清宏道堂刻本　六冊

410000－2204－0003389　108.5/204
四書貫解十九卷　（清)朱良玉纂輯　清刻本　三冊　存七卷(孟子七卷)

410000－2204－0003390　103/106
詩經旁訓辨體合訂四卷　（清)徐立綱輯　清刻本　一冊　存二卷(三至四)

410000－2204－0003391　103/106
詩經旁訓辨體合訂四卷　（清)徐立綱輯　清刻本　一冊　存三卷(二至四)

410000－2204－0003392　108.5/205
新訂四書補注備旨十卷　（明)鄧林著　清刻本　七冊　存八卷(論語一至四、孟子一至四)

410000－2204－0003393　103/106
詩經融注大全體要八卷　（清)高朝瓔定(清)沈世楷輯　清三多齋刻本　一冊　存三卷(六至八)

410000－2204－0003394　103/106
詩經精華十卷　（清)薛嘉穎輯　清刻本　一冊　存一卷(一)

410000－2204－0003395　103/106
欽定詩經傳說彙纂二十一卷首二卷詩序二卷　（清)王鴻緒等撰　清刻本　一冊　存一卷(十七)

410000－2204－0003396　108.5/206
新訂四書補注備旨十卷　（明)鄧林著　清刻本　四冊　存七卷(論語一至四、孟子一至三)

410000－2204－0003397　108.5/207
四書左國彙纂四卷　（清)高其名　（清)鄭師成纂　清乾隆三十五年(1770)本立堂刻本　六冊

410000－2204－0003398　108.5/208

四書經注集證十九卷　（清）吳昌宗輯　清嘉慶三年（1798）刻本　九冊　存十二卷（大學一、中庸一、論語十卷）

410000－2204－0003399　110.3/94

康熙字典十二集三十六卷總目一卷檢字一卷辨似一卷等韻一卷補遺一卷備考一卷　（清）張玉書等撰　清刻本　七冊　存七卷（寅上中、卯，備考一卷,等韻一卷）

410000－2204－0003400　110.3/94

康熙字典十二集三十六卷總目一卷檢字一卷辨似一卷等韻一卷補遺一卷備考一卷　（清）張玉書等撰　清刻本　一冊　存一卷（戌上）

410000－2204－0003401　108.5/209

胡稚威先生四書文不分卷　（清）胡稚威撰　清光緒二十年（1894）湖南竹素書局刻本　一冊

410000－2204－0003402　409.1/84

濂洛關閩古文辭彙纂不分卷　劉人熙輯　清光緒二十二年（1896）潞河滌塵館刻本　一冊

410000－2204－0003403　409.1/84

好生救劫編五卷　題（清）敬畏齋主人編　清光緒二十二年（1896）刻本　一冊

410000－2204－0003404　409.1/84

新增繪圖幼學瓊林四卷　（清）程登吉撰（清）鄒聖脉增補　清鴻寶齋石印本　一冊　存一卷（二）

410000－2204－0003405　306.2/8

李東垣珍珠囊藥性賦二卷　（金）李東垣（李杲）輯　清刻本　一冊

410000－2204－0003406　108.5/210

新訂四書補注備旨十卷　（明）鄧林著　清刻本　二冊　存四卷（論語一至四）

410000－2204－0003407　306.2/8

天下第一書一卷　（□）□□撰　清光緒二十三年（1897）刻本　一冊

410000－2204－0003408　108.5/211

雲錦四書十九卷　（宋）朱熹撰　清致和堂刻本　二冊　存七卷（大學一、中庸一、論語六至十）

410000－2204－0003409　102/80

書經蔡傳六卷首一卷末一卷　（宋）蔡沈撰（清）孫慶甲校述　清狀元閣刻本　三冊

410000－2204－0003410　102/80

書經六卷　（宋）蔡沈集傳　清刻本　二冊　存三卷（二至四）

410000－2204－0003411　315/49

仙佛合宗語錄一卷　（明）伍守陽著　清刻本　一冊

410000－2204－0003412　306.57/4

推拿廣意三卷　（清）熊應雄撰　（清）陳世凱重訂　清石印本　一冊

410000－2204－0003413　403/37

柳河東詩集二卷目錄一卷　（唐）柳宗元撰　清宣統二年（1910）時中書局石印本　四冊

410000－2204－0003414　108.1/26

論語集注大全二十卷附考異一卷　（清）陸隴其輯　清刻本　一冊　存三卷（一至二、考異一卷）

410000－2204－0003415　306.57/4

瘟疫論補注二卷　（清）吳又可（吳有性）著　清光緒三十三年（1907）校經山房石印本　一冊

410000－2204－0003416　306.57/4

增補痘疹玉髓金鏡錄四卷首一卷　（明）翁仲仁撰　清宣統石印本　一冊

410000－2204－0003417　108.1/26

大學或問一卷　（清）陸隴其輯　清光緒元年（1875）乾陽書院刻本　一冊

410000－2204－0003418　314.2/7

小學弦歌八卷　（清）李元度輯　清刻本　一冊　存一卷（七）

410000－2204－0003419　314.2/7

太上老君說常清靜經不分卷　（□）□□撰　清刻本　一冊

410000－2204－0003420　108.5/213

四書典制類聯音注三十三卷　（清）閻其淵輯
清嘉慶元年(1796)刻本　十二冊

410000－2204－0003421　314.2/7

呂祖指玄篇秘注一卷　題(清)呂真人(呂喦)
著　清刻本　一冊

410000－2204－0003422　108.5/213

四書典制類聯音注三十三卷　（清）閻其淵輯
清刻本　二冊　存四卷(十九至二十二)

410000－2204－0003423　108.1/26

四書句辨一卷四書圖一卷人物附攷一卷
(□)□□輯　清刻本　一冊

410000－2204－0003424　110/21

龍文鞭影二卷　（明）蕭良有撰　清刻本　一
冊　存一卷(上)

410000－2204－0003425　108.5/215

殖學齋編訂四書大全二十卷　（清）王文烜錄
清雍正三樂齋刻本　十七冊　存十五卷
(論語二至三、五至十,孟子一至七)

410000－2204－0003426　110/21

高僧傳二集四十卷　（唐）釋道宣撰　清刻本
一冊　存四卷(十三至十六)

410000－2204－0003427　110/21

御選唐宋文醇五十八卷　（清）高宗弘曆選
(清)允祿等校勘　清刻本　一冊　存三卷
(四十四至四十六)

410000－2204－0003428　409.2/67

古文發蒙集六卷　（清）王相撰　清刻本　一
冊　存二卷(五至六)

410000－2204－0003429　108.4/5

中庸章句大全三卷　（明）胡廣等輯　（清）汪
份增訂　清刻本　一冊　存一卷(一)

410000－2204－0003430　108.5/216

增補四書精繡圖像人物備考十二卷　（明）薛
應旂撰　（明）陳仁錫增定　清刻本　九冊
存十一卷(二至十二)

410000－2204－0003431　108.5/217

增補四書精繡圖像人物備考十二卷　（明）薛
應旂撰　（明）陳仁錫增定　清刻本　三冊
存九卷(四至十二)

410000－2204－0003432　501/2＋5

四言閨鑑二卷　（清）馮樹森輯　清光緒三十
四年(1908)刻西京清麓叢書本　一冊

410000－2204－0003433　308.3/16

菊逸山房地理正書一卷　（唐）楊益撰　清道
光十三年(1833)刻本　二冊

410000－2204－0003434　501/2＋5

四言閨鑑二卷　（清）馮樹森輯　清光緒三十
四年(1908)刻西京清麓叢書本　一冊

410000－2204－0003435　108.5/218

四書左國彙纂四卷　（清）高其名　（清）鄭師
成纂　清萬卷樓刻本　二冊

410000－2204－0003436　501/2＋5

女學七種　（清）賀瑞麟輯　清同治至民國間
傳經堂刻西京清麓叢書本　一冊　存三種
四卷

410000－2204－0003437　407/35

胡敬齋先生居業錄四卷　（明）胡居仁撰　清
同治八年(1869)傳經堂刻西京清麓叢書本
一冊　存一卷(三)

410000－2204－0003438　108.5/219

四書引左彙解十卷　（清）蕭榕年纂輯　清乾
隆三十九年(1774)謙牧堂刻本　四冊

410000－2204－0003439　407/35

朱子增損呂氏鄉約一卷　（宋）呂大忠撰
(宋)朱熹訂　清光緒刻本　一冊

410000－2204－0003440　110.3/96

字學舉隅不分卷　（清）龍啟瑞撰　清道光二
十年(1840)刻本　一冊

410000－2204－0003441　110.3/96

字學舉隅不分卷　（清）龍啟瑞撰　清同治十
年(1871)刻本　一冊

410000－2204－0003442　110.3/96

字學舉隅不分卷　（清）龍啟瑞撰　清光緒十

一年(1885)刻本　一冊

410000－2204－0003443　302/152

日知錄一卷　(清)姚爾申撰　清道光刻本
一冊

410000－2204－0003444　313/114

淵鑑類函四百五十卷目錄四卷　(清)張英等
撰　清石印本　一冊　存十一卷(四百三至
四百十三)

410000－2204－0003445　108.5/220

大學中庸講義四卷　(清)史廷煇輯　清刻本
二冊

410000－2204－0003446　108.5/221

四書大全四十二卷　(清)汪份輯　清康熙遄
喜齋刻本　二冊　存三卷(中庸章句大全一
至三)

410000－2204－0003447　305/16

古今藥石一卷　(明)宋繡輯　清道光九年
(1829)刻本　一冊

410000－2204－0003448　305/16

蠶桑輯要二卷　(清)沈秉成撰　清光緒元年
(1875)江西書局刻本　一冊　存一卷(一)

410000－2204－0003449　201.3/80

唐書二百二十五卷　(宋)歐陽修　(宋)宋祁
等撰　清同治十二年(1873)浙江書局刻二十
四史本　十冊　存二十六卷(五十至七十五)

410000－2204－0003450　305/16

痘疹集要一卷　(清)李代棨著　清光緒二十
年(1894)劉陽之小桃源里刻本　一冊

410000－2204－0003451　215/40

群經義證八卷　(清)武億撰　清刻本　一冊

410000－2204－0003452　108.5/222

四書朱子本義滙叅四十三卷首四卷　(清)王
步青輯　(清)王士鼇編　清刻本　八冊　存
十二卷(論語六至十六、十九)

410000－2204－0003453　108.5/223

四書朱子本義滙叅四十三卷首四卷　(清)王
步青輯　(清)王士鼇編　清刻本　六冊　存

九卷(中庸六、論語一至七,首一卷)

410000－2204－0003454　107/14

歷代職官表六卷　(清)黃本驥校錄　清刻本
一冊　存二卷(五至六)

410000－2204－0003455　107/14

孝經章句一卷　(清)胡具慶述　清光緒二十
四年(1898)刻本　一冊

410000－2204－0003456　403/38

孟浩然詩集二卷　(唐)孟浩然撰　清影印本
一冊

410000－2204－0003457　104.1/54

周禮注疏刪翼三十卷　(明)王志長輯　(明)
葉培恕定　清乾隆六十年(1795)刻本　四冊
存十一卷(一至十一)

410000－2204－0003458　110/23

龍文鞭影二卷　(明)蕭良有撰　清刻本
一冊

410000－2204－0003459　110/23

龍文鞭影二卷　(明)蕭良有撰　清刻本　一
冊　存一卷(下)

410000－2204－0003460　110/23

龍文鞭影二卷　(明)蕭良有撰　清刻本　一
冊　存一卷(下)

410000－2204－0003461　110/23

龍文鞭影二卷　(明)蕭良有撰　清刻本　一
冊　存一卷(下)

410000－2204－0003462　104.1/55

周禮精義六卷首一卷　(清)黃淦撰　清嘉慶
刻本　一冊　存二卷(一至二)

410000－2204－0003463　108.5/224

新訂四書補注備旨十卷　(明)鄧林著　清宏
道堂刻本　六冊

410000－2204－0003464　104.1/55

侯鯖集十卷　(清)李友棠撰　清刻本　一冊
存二卷(六至七)

410000－2204－0003465　108.5/225

新訂四書補注備旨十卷　（明）鄧林著　清刻本　六冊

410000－2204－0003466　108.5/226

新訂四書補注備旨十卷　（明）鄧林著　清刻本　三冊　存六卷（論語一至四、下孟三至四）

410000－2204－0003467　104.1/55

唐人試律說一卷　（清）紀昀編　清學源堂刻本　一冊

410000－2204－0003468　104.1/55

朱子[熹]行狀一卷　（宋）黃榦撰　清刻本　一冊

410000－2204－0003469　108.5/227

新訂四書補注備旨十卷　（明）鄧林著　清刻本　二冊　存四卷（大學一卷、中庸一卷、孟子一至二）

410000－2204－0003470　302/153

二語合編一卷　（清）牛樹梅輯　清光緒十七年(1891)刻本　一冊

410000－2204－0003471　302/153

二語合編一卷　（清）牛樹梅輯　清光緒十七年(1891)刻本　一冊

410000－2204－0003472　108.5/228

新訂四書補注備旨十卷　（明）鄧林著　清刻本　二冊　存二卷（孟子三至四）

410000－2204－0003473　501/15－3

衛生寶鑑二十四卷補遺一卷　（元）羅天益撰　清刻惜陰軒叢書本　五冊　缺五卷（十四至十八）

410000－2204－0003474　108.5/229

新訂四書補注備旨十卷　（明）鄧林著　清刻本　一冊　存二卷（孟子一至二）

410000－2204－0003475　108.5/229

新訂四書補注備旨十卷　（明）鄧林著　清刻本　一冊　存二卷（論語三至四）

410000－2204－0003476　108.5/229

新訂四書補注備旨十卷　（明）鄧林著　清刻本　一冊　存二卷（論語一至二）

410000－2204－0003477　206.3/3

畚塘芻論二卷　（清）孫鼎臣撰　清刻本　一冊

410000－2204－0003478　108.5/229

新訂四書補注備旨十卷　（明）鄧林著　清刻本　一冊　存二卷（論語一至二）

410000－2204－0003479　108.5/229

新訂四書補注備旨十卷　（明）鄧林著　清刻本　一冊　存二卷（論語一至二）

410000－2204－0003480　108.5/229

新訂四書補注備旨十卷　（明）鄧林著　清刻本　一冊　存二卷（孟子三至四）

410000－2204－0003481　104.2/22

儀禮識誤三卷　（宋）張淳撰　清刻本　一冊

410000－2204－0003482　108.5/229

新訂四書補注備旨十卷　（明）鄧林著　清嘉慶十三年(1808)文會堂刻本　一冊　存二卷（大學一卷、中庸一卷）

410000－2204－0003483　108.5/236

四書左國彙纂四卷　（清）高其名　（清）鄭師成纂　清百尺樓刻本　一冊　存一卷（一）

410000－2204－0003484　201.3/18

金史一百三十五卷　（元）脫脫等撰　明嘉靖八年(1529)南京國子監刻本　六冊　存二十七卷（二十至二十三、五十一至五十九、九十六至九十九、一百六至一百十、一百十八至一百二十二）

410000－2204－0003485　108.5/236

文選六十卷　（南朝梁）蕭統撰　（唐）李善注　清刻本　一冊　存四卷（二十七至三十）

410000－2204－0003486　108.5/237

四書味根錄三十七卷首二卷　（清）金澂撰　清善成堂刻本　六冊　存十四卷（孟子一至十二、十四,首一卷）

410000－2204－0003487　202.2/28

北史一百卷　（唐）李延壽撰　明萬曆二十年

(1592)刻清順治至康熙遞修本　一冊　存四
卷(七十四至七十七)

410000－2204－0003488　110.1/4

小學集解校勘□□卷　(宋)朱熹撰　(清)張
伯行輯注　清刻本　一冊　存一卷(六)

410000－2204－0003489　302/155

四書經傳典考□□卷　(清)王鳳威輯　清刻
本　二冊　存八卷(一至八)

410000－2204－0003490　110.1/4

徐僕射集二卷　(南朝陳)徐陵著　清刻本
一冊

410000－2204－0003491　108.5/236

四書疏注撮言大全論語二十卷　(清)胡蓉芝
撰　清刻本　一冊　存一卷(五)

410000－2204－0003492　110.1/4

晉張景陽集一卷　(晉)張協著　清刻本
一冊

410000－2204－0003493　110.3/99

千字文一卷　(清)何桂珍撰　清刻本　一冊

410000－2204－0003494　108.5/238

四書訓蒙講義不分卷　(□)□□撰　清刻本
　一冊

410000－2204－0003495　309.2/2

蘭石畫譜四卷　(清)吳煥采繪　清光緒二十
年(1894)古蓮池華南硯北草堂刻本　四冊

410000－2204－0003496　404/45

宋大家曾文定公文鈔十卷　(宋)曾鞏撰
(明)茅坤批評　清刻本　一冊　存四卷(一
至四)

410000－2204－0003497　108.5/239

四書蒙求十九卷　(宋)朱熹集注　清道光二
十年(1840)刻本　六冊　存十七卷(論語十
卷、孟子七卷)

410000－2204－0003498　306.58/4

嵩厓尊生書十五卷　(清)景日昣撰　清刻本
　一冊　存二卷(十四至十五)

410000－2204－0003499　404/45

西州後賢志一卷　(晉)常璩著　清刻本
一冊

410000－2204－0003500　103/111

毛詩注疏二十卷　(漢)毛亨傳　(漢)鄭玄箋
　(唐)陸德明音義　(唐)孔穎達疏　明萬曆
十七年(1589)刻十三經註疏本　一冊　存三
卷(一至三)

410000－2204－0003501　306.58/4

二十二史感應錄二卷　(清)彭希涑錄　清光
緒刻本　一冊

410000－2204－0003502　104.3/115

欽定禮記義疏八十二卷首一卷　(清)鄂爾泰
等撰　清刻本　一冊　存二卷(十五至十六)

410000－2204－0003503　104.3/115

說文解字句讀補正三十卷　(清)王筠撰　清
同治九年(1870)刻本　一冊

410000－2204－0003504　110.2/21

爾雅三卷　(晉)郭璞注　清刻本　一冊　存
一卷(下前)

410000－2204－0003505　409.3/57

唐詩別裁集引典備注二十卷　(清)沈德潛選
　(清)俞汝昌增注　清刻本　一冊　存一卷
(一)

410000－2204－0003506　409.3/57

憑山閣增輯留青新集三十卷　(清)陳枚選
清刻本　一冊　存一卷(十九)

410000－2204－0003507　306.57/5

鍼灸大成十卷　(明)楊繼洲(楊濟時)撰
(清)章廷珪重修　清刻本　一冊　存一卷
(十)

410000－2204－0003508　409.1/87

校補玉海瑣記二卷　(清)張大昌撰　清光緒
十六年(1890)浙江書局刻本　一冊

410000－2204－0003509　312.1/6

五朝小說　(明)□□輯　清刻本　一冊　存
五種五卷

410000－2204－0003510　409.1/87

湯子遺書十卷附錄一卷　（清）湯斌撰　清樹德堂刻本　一冊　存二卷（一至二）

410000－2204－0003511　409.1/87

集古錄跋尾十卷　（宋）歐陽修著　清刻本　二冊　存七卷（四至十）

410000－2204－0003512　403/39

天祿閣外史八卷　（漢）黃憲著　（宋）韓泊贊　清刻本　二冊　存四卷（一至二、七至八）

410000－2204－0003513　312.1/6

慎疾芻言一卷　（清）徐大椿撰　清刻本　一冊

410000－2204－0003514　403/39

讀杜心解六卷首二卷　（清）浦起龍撰　（清）浦起麟參讀　清寧我齋刻本　一冊　存一卷（五）

410000－2204－0003515　312.1/6

狀元閣十三經集字一卷　（清）彭玉雯篆（清）萬青銓校正　清李光明莊刻朱墨套印本　一冊

410000－2204－0003516　410/68

聞式堂古文選釋八卷　（清）臧岳輯　清三樂齋刻本　一冊　存一卷（三）

410000－2204－0003517　410/68

河南監臨巡撫部院提督軍門劉示　（清）□□撰　清刻本　一冊

410000－2204－0003518　410/68

河南監臨巡撫部院提督軍門張示　（清）□□撰　清刻本　一冊

410000－2204－0003519　308.3/17

重刊人子須知資孝地理心學統宗三十八卷首一卷　（明）徐善繼　（明）徐善述著　明大文堂刻本　一冊　存二卷（一、首一卷）

410000－2204－0003520　312.1/6

聖諭條講一卷　邵松年撰　清刻本　一冊

410000－2204－0003521　410/68

新鐫吳會員增定翰林詩法十卷　（明）吳默集

明萬曆三十一年（1603）古吳德聚堂刻本　一冊

410000－2204－0003522　308.3/17

增補事類統編九十三卷首一卷　（清）黃葆真增輯　清石印本　一冊　存七卷（二十八至三十四）

410000－2204－0003523　108.1/28

四書集注十九卷　（宋）朱熹撰　清成文堂刻本　一冊　存五卷（論語一至五）

410000－2204－0003524　108.1/28

四書集注十九卷　（宋）朱熹撰　明崇禎十四年（1641）刻本　一冊　存五卷（論語六至十）

410000－2204－0003525　108.1/28

[字書]□□卷　（清）□□編　清刻本　二冊　存二卷（论语一卷、詩經一卷）

410000－2204－0003526　308.3/17

增廣詩句題解彙編四卷　（清）□□編　清石印本　一冊　存一卷（二）

410000－2204－0003527　408/256

舊雨草堂時文不分卷　（清）陳康祺撰　清同治九年（1870）刻本　一冊

410000－2204－0003528　108.3/12

怡靜齋大學中庸講義三卷　（清）閻迺姃著　清光緒二十年（1894）刻本　三冊

410000－2204－0003529　108.3/12

詩經八卷　（宋）朱熹集傳　清刻本　一冊　存一卷（五）

410000－2204－0003530　108.3/12

紀效新書十八卷首一卷　（明）戚繼光撰　清刻本　一冊　存二卷（八至九）

410000－2204－0003531　103/113

詩經旁訓辨體合訂四卷　（清）徐立綱輯　清刻本　一冊　存一卷（一）

410000－2204－0003532　103/113

大學大全或問一卷　（清）陸隴其輯　清三魚堂刻本　一冊

410000－2204－0003533　210.2/30

華嶽志八卷首一卷　（清）李榕纂　清刻本
一冊　存三卷（二至四）

410000－2204－0003534　315/53

三字鑑一卷　（清）張時中著　清光緒三十三
年(1907)刻本　一冊

410000－2204－0003535　315/53

道德真經注四卷　（元）吳澄述　清光緒元年
(1875)湖北崇文書局刻本　一冊

410000－2204－0003536　106.5/48

春秋恒解八卷　（清）劉沅輯注　清同治石印
本　一冊　存一卷（一）

410000－2204－0003537　106.5/48

尚書讀法二卷　（清）王汝謙撰　清光緒刻本
一冊　存一卷（一）

410000－2204－0003538　412.3/3

新鐫玉茗堂批點按鑑參補北宋志傳十卷五十
回　題(明)研山石樵訂正　清刻本　六冊

410000－2204－0003539　104.2/23

儀禮經傳通解三十七卷　（宋）朱熹撰　續二
十九卷　（宋）黃榦撰　清刻本　二冊　存一
卷（七）

410000－2204－0003540　104.2/23

詩序辨說一卷　（宋）朱熹撰　清刻本　一冊

410000－2204－0003541　210.2/30

易經讀本一卷　（清）周樽撰　清光緒十四年
(1888)陝西求有齋刻本　一冊

410000－2204－0003542　210.2/30

易經詳說五十卷　（清）冉覲祖輯　清刻本
一冊　存一卷（三十三）

410000－2204－0003543　308.6/11

太極圖辨一卷　（清）姚爾申著　清道光十八
年(1838)聚山園刻本　一冊

410000－2204－0003544　409.6/39

新鐫歷朝捷錄大全□□卷　（明）顧充撰
(明)鍾惺等補　明古吳陳長卿刻本　一冊
存二卷（一至二）

410000－2204－0003545　407/36

太師誠意伯劉文成公集二十卷首一卷　（明）
劉基撰　清刻本　一冊　存二卷（十七至十
八）

410000－2204－0003546　308.6/11

四庫全書辨正通俗文字一卷　（清）陸費墀輯
清刻本　一冊

410000－2204－0003547　308.6/11

白話性命篇一卷　（清）傅凌雲撰　清石印本
一冊

410000－2204－0003548　407/36

山海經圖五卷經語一卷雜述一卷　（清）吳志
伊注　清乾隆五十一年(1786)刻本　一冊
存二卷（一至二）

410000－2204－0003549　308.6/11

區田章程一卷　（清）□□撰　清刻本　一冊

410000－2204－0003550　407/36

海清樓唐詩合解十二卷　（清）王堯衢注　清
刻本　二冊　存五卷（八至十二）

410000－2204－0003551　409.6/39

利試文因不分卷　（清）□□編　清刻本
一冊

410000－2204－0003552　103/113

[時文萃編]一卷　（清）張珽等撰　清刻本
一冊

410000－2204－0003553　409.6/39

新科墨選一卷　（清）鄧廷楨輯　清嘉慶二十
四年(1819)刻本　一冊

410000－2204－0003554　309.1/14

讀書續錄□□卷　（明）薛瑄著　清刻本　一
冊　存三卷（五至七）

410000－2204－0003555　309.1/14

汲冢周書十卷　（晉）孔晁注　清刻本　一冊

410000－2204－0003556　103/113

大學章句序一卷中庸章句序一卷朱子治家格
言一卷　（宋）朱熹撰　義學論一卷興復社學
一卷弟子之職二卷　清刻本　一冊

410000－2204－0003557　209.2/106

[乾隆]重修洛陽縣志二十四卷圖考一卷
(清)龔崧林修　(清)汪堅纂　清乾隆十年
(1745)刻本　一冊　存一卷(十九)

410000－2204－0003558　104.3/116

禮記十卷　(元)陳澔集說　清致和堂刻本
五冊　存五卷(一至五)

410000－2204－0003559　414.2/16

增訂繪圖精忠說岳全傳二十卷八十回　(清)
錢彩撰　清光緒石印本　一冊　存一卷(三)

410000－2204－0003560　102/83

書經體注大全合桀六卷　(清)錢希祥輯　清
致和堂刻本　一冊　存二卷(一至二)

410000－2204－0003561　102/83

書經體注大全合桀六卷　(清)錢希祥輯　清
致和堂刻本　二冊　存四卷(一至四)

410000－2204－0003562　102/83

書經增訂旁訓四卷　(清)徐立綱撰　(清)
□□增訂　清乾隆刻本　二冊

410000－2204－0003563　404/46

宋大家蘇文忠公文抄二十八卷　(宋)蘇軾著
(明)茅坤批評　清刻本　一冊　存七卷
(二十二至二十八)

410000－2204－0003564　209.2/65

[雍正]河南通志八十卷　(清)田文鏡等修
(清)孫灝等纂　清雍正十三年(1735)刻道
光、同治、光緒至民國遞修本　十四冊　存二
十三卷(四十九至七十一)

410000－2204－0003565　404/46

乾坤法竅三卷　(清)范宜賓輯　清乾隆刻本
一冊　存一卷(龍經辨正)

410000－2204－0003566　108.5/245

四書題鏡三十六卷附總論一卷　(清)汪鯉翔
纂述　清乾隆九年(1744)大業堂刻本　八冊
存四卷(一至二、四、九)

410000－2204－0003567　108.5/241

四書題鏡三十六卷附總論一卷　(清)汪鯉翔

纂述　清嘉慶六年(1801)崇文堂刻本　六冊
存十九卷(大學一、中庸一、孟子三至十四、
論語十一至十五)

410000－2204－0003568　404/46

漢書一百卷　(漢)班固撰　(唐)顏師古注
清汲古閣刻本　一冊　存五卷(七十九至八
十三)

410000－2204－0003569　404/46

漢書一百卷　(漢)班固撰　(唐)顏師古注
清汲古閣刻本　一冊　存二卷(十七至十八)

410000－2204－0003570　108.5/243

四書題鏡三十六卷附總論一卷　(清)汪鯉翔
纂述　清刻本　八冊　存六卷(一至六)

410000－2204－0003571　108.1/30

四書集註十九卷　(宋)朱熹撰　清刻本　一
冊　存五卷(論語六至十)

410000－2204－0003572　101/132

周易經二卷　(清)吳世尚更定　清刻本
二冊

410000－2204－0003573　108.5/246

四書題鏡三十六卷附總論一卷　(清)汪鯉翔
纂述　清刻本　十一冊　存九卷(一至九)

410000－2204－0003574　108.5/247

四書題鏡三十六卷附總論一卷　(清)汪鯉翔
纂述　清大業堂刻本　六冊　存二卷(七至
八)

410000－2204－0003575　108.5/248

四書題鏡三十六卷附總論一卷　(清)汪鯉翔
纂述　清崇文堂刻本　五冊　存九卷(中庸
一卷,下孟七,下論一至七)

410000－2204－0003576　108.5/248

四書題鏡三十六卷附總論一卷　(清)汪鯉翔
纂述　清同人堂刻本　一冊　存一卷(下孟
一)

410000－2204－0003577　210.1/12

御纂周易折中二十二卷首一卷　(清)李光地
等纂　清康熙刻本　一冊　存三卷(九至十、

首一卷)

410000－2204－0003578　108.5/251

四書題鏡三十六卷附總論一卷　（清）汪鯉翔
纂述　清三多齋刻本　十冊　存二十三卷
(大學一,中庸一,孟子一至二,論語一至十
五、十七至二十)

410000－2204－0003579　101/132

易經體注大全合紊四卷　（清）李兆賢緝著
清刻本　一冊　存二卷(三至四)

410000－2204－0003580　108.5/251

四書題鏡三十六卷附總論一卷　（清）汪鯉翔
纂述　清崇文堂刻本　一冊　存七卷(論語
十六至二十、孟子一至二)

410000－2204－0003581　410/69

重訂古文釋義新編八卷　（清）余誠評注　清
刻本　一冊　存二卷(七至八)

410000－2204－0003582　410/69

段氏說文注訂八卷　（清）鈕樹玉著　清同治
十三年(1874)湖北崇文書局刻本　二冊

410000－2204－0003583　501/2＋6

衡門芹一卷　（明）辛全撰　清光緒二十五年
(1899)柏經正堂刻西京清麓叢書本　一冊

410000－2204－0003584　313/117

欽定古今圖書集成一萬卷目錄三十二卷
(清)蔣廷錫　（清）陳夢雷等編纂　清光緒十
年(1884)上海圖書集成鉛版印書局鉛印本
(有圖)　三冊　存十六卷(一百一十三至一百
十六、二百八十五至二百九十、二百九十一至
二百九十六)

410000－2204－0003585　412.2/3

元曲選一百卷　（明）臧懋循編　清石印本
一冊　存二卷(生金閣一卷、馮玉蘭一卷)

410000－2204－0003586　408/257

國朝詩選十四卷　（清）彭廷梅選　（清）張大
法　（清）易祖愉輯　清乾隆據經樓刻本　二
冊　存三卷(七至九)

410000－2204－0003587　412.2/3

要理解畧四卷　（□）□□撰　清鉛印本　一
冊　存二卷(三至四)

410000－2204－0003588　409.2/70

古文釋義新編八卷　（清）余誠評注　清刻本
二冊　存三卷(三至四、八)

410000－2204－0003589　409.2/70

書經體注大全合紊六卷　（清）范翔鑒定
(清)錢希祥輯　清刻本　一冊　存二卷(二
至三)

410000－2204－0003590　404/12

劍南詩稿八十五卷　（宋）陸游撰　明末毛氏
汲古閣刻本　四十冊

410000－2204－0003591　409.2/70

書經體注六卷　（清）范翔鑒定　（清）錢希祥
紊　清刻本　一冊　存一卷(四)

410000－2204－0003592　408/257

山谷先生詩鈔七卷　（宋）黃庭堅撰　（清）周
之鱗　（清）柴升選　清康熙刻宋四名家詩本
一冊

410000－2204－0003593　104.3/11

禮記疏畧四十七卷　（清）張沐撰　清康熙十
四年至四十年(1675－1701)菁蔡張氏刻五經
四書疏略本　十冊

410000－2204－0003594　209.2/2

乾隆府廳州縣圖志五十卷　（清）洪亮吉撰
清光緒五年(1879)授經堂刻洪北江全集本
十一冊　存三十卷(一至三十)

410000－2204－0003595　306.5/4

痘疹全集十五卷　（清）馮兆張著　清康熙四
十一年(1702)刻馮氏錦囊秘錄本　六冊

410000－2204－0003596　203.1/2

紀事本末五種　（清）□□輯　清同治十二年
至十三年(1873－1874)江西書局刻本　一百
三十三冊　存五種五百五卷

410000－2204－0003597　306.56/1

保嬰撮要二十卷　（明）薛鎧撰　明萬曆刻薛
氏醫按二十四種本　十三冊　存十四卷(一

至十四)

410000－2204－0003598　501/77－1

五代史七十四卷　（宋）歐陽修撰　（宋）徐無黨注　清同治十一年(1872)湖北崇文書局刻二十四史本　十二冊

410000－2204－0003599　501/27

曾文正公全集　（清）曾國藩撰　清同治至光緒間傳忠書局刻本　一百二十九冊　存十三種一百七十二卷

410000－2204－0003600　104.1/56

周禮十二卷　（漢）鄭玄注　（唐）陸德明音義　清光緒十二年(1886)湖北官書處刻本　二冊　存四卷(三至四、九至十)

410000－2204－0003601　10/27

御纂七經　（清）李光地等撰　清康熙至乾隆間刻本　六十冊　存二種七十四卷

410000－2204－0003602　106.5/3

附釋音春秋左傳注疏六十卷　（晉）杜預注（唐）陸德明音義　（唐）孔穎達疏　**校勘記六十卷**　（清）阮元撰　（清）盧宣旬摘錄　清嘉慶二十年(1815)南昌府學刻重刊宋本十三經注疏附校勘記本　七冊　存四十卷(一至十五、十九至二十三,校勘記一至十五、十九至二十三)

410000－2204－0003603　411.3/1

四書述要十九卷　（清）張尹鑒定　（清）楊玉緒著　清刻本　二冊　存七卷(大學一、中庸一、論语六至十)

410000－2204－0003604　404/5

司馬溫公文集十四卷　（宋）司馬光撰　清同治五年(1866)福州正誼書院刻本　六冊

410000－2204－0003605　409.3/59

唐詩應試注釋七卷　（清）聞式堂主人(臧岳)編　清刻本　五冊

410000－2204－0003606　409.5/2

襄城耿氏七葉棣萼集四卷　（清）耿蕓輯　清雍正四年(1726)刻本　二冊

410000－2204－0003607　409/11

古今詩話八卷　（明）陳繼儒輯　明刻本　十二冊　存六卷(一至六)

410000－2204－0003608　212.5/21

刑部說帖揭要二十八卷　（清）胡燮卿輯　清刻本　一冊　存一卷(十四)

410000－2204－0003609　302/102

從政遺規四卷　（清）陳宏謀撰　清刻五種遺規本　一冊　存二卷(三至四)

410000－2204－0003610　408/23

御製詩二集九十卷目錄十卷　（清）高宗弘曆撰　清刻本　十二冊　存三十一卷(五十至五十一、六十至八十八)

410000－2204－0003611　408/22

御製詩初集四十四卷目錄四卷　（清）高宗弘曆撰　清乾隆十四年(1749)內府刻本　十六冊

410000－2204－0003612　408/21

漁洋山人精華錄箋注十二卷年譜一卷補注一卷　（清）王士禛撰　（清）徐准纂輯　（清）金榮箋註　清雍正刻本　八冊

410000－2204－0003613　407/10

六如居士全集　（明）唐寅撰　清嘉慶六年(1801)長沙唐仲冕刻本　六冊　存三種十八卷(詩文集一至七、補遺一卷、外集一至七、花陰聯吟一至三)

410000－2204－0003614　404/7

重刻黃文節山谷先生文集三十卷　（宋）黃庭堅著　明積秀堂刻本　十冊

410000－2204－0003615　311.1/18

紀效新書十八卷首一卷　（明）戚繼光撰　清刻本　一冊　存一卷(十八)

410000－2204－0003616　104.2/23

詩序辨說一卷　（宋）朱熹撰　清刻本　一冊

410000－2204－0003617　313/118

淳化祕閣法帖考正十卷附二卷　（清）王澍撰　清雍正詩鼎齋刻本　六冊

410000－2204－0003618　403/11

全唐詩九百卷目錄十二卷　（清）曹寅等輯
清道光十年(1830)刻本　一百二十冊

410000－2204－0003619　408/258

嵩樓詩草五卷　（清）張應辰著　清刻本　一冊　存三卷(三至五)

410000－2204－0003620　403/10

杜詩詳注二十五卷首一卷附編二卷　（唐）杜甫撰　（清）仇兆鰲輯注　清康熙刻本　二十三冊　存二十七卷(一、三至二十五,首一卷,附編二卷)

410000－2204－0003621　313/38

格言類編六卷　（清）胡正言輯　明崇禎六年(1633)刻本　二冊　存二卷(一、四)

410000－2204－0003622　313/37

唐類函二百卷目錄二卷　（明）俞安期彙纂
明萬曆三十一年(1603)刻本　六十冊

410000－2204－0003623　409.3/49

古文釋義新編八卷　（清）余誠評注　清刻本　一冊　存二卷(一至二)

410000－2204－0003624　102/70

書經體注大全合条六卷　（清）范翔鑒定（清）錢希祥輯　清刻本　三冊　存四卷(一至四)

410000－2204－0003625　104.1/4

周禮節訓六卷　（清）黃叔琳撰　（清）姚培謙重訂　清乾隆五十五年(1790)刻本　二冊

410000－2204－0003626　108.5/241

四書題鏡三十六卷總論一卷　（清）汪鯉翔纂述　清乾隆九年(1744)刻本　三冊　存十二卷(大學一、中庸一、孟子一至十)

410000－2204－0003627　204/9

戰國策十卷　（宋）鮑彪校注　（元）吳師道重校　清乾隆二十七年(1762)文盛堂刻本　七冊

410000－2204－0003628　409.7/11

欽定本朝四書文不分卷　（清）方苞輯　清刻

本　六冊

410000－2204－0003629　108.5/89

四書疏注撮言大全三十七卷　（清）胡蓉芝輯（清）紀昀鑒定　清尚德堂刻本　五冊　存十二卷(大學一、中庸一至二、論語二至十)

410000－2204－0003630　201.2/16＋5

北史一百卷　（唐）李延壽撰　清光緒五年(1879)湖北書局刻本　二十冊

410000－2204－0003631　201.2/17＋1

舊五代史一百五十卷附考證　（宋）薛居正等撰　清光緒五年(1879)湖北書局刻本　十六冊

410000－2204－0003632　201.2/16＋3

北史一百卷　（唐）李延壽撰　清光緒五年(1879)湖北書局刻本　二十四冊　存八十五卷(一至八十五)

410000－2204－0003633　201.2/18＋2

五代史七十四卷　（宋）歐陽修撰　（宋）徐無黨注　清同治十一年(1872)湖北崇文書局刻本　八冊

410000－2204－0003634　201.2/18＋3

五代史七十四卷　（宋）歐陽修撰　（宋）徐無黨注　清光緒五年(1879)湖北書局刻本　八冊

410000－2204－0003635　201.2/3

史記一百三十卷　（漢）司馬遷撰　（南朝宋）裴駰集解　清光緒四年(1878)金陵書局刻本　十六冊

410000－2204－0003636　201.2/7

史記一百三十卷　（漢）司馬遷撰　（南朝宋）裴駰集解　清光緒四年(1878)金陵書局刻本　十六冊

410000－2204－0003637　201.3/2＋1

漢書一百卷　（漢）班固撰　（唐）顏師古注
清同治八年(1869)金陵書局刻本　二十冊

410000－2204－0003638　201.3/24

明史三百三十二卷目錄四卷　（清）張廷玉等

撰　清光緒三年(1877)湖北崇文書局刻本
八十冊

410000－2204－0003639　201.3/21
遼史一百十六卷附考證　(元)脫脫等撰　清
同治十二年(1873)江蘇書局刻本　十二冊

410000－2204－0003640　201.3/21＋1
遼史一百十六卷附考證　(元)脫脫等撰　清
同治十二年(1873)江蘇書局刻本　十二冊

410000－2204－0003641　201.3/22
金史一百三十五卷附考證　(元)脫脫等撰
清同治十二年(1873)江蘇書局刻本　二十
八冊

410000－2204－0003642　201.3/22＋2
金史一百三十五卷附考證　(元)脫脫等撰
清同治十二年(1873)江蘇書局刻本　十一冊
　存六十五卷(一至六十五)

410000－2204－0003643　201.3/23
元史二百十卷附考證　(明)宋濂等撰　清同
治十二年(1873)江蘇書局刻本　四十冊

410000－2204－0003644　201.3/24＋1

明史三百三十二卷目錄四卷　(清)張廷玉等
撰　清光緒三年(1877)湖北崇文書局刻本
四十七冊　存二百一卷(一至十八、二十六至
三十九、七十四至一百一、一百二十九至一百
七十四、二百二十九至二百七十六、二百八十
至二百九十四、三百至三百二十、三百二十二
至三百三十二)

410000－2204－0003645　201.3/4＋1
後漢書九十卷　(南朝宋)范曄撰　(唐)李賢
注　志三十卷　(晉)司馬彪撰　(南朝梁)劉
昭注　清同治八年(1869)金陵書局刻本　十
六冊

410000－2204－0003646　403/40
李太白文集三十卷　(唐)李白撰　清康熙五
十六年(1717)繆曰芑雙泉草堂刻本　二冊
存八卷(六至十、二十三至二十五)

410000－2204－0003647　412.3/4
**新鐫玉茗堂批點按鑑參補南宋志傳十卷五十
回**　題(清)研石山樵訂正　題(清)織里畸人
校閱　清刻本　六冊

河南省偃师市图书馆古籍普查登记目录

全国古籍普查登记目录

国家图书馆出版社
National Library of China Publishing House

410000－2222－0000001　1.1/1

皇清經解一百九十卷首一卷　（清）阮元輯
清光緒十七年(1891)上海鴻寶齋石印本　十
二冊　存九十卷(一至四十九、九十一至一百
三十一)

410000－2222－0000002　1.1/2

附釋音毛詩注疏七十卷　（漢）毛亨傳　（漢）
鄭玄箋　（唐）陸德明音義　**校勘記六十卷**
（清）阮元撰　（清）盧宣旬摘錄　清嘉慶二十
年(1815)南昌府學刻重刊宋本十三經注疏附
校勘記本　一冊　存四十八卷(一至二十四、
校勘記一至二十四)

410000－2222－0000003　1.1/4

經義大醇二編五卷　（清）黃彝編　清刻本
一冊　存一卷(詩經文一卷)

410000－2222－0000004　1.2/1

易經體注大全合參四卷　（清）李兆賢輯著
清刻本　四冊

410000－2222－0000005　1.2/2

易經體注大全合參四卷　（清）李兆賢輯著
清刻本　四冊

410000－2222－0000006　1.2/3

梁山來知德先生易經集註十六卷　（明）來知
德撰　清刻本　一冊　存一卷(十四)

410000－2222－0000007　1.2/4

易經體注大全會解四卷　（清）來爾繩輯　清
刻本　一冊　存一卷(一)

410000－2222－0000008　1.2/6

周易四卷　（宋）朱熹本義　清宏道堂刻本
二冊

410000－2222－0000009　1.2/7

易經體註大全合參四卷　（清）李兆賢輯著
清刻本　三冊

410000－2222－0000010　1.2/8

易經大全會解四卷　（清）來爾繩纂輯　清致
和堂刻本　二冊　存二卷(一至二)

410000－2222－0000011　1.2/10

易經講義八卷　（清）萇仕周纂　清刻本　一
冊　存二卷(二、五)

410000－2222－0000012　1.3/1

書經六卷附錄二卷　（宋）蔡沈集傳　清刻本
四冊　存五卷(一、四至五,附錄二卷)

410000－2222－0000013　1.3/2

書經體註大全合參六卷圖一卷　（清）錢希祥
輯　清嘉慶十七年(1812)刻本　四冊

410000－2222－0000014　1.3/3

書經體註大全合參六卷圖一卷　（清）范翔鑒
定　（清）錢希祥參　清文誠堂刻本　四冊

410000－2222－0000015　1.3/4

尚書後案三十卷附一卷　（清）王鳴盛著　清
光緒十三年(1887)大同書局石印本　一冊
存十三卷(一至十三)

410000－2222－0000016　1.3/5

尚書因文六卷首一卷末一卷　（清）武士選學
清約六家塾刻本　一冊　存三卷(四至六)

410000－2222－0000017　1.3/6

書經六卷首一卷末一卷　（宋）蔡沈集傳　清
刻本　一冊　存三卷(一、首一卷、末一卷)

410000－2222－0000018　1.3/7

書經六卷　（宋）蔡沈集傳　清刻本　一冊
存一卷(四)

410000－2222－0000019　1.3/9

經藝宏括不分卷　（清）同文書局輯　清石印
本　一冊

410000－2222－0000020　1.3/10

書經體註大全合參六卷圖一卷　（清）錢希祥
纂輯　清嘉慶十三年(1808)刻本　四冊

410000－2222－0000021　1.3/11

書經體註大全合參六卷圖一卷　（清）范翔鑒
定　清乾隆三十年(1765)刻本　一冊　存二
卷(一、圖一卷)

410000－2222－0000022　1.4/2

詩經體註大全合參八卷　（清）高朝瓔定　清
刻本　一冊　存三卷(六至八)

410000－2222－0000023　1.4/3

詩經增訂旁訓四卷　(清)徐立綱撰　清乾隆五十四年(1789)刻本　二冊

410000－2222－0000024　1.4/4

詩經精華十卷首一卷　(清)薛嘉穎撰　清光緒刻本　二冊　存五卷(一至四、首一卷)

410000－2222－0000025　1.4/5

御纂詩義折中二十卷　(清)傅恒等纂　清刻本　一冊　存二卷(一至二)

410000－2222－0000026　1.4/6

詩經體註大全合參八卷　(清)高朝瓔纂　清宣統三年(1911)寶慶澹雅書局刻本　四冊

410000－2222－0000027　1.4/7

詩經體注大全合絫八卷　(清)高朝瓔定　清刻本　一冊　存三卷(六至八)

410000－2222－0000028　1.4/8

詩經八卷　(宋)朱熹集傳　清刻本　一冊　存一卷(五)

410000－2222－0000029　1.4/9

詩經喈鳳詳解八卷圖說一卷　(清)陳抒孝輯著　清刻本　四冊

410000－2222－0000030　1.4/10

詩經喈鳳詳解八卷圖說一卷　(清)陳抒孝輯著　清嘉慶十六年(1811)三多齋刻本　四冊

410000－2222－0000031　1.4/11

新鐫江縉雲先生詩經衍義集注八卷詩經難字辨考一卷　(明)江環輯著　清嘉慶四年(1799)刻本　四冊

410000－2222－0000032　1.4/12

詩經融註大全體要八卷　(清)高朝瓔定　清刻本　一冊　存二卷(一至二)

410000－2222－0000033　1.52/1

周官精義十二卷　(清)連叔度(連斗山)編次　清嘉慶二十三年(1818)金陵三益堂刻本　六冊

410000－2222－0000034　1.52/2

周禮註疏刪翼三十卷　(明)王志長輯　清刻本　一冊　存四卷(十七至二十)

410000－2222－0000035　1.52/3

周禮注疏刪翼三十卷　(明)王志長輯　清乾隆六十年(1795)刻本　十六冊

410000－2222－0000036　1.54/1

漱芳軒合纂禮記體註四卷　(清)范翔訂　清刻本　四冊

410000－2222－0000037　1.54/2

漱芳軒合纂禮記體註四卷　(清)范翔訂　清刻本　四冊

410000－2222－0000038　1.54/3

漱芳軒合纂禮記體注四卷　(清)范翔訂　清刻本　四冊

410000－2222－0000039　1.54/4

全本禮記體註十卷　(清)范翔訂　清刻本　五冊　存五卷(六至十)

410000－2222－0000040　1.54/5

全本禮記體註大全合參十卷　(清)范翔訂　(清)徐瑄補輯　清致和堂刻本　五冊　存五卷(一至五)

410000－2222－0000041　1.54/6

漱芳軒合纂禮記體注四卷　(清)范翔參　清刻本　三冊　存三卷(二至四)

410000－2222－0000042　1.54/7

禮記體註大全合參四卷　(清)范翔訂　清刻本　三冊　存三卷(一至二、四)

410000－2222－0000043　1.54/8

漱芳軒合纂禮記體註四卷　(清)范翔訂　清刻本　三冊　存三卷(一、三至四)

410000－2222－0000044　1.54/9

寄傲山房塾課纂輯禮記全文備旨十一卷　(清)鄒聖脉輯　清榴紅書屋刻本　四冊　存七卷(一至六、九)

410000－2222－0000045　1.54/10

全本禮記體註十卷　(清)范翔訂　(清)徐瑄補輯　清三多齋刻本　五冊　存五卷(一至五)

410000－2222－0000046 1.54/11

禮記心典傳本三卷 （清）胡瑤光纂　清刻本
　一冊　存一卷(二)

410000－2222－0000047 1.54/12

讀禮通考一百二十卷 （清）徐乾學撰　清康
熙三十五年(1696)昆山徐樹穀刻雍正印本
七冊　存二十七卷(八十九至一百十五)

410000－2222－0000048 1.54/13

五禮通考二百六十二卷總目二卷首四卷
(清)秦蕙田編輯　清乾隆無錫秦蕙田味經窩
刻本　十四冊　存四十一卷(一百十五至一
百四十三、二百三十四至二百五十二)

410000－2222－0000049 1.56/1

朱子家禮八卷首一卷 （明）丘濬輯　清刻本
　三冊　存四卷(二至三、五、七)

410000－2222－0000050 1.6/2

春秋世族譜二卷 （清）陳厚耀撰　清光緒二
十五年(1899)兩湖書院正學堂刻本　一冊

410000－2222－0000051 1.61/1

春秋三傳十二卷 （清）車廷雅輯　清乾隆六
十年(1795)同文堂刻本　十二冊

410000－2222－0000052 1.61/2

公穀選不分卷 （清）儲欣評　清乾隆四十九
年(1784)刻本　一冊

410000－2222－0000053 1.61/3

漱芳軒合纂春秋體註四卷 （清）范翔參訂
清康熙五十三年(1714)刻本　四冊

410000－2222－0000054 1.62/1

春秋左傳五十卷 （晉）杜預　（宋）林堯叟註
釋　（唐）陸德明音義　（明）鍾惺等評閱　清
刻本　二冊　存十三卷(十五至二十一、三十
三至三十八)

410000－2222－0000055 1.62/2

春秋左傳五十卷 （晉）杜預註釋　清刻本
七冊　存七卷(十二至十八)

410000－2222－0000056 1.62/3

春秋左傳五十卷 （晉）杜預註釋　清刻本

六冊　存二十五卷(二十六至五十)

410000－2222－0000057 1.62/4

春秋左傳五十卷 （晉）杜預　（宋）林堯叟註
釋　（唐）陸德明音義　清刻本　十二冊

410000－2222－0000058 1.62/5

春秋左傳二十卷 （晉）杜預注　（宋）林堯叟
注　（唐）陸德明音義　（明）孫鑛等評點　清
嘉慶十六年(1811)姑蘇三槐堂書坊刻本　十
五冊

410000－2222－0000059 1.62/6

春秋經傳集解三十卷 （晉）杜預撰　（宋）林
堯叟附註　（唐）陸德明音釋　清刻本　三冊
　存八卷(二十三至三十)

410000－2222－0000060 1.62/7

附釋音春秋左傳注疏六十卷 （晉）杜預注
(唐)陸德明音義　（唐）孔穎達疏　**校勘記六
十卷** （清）阮元撰　（清）盧宣旬摘錄　清嘉
慶二十年(1815)南昌府學刻重刊宋本十三經
注疏附校勘記本　一冊　存十二卷(六至十
一,校勘記六至十一)

410000－2222－0000061 1.62/8

御案春秋左傳經解備旨十二卷 （晉）杜預
(宋)林堯叟註釋　清榴紅書屋刻本　四冊
存九卷(一至六、十至十二)

410000－2222－0000062 1.62/9

**如酉所刻諸名家評點春秋綱目左傳句解彙雋
六卷** （清）韓菼重訂　清經文堂刻本　六冊

410000－2222－0000063 1.62/10

如酉所刻諸名家評點春秋綱目左傳句解六卷
　（清）韓菼重訂　清刻本　四冊

410000－2222－0000064 1.62/11

太史張天如詳節春秋綱目左傳句解六卷
(清)韓菼重訂　清光緒四年(1878)有益堂刻
本　六冊

410000－2222－0000065 1.62/12

太史張天如詳節春秋綱目左傳句解六卷
(清)韓菼重訂　清光緒四年(1878)刻本

三冊

410000－2222－0000066　1.62/13
評點春秋綱目左傳句解彙雋六卷　（清）韓菼
重訂　清刻本　五冊

410000－2222－0000067　1.62/14
評點春秋綱目左傳句解彙雋六卷　（清）韓菼
重訂　清刻本　三冊　存三卷(一、三、五)

410000－2222－0000068　1.62/15
評點春秋綱目左傳句解彙雋六卷　（清）韓菼
重訂　清刻本　六冊

410000－2222－0000069　1.81/1
新訂四書補註備旨十卷　（明）鄧林著　（清）
鄧煜編次　（清）杜定基增訂　清刻本　六冊

410000－2222－0000070　1.81/2
四書題鏡三十六卷　（清）汪鯉翔纂　清刻本
二冊　存七卷(一至三、六至九)

410000－2222－0000071　1.81/3
四書題鏡三十六卷　（清）汪鯉翔纂　清刻本
八冊　存二十一卷(中庸一卷、論語二十
卷)

410000－2222－0000072　1.81/4
增補四書精繡圖像人物備考十二卷　（明）薛
方山(薛應旂)輯　清刻本　二冊　存三卷
(五至六、十)

410000－2222－0000073　1.81/5
新刻四書通典人物備考十二卷　（明）陳仁錫
增訂　清刻本　六冊

410000－2222－0000074　1.81/6
四書述要十九卷　（清）楊玉緒著　清嘉慶二
年(1797)金陵三多齋刻本　六冊

410000－2222－0000075　1.81/7
四書人物類典串珠四十卷　（清）臧志仁輯
清刻本　四冊

410000－2222－0000076　1.81/8
四書人物類典串珠四十卷　（清）臧志仁編輯
清刻本　四冊　存十八卷(一至十八)

410000－2222－0000077　1.81/9
增補四書類典賦二十四卷　（清）甘紱撰　清
刻本　一冊　存二卷(十五至十六)

410000－2222－0000078　1.81/10
增訂四書析疑二十三卷　（清）張權時輯　清
乾隆四十九年(1784)文盛堂刻本　十八冊
存十九卷(大學一至二、中庸一至四、論語一
至十、孟子五至七)

410000－2222－0000079　1.81/11
四書引左彙解十卷　（清）蕭榕年纂輯　清乾
隆三十九年(1774)謙牧堂刻本　六冊

410000－2222－0000080　1.81/12
四書人物類典串珠四十卷　（清）臧志仁編
清嘉慶四年(1799)刻本　十六冊

410000－2222－0000081　1.81/13
四書朱子本義滙叅四十三卷首四卷　（清）王
步青輯　清刻本　四冊　存四卷(孟子一至
四)

410000－2222－0000082　1.81/15
四書補註備旨十卷　（明）鄧林撰　（清）鄧煜
編次　（清）杜定基增訂　清三多齋刻本　一
冊　存一卷(論語四)

410000－2222－0000083　1.81/16
新訂四書補注備旨十卷　（明）鄧林著　（清）
鄧煜編次　（清）杜定基增訂　清道光二十年
(1840)刻本　四冊　存八卷(一至八)

410000－2222－0000084　1.81/17
新訂四書補註備旨十卷　（明）鄧林撰　（清）
鄧煜編次　（清）杜定基增訂　清崇文堂刻本
一冊　存二卷(論語三至四)

410000－2222－0000085　1.81/18
新訂四書補注備旨十卷　（明）鄧林撰　（清）
鄧煜編次　（清）杜定基增訂　清刻本　三冊
存六卷(論語三至四、孟子四卷)

410000－2222－0000086　1.81/19
孟子集註七卷　（宋）朱熹集註　清成文堂刻
本　一冊　存二卷(四至五)

410000－2222－0000087　1.81/20

四書疏注撮言大全三十七卷　（清）胡蓉芝輯
　清刻本　十冊　存二十卷(大學一卷、中庸
二卷、論語十八至二十、孟子十四卷)

410000－2222－0000088　1.81/21

四書疏註撮言大全三十七卷　（宋）朱熹章句
（清）胡蓉芝輯　清刻本　二冊　存三卷
(論語一至二、孟子五)

410000－2222－0000089　1.81/22

新訂四書補註備旨十卷　（明）鄧林著　（清）
鄧煜編次　（清）杜定基增訂　清岳邑博文齋
刻本　二冊　存三卷(孟子一至二、四)

410000－2222－0000090　1.81/23

四書左國彙纂四卷　（清）高其名　（清）鄭師
成撰　清乾隆三十九年(1774)百尺樓刻本
一冊　存一卷(一)

410000－2222－0000091　1.81/24

四書釋義十九卷　（清）李沛霖論定　清雍正
九年(1731)刻本　一冊　存一卷(一)

410000－2222－0000092　1.81/25

四書讀本十九卷　（宋）朱熹章句　清光緒二
十年(1894)刻本　一冊　存二卷(大學一卷、
中庸一卷)

410000－2222－0000093　1.81/26

四書講義大全二十六卷　（清）史廷煇輯　清
寸知堂刻本　十三冊　存十三卷(大學中庸
四卷,孟子一至三、五至十)

410000－2222－0000094　1.81/27

四書講義大全二十六卷　（清）史廷煇輯　清
刻本　二冊　存三卷(孟子講義三至四、八)

410000－2222－0000095　1.81/28

四書釋義十九卷　（清）李沛霖論定　清刻本
　一冊　存三卷(孟子一至三)

410000－2222－0000096　1.81/29

八銘塾鈔二集八卷　（清）吳懋政編次　清刻
本　一冊　存一卷(七)

410000－2222－0000097　1.81/30

集虛齋四書口義十卷　（清）方棻如著　清乾
隆五十九年(1794)刻本　十冊

410000－2222－0000098　1.81/31

國朝時尚巧搭文約□□卷　（清）吳肖元評選
　清白草坡玉瑛堂、致和堂刻本　一冊　存
一卷(一)

410000－2222－0000099　1.81/32

小題文府□□卷　（清）同文書局輯　清末石
印本　五冊　存三卷(論語下,孟子上、下)

410000－2222－0000100　1.81/33

文法狐白要訣前集一卷後集一卷　（清）王賓
評選　清乾隆三十年(1765)刻本　二冊

410000－2222－0000101　1.81/34

註釋文法狐白前集六卷後集四卷　（清）王寴
評選　清刻本　三冊　存五卷(前集四至六,
後集一至二)

410000－2222－0000102　1.81/35

四書人物類典串珠四十卷　（清）臧志仁編輯
　清刻本　一冊　存三卷(五至七)

410000－2222－0000103　1.81/36

新訂四書補注備旨十卷　（明）鄧林著　（清）
鄧煜編次　（清）杜定基增訂　清致和堂刻本
　一冊　存一卷(孟子三)

410000－2222－0000104　1.81/37

八科鄉會墨醇不分卷　（清）杜聯選評　清咸
豐九年(1859)求是齋刻同治四年(1865)續刻
本　二冊

410000－2222－0000105　1.81/38

八科鄉會墨醇不分卷　（清）李伯坦選評　清
咸豐九年(1859)求是齋刻同治四年(1865)續
刻本　一冊

410000－2222－0000106　1.81/39

朱子四書或問三十九卷　（宋）朱熹撰　清刻
本　九冊　存二十五卷(中庸一至三、輯畧二
卷,論語一至六、十一至二十,孟子一、十二至
十四)

410000－2222－0000107　1.81/40

四書闡注十九卷 （清）浦泰輯 清刻本 四冊 存十二卷(論語六至十、孟子七卷)

410000－2222－0000108　1.81/41

四書味根錄三十七卷 （清）金澂撰 清光緒七年(1881)姑蘇問竹山房刻本 六冊 存十八卷(大學一、中庸一、論語五至二十)

410000－2222－0000109　1.81/42

四書反身錄十四卷 （清）李顒撰 清光緒八年(1882)刻本 四冊

410000－2222－0000110　1.81/43

四書反身錄八卷首一卷 （清）李顒撰 清咸豐湘陰奎樓蔣氏小嬭嬛山館刻本 一冊 存二卷(三至四)

410000－2222－0000111　1.81/44

類考典故四書便蒙十九卷 （宋）朱熹集註 清光緒善成堂刻本 五冊

410000－2222－0000112　1.82/2

二論講義養正編十卷 （清）史廷煇輯 清同治八年(1869)刻本(卷三至十配清刻本) 四冊 存十卷

410000－2222－0000113　1.82/3

二論講義養正編十卷 （清）史廷煇輯 清乾隆二十九年(1764)寸知堂刻本 三冊 存八卷(一至五、八至十)

410000－2222－0000114　1.82/4

二論講義養正編十卷 （清）史廷煇輯 清刻本 一冊 存三卷(三至五)

410000－2222－0000115　1.82/5

二論講義養正編十卷 （清）史廷煇輯 清刻本 一冊 存三卷(三至五)

410000－2222－0000116　1.82/6

二論講義養正編十卷 （清）史廷煇輯 清刻本 二冊 存六卷(一至三、八至十)

410000－2222－0000117　1.82/7

二論講義養正編十卷 （清）史廷煇輯 清乾隆二十九年(1764)寸知堂刻本 一冊 存三卷(一至三)

410000－2222－0000118　1.82/8

論語十卷 （宋）朱熹集註 清刻本 一冊 存三卷(一至三)

410000－2222－0000119　1.82/9

論語精要□□卷 （清）□□著 清衣德堂刻本 一冊 存一卷(三)

410000－2222－0000120　1.83/3

孟子七卷 （宋）朱熹集註 清刻本 一冊 存三卷(一至三)

410000－2222－0000121　1.83/4

孟子七卷 （宋）朱熹集註 清刻本 一冊 存二卷(四至五)

410000－2222－0000122　1.83/5

孟子七卷 （宋）朱熹集註 清刻本 二冊 存四卷(四至七)

410000－2222－0000123　1.83/6

孟子七卷 （宋）朱熹集註 清慎詒堂刻本 一冊 存一卷(三)

410000－2222－0000124　1.83/7

字典四書十九卷 （宋）朱熹集註 清刻本 一冊 存二卷(孟子四至五)

410000－2222－0000125　1.83/8

四書貫解十九卷 （清）朱良玉纂輯 清刻本 一冊 存三卷(孟子一至三)

410000－2222－0000126　1.99/1

小學集註六卷首一卷 （漢）鄭玄 （明）陳選集注 清善成堂刻本 二冊 存五卷(一至四、首一卷)

410000－2222－0000127　1.99/2

小學集解六卷 （清）張伯行輯 清光緒元年(1875)湖北崇文書局刻本 三冊

410000－2222－0000128　1.991/1

爾雅注疏十一卷 （晉）郭璞注 （宋）邢昺疏 清光緒二十一年(1895)渝城善成堂刻本 五冊

410000－2222－0000129　1.991/2

爾雅註疏十一卷 （晉）郭璞註 （宋）邢昺疏

清乾隆四十三年(1778)刻本　六冊

410000－2222－0000130　1.991/3

爾雅音義二卷　(唐)陸德明撰　清刻本
一冊

410000－2222－0000131　1.992/1

康熙字典十二集三十六卷總目一卷檢字一卷
辨似一卷等韻一卷補遺一卷備考一卷　(清)
張玉書等纂　清道光七年(1827)刻本　四
十冊

410000－2222－0000132　1.992/2

康熙字典十二集三十六卷總目一卷檢字一卷
辨似一卷等韻一卷補遺一卷備考一卷　(清)
張玉書等編　清刻本　二十八冊

410000－2222－0000133　1.992/3

康熙字典十二集三十六卷總目一卷檢字一卷
辨似一卷等韻一卷補遺一卷備考一卷　(清)
張玉書等編　清刻本　八冊　存八卷(丑下、
卯中下、巳下、申上中、酉上、戌上)

410000－2222－0000134　1.992/4

康熙字典十二集三十六卷總目一卷檢字一卷
辨似一卷等韻一卷補遺一卷備考一卷　(清)
張玉書等纂　清道光七年(1827)珊城分香書
屋刻本　三十四冊　存三十六卷(子至未、酉
中下、戌中下、亥,總目一卷,檢字一卷,辨似
一卷,等韻一卷,備考一卷)

410000－2222－0000135　1.992/5

康熙字典十二集三十六卷總目一卷檢字一卷
辨似一卷等韻一卷補遺一卷備考一卷　(清)
張玉書等編　清刻本　三十一冊　存三十一
卷(子至酉、等韻一卷)

410000－2222－0000136　1.992/9

增廣字學舉隅四卷　(清)鐵珊輯　清同治十
三年(1874)蘭州郡署刻本　一冊　存一卷
(一)

410000－2222－0000137　1.992/10

字彙十二卷　(明)梅膺祚釋　清刻本　三冊
存七卷(四至六、八至九、十一至十二)

410000－2222－0000138　1.992/11

字彙十二卷首一卷末一卷韻法直圖一卷韻法
橫圖一卷　(明)梅膺祚音釋　清刻本　十冊
存十卷(子至巳、未至申、戌至亥)

410000－2222－0000139　1.992/12

字彙十二卷首一卷末一卷韻法直圖一卷韻法
橫圖一卷　(明)梅膺祚音釋　清刻本　四冊
存四卷(卯至巳、戌)

410000－2222－0000140　1.992/13

字彙十二卷首一卷末一卷韻法橫圖一卷韻法
直圖一卷　(明)梅膺祚釋　清刻本　九冊
存十一卷(子、寅、辰、午至未、酉至亥,末一
卷,韻法橫圖一卷,韻法直圖一卷)

410000－2222－0000141　1.992/14

字彙十二卷首一卷末一卷韻法直圖一卷韻法
橫圖一卷　(明)梅膺祚音釋　清刻本　三冊
存三卷(丑、午、酉)

410000－2222－0000142　1.993/1

詩韻含英便覽二卷　(清)劉文蔚撰　清刻本
一冊

410000－2222－0000143　1.993/2

詩韻含英十八卷　(清)劉文蔚輯　清刻本
三冊　存十卷(九至十八)

410000－2222－0000144　1.993/3

詩學含英十八卷　(清)劉文蔚輯　(清)向烋
增　清刻本　三冊　存八卷(一至八)

410000－2222－0000145　1.993/8

韻歧五卷　(清)江昱輯　清光緒七年(1881)
刻本　二冊

410000－2222－0000146　1.993/9

詩韻集成十卷　(清)余照輯　清刻本　一冊
存三卷(五至七)

410000－2222－0000147　1.993/10

重刊音韻貫珠八卷檢字一卷　(清)賈椿齡編
清同治六年(1867)會文堂刻本　八冊

410000－2222－0000148　1.993/11

音韻貫珠八卷檢字一卷　(清)賈椿齡編　清

同治十一年(1872)成文堂刻本　四冊

410000－2222－0000149　1.993/12

四聲便覽四卷辨疑一卷檢字一卷　（清）余六師編　清刻本　一冊

410000－2222－0000150　1.993/13

四音釋義十二集　（清）鄭長庚輯　清刻本　二冊　存四集(午至酉)

410000－2222－0000151　1.993/14

四書正韻平仄合余一卷　（清）李若浩增訂（清）許魚門增訂　清乾隆三十年(1765)錦文堂刻本　一冊

410000－2222－0000152　2.11/2

二十四史　清光緒十年(1884)上海同文書局石印本　三百三十冊　存十八種一千四百七十卷

410000－2222－0000153　2.11/3

二十四史　清光緒二十九年(1903)五洲同文書局石印本　五百三十一冊　存十八種二千四百七十二卷

410000－2222－0000154　2.11/4

二十四史　清光緒圖書集成局鉛印本　四十四冊　存三種四百卷

410000－2222－0000155　2.12/1

史記一百三十卷　（漢）司馬遷撰　（南朝宋）裴駰集解　**索隱二卷**　（唐）司馬貞撰　清光緒四年(1878)金陵書局刻本　二十六冊　存一百卷(十五至一百九、一百二十六至一百三十)

410000－2222－0000156　2.12/2

史記選六卷　（清）儲同人(儲欣)評述　清乾隆五十四年(1789)刻本　三冊

410000－2222－0000157　2.12/7

歷代綱鑑總論二卷　（清）陳受頤撰　清刻本　一冊　存一卷(上)

410000－2222－0000158　2.13/1

漢書一百卷　（漢）班固撰　（唐）顏師古注　明崇禎十五年(1642)琴川毛氏汲古閣刻十七

史本　八冊　存十九卷(二十至三十八)

410000－2222－0000159　2.13/2

前漢書一百二十卷　（漢）班固撰　（唐）顏師古注　清光緒十四年(1888)蜚英館石印本　二十冊　存一百卷(一至一百)

410000－2222－0000160　2.13/3

後漢書九十卷　（南朝宋）范曄撰　（唐）李賢注　**續志三十卷**　（晉）司馬彪撰　（南朝梁）劉昭注　清同治十二年(1873)嶺東使署刻本　十六冊

410000－2222－0000161　2.13/4

漢書一百卷　（漢）班固撰　（唐）顏師古注　清同治十二年(1873)嶺東使署刻本　十六冊

410000－2222－0000162　2.13/5

三國志六十五卷　（晉）陳壽撰　（南朝宋）裴松之注　清光緒十年(1884)上海同文書局影印二十四史本　十一冊　存四十九卷(魏志一至二十二、二十八至三十,蜀志一至十五,吳志一至三、九至十四)

410000－2222－0000163　2.13/11

周書五十卷　（唐）令狐德棻等撰　清光緒二十八年(1902)史學會社石印本　二冊

410000－2222－0000164　2.13/16

新唐書二百二十五卷　（宋）歐陽修等撰　**釋音二十五卷**　（宋）董衝撰　清光緒二十八年(1902)上海文瀾書局石印本　四冊　存一百卷(一至一百)

410000－2222－0000165　2.13/24

十六國春秋一百卷　（北魏）崔鴻撰　（清）汪日桂考訂　清光緒元年(1875)湖北崇文書局刻本　十二冊

410000－2222－0000166　2.21/1

重訂王鳳洲先生會纂綱鑑四十六卷續宋元二十三卷　（明）王世貞纂　（明）陳仁錫訂　清刻本(有圖)　四十二冊

410000－2222－0000167　2.21/2

重訂王鳳洲先生會纂綱鑑四十六卷續宋元二

十三卷 （明）王世貞纂 （明）陳仁錫訂 清
刻本(續宋元卷十二至十七、二十至二十一配
清善成堂刻本) 四十冊 存六十五卷(會纂
綱鑑四十六卷,續宋元一至十七、二十至二十
一)

410000－2222－0000168 2.21/3
重訂王鳳洲先生會纂綱鑑四十六卷 （明）王
世貞纂 清刻本(卷二十五至二十八、三十八
至四十一配清善成堂刻本) 十七冊 存二
十五卷(十三至二十、二十五至四十一)

410000－2222－0000169 2.21/4
王鳳洲綱鑑會纂三十九卷首一卷 （明）王世
貞撰 **甲子紀元一卷** （清）陳宏謀輯 清光
緒二十五年(1899)掃葉山房鉛印本 九冊
存二十卷(三至二十一、首一卷)

410000－2222－0000170 2.21/5
綱鑑會纂三十九卷首一卷 （明）王世貞編
清刻本 二十一冊 存二十卷(二至三、六、
八、十至十二、十六、十八、二十二至二十八、
三十四、三十七至三十九)

410000－2222－0000171 2.21/6
御撰資治通鑑綱目三編二十卷 （清）張廷玉
等編 清刻本 六冊

410000－2222－0000172 2.21/7
御撰資治通鑑綱目三編二十卷 （清）張廷玉
等編 清刻本 二冊 存八卷(一至二、十五
至二十)

410000－2222－0000173 2.21/8
御撰資治通鑑綱目三編二十卷 （清）張廷玉
等編 清刻本 三冊 存十五卷(一至九、十
五至二十)

410000－2222－0000174 2.21/9
御撰資治通鑑綱目三編二十卷末一卷 （清）
張廷玉編 清光緒二十八年(1902)刻本
六冊

410000－2222－0000175 2.21/10
御撰資治通鑑綱目三編二十卷末一卷 （清）
張廷玉編 清光緒二十八年(1902)刻本

六冊

410000－2222－0000176 2.21/11
御撰資治通鑑綱目三編二十卷末一卷 （清）
張廷玉編 清光緒二十六年(1900)刻本
六冊

410000－2222－0000177 2.21/12
尺木堂綱鑑易知錄九十二卷 （清）吳乘權等
輯 清刻本 三十五冊 存七十七卷(一、八
至二十八、三十一至五十四、五十七至七十
二、七十四至八十八)

410000－2222－0000178 2.21/13
大文堂綱鑑易知錄九十二卷 （清）吳乘權等
輯 清刻本 四冊 存十卷(二十八至三十
七)

410000－2222－0000179 2.21/14
**尺木堂綱鑑易知錄九十二卷明鑑易知錄十五
卷** （清）吳乘權等輯 清光緒二十九年
(1903)鉛印本 十一冊 存七十五卷(綱鑑
易知錄一至三十二、四十一至四十七、六十七
至八十七,明鑑易知錄十五卷)

410000－2222－0000180 2.21/15
新鐫鑑略四字書不分卷 （清）王仕雲著 清
刻本 一冊

410000－2222－0000181 2.21/16
經元局增定課讀鑑略妥註善本五卷 （明）李
廷機著 清刻本 一冊 存三卷(三至五)

410000－2222－0000182 2.22/1
東萊先生音註唐鑑二十四卷 （宋）范祖禹撰
（宋）呂祖謙注 明刻本 一冊 存二卷
(十七至十八)

410000－2222－0000183 2.22/4
欽定明鑑二十四卷首一卷 （清）托津等撰
清嘉慶二十五年(1820)刻本 八冊 存十六
卷(三至六、十三至二十四)

410000－2222－0000184 2.22/5
司馬溫公稽古錄二十卷 （清）司馬光撰 清
同治十一年(1872)崇文書局刻本 四冊

410000－2222－0000185　2.3/2

重鐫朱青巖先生擬編明紀輯畧十六卷　（清）
朱璘撰　清康熙刻本　一冊　存一卷（八）

410000－2222－0000186　2.51/3

望嵩堂李氏蒙求補註二卷　（唐）李瀚撰
（清）鄭道印輯　清道光三年（1823）望嵩堂刻
本　一冊　存一卷（一）

410000－2222－0000187　2.51/5

明儒學案六十二卷　（清）黃宗羲著　清刻本
十一冊　存二十四卷（八至九、十九至二
十、二十四至二十九、三十八至四十二、四十
六至四十九、五十二、五十九至六十二）

410000－2222－0000188　2.51/8

晉畧六十六卷　（清）周濟撰　清刻本　二冊
存十三卷（列傳一至七、國傳六至十一）

410000－2222－0000189　2.52/1

高士傳三卷　（晉）皇甫謐撰　清光緒元年
（1875）湖北崇文書局刻崇文書局彙刻書本
一冊

410000－2222－0000190　2.54/1

**吳敬初日記不分卷（清光緒三十三年至民國
二十四年）**　吳敬初撰　清光緒至民國間稿
本　五冊

410000－2222－0000191　2.54/2

桃江日記二卷（清道光十一年至十二年）
（清）武穆淳著　清道光十三年（1833）刻本
一冊　存一卷（一）

410000－2222－0000192　2.56/1

[江蘇吳縣]范氏家乘十六卷首一卷　（清）范
□編　清道光刻本　九冊　存十卷（一、五至
十二,首一卷）

410000－2222－0000193　2.56/3

伊川擊壤集二十卷　（宋）邵雍撰　清刻本
一冊　存一冊（序、漁樵對問、無名公傳、訓世
孝弟詩）

410000－2222－0000194　2.58/1

爵秩全函四卷　（清）榮祿堂輯　清榮祿堂刻

本　三冊　存三卷（二至四）

410000－2222－0000195　2.7/5

王船山經史論八種　（清）王夫之撰　清光緒
二十五年（1899）慎記書莊石印本　八冊　存
四種四十一卷

410000－2222－0000196　2.7/6

史通削繁四卷　（清）紀昀撰　清光緒八年
（1882）善化章氏刻本　四冊

410000－2222－0000197　2.8/1

原富五部　（英國）斯密亞丹撰　嚴復譯　清
光緒二十八年（1902）南洋公學譯書院鉛印本
五冊　存三部（丙至戊）

410000－2222－0000198　2.81/1

保甲書四卷　（清）徐棟輯　清道光二十八年
（1848）刻本　三冊

410000－2222－0000199　2.81/4

通典二百卷　（唐）杜佑撰　清同治十年
（1871）學海堂刻本　三十九冊　存一百九十
四卷（一至一百十一、一百十八至二百）

410000－2222－0000200　2.83/1

牧令書二十三卷　（清）徐棟輯　清道光二十
八年（1848）刻本　十六冊　存十九卷（二至
五、七、八、十一至二十三）

410000－2222－0000201　2.83/2

牧令書輯要十卷　（清）徐棟編　（清）丁日昌
重編　清同治八年（1869）湖北崇文書局刻本
九冊　存九卷（一至九）

410000－2222－0000202　2.88/2

補注洗冤錄集證四卷附一卷　（宋）宋慈撰
（清）王又槐增輯　（清）阮其新補注　清刻三
色套印本　二冊　存二卷（一、三）

410000－2222－0000203　2.89/1

大清現行刑律三十六卷首一卷附一卷　（清）
沈家本等修　清宣統二年（1910）刻本　七冊
存二十七卷（二、九至十二、十六至三十六,
首一卷）

410000－2222－0000204　2.89/3

大清律例增修統纂集成四十卷督捕則例二卷
　（清）陶駿　（清）陶念霖增修　清光緒十一
年(1885)刻本　六冊　存八卷(一至八)

410000－2222－0000205　2.89/4
刑法要論二冊　朱友英撰　清宣統三年
(1911)鉛印本　一冊　存下冊

410000－2222－0000206　2.921/2
太平寰宇記二百卷　（宋）樂史撰　清刻本
　二冊　存十二卷(一百十二、一百二十至一百
三十)

410000－2222－0000207　2.922/4
[乾隆]河南府志一百十六卷首四卷　（清）施
誠修　（清）童鈺等纂　清乾隆四十四年
(1779)刻同治六年(1867)補刻本　三冊　存
十五卷(九十至九十八、一百十一至一百十
六)

410000－2222－0000208　2.922/5
[同治]武功縣志三卷首一卷　（明）康海撰
（清）孫景烈評注　清同治十二年(1873)湖北
崇文書局刻本　一冊

410000－2222－0000209　2.922/9
[道光]寧陝廳志四卷　（清）林一銘修
（清）焦世官　（清）胡官清纂　清道光九年
(1829)刻本(有圖)　四冊

410000－2222－0000210　2.922/11
[乾隆]鄧州志二十四卷首一卷末一卷　（清）
蔣光祖修　（清）姚之琅纂　清乾隆二十年
(1755)刻本(有圖)　六冊

410000－2222－0000211　2.922/12
[乾隆]登封縣志三十二卷　（清）洪亮吉
（清）陸繼尊纂　清乾隆五十二年(1787)刻本
　八冊

410000－2222－0000212　2.922/13
[乾隆]登封縣志三十二卷　（清）洪亮吉
（清）陸繼尊纂　清乾隆五十二年(1787)刻本
　二冊　存八卷(十九至二十三、二十五至二
十七)

410000－2222－0000213　2.922/17
[道光]伊陽縣志六卷首一卷末一卷　（清）張
道超修　（清）馬九功纂　清道光十八年
(1838)刻本　五冊　存七卷(一至二、四至
八)

410000－2222－0000214　2.922/20
[光緒]湘潭縣志十二卷　（清）陳嘉榆等修
王闓運等纂　清光緒十四年至十五年(1888
－1889)刻本　八冊　存八卷(一至八)

410000－2222－0000215　2.922/28
[乾隆]祥符縣志二十二卷　（清）魯曾煜修
（清）張淑載纂　清乾隆刻本　六冊　存十卷
(十一至二十)

410000－2222－0000216　2.922/29
鄢陵文獻志四十卷　（清）蘇源生纂　清刻本
　六冊　存十二卷(三、十二至十三、十九至
二十、三十至三十二、三十五至三十八)

410000－2222－0000217　2.922/30
[乾隆]偃師縣志十四卷　（清）朱續志修
（清）呂鼎祚等纂　清乾隆十一年(1746)刻本
　五冊　存十二卷(一至二、五至十四)

410000－2222－0000218　2.922/31
[乾隆]偃師縣志三十卷首一卷　（清）湯毓倬
修　（清）孫星衍　（清）武億纂　清乾隆五十
四年(1789)刻本(有圖)　十三冊

410000－2222－0000219　2.922/32
[乾隆]偃師縣志三十卷首一卷　（清）湯毓倬
修　（清）孫星衍　（清）武億纂　清乾隆五十
四年(1789)刻本(有圖)　四冊　存十卷(四、
九至十四、二十一至二十三)

410000－2222－0000220　2.922/33
[乾隆]偃師縣志三十卷首一卷　（清）湯毓倬
修　（清）孫星衍　（清）武億纂　清刻本(有
圖)　十六冊

410000－2222－0000221　2.922/34
[乾隆]偃師縣志三十卷首一卷　（清）湯毓倬
修　（清）孫星衍　（清）武億纂　清乾隆五十
四年(1789)刻民國二十八年(1939)補刻本

193

（有圖）　八冊

410000－2222－0000222　2.922/35

[乾隆]偃師縣志三十卷首一卷　（清）湯毓倬修　（清）孫星衍　（清）武億纂　清乾隆五十四年(1789)刻民國二十八年(1939)補刻本（有圖）　八冊

410000－2222－0000223　2.922/36

[乾隆]偃師縣志三十卷首一卷　（清）湯毓倬修　（清）孫星衍　（清）武億纂　清乾隆五十四年(1789)刻民國二十八年(1939)補刻本（有圖）　七冊　存二十五卷(一至三、九至三十)

410000－2222－0000224　2.922/37

[乾隆]偃師縣志三十卷首一卷　（清）湯毓倬修　（清）孫星衍　（清）武億纂　清乾隆五十四年(1789)刻民國二十八年(1939)補刻本（有圖）　六冊　存二十卷(一至三、九至十四、二十二至三十、圖一卷,首一卷)

410000－2222－0000225　2.922/38

[乾隆]偃師縣志三十卷首一卷　（清）湯毓倬修　（清）孫星衍　（清）武億纂　清乾隆五十四年(1789)刻民國二十八年(1939)補刻本（有圖）　四冊　存十三卷(九至十四、二十四至三十)

410000－2222－0000226　2.922/39

[乾隆]偃師縣志三十卷首一卷　（清）湯毓倬修　（清）孫星衍　（清）武億纂　清乾隆五十四年(1789)刻民國二十八年(1939)補刻本（有圖）　二冊　存四卷(二十、二十八至三十)

410000－2222－0000227　2.922/40

[乾隆]偃師縣志三十卷首一卷　（清）湯毓倬修　（清）孫星衍　（清）武億纂　清刻本(有圖)　七冊　存十三卷(一至三、二十至二十四、二十八至三十,圖一卷,首一卷)

410000－2222－0000228　2.922/41

[乾隆]偃師縣志三十卷首一卷　（清）湯毓倬修　（清）孫星衍　（清）武億纂　清乾隆五十

四年(1789)刻民國二十八年(1939)補刻本（有圖）　五冊　存十七卷(一至二、四至十四、二十五、二十八至三十)

410000－2222－0000229　2.922/42

[乾隆]偃師縣志三十卷首一卷　（清）湯毓倬修　（清）孫星衍　（清）武億纂　清乾隆五十四年(1789)刻本　五冊　存五卷(二十一、二十三、二十五、二十七至二十八)

410000－2222－0000230　2.922/43

[乾隆]偃師縣志三十卷首一卷　（清）湯毓倬修　（清）孫星衍　（清）武億纂　清乾隆五十四年(1789)刻本　二冊　存二卷(二十七至二十八)

410000－2222－0000231　2.9234/1

湯陰精忠廟志十卷　（清）張應登等輯　清刻本　三冊　存六卷(三至七、十)

410000－2222－0000232　2.9241/1

說嵩三十二卷例目一卷　（清）景日昣撰　清康熙嶽生堂刻本　二冊　存八卷(二至五、十七至二十)

410000－2222－0000233　2.9241/2

說嵩三十二卷例目一卷　（清）景日昣撰　清康熙刻本　九冊　存二十九卷(一至二、七至三十二,例目一卷)

410000－2222－0000234　2.9242/2

水經注四十卷首一卷　（北魏）酈道元撰　清光緒十八年(1892)思賢講舍刻本　四冊　存八卷(三至九、首一卷)

410000－2222－0000235　2.926/1

瀛環志略十卷　（清）徐繼畬輯　清同治五年(1866)刻本　二冊　存四卷(三至六)

410000－2222－0000236　2.932/1

三古圖　（清）黃晟輯　明萬曆三十一年(1603)吳萬化寶古堂刻清乾隆十七年至十八年(1752－1753)天都黃晟補修本　十九冊　存三種二十七卷

410000－2222－0000237　2.932/2

三古圖 （清）黃晟輯 明萬曆三十一年(1603)吳萬化寶古堂刻清乾隆十七年至十八年(1752－1753)天都黃晟補修本 二十一冊 存二種二十一卷

410000－2222－0000238 3.1/1

子書百家 （清）崇文書局輯 清光緒元年(1875)湖北崇文書局刻本 一百十冊

410000－2222－0000239 3.1/2

令德堂訂正幼學妥注新增珠璣三卷首一卷 （清）程登吉撰 （清）周嘉彥參訂 清味經堂刻本 二冊

410000－2222－0000240 3.12/1

拆字全集不分卷 （清）邵雍撰 清抄本 一冊

410000－2222－0000241 3.2/1

孔子家語十卷 （三國魏）王肅注 清乾隆五十二年(1787)文盛堂刻本 二冊 存五卷(一至五)

410000－2222－0000242 3.2/5

朱子四書語類五十二卷 （宋）朱熹撰 （清）周在延重校 清古吳映峰樓、藜光樓刻本 十六冊

410000－2222－0000243 3.2/6

朱子四書語類五十二卷 （宋）朱熹撰 （清）周在延重校 清古吳映峰樓、藜光樓刻本 十六冊

410000－2222－0000244 3.2/7

御纂性理精義十二卷 （清）李光地等纂修 清尊經閣刻本 六冊

410000－2222－0000245 3.2/8

御纂性理精義十二卷 （清）李光地等纂修 清咸豐二年(1852)同義堂刻本 六冊

410000－2222－0000246 3.2/9

性理論不分卷 （清）邢曰政 （清）吳鏡源輯評 清恕本齋刻本 一冊

410000－2222－0000247 3.2/10

訓俗遺規五卷 （清）陳弘謀編 清刻本 三冊 存三卷(二至四)

410000－2222－0000248 3.2/11－14

五種遺規摘鈔 （清）陳弘謀編 （清）劉肇紳摘鈔 清同治七年(1868)楚北崇文書局刻本 八冊

410000－2222－0000249 3.2/16

時藝階第六集 （清）路德選 清咸豐元年(1851)三讓睦記刻本 一冊 存一卷(一)

410000－2222－0000250 3.2/17

塾課小題分編初集啟蒙二卷二集式法二卷三集行機二卷四集糸變二卷五集精詣二卷六集大觀二卷七集老境二卷八集別情二卷 （清）王步青評述 清經正堂家塾刻本 四冊 存五卷(二集下、三集二卷、八集二卷)

410000－2222－0000251 3.2/18

增注八銘塾鈔全集□□卷 （清）吳蘭陔(吳懋政)編 （清）李文山註釋 清光緒十八年(1892)尚德書局刻本 二冊 存二卷(一、五)

410000－2222－0000252 3.2/19

五經樓課徒拆字四訣三卷 （清）王步青選 清道光四年(1824)汴城天一堂刻本 一冊

410000－2222－0000253 3.2/20

聞式堂明文小題傳薪五卷 （清）臧岳評釋 清乾隆三十年(1765)三樂齋刻本 八冊

410000－2222－0000254 3.2/21

小學集註六卷 （清）陳選集註 清刻本 一冊 存一卷(六)

410000－2222－0000255 3.4/1

管子二十四卷 （唐）房玄齡註釋 清嘉慶九年(1804)姑蘇聚文堂刻本 十冊

410000－2222－0000256 3.5/3

武經七書彙解七卷首一卷末一卷 （清）朱墉輯 清刻本 六冊

410000－2222－0000257 3.6/1

欽定授時通考全書七十八卷 （清）張廷玉等撰 清道光六年(1826)刻本 六冊 存十八

卷(一至二、八至二十、七十六至七十八)

410000－2222－0000258　3.6/2
齊民要術十卷雜說一卷　(北魏)賈思勰著
清光緒元年(1875)湖北崇文書局刻子書百家
本　三冊　存七卷(一至三、八至十，雜說一
卷)

410000－2222－0000259　3.7/1
東醫寶鑑二十三卷目錄二卷　(朝鮮)許浚撰
清刻本　十二冊　存八卷(內景篇一至四、
外形篇二至四、目錄下)

410000－2222－0000260　3.73/1
本草綱目五十二卷　(明)李時珍編　清刻本
二冊　存三卷(十八、三十九至四十)

410000－2222－0000261　3.73/2
增訂本草備要四卷醫方集解三卷　(清)汪昂
輯　清刻本　一冊

410000－2222－0000262　3.73/3
本草萬方鍼線八卷　(清)蔡烈先輯　清刻本
一冊　存三卷(二至四)

410000－2222－0000263　3.74/1
圖注八十一難經辨真四卷姓氏一卷　(戰國)
秦越人著　(明)張世賢圖注　清刻本　二冊

410000－2222－0000264　3.74/2
圖註脈訣辨真四卷　(晉)王叔和撰　(明)張
世賢注　清刻本(有圖)　二冊

410000－2222－0000265　3.74/3
圖注八十一難經辨真四卷　(戰國)秦越人著
(明)張世賢圖注　(清)沈鏡重校　清刻本
一冊

410000－2222－0000266　3.75/2
重樓玉鑰二卷　(清)鄭宏綱撰　清道光十九
年(1839)蘇城喜墨齋刻本　二冊

410000－2222－0000267　3.75/4
救偏瑣言五卷　(清)費啟泰撰　清刻本　一
冊　存三卷(一至三)

410000－2222－0000268　3.76/1
傅青主男科二卷　(清)傅山著　清光緒十三

年(1887)湖北官書處刻本　二冊

410000－2222－0000269　3.77/1
編輯外科心法要訣十六卷首一卷　(清)吳謙
等輯　清刻本(有圖)　四冊　存七卷(七、九
至十四)

410000－2222－0000270　3.77/2
編輯外科心法要訣十六卷首一卷　(清)吳謙
纂　清刻御纂醫宗金鑑本　四冊　存五卷
(三至四、十一、十五至十六)

410000－2222－0000271　3.77/3
洞天奧旨十六卷　(清)陳士鐸著　清大雅堂
刻本　四冊

410000－2222－0000272　3.79/1
產後編二卷　(清)傅山撰　清光緒十三年
(1887)湖北官書處刻本　一冊

410000－2222－0000273　3.9/1
買地文書不分卷　(清)許宗武等撰　清抄本
一冊

410000－2222－0000274　3.91/13
甌鉢羅室書畫過目攷四卷　(清)李玉棻編
清光緒刻本　一冊　存一卷(二)

410000－2222－0000275　3.91/14
清河書畫舫十二卷補遺一卷　(明)張丑撰
清乾隆二十八年(1763)仁和吳長元池北草堂
刻本　十二冊

410000－2222－0000276　3.95/1
**古香齋新刻袖珍淵鑒類函四百五十卷目錄四
卷**　(清)王士禎等編　清光緒南海孔氏刻本
二十三冊　存六十八卷(一至四、五十九至
六十、一百三十八至一百四十一、二百二十
至二百二十五、二百二十九至二百三十一、二百
三十五至二百四十三、二百六十九至二百八
十、二百八十四至二百九十一、三百五十八至
三百六十、三百六十八至三百七十七、三百八
十四至三百八十六、四百四十四至四百四十
七)

410000－2222－0000277　3.95/2

淵鑒類函四百五十卷目錄四卷　（清）張英等撰　清刻本　九十三冊　存三百九卷（一至九、十七至二十、二十四至一百九十二、一百九十七至二百十六、二百二十一至二百三十一、二百三十六至二百三十九、二百七十九至二百九十四、三百十二至三百三十、三百五十四至四百）

410000－2222－0000278　3.95/3

欽定古今圖書集成一萬卷目錄三十二卷　（清）蔣廷錫等編　清光緒十年(1884)上海圖書集成局鉛印本（有圖）　一千七十四冊

410000－2222－0000279　3.95/4

新增說文韻府群玉二十卷　（元）陰時夫編輯　（元）陰中夫編注　清刻本　十一冊　存十一卷（二至三、五至六、八至十、十二至十三、十五、十九）

410000－2222－0000280　3.95/7

子史輯要詩賦題解四卷續編四卷　（清）胡本淵輯　清三讓堂刻本　一冊　存四卷（續編四卷）

410000－2222－0000281　3.961/2

金剛經一卷　（後秦）釋鳩摩羅什譯　清光緒三十年(1904)福陞厚刻本　一冊

410000－2222－0000282　3.961/3

孚佑帝君註講二卷　（唐）呂巖撰　清光緒三十年(1904)福陞厚刻本　一冊　存一卷（一）

410000－2222－0000283　3.961/4

西歸直指四卷首一卷　（清）周夢顏輯　清光緒十二年(1886)金陵刻經處刻本（有圖）一冊

410000－2222－0000284　3.97/2

翠微山房數學三十八卷　（清）張作楠輯　清光緒二十三年(1897)上海鴻寶齋石印本（有圖）　二冊　存三種十二卷

410000－2222－0000285　3.975/1

奇門遁甲秘笈大全三十卷　（明）劉伯溫（劉基）校訂　清刻本　三冊　存七卷（三至七、二十九至三十）

410000－2222－0000286　3.975/2

選擇捷要一卷　（清）賀汝田輯　清刻本　一冊

410000－2222－0000287　3.976/1

陰宅輯要□□卷　（清）姚廷鑾撰　清刻本　一冊　存一卷（二）

410000－2222－0000288　3.976/2

山法全書十九卷首二卷　（清）葉泰集　清刻本　七冊　存十三卷（一、五至八、十、十三至十九）

410000－2222－0000289　3.976/3

理氣三決□□卷　（清）葉泰輯　清刻本　一冊　存一卷（二）

410000－2222－0000290　3.976/6

地理六經註六卷　（清）葉泰著　清刻本　三冊

410000－2222－0000291　3.976/7

闢徑集二卷　（明）李秩著　清道光十四年(1834)明經閣刻本　一冊

410000－2222－0000292　3.976/9

平陽全書十五卷　（清）葉泰輯　清刻本　六冊

410000－2222－0000293　3.981/2

馬氏心書四卷　（清）馬時芳著　清宣統三年(1911)石印本　二冊

410000－2222－0000294　3.981/3

因果集四卷　（清）李鳳舞撰　清道光十九年(1839)刻本　四冊

410000－2222－0000295　3.981/4

陰騭文廣義二卷　（清）周安士著　清刻本　一冊　存一卷（二）

410000－2222－0000296　3.982/1

容齋隨筆十六卷續筆十六卷三筆十六卷四筆十六卷五筆十卷　（宋）洪邁撰　明崇禎三年(1630)嘉定馬元調刻清康熙洪璟重修本　十七冊　存六十二卷（隨筆十六卷，續筆一至四、九至十六，三筆一至八、十三至十六，四筆

一至八、十三至十六,五筆十卷)

410000－2222－0000297　3.983/1

格致鏡原一百卷　(清)陳元龍撰　清刻本
三冊　存十一卷(二十九至三十五、四十八至
五十一)

410000－2222－0000298　3.983/4

經餘必讀八卷　(清)雷琳等輯　清刻本　一
冊　存二卷(五至六)

410000－2222－0000299　3.99/1

物理推原不分卷　(法國)羅迪愛撰　(清)李
杕譯　清光緒十八年(1892)上海徐彙書館石
印本(有圖)　一冊

410000－2222－0000300　3.99/2

物理推原不分卷　(法國)羅迪愛撰　(清)李
杕譯　清光緒十八年(1892)上海徐彙書館石
印本(有圖)　一冊

410000－2222－0000301　4.1/1

東都采風錄二卷　(清)賈臻選錄　清躬自厚
齋刻本　一冊　存一卷(上)

410000－2222－0000302　4.11/1

學海堂二集二十二卷　(清)吳蘭修輯　清道
光十八年(1838)啓秀山房刻本　一冊　存二
卷(九至十)

410000－2222－0000303　4.12/3

試帖百篇最豁解不分卷　(清)王澤洼評注
清乾隆五十九年(1794)刻本　一冊

410000－2222－0000304　4.12/4

**新鐫五言千家詩注解二卷新鐫七言千家詩注
解二卷**　(明)王相選注　笠翁對韻二卷韻字
考異一卷　(清)李漁撰　清刻本　一冊

410000－2222－0000305　4.12/5

**新鐫五言千家詩注解二卷新鐫七言千家詩注
解二卷**　(明)王相選注　笠翁對韻二卷韻字
考異一卷　(清)李漁撰　清刻本　一冊　存
三卷(七言千家詩注解二卷、韻字考異一卷)

410000－2222－0000306　4.12/6

古文啃鳳新編八卷　(清)汪基鈔輯　清嘉慶

十五年(1810)大盛堂刻本　四冊

410000－2222－0000307　4.12/7

古文啃鳳新編八卷　(清)汪基鈔輯　清刻本
三冊　存三卷(二至四)

410000－2222－0000308　4.12/10

古文釋義新編八卷　(清)余誠評注　清刻本
二冊　存二卷(四至五)

410000－2222－0000309　4.12/11

古文釋義新編八卷　(清)余誠評註　清槐榮
堂刻本　一冊　存一卷(六)

410000－2222－0000310　4.12/12

大文堂重訂古文釋義新編八卷　(清)余誠評
注　清刻本　一冊　存二卷(五至六)

410000－2222－0000311　4.12/14

御選唐宋詩醇四十七卷　(清)弘晝編　清刻
本　五冊　存十一卷(十一至十二、十五至二
十三)

410000－2222－0000312　4.12/17

唐宋八大家文讀本三十卷　(清)沈德潛評點
清刻本　七冊　存十四卷(十七至三十)

410000－2222－0000313　4.12/21

忠雅堂評選四六法海八卷　(清)蔣士銓評選
清光緒二十五年(1899)寄螺齋刻本　八冊

410000－2222－0000314　4.12/22

[清人文選集註]　(清)蔣棟註　清稿本
一冊

410000－2222－0000315　4.12/23

本朝館閣詩花樣集六卷　(清)楊昌光編　清
樹本堂刻本　一冊

410000－2222－0000316　4.12/24

古文發蒙集六卷　(清)王相等纂　(清)殷承
爵參訂　清乾隆四年(1739)積秀堂刻本　三
冊　存三卷(一、三至四)

410000－2222－0000317　4.12/25

古文發蒙集六卷　(清)王相等纂　清三益堂
刻本　三冊　存三卷(一、三至四)

410000－2222－0000318　4.12/33

[中試花樣雜文集]　許誌集　清抄本　六冊

410000－2222－0000319　4.12/38

[清人文章選萃]　許誌集　清抄本　六冊

410000－2222－0000320　4.12/50

熟讀深思　(清)陸稼書注　清抄本　一冊

410000－2222－0000321　4.13/5

試帖百篇最豁解不分卷　(清)王澤泩評註　清刻本　一冊

410000－2222－0000322　4.13/6

養雲山館試帖註釋四卷　(清)許球著　(清)王榮綬註釋　清刻本　一冊　存二卷(一至二)

410000－2222－0000323　4.13/7

澹香齋試帖輯註不分卷　(清)王廷紹著　(清)張熙宇評　(清)王植桂注　清同治九年(1870)京師琉璃廠刻本　一冊

410000－2222－0000324　4.13/8

古唐詩合解十二卷　(清)王堯衢注　清令德堂刻本　四冊　存九卷(一至四、八至十二)

410000－2222－0000325　4.13/9

古唐詩合解十六卷　(清)王堯衢注　清刻本　一冊　存二卷(唐詩十一至十二)

410000－2222－0000326　4.13/10

古唐詩合解十六卷　(清)王堯衢注　(清)李模　(清)李桓校　清刻本　四冊

410000－2222－0000327　4.13/11

中晚唐詩叩彈集十二卷續集三卷　(清)杜詔　(清)杜庭珠集　清康熙四十三年(1704)采山亭刻本　五冊　存十卷(三至十、續集中下)

410000－2222－0000328　4.13/12

而菴說唐詩二十二卷首一卷　(清)徐增述　清康熙九誥堂刻本　一冊　存二卷(十九至二十)

410000－2222－0000329　4.13/13

全唐詩不分卷　(清)曹寅等輯　清刻本

五冊

410000－2222－0000330　4.13/14

唐詩三百首註釋六卷　(清)孫洙編　清光緒十六年(1890)石渠山房刻本　一冊　存二卷(一至二)

410000－2222－0000331　4.13/17

明詩別裁集十二卷　(清)沈德潛　(清)周準輯　清乾隆刻本　一冊　存二卷(十一至十二)

410000－2222－0000332　4.3/1

[家書]　(清)□建烈撰　清光緒稿本　一冊

410000－2222－0000333　4.32/3

讀杜心解六卷首二卷　(清)浦起龍講解　清雍正二年至三年(1724－1725)無錫浦氏寧我齋刻本　六冊　存五卷(二至六)

410000－2222－0000334　4.32/4

杜詩鏡銓二十卷首一卷附錄一卷　(清)楊倫編輯　清刻本　十二冊

410000－2222－0000335　4.33/3

岳忠武王文集八卷首一卷末一卷　(宋)岳飛撰　清韓城師長怡刻本　一冊　存二卷(八、末一卷)

410000－2222－0000336　4.33/4

舒文靖公類稿四卷　(宋)舒璘撰　清同治十一年(1872)刻本　一冊

410000－2222－0000337　4.35/1

許文正公遺書十二卷首一卷末二卷　(元)許衡撰　清乾隆五十五年(1790)刻本(有圖)　八冊

410000－2222－0000338　4.36/3

士翼三卷　(明)崔銑撰　明刻清乾隆三十七年(1772)補版重印崔洹野集本　一冊　存一卷(二)

410000－2222－0000339　4.36/4

思綺堂文集不分卷　(清)章藻功撰註　清刻本　二冊

410000－2222－0000340　4.36/5

冒氏小品四種　（清）冒襄撰　清宣統元年(1909)番禺沈氏石印本　一冊

410000－2222－0000341　4.37/1

曾文正公全集　（清）曾國藩撰　清同治至光緒間傳忠書局刻本　一百四十七冊

410000－2222－0000342　4.37/3

授堂遺書　（清）武億著　清道光二十三年(1843)偃師武氏刻本　十六冊

410000－2222－0000343　4.37/4

授堂遺書　（清）武億著　清道光二十三年(1843)偃師武氏刻本　十六冊

410000－2222－0000344　4.37/5

授堂遺書　（清）武億著　清道光二十三年(1843)偃師武氏刻本　十六冊

410000－2222－0000345　4.37/6

授堂遺書　（清）武億著　清道光二十三年(1843)偃師武氏刻本　九冊　存六種四十三卷

410000－2222－0000346　4.37/7

授堂遺書　（清）武億著　清道光二十三年(1843)偃師武氏刻本　十五冊　存九種七十五卷

410000－2222－0000347　4.37/8

隨園詩話十六卷補遺四卷　（清）袁枚著　清宣統元年(1909)鑄記書局石印本　一冊　存四卷(六至九)

410000－2222－0000348　4.37/10

船山詩草二十卷　（清）張問陶撰　清嘉慶二十年(1815)刻本　一冊　存七卷(一至七)

410000－2222－0000349　4.37/12

張氏詩集合編八卷　（清）張昀輯　清刻本　三冊　存六卷(三至八)

410000－2222－0000350　4.37/13

湘綺樓文集八卷　王闓運撰　清光緒三十四年(1908)湘靈文社鉛印本　三冊　存六卷(一至二、五至八)

410000－2222－0000351　4.37/14

二曲集四十六卷　（清）李顒著　清光緒三年(1877)陝西石泉彭懋謙信述堂刻本　十六冊

410000－2222－0000352　4.37/15

二曲集四十六卷　（清）李顒著　清光緒三年(1877)陝西石泉彭懋謙信述堂刻本　十三冊　存三十五卷(一、七至三十、三十四至四十一、四十五至四十六)

410000－2222－0000353　4.37/16

擬山園選集八十二卷　（清）王鐸著　清順治十年(1653)王鑨、王鑪刻增修本　三冊　存十四卷(一至十一、十八至二十)

410000－2222－0000354　4.37/17

勸學篇二卷　（清）張之洞撰　清光緒二十四年(1898)船山書院刻本　一冊

410000－2222－0000355　4.37/18

東塾集六卷　（清）陳澧撰　清光緒十八年(1892)菊坡精舍刻本　三冊

410000－2222－0000356　4.37/19

漁洋山人精華錄箋注十二卷補一卷　（清）王士禛撰　（清）金榮箋注　（清）徐淮纂輯　清刻本　一冊　存一卷(六)

410000－2222－0000357　4.37/20

檉花館試帖輯註不分卷　（清）路德著　（清）張熙宇輯註　（清）王植桂輯錄　清刻本　一冊

410000－2222－0000358　4.37/21

詳註分類飲香尺牘四卷首一卷　題（清）飲香居士輯　清道光六年(1826)刻本　四冊

410000－2222－0000359　4.37/23

生香書屋文集四卷詩集七卷　（清）陳浩撰　清乾隆刻本　三冊　存五卷(文集二至四、詩集六至七)

410000－2222－0000360　4.37/25

天根文鈔四卷文法一卷續集一卷詩鈔二卷　（清）何家琪撰　清光緒三十二年(1906)刻本　一冊　存一卷(詩鈔上)

410000－2222－0000361　4.37/27

庚子山集十六卷首一卷總釋一卷 （北周）庾
信撰 （清）倪璠注 清康熙刻本 五冊 存
六卷（十一至十六）

410000－2222－0000362 4.37/31

飲冰室自由書不分卷 梁啟超著 清宣統二
年（1910）上海廣智書局鉛印本 一冊

410000－2222－0000363 4.52/2

[西廂記]□卷 （元）王實甫撰 清抄本
一冊

410000－2222－0000364 4.53/1

惺齋五種 （清）夏綸撰 清乾隆十六年
（1751）世光堂刻本 六冊 存三種六卷

410000－2222－0000365 4.54/1

紅樓夢散套十六卷 （清）荊石山民（黃兆魁）
填詞 清光緒八年（1882）蟾波閣刻本 四冊

410000－2222－0000366 4.65/2

東周列國全志二十三卷 （明）馮夢龍撰
（清）蔡昇評點 清刻本 一冊 存三卷（四
十七至四十九）

410000－2222－0000367 4.65/3

四大奇書第一種五十一卷 （清）金人瑞
（清）毛宗崗評 清光緒三十三年（1907）澹雅
書局刻本（有圖） 八冊 存三十八卷（一至

二十一、三十至三十七、四十三至五十一）

410000－2222－0000368 4.7/12

桐雲閣試帖□卷 （清）楊庚著 （清）申珠
（清）杜炳南補註 清刻本 一冊 存一卷
（五）

410000－2222－0000369 4.7/13

文心雕龍十卷 （南朝梁）劉勰著 清光緒元
年（1875）湖北崇文書局刻崇文書局彙刻書本
一冊

410000－2222－0000370 4.7/14

瀛海探驪集八卷 （清）朱埏之輯 （清）毛寅
初等注 清道南書屋刻本 一冊 存六卷
（三至八）

410000－2222－0000371 4.7/15

賦學正鵠集釋十卷 （清）李元度輯 清光緒
宏道堂刻本 四冊 存七卷（一、五至十）

410000－2222－0000372 5.1/1

武英殿聚珍版書 清刻本 九十三冊 存三
十六種二百三十卷

410000－2222－0000373 5.1/3

崇文書局彙刻書 （清）崇文書局輯 清光緒
元年（1875）湖北崇文書局刻本 十二冊 存
五種八十四卷

河南省新安縣圖書館古籍普查登記目錄

全國古籍普查登記目錄

國家圖書館出版社

National Library of China Publishing House

410000－2228－0000001　1/10

康熙字典十二集三十六卷總目一卷檢字一卷辨似一卷等韻一卷補遺一卷備考一卷　（清）張玉書等纂修　清康熙五十五年(1716)刻本　四十冊

410000－2228－0000002　3/3

性理大全書七十卷　（明）胡廣等編　（明）李九我(李廷機)纂訂　明萬曆二十五年(1597)師古齋刻本　二十四冊　存五十二卷(一至五十二)

410000－2228－0000003　2/13

御批歷代通鑑輯覽一百二十卷　（清）傅恒等撰　清同治十三年(1874)湖南書局刻本　九十六冊

410000－2228－0000004　1/35

朱子儀禮經傳通解六十九卷　（宋）朱熹撰（清）梁萬方考訂　清乾隆十八年(1753)刻本　四十冊

410000－2228－0000005　4/17A

晦庵先生朱文公文集一百卷續集十一卷別集十卷　（宋）朱熹撰　清同治十二年(1873)六安涂氏求我齋刻本　三十二冊

410000－2228－0000006　4/17

晦庵先生朱文公文集一百卷別集七卷續集五卷　（宋）朱熹撰　清刻本　四十冊　缺二十卷(文集一至二十)

410000－2228－0000007　3/8

孫子十家註十三卷敘錄一卷遺說一卷　（春秋）孫武撰　清咸豐五年(1855)淡香齋泥活字印本　五冊

410000－2228－0000008　1/33

周官精義十二卷　（清）連叔度(連斗山)編次　清乾隆四十一年(1776)刻本　六冊

410000－2228－0000009　4/16

五子近思錄發明十四卷　（清）施璜纂註　清康熙四十四年(1705)刻本　八冊

410000－2228－0000010　1/5

四書人物類典串珠四十卷　（清）臧志仁編　清同治韓瞻斗抄本　四冊

410000－2228－0000011　1/5A

四書人物類典串珠四十卷　（清）臧志仁輯　清嘉慶六年(1801)刻本　四冊

410000－2228－0000012　1/8

增補左繡三十卷首一卷　（清）馮李驊　（清）陸浩評輯　清乾隆十三年(1748)刻本　八冊

410000－2228－0000013　1/6

書經六卷　（宋）蔡沈集傳　清刻本　四冊

410000－2228－0000014　1/7

禮記易讀四卷　（清）□□撰　清道光三十年(1850)刻本　四冊

410000－2228－0000015　1/12

詩經融註大全體要八卷　（清）范紫登(范翔)撰　（清）高朝瓔纂輯　清嘉慶十七年(1812)三多齋刻本　四冊

410000－2228－0000016　1/9

四書集注十九卷　（宋）朱熹撰　清刻本　五冊

410000－2228－0000017　5/1

七經精義　（清）黃淦撰　清嘉慶十三年(1808)刻本　七冊　存四種二十卷

410000－2228－0000018　1/21

四書典制類聯音註三十三卷　（清）閻其淵編　清嘉慶元年(1796)刻本　十二冊

410000－2228－0000019　1/15

四書或問三十九卷　（宋）朱熹著　**中庸輯畧二卷**　（宋）石𡼖　（宋）朱熹刪定　清白鹿洞刻本　十冊

410000－2228－0000020　1/14

新刻書經備旨善本輯要六卷　（清）馬大猷輯　清嘉慶二十二年(1817)刻本　六冊

410000－2228－0000021　1/16

呂晚邨先生四書講義四十三卷　（清）陳鏦編　清康熙二十五年(1686)刻本　八冊

410000－2228－0000022　1/23

四書圖說六卷　（清）王道然著　清乾隆二十四年(1759)刻本　四冊

410000－2228－0000023　1/22

儀禮易讀十七卷　（清）馬駉輯　清乾隆三十八年(1773)刻本　四冊

410000－2228－0000024　1/27

禮記十卷　（元）陳澔集說　清刻本　十冊

410000－2228－0000025　1/25

大學衍義四十三卷　（宋）真德秀輯　明崇禎五年(1632)刻本　八冊

410000－2228－0000026　1/24

四書便蒙十九卷　（宋）朱熹集注　清同治八年(1869)劉泰興刻本　五冊　存十六卷(大學一卷、中庸一卷、論語一至十、孟子二至五)

410000－2228－0000027　1/36

左傳易讀六卷　（清）司徒則廬(司徒修)輯　清咸豐六年(1856)刻本　六冊

410000－2228－0000028　1/26

御纂周易折中二十二卷首一卷　（清）李光地等撰　清康熙五十四年(1715)刻本　十六冊

410000－2228－0000029　2/17

尺木堂綱鑑易知錄九十二卷　（清）吳乘權等輯　清鉛印本　四冊　存二十六卷(十三至十九、二十七至三十二、六十一至六十六、七十五至八十一)

410000－2228－0000030　1/38

醉迷齋稿不分卷　（清）韓滃撰　清光緒十六年(1890)新安韓氏刻本　三冊

410000－2228－0000031　1/30

五經揭要二十六卷　（清）周慧田輯　清乾隆五十四年(1789)刻本　七冊

410000－2228－0000032　4/9

朱子家禮八卷首一卷　（明）丘濬輯　（明）楊廷筠補　清乾隆三十八年(1773)博雅堂刻本　七冊

410000－2228－0000033　1/20

大中遵註集解四卷　（清）韓滃輯　清抄本　五冊

410000－2228－0000034　1/31

四禮初彙四卷　（明）宋纁輯　明萬曆元年(1573)刻本　一冊

410000－2228－0000035　2/1

綱鑑會纂三十九卷首一卷　（明）王世貞編　清乾隆刻本　三十五冊

410000－2228－0000036　2/8

經濟類考約編二卷　（清）顧臨邢(顧九錫)輯　清雍正八年(1730)積秀堂刻本　六冊

410000－2228－0000037　2/14

國朝先正事略六十卷首一卷　（清）李元度纂　清光緒十三年(1887)廣百宋齋鉛印本　十冊

410000－2228－0000038　3/4

諸葛武侯集四卷首一卷　（三國蜀）諸葛亮撰　清同治七年(1868)楚醴景萊書室刻本　四冊

410000－2228－0000039　3/12

二程先生全書五十一卷拾遺一卷　（宋）程顥（宋）程頤撰　清康熙二十五年(1686)刻本　十二冊

410000－2228－0000040　3/13

白虎通四卷　（漢）班固撰　（清）盧文弨校　**校勘補遺一卷**　（清）盧文弨撰　**考一卷**　（清）莊述祖撰　**闕文一卷**　（清）莊述祖輯　清乾隆四十九年(1784)抱經堂叢書刻本　二冊

410000－2228－0000041　4/19

朱子年譜綱目十二卷首一卷末一卷　（清）李元祿編　清嘉慶七年(1802)刻本　八冊

410000－2228－0000042　3/9

張子全書十五卷　（宋）張載撰　（宋）朱熹注　清嘉慶十一年(1806)刻本　八冊

410000－2228－0000043　3/11

唐陸宣公集二十二卷　（唐）陸贄撰　清光緒

十三年(1887)石印本　四冊

410000－2228－0000044　2/7

戰國策去毒二卷　(清)陸隴其評選　清同治
九年(1870)六安求我齋刻本　二冊

410000－2228－0000045　1/42

皇極經世緒言九卷首二卷　(宋)邵康節(邵
雍)著　(清)包逸菴參校　清道光十年
(1830)錢塘徐樹堂刻本　十冊

410000－2228－0000046　4/11

二如亭群芳譜三十卷首十三卷　(明)王象晉
纂輯　明刻本　三冊　存五卷(歲譜一至四、
首一卷)

410000－2228－0000047　4/21

應試唐詩類釋十九卷　(清)臧岳編　清乾隆
三十九年(1774)刻本　八冊

410000－2228－0000048　4/22

而菴說唐詩二十二卷　(清)徐增撰　清文茂
堂刻本　五冊　存十二卷(十一至二十二)

410000－2228－0000049　3/14

御纂性理精義十二卷　(清)李光地等纂修
清康熙五十六年(1717)刻本　六冊

410000－2228－0000050　1/43

龍文鞭影初集二卷二集二卷　(明)蕭良有撰
清同治十二年(1873)刻本　四冊

410000－2228－0000051　4/25

唐宋八家文讀本三十卷　(清)沈德潛評點
清乾隆十五年(1750)刻本　六冊

410000－2228－0000052　2/16

朱子語類一百四十卷　(宋)朱熹撰　清康熙
刻本　四十冊

410000－2228－0000053　4/27

朱子古文讀本六卷　(宋)朱熹撰　(清)周大
璋編次　清康熙五十六年(1717)寶旭齋刻本
十二冊

410000－2228－0000054　4/14

小坡識小錄四卷　(清)馬騰蛟編　清同治十
三年(1874)刻本　二冊

410000－2228－0000055　4/15

宋儒文肅公黃勉齋先生文集四十卷　(宋)黃
榦撰　清刻本　八冊　存三十三卷(一至十
二、十七至三十七)

410000－2228－0000056　2/15

歷代名臣言行錄二十四卷　(清)朱桓編　清
光緒十二年(1886)鉛印本　十二冊

410000－2228－0000057　4/2

朱子年譜考異四卷　(清)王懋竑輯　清乾隆
白田草堂刻本　一冊

410000－2228－0000058　4/28

理學宗傳辨正十六卷　(清)劉廷詔撰　清同
治抄本　六冊

410000－2228－0000059　4/10

新纂氏族箋釋八卷　(清)熊峻運撰　清刻本
六冊

410000－2228－0000060　2/18

求是齋墨醇不分卷(咸豐辛亥至己未)　(清)
杜蓮衢(杜聯)選評　清咸豐刻本　二冊

410000－2228－0000061　2/19

近七科鄉會墨醇不分卷(同治丁卯至甲戌)
(清)韋明星　(清)趙鐘編次　清同治刻本
二冊

410000－2228－0000062　4/29

學宮景仰編八卷　(清)黃見三輯　清同治十
一年(1872)刻本　四冊

410000－2228－0000063　4/33

重訂廣事類賦四十卷　(清)華希閔撰　清刻
本　九冊　存三十八卷(三至四十)

410000－2228－0000064　4/35

翁注困學紀聞二十卷首一卷　(宋)王應麟撰
(清)翁元圻輯　清光緒十五年(1889)石印
本　六冊

410000－2228－0000065　4/34

東萊先生左氏博議二十五卷首一卷末一卷
(宋)呂祖謙撰　清光緒十三年(1887)鉛印本
四冊

410000－2228－0000066　4/18

詳註新賦湧雲八卷　（清）吳肖元評選　清乾隆十三年(1748)刻本　五冊

410000－2228－0000067　4/24

古今圖書集成一萬卷　（清）蔣廷錫　（清）陳夢雷等編　清光緒十四年(1888)鉛印本　一冊　存四卷(七至十)

410000－2228－0000068　4/6

讀書錄十一卷續錄十二卷　（明）薛瑄撰　清乾隆十一年(1746)刻本　七冊

410000－2228－0000069　4/37

近思錄十四卷　（清）江永集註　清光緒十九年(1893)刻本　二冊

410000－2228－0000070　4/36

國朝先正學規彙鈔不分卷　（清）黃舒昺編　清刻本　二冊

410000－2228－0000071　2/2

前漢書一百二十卷　（漢）班固撰　（唐）顏師古注　明崇禎十五年(1642)毛氏汲古閣刻本　二十冊

410000－2228－0000072　4/23

上蔡謝先生語錄三卷附考證一卷　（宋）謝良佐撰　（宋）朱熹輯　清同治三年(1864)西京清麓叢書刻本　一冊

410000－2228－0000073　4/7

薛文清公行實錄五卷　（明）王鴻編　明正德六年(1511)刻本　三冊　存四卷(二至五)

410000－2228－0000074　4/8

薛文清公［瑄］年譜一卷　（明）楊鶴編　清康熙刻本　一冊

410000－2228－0000075　4/5

文清公薛先生文集二十四卷　（明）薛瑄撰　（明）張鼎編輯　明萬曆四十二年(1614)刻本　十二冊

410000－2228－0000076　2/3

後漢書九十卷　（南朝宋）范曄撰　（唐）李賢注　志三十卷　（晉）司馬彪撰　（南朝梁）劉

昭注　明末清初虞山毛氏汲古閣刻本　十六冊

410000－2228－0000077　2/5

晉書一百三十卷　（唐）太宗李世民撰　明崇禎二年(1629)虞山毛氏汲古閣刻本　二十四冊

410000－2228－0000078　1/17

朱子論學切要語二卷　（清）王懋竑輯　清白田草堂刻本　一冊

410000－2228－0000079　2/4

史記一百三十卷　（漢）司馬遷撰　（南朝宋）裴駰集解　明崇禎十四年(1641)毛氏汲古閣刻本　十二冊

410000－2228－0000080　1/4

周禮會參拾遺□□卷　（清）□□著　清抄本　一冊

410000－2228－0000081　1/45

說文解字三十二卷　（漢）許慎撰　（清）段玉裁注　清光緒三年(1877)刻本　十冊　存十四卷(一至十四)

410000－2228－0000082　1/46

集韻十卷　（清）丁度等撰　清嘉慶十九年(1814)刻本　十冊

410000－2228－0000083　1/47

六書音均表二卷　（清）段玉裁撰　清乾隆仁壽毛瀚豐刻本　二冊

410000－2228－0000084　1/48

音學五書　（清）顧炎武撰　清光緒十一年(1885)四明觀稼樓刻本　十二冊

410000－2228－0000085　4/13

詩韻全璧五卷　（清）惜陰主人(奕詢)撰　清上海錦章書局石印本　六冊

410000－2228－0000086　1/49

易經八卷　（宋）程頤傳　清光緒九年(1883)江南書局刻本　三冊

410000－2228－0000087　4/26

悔言辨正六卷首一卷　夏震武撰　附記一卷

夏鼎武撰　清光緒十六年(1890)富陽夏氏叢刻本　一冊

410000－2228－0000088　4/4

倭文端公遺書六卷首一卷日記三卷　(清)倭仁撰　清同治十一年(1872)韓瞻斗抄本　二冊

410000－2228－0000089　4/3

拙修集七卷　(清)吳廷棟著　清同治十年(1871)韓瞻斗抄本　二冊

410000－2228－0000090　4/32

重訂事類賦三十卷　(宋)吳淑撰註　清劍光閣刻本　六冊

410000－2228－0000091　1/2

松陽講義十二卷　(清)陸隴其著　清康熙二十九年(1690)刻本　四冊

410000－2228－0000092　1/3

周禮集解會叅六卷　(清)高紫超(高愈)撰　清刻本　一冊

410000－2228－0000093　1/11

載詠樓重鎸朱批孟子二卷　(宋)蘇洵批點　清嘉慶元年(1796)慎詒堂朱墨套印本　二冊

410000－2228－0000094　1/19

書經集註六卷　(宋)蔡沈撰　清刻本　一冊　存二卷(五至六)

410000－2228－0000095　1/13

經餘必讀八卷續編八卷三編四卷　(清)雷琳輯　清嘉慶十五年(1810)刻本　九冊　缺二卷(經餘必讀一至二)

410000－2228－0000096　1/32

新訂四書補註備旨十卷　(明)鄧林著　(清)杜定基增訂　清刻本　三冊　存六卷(論語一至四、孟子三至四)

410000－2228－0000097　3/1

山海經四卷　(晉)郭璞傳　清宏道堂刻本(有圖)　六冊

410000－2228－0000098　1/34

御纂詩義折中二十卷　(清)傅恒等撰　清乾

隆二十年(1755)刻本　六冊

410000－2228－0000099　1/29

爾雅會編音註難字辨考二卷　(清)顧澍撰　清嘉慶十三年(1808)刻本　一冊　存一卷(上)

410000－2228－0000100　1/29A

爾雅三卷　(晉)郭璞注　清乾隆二十九年(1764)刻本　一冊

410000－2228－0000101　1/40

四書課童詩不分卷　(清)吳鎮著　清乾隆五十六年(1791)刻本　一冊

410000－2228－0000102　1/41

字學舉隅不分卷　(清)龍啟瑞撰　清光緒八年(1882)刻本　一冊

410000－2228－0000103　2/6

文廟從祀位次考一卷　(清)陳錦輯　清光緒十二年(1886)刻本　一冊

410000－2228－0000104　1/39

大中遵註集解四卷　(清)韓濬輯　清光緒二十二年(1896)刻本　四冊

410000－2228－0000105　1/1

策學纂要正編十六卷續編四卷　(清)戴朋(清)黃卷輯　清刻本　八冊

410000－2228－0000106　4/20

朱文公校昌黎先生文集四十卷外集十卷遺文一卷傳一卷　(唐)韓愈撰　明萬曆三十三年(1605)刻本　十二冊

410000－2228－0000107　4/1

朱子年譜四卷　(清)王懋竑纂修　清抄本　一冊

410000－2228－0000108　2/9

儲選古文七種　(清)可儀堂編　(清)儲同人(儲欣)評　清嘉慶十三年(1808)刻本　二十四冊

410000－2228－0000109　1/18

剔弊廣增分韻五方元音二卷　(清)樊騰鳳撰　清同治八年(1869)刻本　一冊

410000－2228－0000110　3/2

綱鑑擇語十卷　（清）司徒則廬（司徒修）輯
清咸豐七年(1857)刻本　六冊

410000－2228－0000111　1/28

禹貢節要便蒙總歌附錄□□卷　（清）□□撰
清刻本　一冊　存一卷(二)

410000－2228－0000112　1/28A

禹貢節要便蒙總歌附錄□□卷　（清）□□撰
清刻本　一冊　存二卷(二至三)

410000－2228－0000113　1/37

四書朱子本義彙參四十三卷首四卷　（清）王
步青輯　清乾隆十年(1745)敦復堂刻本　三
十五冊

410000－2228－0000114　4/12

傍花草堂遺稿不分卷　（清）李恒泰著　清道
光二十五年(1845)刻本　二冊

410000－2228－0000115　1/50

大學衍義講授三卷　夏震武撰　清刻本
二冊

410000－2228－0000116　3/10

寧致堂增訂武經體註不分卷　（清）夏振翼纂
訂　清康熙五十九年(1720)五友堂刻本
一冊

410000－2228－0000117　1/44

周禮六卷　（漢）鄭玄注　（唐）陸德明音義
清光緒八年(1882)錦江書局刻本　六冊

410000－2228－0000118　2/21

御撰資治通鑑綱目三編二十卷　（清）張廷玉
等撰　清乾隆十一年(1746)刻本　五冊

河南省欒川縣圖書館古籍普查登記目錄

全國古籍普查登記目錄

國家圖書館出版社
National Library of China Publishing House

410000－2229－0000001　　集/4

唐賢三昧集三卷 （清）王士禛選　（清）吳煊
（清）胡棠輯註　（清）黃培方評　清宣統二
年(1910)淵古齋石印本　六冊

410000－2229－0000002　　集/11

**三魚堂文集十二卷外集六卷賸言十二卷附錄
二卷** （清）陸隴其撰　清宣統三年(1911)掃
葉山房石印本　八冊

410000－2229－0000003　　經/4

儀禮十七卷 （漢）鄭玄註　（清）張爾岐句讀
監本正誤一卷石本誤字一卷　（清）張爾岐
撰　清同治七年(1868)金陵書局刻十三經讀
本本　六冊

410000－2229－0000004　　集/8

陶淵明文集十卷 （晉）陶潛撰　清宣統元年
(1909)著易堂石印本　四冊

410000－2229－0000005　　經/5

書經體註大全合纂六卷 （清）范翔鑒定
（清）張聖度訂　（清）錢希祥纂　清宏道堂刻
本　五冊　存五卷(一至二、四至六)

410000－2229－0000006　　集/6

國朝六家詩鈔八卷 （清）劉執玉選　清宣統
二年(1910)澄衷學堂石印本　六冊

410000－2229－0000007　　集/10

柳河東詩集二卷 （唐）柳宗元撰　清宣統二
年(1910)石印本　四冊

410000－2229－0000008　　史/1

御批歷代通鑑輯覽一百二十卷 （清）傅恒等
撰　清光緒二十八年(1902)萃文齋石印本
十八冊　存一百七卷(一至九十五、一百一至
一百十二)

410000－2229－0000009　　集/14

評選古詩源四卷 （清）沈德潛選　清光緒二
十年(1894)上海圖書集成印書局鉛印本
四冊

410000－2229－0000010　　集/7

甌北詩鈔二十卷 （清）趙翼撰　清宣統三年

(1911)上海掃葉山房石印本　八冊

410000－2229－0000011　　集/3

胡文忠公遺集八十六卷首一卷 （清）胡林翼
撰　（清）曾國荃纂輯　（清）胡鳳丹重編　清
光緒二十七年(1901)上海圖書集成印書局鉛
印本　八冊

410000－2229－0000012　　集/13

唐四家詩集 （清）胡鳳丹輯　清宣統三年
(1911)掃葉山房石印本　五冊

410000－2229－0000013　　集/9

陶蘇詩合箋 （清）溫汝能纂訂　清宣統二年
(1910)掃葉山房石印本　四冊

410000－2229－0000014　　經/1

評點春秋綱目左傳句解彙雋六卷 （清）韓葵
重訂　清刻本　六冊

410000－2229－0000015　　史/2

**新刊趙田了凡袁先生編纂古本歷史大方綱鑑
補三十九卷首一卷** （明）袁黃編　清同治五
年(1866)宏道堂刻本　二十九冊

410000－2229－0000016　　經/3

**如酉所刻諸名家評點春秋綱目左傳句解彙雋
六卷** （清）韓葵重訂　清宏道堂刻本　六冊

410000－2229－0000017　　集/2

瀛海探驪集八卷 （清）朱埏之輯　清嘉慶十
九年(1814)增美堂刻本　三冊　存六卷(一
至四、七至八)

410000－2229－0000018　　集/1

第六才子書八卷 （元）王實甫撰　（清）金聖
嘆(金人瑞)評點　清嘉慶四年(1799)文會堂
刻本　五冊　存七卷(一至四、六至八)

410000－2229－0000019　　經/6

春秋左傳五十卷 （晉）杜預　（宋）林堯叟註
釋　（唐）陸德明音義　（明）孫鑛等評點　清
刻本　十六冊

410000－2229－0000020　　經/2

四書翼註論文三十八卷 （清）張甄陶撰　清
刻本　五冊　存二十卷(上孟一至三、下孟三

至四、上論六至十、下論一至十)

410000－2229－0000021　集/12

註釋八銘塾鈔初集六卷二集六卷　(清)吳懋
政編次　清刻本　四冊　缺四卷(初集上孟、
下孟,二集上孟、下孟)

410000－2229－0000022　史/5

史記一百三十卷　(漢)司馬遷撰　(南朝宋)
裴駰集解　**索隱二卷**　(唐)司馬貞撰　清光
緒四年(1878)金陵書局刻二十四史本　十四
冊　存一百九卷(一至九十四、一百六至一百
十二、一百二十三至一百三十)

410000－2229－0000023　經/13

曲江書屋新訂批註左傳快讀十八卷首一卷
(晉)杜預原註　(清)李紹崧選訂　清刻本
八冊　存十一卷(一至十一)

410000－2229－0000024　經/7

禮記十卷　(元)陳澔集說　清乾隆五十八年
(1793)刻本　四冊　存四卷(一、六至七、九)

410000－2229－0000025　經/10

二論講義養正編十卷　(清)史廷輝輯　清刻
本　三冊　存八卷(三至十)

410000－2229－0000026　史/4

增補綱鑑輯要四十卷首一卷　(明)袁黃編纂
清光緒二十五年(1899)澹雅山房刻本　十
九冊　存三十七卷(一、四至五、八至四十,首
一卷)

410000－2229－0000027　集/15

唐詩別裁集引典備註二十卷　(清)沈德潛選
(清)俞汝昌增註　清刻本　四冊　存六卷
(四至五、七至八、十三至十四)

410000－2229－0000028　經/12

寄傲山房塾課纂輯易經備旨七卷圖一卷
(清)鄒聖脈纂輯　清光緒三十年(1904)文盛
書局石印五經備旨本　一冊　存一卷(一)

410000－2229－0000029　經/11

附釋音春秋左傳注疏六十卷　(晉)杜預注
(唐)陸德明音義　(唐)孔穎達疏　**校勘記六**

十卷　(清)阮元撰　(清)盧宣旬摘錄　清刻
重刊宋本十三經注疏附校勘記本　四冊　存
十卷(五十一至六十)

410000－2229－0000030　經/15

**康熙字典十二集三十六卷總目一卷檢字一卷
辨似一卷等韻一卷補遺一卷備考一卷**　(清)
張玉書等撰　清刻本　八冊　存八卷(丑集
上、寅集上、辰集上中下、午集上、酉集中下)

410000－2229－0000031　史/6

御撰資治通鑑綱目三編二十卷末一卷　(清)
張廷玉等撰　清刻本　三冊

410000－2229－0000032　經/8

漱芳軒合纂禮記體註四卷　(清)范翔參訂
清刻本　四冊

410000－2229－0000033　集/5

唐李長吉詩集四卷外集一卷首一卷　(唐)李
賀撰　(明)徐渭　(明)董懋策批註　清光緒
三十二年(1906)會稽董氏取斯家塾刻董氏叢
書本　一冊　存三卷(一至二、首一卷)

410000－2229－0000034　經/9

監本附音春秋公羊注疏二十八卷　(漢)何休
撰　(唐)陸德明音義　(唐)徐彥疏　**校勘記
二十八卷**　(清)阮元撰　(清)盧宣旬摘錄
清嘉慶二十年(1815)南昌府學刻重刊宋本十
三經註疏附校勘記本　三冊　存二十四卷
(一至四、九至十六,校勘記一至四、九至十
六)

410000－2229－0000035　集/16

新鐫韓祖成仙寶傳二十四回　(□)□□撰
清刻本　一冊

410000－2229－0000036　史/3

[光緒]重修盧氏縣志十八卷首一卷　(清)郭
光澍修　(清)李旭春纂　清光緒十八年
(1892)刻本　二冊　存四卷(五至七、十六)

410000－2229－0000037　經/14

左繡三十卷首一卷　(清)馮李驊　(清)陸浩
評輯　清華川書屋刻本　八冊　存十三卷
(三至十五)

410000－2229－0000038　集/17

小試文約選一卷　（清）王雲錦等撰　（清）錢
辰田評選　清光緒二十一年（1895）刻本
一冊

410000－2229－0000039　經/17

漱芳軒合纂禮記體註四卷　（清）范翔參　清
刻本　三冊　存三卷（二至四）

410000－2229－0000040　經/18

易經大全會解四卷　（清）來爾繩纂輯　清刻
本　二冊　存一卷（一）

410000－2229－0000041　經/16

爾雅註疏十一卷　（晉）郭璞註　（宋）邢昺疏
　清刻十三经註疏本　四冊

河南省汝陽縣圖書館古籍普查登記目錄

全國古籍普查登記目錄

國家圖書館出版社
National Library of China Publishing House

歌詩編第一

隴西李賀

吳絲蜀桐張高秋空山凝雲頹不流

愁李憑中國彈箜篌崑山玉碎鳳凰叫芙蓉泣露

蘭笑十二門前融冷光二十三絲動紫皇女媧鍊石

補天處石破天驚逗秋雨夢入神山教神嫗老魚跳

波瘦蛟舞吳質不眠倚桂樹露腳斜飛濕寒兔

殘絲曲

垂楊葉老鶯哺兒殘絲欲斷黃蜂歸綠鬢少年金釵

410000－2230－0000001　G0001

搭題賞奇不分卷　（清）史鑑輯　清咸豐元年（1851）刻本　一冊

410000－2230－0000002　G0002

孟子讀法附記十四卷　（清）周人麒撰　清刻本　七冊

410000－2230－0000003　史001

鼎鍥趙田了凡袁先生編纂古本歷史大方綱鑑補三十九卷首一卷　（明）袁黃編纂　清刻本　二冊　存九卷(十六至二十四)

410000－2230－0000004　G0004

欽定詩經傳說彙纂二十一卷首二卷詩序二卷　（清）王鴻緒等纂　清刻本　十冊　存十卷(一至十)

410000－2230－0000005　經001

欽定書經傳說彙纂二十一卷首二卷書序一卷　（清）王頊齡等撰　清刻本　十冊　存十三卷(四至六、十至十五、十八至二十一)

410000－2230－0000006　經002

字彙十二卷首一卷末一卷韻法直圖一卷韻法橫圖一卷　（明）梅膺祚音釋　清天德堂刻本　十一冊　缺二卷(卯集、巳集)

410000－2230－0000007　史002

大清律例通纂四十卷　（清）胡肇楷等輯　清嘉慶二十五年(1820)刻本　二十冊　存三十八卷(一至五、七至二十四、二十六至四十)

410000－2230－0000008　經003

左傳易讀六卷　（清）司徒修輯　清宏道堂刻本　四冊　存四卷(一至三、五)

410000－2230－0000009　經004

詩經喈鳳詳解八卷圖說一卷　（清）陳抒孝輯著　（清）汪基增訂　清三多齋刻本　四冊

410000－2230－0000010　經005

詩經體註大全合參八卷　（清）高朝璎定　（清）沈世楷輯　清刻本　一冊　存三卷(六至八)

410000－2230－0000011　經006

詩經體註大全合參八卷　（清）高朝璎定　（清）沈世楷輯　清刻本　三冊　存六卷(三至八)

410000－2230－0000012　經007

詩經喈鳳詳解八卷圖說一卷　（清）陳抒孝輯著　清刻本　三冊　存六卷(三至八)

410000－2230－0000013　經008

易經大全會解四卷　（清）來爾繩纂輯　清刻本　三冊

410000－2230－0000014　經009

御纂周易折中二十二卷首一卷　（清）李光地等纂　清刻本　五冊　存十卷(九至十五、二十一至二十二,首一卷)

410000－2230－0000015　經010

新訂四書補註備旨十卷　（明）鄧林著　（清）鄧煜編次　清嘉慶二十一年(1816)崇文堂刻本　四冊　存六卷(大學一卷、中庸一卷、孟子四卷)

410000－2230－0000016　經011

四書貫解十九卷　（清）朱良玉纂輯　清乾隆四十一年(1776)刻本　六冊

410000－2230－0000017　叢001

易釋四卷　（清）黃式三學　清光緒十四年(1888)定海黃氏家塾刻儆居遺書本　一冊　存二卷(一至二)

410000－2230－0000018　經012

四書貫解十九卷　（清）朱良玉纂輯　清刻本　一冊　存二卷(孟子六至七)

410000－2230－0000019　子001

小學集解六卷輯說一卷　（清）張伯行纂輯　清同治四年(1865)晉陽藩署刻本　二冊　存四卷(一至二、六,輯說一卷)

410000－2230－0000020　子002

小學集解六卷輯說一卷　（清）張伯行輯註　清同治六年(1867)楚北崇文書局刻本　三冊　存五卷(一至二、五至六,輯說一卷)

410000－2230－0000021　經013

左繡三十卷首一卷 （清）冯李驊 （清）陸浩評輯 清刻本 一冊 存四卷(一至三、首一卷)

410000－2230－0000022 子003

小學大成六卷 （清）沈若愚等輯 清刻本 一冊 存一卷(五)

410000－2230－0000023 集001

陳北溪先生文集十四卷補遺一卷 （宋）陳淳撰 清光緒九年(1883)傳經堂刻西京清麓叢書本 三冊 存九卷(一至九)

410000－2230－0000024 經015

四書題鏡三十六卷總論一卷 （清）汪鯉翔纂述 清乾隆九年(1744)刻本 三冊 存十七卷(大學一、中庸一、論語一至十四,總論一卷)

410000－2230－0000025 經014

新訂四書補註備旨十卷 （明）鄧林著 清乾隆四十四年(1779)刻本 二冊 存四卷(大學一卷、中庸一卷、論語三至四)

410000－2230－0000026 經016

纂訂四書通解三十卷 （清）邢淳撰 清大盛堂刻本 一冊 存二卷(論語一至二)

410000－2230－0000027 經017

四書大全摘要二十卷 （清）李武纂輯 清煥文堂刻本 二冊 存五卷(大學一卷、中庸二卷、孟子二至三)

410000－2230－0000028 集002

經史辨體不分卷 （清）徐與喬輯評 清刻本 十四冊

410000－2230－0000029 經018

書經六卷 （宋）蔡沈集傳 清魁文堂刻本 四冊

410000－2230－0000030 經019

學源堂四書體註合講十九卷 （清）翁復編次 清刻本 五冊 存十七卷(論語十卷、孟子七卷)

410000－2230－0000031 史003

督捕則例附纂二卷通纂一卷 （清）姚潤纂輯 （清）陶駿 （清）陶念霖增輯 清刻本 一冊

410000－2230－0000032 經020

書經六卷 （宋）蔡沈集傳 清刻本 一冊 存四卷(二至三、五至六)

410000－2230－0000033 集003

註釋張太史塾課四卷 （清）張江撰 （清）陳觀民註釋 清錦華堂刻本 一冊 存二卷(一至二)

410000－2230－0000034 經021

易經體註大全會解四卷 （清）來爾繩輯 清刻本 三冊 存二卷(一至二)

410000－2230－0000035 史004

御撰資治通鑑綱目三編二十卷 （清）張廷玉等編 清刻本 六冊

410000－2230－0000036 經022

音韻貫珠八卷 （清）賈椿齡編 清嘉慶九年(1804)刻本 五冊 存五卷(禮上下、樂上、射、御)

410000－2230－0000037 史005

歷代名臣言行錄二十四卷 （清）朱桓編輯 （清）潘永季校定 清光緒三十年(1904)上海錦章書局石印本 三冊 存十九卷(一至十九)

410000－2230－0000038 經023

音韻貫珠八卷 （清）賈椿齡編 清刻本 一冊 存二卷(一至二)

410000－2230－0000039 集004

十杉亭帖體詩鈔五卷續編二卷 （清）吳楷著 清刻本 二冊 存五卷(詩鈔三至五、續編二卷)

410000－2230－0000040 集005

試律青雲集四卷 （清）楊逢春輯 （清）沈品華等注 清咸豐元年(1851)文英堂刻本 一冊 存一卷(一)

410000－2230－0000041 集006

蒲編堂訓蒙草不分卷　（清）路德撰　清咸豐
五年（1855）寶文堂刻本　一冊

410000－2230－0000042　叢 002

詩學含英十四卷　（清）劉文蔚輯　清刻本
一冊　存六卷（九至十四）

410000－2230－0000043　集 007

四書小題題鏡□□卷　（清）□□輯　清刻本
一冊　存三卷（二至四）

410000－2230－0000044　集 008

搭題賞奇不分卷　（清）史鑑輯　清咸豐元年
（1851）刻本　一冊

410000－2230－0000045　集 009

分類詩腋八卷　（清）李槙編　清道光二十三
年（1843）刻本　一冊　存四卷（一至四）

410000－2230－0000046　集 010

詩律大觀□□卷　（清）曹振鏞等著　清刻本
二冊　存三卷（四至六）

410000－2230－0000047　經 024

書經六卷　（宋）蔡沈集傳　清刻本　一冊
存二卷（五至六）

410000－2230－0000048　集 011

古文釋義新編八卷　（清）余誠評註　清刻本
四冊　存四卷（二、六至八）

410000－2230－0000049　叢 003

分類賦學三十卷　（清）張維城輯　清刻本
五冊　存二十九卷（二至三十）

410000－2230－0000050　經 025

詩經八卷　（宋）朱熹集傳　清刻本　四冊

410000－2230－0000051　集 012

重訂少岳賦草四卷　（清）夏思泭著　清道光
十八年（1838）刻本　一冊　存二卷（一至二）

410000－2230－0000052　經 026

康熙字典十二集三十六卷總目一卷檢字一卷
辨似一卷等韻一卷補遺一卷備考一卷　（清）
張玉書等纂　清光緒二十五年（1899）上海慎
記書莊石印本　六冊

410000－2230－0000053　史 006

資治通鑑綱目五十九卷　（宋）朱熹撰　（明）
陳仁錫評閱　清刻本　二冊　存二卷（二十
八至二十九）

410000－2230－0000054　經 027

欽定詩經傳說彙纂二十一卷首二卷詩序二卷
（清）王鴻緒等纂　清刻本　十七冊　存十
九卷（五至二十一、詩序二卷）

410000－2230－0000055　集 013

古唐詩合解十六卷　（清）王堯衢註　清刻本
一冊　存二卷（一至二）

410000－2230－0000056　經 28

易經體註大全會解四卷　（清）來爾繩纂輯
清聚錦堂刻本　二冊

410000－2230－0000057　經 029

欽定詩經傳說彙纂二十一卷首二卷詩序二卷
（清）王鴻緒等纂　清刻本　三冊　存四卷
（二至三、首二卷）

410000－2230－0000058　經 030

漱芳軒合纂禮記體註四卷　（清）范翔条訂
清刻本　二冊　存二卷（三至四）

410000－2230－0000059　經 031

四書朱子本義彙条四十三卷首四卷　（清）王
步青輯　（清）王士鼇編　清刻本　一冊　存
一卷（孟子八）

410000－2230－0000060　經 032

新刻書經備旨善本輯要六卷　（清）馬大猷輯
清光緒二十三年（1897）漢文書局刻本
四冊

410000－2230－0000061　集 014

順天鄉試硃卷同治癸酉科不分卷　（清）趙夢
奇撰　清同治刻本　一冊

410000－2230－0000062　集 015

引蒙瀋心集不分卷　（清）史可亭（史廷輝）著
清刻本　一冊

410000－2230－0000063　集 016

引蒙瀋心集不分卷　（清）史可亭（史廷輝）著

清刻本　一册

410000－2230－0000064　經033

新訂四書補註備旨十卷　（明）鄧林著　清道
光二十六年(1846)崇文堂刻本　六册

410000－2230－0000065　集017

明文小題傳薪不分卷　（清）臧岳評釋　清刻
本　一册

410000－2230－0000066　經034

論語二十卷　（宋）朱熹集註　清刻本　一册
　存五卷(六至十)

410000－2230－0000067　經035

增訂二論詳解四卷　（清）劉忠輯　清刻本
一册　存二卷(三至四)

410000－2230－0000068　經036

易經大全會解四卷　（清）來爾繩纂輯　清刻
本　一册　存一卷(二)

410000－2230－0000069　經037

四書朱子本義彙㕘四十三卷首四卷　（清）王
步青輯　（清）王士𪉩編　清敦復堂刻本　二
十册　存三十五卷(大學三卷,首一卷;中庸
六卷,首一卷;論語一至十、十七至十八,首一
卷;孟子二至七、九至十、十二至十四)

河南省伊川縣圖書館古籍普查登記目録

全國古籍普查登記目録

國家圖書館出版社
National Library of China Publishing House

歌詩編第二

隴西李賀

吳絲蜀桐張高秋，空山凝雲頹不流

李憑中國彈箜篌，昆山玉碎鳳凰叫，芙蓉泣露香

蘭笑十二門前融冷光，二十三絲動紫皇

女媧鍊石補天處，石破天驚逗秋雨夢入神山教神嫗，老魚跳

波瘦蛟舞吳質不眠倚桂樹，露腳斜飛濕寒兔

殘絲曲

垂楊葉老鶯哺兒，殘絲欲斷黃蜂歸綠鬢少年金釵

410000－2231－0000001　10

壽世保元八卷　（明）龔廷賢編　清宣統元年(1909)宏盛堂刻本　四冊

410000－2231－0000002　9

御纂醫宗金鑑　（清）吳謙等輯　清刻本(有圖)　二十五冊　存七種六十五卷

410000－2231－0000003　8

御纂醫宗金鑑　（清）吳謙等輯　清刻本(有圖)　十二冊　存六種二十二卷

410000－2231－0000004　7

御纂周易折中二十二卷首一卷　（清）李光地等撰　清同治六年(1867)浙江書局刻御纂七經本　十冊

410000－2231－0000005　6

皇清經解一百九十卷　（清）阮元輯　清光緒上海點石齋石印本　六冊　存五十六卷(一至十二、三十三至四十九、五十九至六十五、一百三十二至一百四十、一百四十五至一百五十五)

410000－2231－0000006　5

徐氏醫書六種　（清）徐大椿撰　清同治十二年(1873)湖北崇文書局刻本　八冊

410000－2231－0000007　4

呂新吾先生去偽齋文集十卷　（明）呂坤撰　清道光六年(1826)刻本　十冊

410000－2231－0000008　3

較正醫林狀元壽世保元十卷　（明）龔廷賢編　清宣統元年(1909)宏道堂刻本　四冊　存八卷(一至八)

410000－2231－0000009　2

嵩厓尊生書十五卷　（清）景日昣撰　清刻本　四冊

410000－2231－0000010　1

兩漢書　（清）□□輯　清光緒三十一年(1905)久敬齋石印本　十九冊　缺十二卷(前漢書三十一至四十二)

洛陽師範學院圖書館
古籍普查登記目錄

全國古籍普查登記目錄

國家圖書館出版社
National Library of China Publishing House

410000－2249－0000001　211/1

洛陽伽藍記五卷　（北魏）楊衒之撰　清光緒二年(1876)刻本　一冊

410000－2249－0000002　408/3

全唐詩九百卷　（清）曹寅編修　（清）彭年重修　清道光十年(1830)刻本　一百二十冊

410000－2249－0000003　214/2

欽定四庫全書簡明目錄二十卷　（清）永瑢撰　清同治七年(1868)廣東書局刻本　十二冊

410000－2249－0000004　303/5

孔氏家語十卷　（三國魏）王肅注　**札記一卷**　（清）劉世珩撰　清光緒二十四年(1898)刻本　四冊

410000－2249－0000005　201/1

史記一百三十卷　（漢）司馬遷撰　（南朝宋）裴駰集解　（唐）司馬貞索隱　（唐）張守節正義　清同治五年(1866)金陵書局刻本　二十冊

410000－2249－0000006　202/3

袁王綱鑑合編三十九卷首一卷　（明）袁黃輯　（明）王世貞編　**御撰明紀綱目二十卷**　(清)張廷玉等撰　清光緒三十年(1904)上海商務印書館鉛印本　十六冊

410000－2249－0000007　214/1

欽定四庫全書總目二百卷　（清）永瑢撰　清同治七年(1868)廣東書局刻本　一百二十冊

410000－2249－0000008　301/5

二十二子　（清）浙江書局輯　清光緒浙江書局刻本　八十三冊

410000－2249－0000009　110/9

說文通訓定聲十八卷分部柬韻一卷說雅一卷古今韻準一卷　（清）朱駿聲紀錄　（清）朱鏡蓉參訂　**行狀一卷**　朱孔彰撰　清道光三十年(1850)臨嘯閣刻同治九年(1870)補刻本　二十四冊

410000－2249－0000010　110/17

康熙字典十二集三十六卷總目一卷檢字一卷

辨似一卷等韻一卷補遺一卷備考一卷　（清）張玉書等纂修　清光緒二十四年(1898)上海文盛堂石印本　三冊　存二十一卷(寅集至辰集、未集至戌集)

410000－2249－0000011　102/1

深柳堂彙輯書經大全正解十二卷　（清）吳荃彙集　清康熙二十九年(1690)深柳堂刻本　五冊　存七卷(一至二、四、八、十至十二)

410000－2249－0000012　102/3

書經六卷　（宋）蔡沈集傳　清康熙三十七年(1698)李燦章刻本(卷一至四配清光緒刻本)　四冊

410000－2249－0000013　102/2

書集傳六卷　（宋）蔡沈撰　清宣統二年(1910)刻本(卷四至六配清刻本)　四冊

410000－2249－0000014　213/1

二十四史九通政典類要合編三百二十卷　(清)黃書霖輯　清光緒二十八年(1902)約雅堂石印本　六十冊

410000－2249－0000015　103/1

詩傳注疏三卷　（元）謝枋得撰　清乾隆五十年(1785)長塘鮑氏刻清重修知不足齋叢書本　一冊

410000－2249－0000016　301/3

子書二十三種　（清）上海圖書集成局輯　清光緒二十二年至二十三年(1896－1897)上海圖書集成局鉛印本　四十冊

410000－2249－0000017　301/2

子書二十八種　（清）上海集成圖書公司輯　清宣統三年(1911)上海集成圖書公司鉛印本　四十八冊

410000－2249－0000018　301/4

子書廿五種　（清）上海育文書局輯　清光緒三十年(1904)上海育文書局石印本　二十四冊

410000－2249－0000019　303/3

校訂困學紀聞三箋二十卷　（宋）王應麟撰

清嘉慶十三年(1808)金閶友益齋刻本　六冊

410000－2249－0000020　410/1

凝香室鴻雪姻緣圖記三卷　(清)麟慶撰　清光緒十二年(1886)上海同文書局石印本
三冊

410000－2249－0000021　309/1

太玄經十卷　(漢)揚雄撰　(宋)司馬光注
清光緒元年(1875)湖北崇文書局刻子書百家本　二冊

410000－2249－0000022　303/4

揚子法言十三卷　(漢)揚雄撰　(晉)李軌注
音義一卷　(宋)□□撰　清光緒二年(1876)浙江書局刻二十二子本　一冊

410000－2249－0000023　215/1

十七史商榷一百卷　(清)王鳴盛述　清乾隆五十二年(1787)洞涇草堂刻本　十六冊

410000－2249－0000024　408/11

樂府傳聲二卷　(清)徐大椿撰　清末刻本
一冊

410000－2249－0000025　202/2

御批通鑑綱目全書三種　(清)聖祖玄燁批
清光緒十三年(1887)上海同文書局石印本
二十四冊

410000－2249－0000026　201/14

三國志六十五卷　(晉)陳壽撰　(南朝宋)裴松之注　清初古吳書業趙氏刻本　二十冊

410000－2249－0000027　408/28

古唐詩合解十二卷古詩四卷　(清)王堯衢注
清末聚魁堂刻本　五冊

410000－2249－0000028　110/5

埤雅二十卷　(宋)陸佃撰　清康熙顧栻刻本
二冊

410000－2249－0000029　202/1

龍門綱鑑正編二十卷要箋四卷　(清)蔣先庚
纂輯　清康熙四年(1665)玉芝園刻本　十八冊　存十八卷(正編一至三、十至二十、要箋一至四)

410000－2249－0000030　313/1

子史輯要詩賦題解四卷續編四卷　(清)胡本淵編輯　清刻本　四冊

410000－2249－0000031　407/1

望溪集不分卷　(清)方苞撰　(清)王兆符輯
(清)程崟輯　清乾隆十一年(1746)程崟刻本　十冊

410000－2249－0000032　408/2

玉臺新詠十卷　(南朝陳)徐陵編　(清)吳兆宜原注　(清)程際盛刪補　清乾隆三十九年(1774)刻本　四冊

410000－2249－0000033　110/10

爾雅三卷　(晉)郭璞注　(唐)陸德明音釋
清光緒五年(1879)山西濬文書局刻本　三冊

410000－2249－0000034　303/7

新序十卷　(漢)劉向撰　清光緒九年(1883)
蔣氏影宋刻本　一冊

410000－2249－0000035　105/1

左繡三十卷　(清)馮李驊評輯　(清)陸浩評輯　清華川書屋刻本　七冊　存十三卷(一、十九至三十)

410000－2249－0000036　301/10

子書百家一百一種　(清)崇文書局輯　清光緒元年(1875)湖北崇文書局刻本　一百十冊

410000－2249－0000037　301/1

子書百家一百一種　(清)崇文書局輯　清光緒元年(1875)湖北崇文書局刻本　一百十冊

410000－2249－0000038　110/2

字彙十二卷首一卷末一卷韻法直圖一卷韻法橫圖一卷　(明)梅膺祚音釋　清初刻本　十六冊

410000－2249－0000039　110/6

正字通十二卷首一卷　(明)張自烈撰　(清)廖文英輯　清康熙弘文書院刻本　十四冊
存八卷(子集至寅集、午集至戌集)

410000－2249－0000040　108/1

四書朱子本義彙叅四十三卷首四卷　　(宋)朱

熹撰　（清）王步青輯　（清）王士鼇編　清乾
隆十年(1745)敦復堂刻本　二十一冊　存三
十二卷(大學三卷、首一卷,中庸六卷、首一
卷,論語二十卷、首一卷)

410000 – 2249 – 0000041　103/3

御纂詩義折中二十卷　（清）傅恒等撰　清刻
本　六冊

410000 – 2249 – 0000042　110/1

字彙十二集首一卷末一卷韻法直圖一卷韻法
橫圖一卷　（明）梅膺祚音釋　明末三樂齋刻
本　十三冊　存十五卷(一至十二、末一卷、
韻法直圖一卷、韻法橫圖一卷)

410000 – 2249 – 0000043　103/2

詩韻含英四卷　（清）劉文蔚輯　清刻本
四冊

410000 – 2249 – 0000044　110/8

疊雅十三卷　（清）史夢蘭撰　清同治四年
(1865)刻本　四冊

410000 – 2249 – 0000045　110/7

別雅五卷　（清）吳玉搢輯　清道光二十九年
(1849)小蓬萊山館刻本　五冊

410000 – 2249 – 0000046　110/16

康熙字典十二集三十六卷總目一卷檢字一卷
辨似一卷等韻一卷補遺一卷備考一卷　（清）
張玉書等纂修　清光緒二十年(1894)鴻寶齋
石印本　三冊

410000 – 2249 – 0000047　110/15

康熙字典十二集三十六卷總目一卷檢字一卷
辨似一卷等韻一卷補遺一卷備考一卷　（清）
張玉書等纂修　清光緒二十年(1894)上海同
文書局石印本　六冊

410000 – 2249 – 0000048　110/14

說文解字注三十卷六書音均表二卷　（清）段
玉裁注　說文通檢十四卷首一卷卷末一卷
（清）黎永椿編　說文解字注匡謬八卷　（清）
徐承慶撰　清宣統二年(1910)上海蜚英館石
印本　八冊

410000 – 2249 – 0000049　103/4

詩本義十五卷鄭氏詩譜補亡一卷　（宋）歐陽
修撰　清同治十二年(1873)粵東書局刻通志
堂經解本　一冊　存五卷(六至十)

410000 – 2249 – 0000050　103/5

詩韻集成十卷　（清）余照輯　清光緒二十五
年(1899)成文信刻本　四冊

410000 – 2249 – 0000051　103/6

詩經八卷　（宋）朱熹集傳　清宣統二年
(1910)上海會文堂粹記石印本　四冊

410000 – 2249 – 0000052　103/8

呂氏家塾讀詩記三十二卷　（宋）呂祖謙撰
清楊以增刻本　六冊　存二十一卷(一至二
十一)

410000 – 2249 – 0000053　103/7

詩經體註圖考大全八卷　（清）高朝瓔定　清
善成堂刻本　四冊

410000 – 2249 – 0000054　103/9

詩經體註大全合㕘八卷　（清）高朝瓔編　清
末大興堂刻本　四冊

410000 – 2249 – 0000055　103/11

詩經八卷　（宋）朱熹集傳　清末刻本　二冊
　存五卷(四至八)

410000 – 2249 – 0000056　404/1

尹和靖先生集一卷　（宋）尹焞撰　（清）張伯
行重訂　清同治五年(1866)福州正誼書院刻
本　一冊

410000 – 2249 – 0000057　408/10

唐詩三百首註疏六卷　（清）蘅塘退士(孫洙)
編　（清）章燮註　清末刻本　四冊　存四卷
(三至六)

410000 – 2249 – 0000058　402/1

蔡中郎集十卷外紀一卷外集四卷傳表一卷
(漢)蔡邕撰　清光緒十六年(1890)番禺陶福
祥刻本　五冊

410000 – 2249 – 0000059　403/1

王子安集注二十卷首一卷末一卷　（唐）王勃

撰　（清）蔣清翊注　清光緒九年（1883）蔣氏雙唐碑館刻本　六冊

410000－2249－0000060　407/2

惜抱軒全集十種　（清）姚鼐撰　清同治五年（1866）省心閣刻本　十六冊

410000－2249－0000061　403/37

李義山詩文集十一卷　（唐）李商隱撰　（清）馮浩編　清同治七年（1868）德聚堂版刻本　八冊

410000－2249－0000062　404/12

蘇東坡全集七種　（宋）蘇軾撰　清末影印本　二十四冊

410000－2249－0000063　401/1

楚辭十七卷　（戰國）屈原撰　（宋）王逸章句　（宋）洪興祖補注　清同治十一年（1872）金陵書局刻本　四冊

410000－2249－0000064　408/1

增訂古文析義十四卷　（清）林雲銘評注　清乾隆二十年（1755）刻本　四冊　存八卷（一至二、五至八、十至十一）

410000－2249－0000065　408/5

謝疊山先生評注四種合刻　（元）謝枋得撰　清光緒九年（1883）刻本　四冊

410000－2249－0000066　408/6

賦海大觀三十二卷　題（清）鴻寶齋主人編　清光緒二十年（1894）鴻寶齋石印本　二十八冊

410000－2249－0000067　103/14

詩經喈鳳詳解八卷圖說一卷　（清）陳抒孝輯　（清）汪基增訂　清末刻本　四冊　存五卷（三至五、七至八）

410000－2249－0000068　408/9

古文喈鳳新編八卷　（清）汪基鈔輯　清末宏德堂刻本　三冊　存六卷（一至四、七至八）

410000－2249－0000069　314/1

四大奇書第一種十九卷一百二十回首一卷　（明）羅貫中（羅本）撰　（清）毛宗崗評　清

順和堂刻本　九冊　存九卷（九至十六、十九）

410000－2249－0000070　408/8

古文啟蒙初編□□卷　（清）邢淳參訂　清寶旭齋刻本　二冊　存二卷（二、六）

410000－2249－0000071　408/7

重訂古文釋義新編八卷　（清）余誠評註　清末成文信刻本　四冊　存四卷（三、六至八）

410000－2249－0000072　408/4

百花千家詩合選四卷　（清）王相選註　清同治五年（1866）絳州寶善堂刻本　一冊

410000－2249－0000073　407/3

經餘必讀八卷續編八卷　（清）雷琳等輯　清末成文信刻本　六冊　存十二卷（經餘必讀三至八，續編一至二、五至八）

410000－2249－0000074　402/30

徐孝穆全集六卷　（南朝陳）徐陵撰　（清）吳兆宜箋註　清揚州藝古堂刻本　四冊

410000－2249－0000075　313/6

子史精華一百六十卷　（清）允祿等纂修　清末刻本　三十六冊

410000－2249－0000076　313/5

新刊校正增補圓機詩韻活法全書十四卷　（明）王世貞校　（清）蔣先庚重訂　清末刻本　三冊

410000－2249－0000077　313/4

春在堂全書三十一種　（清）俞樾撰　清光緒十五年（1889）刻本　八十冊　存三十種三百八十卷

410000－2249－0000078　313/3

淵鑑類函四百五十卷目錄四卷　（清）張英等纂修　清光緒十三年（1887）上海同文書局石印本　四十八冊

410000－2249－0000079　313/2

佩文韻府一百六卷拾遺一百六卷　（清）張玉書等編纂　清光緒十八年（1892）上海鴻寶齋石印本　二百冊

410000－2249－0000080　312/2

宣講拾遺六卷　（清）莊跋仙輯　清末寶書堂刻本　三冊　存三卷(三至四、六)

410000－2249－0000081　303/2

試帖最豁解不分卷　（清）王巨川評注　清嘉慶十三年(1808)世德堂刻本　四冊

410000－2249－0000082　307/1

御纂醫宗金鑑十五種　（清）吳謙撰　清末刻本　四十七冊

410000－2249－0000083　303/6

河南鄉試闈墨不分卷　（清）常三省等撰　清光緒二十九年(1903)文明堂刻本　一冊

410000－2249－0000084　303/1

塾課小題分編八集　（清）王步青編　清末刻本　五冊　存四集五卷(二集式法上、下,三集行機下,五集精詣上,六集大觀下)

410000－2249－0000085　207/1

歷代名臣言行錄二十四卷　（清）朱恒編輯 (清)潘永季校定　（清）許時庚重校　清光緒十七年(1891)上海廣百宋齋鉛印本　十二冊

410000－2249－0000086　207/2

吳友如畫寶十二集　（清）吳友如繪　清宣統元年(1909)壁園會社石印本　十八冊

410000－2249－0000087　209/1

繡像東周列國志二十七卷一百八回　（清）蔡奡點評　清光緒三十一年(1905)上海商務印書館鉛印本　七冊　存十五卷(六至八、十二至十九、二十二至二十三、二十六至二十七)

410000－2249－0000088　201/7

漢書一百二十卷　（漢）班固撰　（唐）顏師古注　清刻本　九冊　存十五卷(二十一至二十二、二十五至二十八、三十、三十二至三十五、三十七至四十)

410000－2249－0000089　110/22

五方元音二卷　（清）樊騰鳳撰　（清）年希堯增補　清末刻本　四冊

410000－2249－0000090　110/18

康熙字典十二集三十六卷總目一卷檢字一卷等韻一卷補遺一卷備考一卷　（清）張玉書等纂修　清末上海鴻寶齋書局石印本　五冊

410000－2249－0000091　110/20

康熙字典十二集三十六卷總目一卷檢字一卷辨似一卷等韻一卷補遺一卷備考一卷　（清）張玉書等纂修　清末上海鴻寶齋書局石印本(未集至申集、亥集、補遺一卷、備考一卷、補配清上海鴻文書局石印本)　六冊

410000－2249－0000092　110/4

字彙十二卷首一卷末一卷　（明）梅膺祚音釋　清書林簡菴氏關西刻本　三冊　存三卷(辰集、酉集至戌集)

410000－2249－0000093　110/3

字彙十二卷首一卷末一卷　（明）梅膺祚音釋　清刻本　七冊

410000－2249－0000094　108/10

四書集注十九卷　（宋）朱熹撰　（清）儲同人(儲欣)批　清末臨桂毓蘭書屋謝氏家塾刻本　六冊

410000－2249－0000095　108/9

四書朱子或問語類□□卷　（清）陳其凝撰　清刻本　六冊　存二十七卷(論語八至二十、孟子一至十四)

410000－2249－0000096　108/8

漱芳軒合纂四書體注十九卷　（清）范翔參訂　清末刻本　三冊　存十卷(論語六至十、孟子一至五)

410000－2249－0000097　108/7

四書大全摘要二十卷　（清）黃際飛鑒定 (清)李武纂輯　清末刻本　十二冊　存十一卷(論語四至十,孟子一至二、六至七)

410000－2249－0000098　108/6

四書朱子本義彙叅四十三卷首四卷　（清）王步青輯　（清）王士龕編　清金閶步月樓刻本　三冊　存四卷(大學三卷、首一卷)

410000－2249－0000099　108/5

纂補四書大全二十卷 （清）劉嗣固纂補 清
藜光樓刻本 四冊 存五卷（九至十三）

410000－2249－0000100 108/4

新訂四書補注備旨十卷 （明）鄧林著 （清）
鄧煜編 （清）杜定基增訂 清光緒十一年
(1885)成文信刻本 四冊 存五卷（大學一
卷、中庸一卷、論語四、孟子二至三）

410000－2249－0000101 108/37

新訂四書補注備旨十卷 （明）鄧林著 （清）
鄧煜編 （清）杜定基增訂 清光緒二十年
(1894)寶書堂刻本 二冊 存三卷（大學一
卷、中庸一卷、論語三）

410000－2249－0000102 108/3

增廣新訂四書補注備旨十卷 （明）鄧林著
(清)鄧煜編 （清）杜定基增訂 清光緒十一
年(1885)書業德刻本 八冊

410000－2249－0000103 108/2

四書會解二十七卷 （清）綦澧輯 清道光九
年(1829)刻本 七冊 存十卷（大學一卷，論
語一至四、八至九,孟子一、四、七）

410000－2249－0000104 105/5

左繡三十卷首一卷 （清）馮李驊 （清）陸浩
評輯 清刻本 五冊 存九卷（八至十四、二
十五至二十六）

410000－2249－0000105 105/24

如酉所刻諸名家評點春秋綱目左傳句解彙雋
六卷 （清）韓葵重訂 清益元堂刻本 一冊
存一卷（一）

410000－2249－0000106 105/2

太史張天如詳節春秋綱目左傳句解六卷
(清)韓葵重訂 清善成堂刻本 五冊 存五
卷（二至六）

410000－2249－0000107 105/3

春秋左傳杜林合註五十卷 （晉）杜預撰
(宋)林堯曳註釋 （明)孫鑛等評點 清刻本
十二冊

410000－2249－0000108 105/6

左繡三十卷首一卷 （清）馮李驊 （清）陸浩
評輯 清刻本 十冊 存二十卷（四至十五、
二十至二十七）

410000－2249－0000109 105/7

左繡三十卷首一卷 （清）馮李驊 （清）陸浩
評輯 清刻本 五冊 存十卷（二至五、十至
十一、十四至十五、二十七至二十八）

410000－2249－0000110 105/9

曲江書屋新訂批注左傳快讀十八卷首一卷
(清)馮李驊 （清)陸浩批評 （清)李紹崧
選訂 清末影印本 五冊 存十四卷（五至
十八）

410000－2249－0000111 105/4

批點春秋左傳綱目句解彙雋六卷 （清）韓葵
重訂 清末刻本（卷一補配民國四年仁記書
局刻本） 五冊

410000－2249－0000112 104/1

禮記十卷 （元)陳澔集說 清崇道堂刻本
十冊

410000－2249－0000113 104/2

漱芳軒合纂禮記體注四卷 （清）范翔粲訂
(清)朱光斗等校 清光緒三十年(1904)瀚文
齋書坊刻本 三冊 存三卷（一、三至四）

410000－2249－0000114 104/3

禮記體注大全合粲四卷 （清）范紫登（范翔）
鑑定 （清）徐旦粲訂 清刻本 三冊 存三
卷（一、三至四）

410000－2249－0000115 104/15

禮記體注大全合粲四卷 （清）范紫登（范翔）
鑑定 （清）徐旦粲訂 清刻本 一冊 存一
卷（三）

410000－2249－0000116 103/13

詩經喈鳳詳解八卷圖說一卷 （清）陳抒孝輯
(清)汪基增訂 清末刻本 三冊 存五卷
（三至五、七至八）

410000－2249－0000117 103/10

詩經八卷 （宋)朱熹集傳 清刻本 四冊

河南省洛陽市圖書館等九家收藏單位古籍普查登記目錄

234

410000－2249－0000118　103/12

詩經八卷　（宋）朱熹集傳　清修文堂刻本
三冊　存六卷(一至二、五至八)

410000－2249－0000119　109/1

律呂臆說不分卷　（清）徐養原撰　清光緒崇
文書局刻本　一冊

410000－2249－0000120　104/13

周禮節訓六卷　（清）黃崑圃(黃叔琳)原本
（清）姚培謙重訂　（清）王永祺參閱　清乾隆
五十五年(1790)刻本　一冊　存二卷(一至
二)

410000－2249－0000121　303/44

小試分類文準不分卷　題(清)宜亭氏輯　清
道光二十七年(1847)東昌聚奎堂刻本　一冊

410000－2249－0000122　102/8

書集傳六卷　（宋）蔡沈集傳　清敦化堂刻本
一冊　存二卷(五至六)

410000－2249－0000123　102/9

書集傳六卷　（宋）蔡沈集傳　清刻本　三冊
存五卷(二至六)

410000－2249－0000124　102/10

書經體注大全合纂六卷　（清）范翔鑒定
(清)錢希祥纂輯　清三多齋刻本　二冊　存
三卷(四至六)

410000－2249－0000125　102/11

書經體注大全合纂六卷　（清）范翔鑒定
(清)錢希祥纂輯　清崇文堂刻本　一冊　存
一卷(四)

410000－2249－0000126　408/49

深柳堂精選詳注古文正解□□卷　（清）朱錫
鬯等鑒定　（清）吳荃評選　清深柳堂刻本
二冊　存二卷(五、九)

410000－2249－0000127　108/21

新訂四書補注備旨十卷　（明）鄧林著　（清）
鄧煜編　（清）杜定基增訂　清刻本　三冊
存六卷(論語一至四、孟子一至二)

410000－2249－0000128　108/22

增補鄧退菴先生家藏遵注四書講意備旨十卷
（明）鄧林著　（清）鄧煜編　清刻本　三冊
存三卷(孟子一至三)

410000－2249－0000129　108/23

四書釋義十九卷　（清）李沛霖論定　清刻本
二冊　存四卷(孟子四至七)

410000－2249－0000130　408/50

綱鑑易知錄九十二卷　（清）吳乘權輯　清刻
本　一冊　存二卷(二十三至二十四)

410000－2249－0000131　110/41

康熙字典十二集三十六卷總目一卷檢字一卷
辨似一卷等韻一卷補遺一卷備考一卷　（清）
張玉書等纂修　清刻本　一冊　存一卷(辰
集上)

410000－2249－0000132　103/23

詩經八卷　（宋）朱熹集傳　清刻本　二冊
存四卷(五至八)

410000－2249－0000133　110/42

字彙十二卷　（明）梅膺祚音釋　（清）劉永懋
重訂　清刻本　一冊　存一卷(酉集)

410000－2249－0000134　108/24

經畬堂稿不分卷　（清）儲郁文撰　清刻本
一冊

410000－2249－0000135　103/24

詩經精華十卷首一卷　（清）薛嘉穎輯　清刻
本　一冊　存一卷(五)

410000－2249－0000136　103/25

御纂詩義折中二十卷　（清）傅恒等撰　清刻
本　一冊　存四卷(七至十)

410000－2249－0000137　313/18

新刻幼學須知直解二卷　（清）程登吉撰　清
刻本　一冊　存一卷(下)

410000－2249－0000138　105/21

左繡三十卷　（清）馮李驊　（清）陸浩評輯
清金閶步月樓刻本　二冊　存三卷(一、八至
九)

410000－2249－0000139　105/22

春秋左傳五十卷　（晉）杜預　（宋）林堯叟注　清經濟堂刻本　四冊　存十二卷（三十至三十五、四十五至五十）

410000－2249－0000140　105/23

春秋左傳五十卷　（晉）杜預注　清刻本　二冊　存二卷（三、五）

410000－2249－0000141　108/25

監本四書十九卷　（宋）朱熹集注　清古越尺木堂刻本　一冊　存二卷（大學一卷、中庸一卷）

410000－2249－0000142　108/26

孟子七卷　（宋）朱熹集注　清刻本　三冊

410000－2249－0000143　108/27

孟子七卷　（宋）朱熹集注　清金陵顧晴崖刻本　二冊

410000－2249－0000144　108/28

四書章句集注十九卷　（宋）朱熹章句　（清）任階平校正　清道光二十七年（1847）三益堂刻本　一冊　存二卷（大學一卷、中庸一卷）

410000－2249－0000145　108/29

孟子七卷　（宋）朱熹集注　清刻本　一冊　存三卷（一至三）

410000－2249－0000146　104/14

禮記十卷　（元）陳澔集說　清刻本　一冊　存一卷（四）

410000－2249－0000147　108/30

孟子七卷　（宋）朱熹集注　清文和堂刻本

一冊　存二卷（四至五）

410000－2249－0000148　108/31

孟子七卷　（宋）朱熹集注　清刻本　二冊　存三卷（一至二、四）

410000－2249－0000149　108/32

四書集注十九卷　（宋）朱熹章句　清成文信刻本　二冊　存五卷（大學一、中庸一、孟子一至三）

410000－2249－0000150　108/33

論語十卷　（宋）朱熹集注　清刻本　二冊

410000－2249－0000151　108/34

論語十卷　（宋）朱熹集注　清刻本　二冊

410000－2249－0000152　108/35

四書集注十九卷　（宋）朱熹章句　清刻本　一冊　存二卷（大學一卷、中庸一卷）

410000－2249－0000153　108/36

孟子七卷　（宋）朱熹集注　清刻本　一冊　存二卷（六至七）

410000－2249－0000154　102/4

書經體注大全合纂六卷　（清）范翔鑒定　（清）錢希祥纂輯　清刻本　二冊　存三卷（二至四）

410000－2249－0000155　110/19

康熙字典十二集三十六卷總目一卷檢字一卷辨似一卷等韻一卷補遺一卷備考一卷　（清）張玉書等纂修　清刻本　三十九冊

河南省洛陽市文物考古研究院
古籍普查登記目録

全國古籍普查登記目録

國家圖書館出版社
National Library of China Publishing House

410000－2294－0000001　403/4

館律分韻初編六卷　題(清)春暉閣主人輯
清光緒十四年(1888)上海鴻寶齋石印本
六冊

410000－2294－0000002　215.2/1

金石存十五卷　(清)吳玉搢撰　清嘉慶二十
四年(1819)刻本　四冊

410000－2294－0000003　402.7/2

璇璣碎錦二卷　(清)萬樹撰　清乾隆五年
(1740)揚州江氏柏香堂刻本　二冊

410000－2294－0000004　215.1/22

泊如齋重修宣和博古圖錄三十卷　(宋)王黼
撰　明萬曆十六年(1588)泊如齋刻本　十
六冊

410000－2294－0000005　402.7/6

杜詩詳註二十五卷　(唐)杜甫撰　(清)仇兆
鰲輯註　首一卷附編二卷　(清)仇兆鰲輯
清康熙三十二年(1693)刻本　八冊　存十一
卷(一至七、十至十三)

410000－2294－0000006　202/3

竹書紀年集證五十卷首一卷　(清)陳逢衡學
清嘉慶十八年(1813)刻本　十六冊

410000－2294－0000007　502/28.1

京畿金石考二卷　(清)孫星衍撰　清道光二
十六年(1846)刻惜陰軒叢書本　二冊

410000－2294－0000008　215.1/14

碑別字五卷　(清)羅振鋆輯　清光緒二十年
(1894)刻本　一冊

410000－2294－0000009　214.2/2

[光緒]重修靈寶縣誌八卷　(清)周淦
(清)方祚勳修　(清)高錦榮　(清)李鏡江
纂　清光緒二年(1876)刻本　七冊　缺一卷
(六)

410000－2294－0000010　204/1

東都事略一百三十卷　(宋)王偁撰　清振鷺
堂刻本　十二冊

410000－2294－0000011　402.7/5

京江耆舊集十三卷　(清)張學仁　(清)王豫
輯　清宣統元年(1909)柳氏刻本　八冊

410000－2294－0000012　311/1

毛詩品物圖考七卷　(日本)岡元鳳纂輯　清
宣統二年(1910)石印本　二冊

410000－2294－0000013　215.1/1

匋齋臧石記四十四卷首一卷臧甎記二卷
(清)端方撰　清宣統元年(1909)上海商務印
書館石印本　十二冊

410000－2294－0000014　403/60

文選六十卷　(南朝梁)蕭統選　(唐)李善注
(清)胡克家校刊　清刻本　四冊　存十六
卷(五至八、十三至二十四)

410000－2294－0000015　502/56

恒言錄六卷　(清)錢大昕纂　清光緒十年
(1884)長沙龍氏家塾刻嘉定錢氏潛研堂全書
本　一冊

410000－2294－0000016　103/6

詩經八卷　(宋)朱熹集傳　清嘉慶十年
(1805)刻本　四冊

410000－2294－0000017　110/2

爾雅註疏十一卷　(晉)郭璞註　(宋)邢昺疏
清乾隆四十三年(1778)三樂齋刻本　六冊

410000－2294－0000018　215.1/2

攈古錄二十卷　(清)吳式芬撰　清光緒二十
一年(1895)刻本　二十冊

410000－2294－0000019　110/1

爾雅註疏十一卷　(晉)郭璞註　(宋)邢昺疏
清光緒十七年(1891)善成齋刻本　六冊

410000－2294－0000020　403/5

查吟集四卷　(清)朱維熊著　清雍正四年
(1726)刻本　四冊

410000－2294－0000021　302/6

潛夫論十卷　(漢)王符著　清刻本　二冊

410000－2294－0000022　204/2

唐語林八卷　(宋)王讜撰　清乾隆三十九年
(1774)刻武英殿聚珍版書本　四冊

410000－2294－0000023　202/16

續資治通鑑綱目二十七卷　（明）商輅等撰
（明）陳仁錫評閱　清刻本　五冊　存五卷
（六至十）

410000－2294－0000024　403/3

桐雲閣試帖輯注二卷　（清）楊庚輯注　清刻
本　一冊

410000－2294－0000025　402.7/4

松桂堂全集三十七卷南泩集三卷延露詞三卷
　（清）彭孫遹撰　清宣統三年（1911）掃葉山
房石印本　十二冊

410000－2294－0000026　403/19.1

楊升庵先生批點文心雕龍十卷　（南朝梁）劉勰
著　（明）梅慶生音注　明萬曆三十七年（1609）
梅慶生刻天啟二年（1622）重修本　四冊

410000－2294－0000027　405/1

二家詞鈔五卷　樊增祥編　清光緒二十八年
（1902）上海會文堂書局印本　二冊

410000－2294－0000028　402.2/5

孟東野詩集十卷附一卷　（唐）孟紳撰　**追昔
遊集三卷**　（清）李绅著　清宣統二年（1910）
石印本　三冊　存十一卷（孟東野詩集一至
八、追昔遊集一至三）

410000－2294－0000029　402.2/2

昌黎先生詩集注十一卷　（唐）韓愈撰　清康
熙三十八年（1699）長洲顧嗣立秀野草堂刻本
　一冊　存四卷（一至四）

410000－2294－0000030　207/5

史鑑節要六卷　（清）鮑東里著　清光緒三十
一年（1905）刻本　二冊

410000－2294－0000031　502/59

湯文正公全集　（清）湯斌撰　清同治九年
（1870）蘇廷魁等刻本　二十一冊　存四種三
十一卷

410000－2294－0000032　402.2/3

重刊千家註杜詩全集二十卷杜工部文集二卷
　（唐）杜甫撰　（宋）黃鶴補注　（宋）劉辰

翁評點　**年譜一卷附錄一卷**　明萬曆九年
（1581）隴西金鸞刻本　十二冊

410000－2294－0000033　404/2

二樹摘句圖詩不分卷　（清）童鈺稿　（清）盧
世昌批點　清乾隆二十四年（1759）刻本
一冊

410000－2294－0000034　403/21

古唐詩合解十六卷　（清）王翼雲（王堯衢）注
　清源盛堂刻本　五冊

410000－2294－0000035　402.6/1

蕭亭詩選六卷　（清）張實居撰　（清）王士禛
輯　清刻本　一冊　存三卷（四至六）

410000－2294－0000036　402.7/1

四憶堂詩集六卷　（清）侯方域著　清光緒十
年（1884）刻本　二冊

410000－2294－0000037　403/1

古詩源十四卷　（清）沈德潛選　清刻本
六冊

410000－2294－0000038　401/1

楚辭十九卷　（戰國）屈原撰　（明）陸時雍疏
　讀楚辭語一卷附錄一卷　清康熙四十四年
（1705）有文堂刻本　五冊

410000－2294－0000039　104.2/1

儀禮十七卷　（漢）鄭玄注　清光緒六年
（1880）山西濬文書局刻本　六冊

410000－2294－0000040　302/3

呻吟語六卷　（明）呂坤著　清刻本　八冊

410000－2294－0000041　302/2

呻吟語六卷補遺一卷　（明）呂坤著　清長白
鄂山敬亭氏刻本　四冊　缺二卷（一、四）

410000－2294－0000042　312/1

太玄經十卷　（漢）揚雄撰　（宋）司馬光集注
　清光緒元年（1875）湖北崇文書局刻子書百
家本　二冊

410000－2294－0000043　101/3

易經體註大全合纂四卷　（清）李兆賢輯著
（清）來木臣（來爾繩）纂　（清）范翔鑑　清

忠信堂刻本　四冊

410000－2294－0000044　501/36

張子全書十四卷　（宋）張載撰　**列傳一卷行狀一卷年譜一卷**　（清）武澄輯　清道光二十二年(1842)刻本　八冊

410000－2294－0000045　302/1

浮邱子十二卷　（清）湯鵬著　清宣統二年(1910)掃葉山房石印本　六冊

410000－2294－0000046　402.6/3

高季迪先生大全集十八卷　（明）高啓撰　清光緒十四年(1888)木活字印本　六冊

410000－2294－0000047　101/2

新鐫增補周易備旨一見能解六卷　（清）黃淳耀撰　（清）嚴而寬增補　清慎遠堂刻本　二冊　存四卷(一至二、五至六)

410000－2294－0000048　101/1

周易引經通釋十卷　（清）李鈞簡輯注　清嘉慶十九年(1814)刻本　九冊

410000－2294－0000049　402.7/3

梅村詩集箋注十八卷　（清）吳偉業撰　（清）吳翌鳳箋注　清嘉慶十九年(1814)滄浪吟榭刻本　十二冊

410000－2294－0000050　202/6

少微通鑑節要五十卷外紀四卷　（宋）江贄撰　明正德九年(1514)司禮監刻本　二十冊

410000－2294－0000051　502/39

五種遺規　（清）陳弘謀撰　清同治七年(1868)楚北崇文書局刻本　七冊　存五種十四卷

410000－2294－0000052　404/1

新鐫古今大雅北宮詞紀六卷　（明）陳所聞粹選　（明）陳邦泰輯次　明萬曆三十二年(1604)陳氏繼志齋刻本　五冊

410000－2294－0000053　402.2/1

中晚唐詩叩彈集十二卷續集三卷　（清）杜詔　（清）杜庭珠集　清寶仁堂刻本　四冊

410000－2294－0000054　108/2

增刪四書朱子大全精言四十一卷　（清）周大璋重訂　清宣統刻本　七冊　存九卷(五、十一至十三、十六至二十)

410000－2294－0000055　108/16.1

四書朱子本義彙叅四十三卷首四卷　（清）王步青輯　清敦復堂刻本　九冊　存十一卷(孟子一至十、首一卷)

410000－2294－0000056　202/1

東華錄三十二卷(天命朝至雍正朝)　（清）蔣良騏撰　清乾隆三十年(1765)刻本　八冊　存八卷(一至八)

410000－2294－0000057　502/8

十七史　明崇禎琴川毛氏汲古閣刻本　一百七十五冊　存十二種九百四十卷

410000－2294－0000058　214.9/1.1

水經注圖四十卷補一卷　楊守敬撰　清光緒三十一年(1905)楊氏觀海堂刻朱墨套印本　七冊

410000－2294－0000059　502/54

廣雅書局叢書　（清）廣雅書局輯　清光緒廣雅書局刻本　四十四冊　存六種一百三十一卷

410000－2294－0000060　103/21.1

詩經體註大全體要八卷　（清）高朝璎定（清）沈世楷輯　清學源堂刻本　三冊　存五卷(一至五)

410000－2294－0000061　104.3/9.1

五經合纂大成　（清）同文書局編　清石印本　十冊　存二種二十七卷

410000－2294－0000062　103/3

學源堂詩經體註八卷　（清）高朝璎定　（清）沈世楷輯　（清）沈存仁叅　清學源堂刻本　四冊

410000－2294－0000063　103/2

御纂詩義折中二十卷　（清）傅恒等纂　清經元堂刻本　十冊

410000－2294－0000064　108/7

孟子五卷 （宋）朱熹集注　清刻本　二冊

410000－2294－0000065　207/1

史鑑節要便讀六卷 （清）鮑東里編輯　清光緒三十一年(1905)刻本　二冊

410000－2294－0000066　502/55

十三經註疏 明崇禎古虞毛氏汲古閣刻本三十六冊　存四種八十卷

410000－2294－0000067　108/1

鄉黨圖考十卷 （清）江永著　清乾隆二十一年(1756)刻本　八冊

410000－2294－0000068　215.6/5

欽定錢錄十六卷 （清）梁詩正等撰　清乾隆五十二年(1787)刻本　六冊

410000－2294－0000069　108/9

書經六卷 （宋）蔡沈集傳　清光緒五年(1879)山西濬文書局刻本　二冊　存一卷（一）

410000－2294－0000070　110/13

說文通檢十四卷首一卷末一卷 （清）黎永椿編　清刻本　一冊

410000－2294－0000071　108/54

四書大全學知錄二十三卷字畫辨訛一卷 （清）許泰交纂輯　清刻本　一冊　存一卷（論語八）

410000－2294－0000072　302/12

廣治平略三十六卷續八卷 （清）蔡方炳撰　清光緒十四年(1888)上海點石齋石印本　四冊

410000－2294－0000073　106.1/4

春秋左傳杜注補輯十四卷 （清）姚培謙學　清乾隆十一年(1746)刻本　六冊

410000－2294－0000074　502/23

行素草堂金石叢書 （清）朱記榮輯　清光緒吳縣朱氏刻十四年(1888)彙印本　八冊　存五種二十四卷

410000－2294－0000075　214.9/1

水經注圖四十卷補一卷 楊守敬撰　清光緒三十一年(1905)楊氏觀海堂刻朱墨套印本八冊

410000－2294－0000076　215.2/2

陶齋吉金錄八卷續錄二卷補遺一卷 （清）端方撰　清宣統元年(1909)金陵石印本　十冊缺一卷（補遺一卷）

410000－2294－0000077　215.6/3

癖泉臆說六卷 （清）高煥文撰　清宣統三年(1911)上海商務印書館影印本　二冊

410000－2294－0000078　215.6/2

泉志十五卷 （宋）洪遵撰　清同治十三年(1874)隸釋齋刻本　一冊

410000－2294－0000079　215.6/1

續泉彙十四卷首集一卷補遺二卷 （清）李佐賢　（清）鮑康編　清光緒元年(1875)利津李氏刻本　四冊

410000－2294－0000080　108/6

四書文翼四卷 （清）羅荊璧纂　清咸豐元年(1851)刻本　四冊

410000－2294－0000081　214.5/4

水經注西南諸水考三卷 （清）陳澧撰　清道光二十七年(1847)刻本　一冊

410000－2294－0000082　108/12.1

四書人物類典串珠四十卷 （清）臧志仁輯　清嘉慶六年(1801)刻本　四冊　存十八卷（一至十八）

410000－2294－0000083　110/3

詩韻合璧五卷附一卷 （清）湯文潞　（清）潘維城輯　清光緒四年(1878)上海淞隱閣鉛印本　五冊

410000－2294－0000084　402.7/10

兩罍軒尺牘十二卷 （清）吳雲著　清宣統二年(1910)上海時中書局石印本　四冊

410000－2294－0000085　402.7/11

弢園尺牘十二卷 （清）王韜著　清光緒十三年(1887)大文書局鉛印本　四冊

410000－2294－0000086　402.7/12

更生齋文甲集四卷乙集四卷詩集八卷詩餘二卷 　（清）洪亮吉著　清嘉慶七年（1802）洋川書院刻本　五冊

410000－2294－0000087　408/1

批點聊齋志異十六卷　（清）蒲松齡著　清知不足齋刻本　六冊　存六卷（一、四至八）

410000－2294－0000088　101/4

陰陽果報圖注不分卷　（清）吳友如繪　清光緒十七年（1891）宏大善書局刻本　二冊

410000－2294－0000089　403/19

楊升庵先生批點文心雕龍十卷　（南朝梁）劉勰著　（明）梅慶生音注　明萬曆三十七年（1609）梅慶生刻天啟二年（1622）重修本　四冊

410000－2294－0000090　215.1/5

兩漢金石記二十二卷　（清）翁方綱撰　清乾隆五十四年（1789）南昌使院刻蘇齋叢書本　八冊

410000－2294－0000091　215.3/1

寰宇訪碑錄十二卷　（清）孫星衍　（清）邢澍撰　清光緒九年（1883）江蘇書局刻本　四冊

410000－2294－0000092　108/5

四書人物類典串珠四十卷　（清）臧志仁編　清刻本　六冊

410000－2294－0000093　214.9/3

歷代陵寢備考五十卷歷代宗廟附考八卷 (清)朱孔陽撰　清光緒三年（1877）申報館鉛印申報館叢書本　十四冊

410000－2294－0000094　204/5

國語二十一卷　（三國吳）韋昭解　（宋）宋庠補音　清乾隆二十八年（1763）文盛堂刻本　四冊

410000－2294－0000095　216/1

石經考一卷　（清）萬斯同撰　清常熟蔣氏省吾堂刻省吾堂四種本　一冊

410000－2294－0000096　404/3

詩韻典訓八卷　（清）劉漸達輯　清道光十七年（1837）懿文齋刻本　四冊

410000－2294－0000097　202/2

御批歷代通鑑輯覽一百十六卷明唐桂二王本末四卷　（清）傅恒纂修　清同治十年（1871）浙江書局刻朱墨套印本　七冊　存二十三卷（一至二十三）

410000－2294－0000098　402.7/53

三賢文集　（清）張斐然等輯　清光緒二十四年（1898）刻本　十二冊

410000－2294－0000099　317/1

世說新語補二十卷　（南朝宋）劉義慶撰（南朝梁）劉孝標注　（明）何良俊增　（明）王世貞刪定　（明）黃汝琳補訂　清乾隆二十七年（1762）茂清書屋刻本　八冊

410000－2294－0000100　106.1/2

評點春秋綱目左傳句解彙雋六卷　（清）韓菼重訂　清善成堂刻本　六冊

410000－2294－0000101　108/4

四書人物類典串珠四十卷　（清）臧志仁編輯　清刻本　六冊　存二十二卷（十九至四十）

410000－2294－0000102　214.1/1

廣輿記二十四卷　（明）陸應陽輯　（清）蔡方炳增輯　清光緒四年（1878）刻本　十二冊

410000－2294－0000103　202/5

御批增補了凡綱鑑四十卷首一卷　（宋）司馬光通鑑　（宋）朱熹綱目　（明）袁黃編纂　清光緒二十五年（1899）上海著易堂石印本　十冊

410000－2294－0000104　315/1

文房肆攷圖說八卷　（清）唐秉鈞纂　清刻本　六冊

410000－2294－0000105　311/4

義門讀書記五十八卷　（清）何焯撰　清乾隆三十四年（1769）石香齋刻本　六冊　存三十四卷（一至三十四）

410000－2294－0000106　215.3/2

漢魏六朝志墓金石例一卷唐人志墓諸例一卷

（明）吳鎬著　清嘉慶十七年（1812）蟾波閣刻光緒十年（1884）常熟鮑氏補修後知不足齋叢書本　一冊　存一卷（漢魏六朝志墓金石例一卷）

410000－2294－0000107　215.3/2

石經殘字攷一卷　（清）翁方綱著　清光緒九年（1883）常熟鮑氏刻後知不足齋叢書本　一冊

410000－2294－0000108　502/41.1

水經注四十卷　（漢）桑欽撰　（北魏）酈道元注　清光緒元年（1875）湖北崇文書局刻崇文書局彙刻書本　三冊　存十卷（一至六、二十七至三十）

410000－2294－0000109　403/16

文選六十卷　（南朝梁）蕭統選　（唐）李善注　**攷異十卷**　（清）胡克家撰　清末上海會文堂書局影印本　十六冊

410000－2294－0000110　502/39.1

五種遺規　（清）陳弘謀撰　清同治七年（1868）楚北崇文書局刻本　四冊　存二種五卷

410000－2294－0000111　313.2/2

法書要錄六卷　（唐）張彥遠輯　清光緒十一年（1885）刻本　一冊　存四卷（一至四）

410000－2294－0000112　403/8

新鐫紹聞堂精選古文覺斯廣集四刻十卷　（清）過珙選評　清康熙二十四年（1685）刻本　八冊　缺一卷（二）

410000－2294－0000113　403/11

文選六十卷　（南朝梁）蕭統選　（唐）李善注　**考異十卷**　（清）胡克家撰　清光緒十六年（1890）上海鴻文書局石印本　六冊

410000－2294－0000114　302/4

潛夫論十卷　（漢）王符撰　清光緒元年（1875）湖北崇文書局刻子書百家本　二冊

410000－2294－0000115　501/4

三統術詳說四卷　（清）陳澧撰　清刻本

一冊

410000－2294－0000116　209/1

忠武志八卷　（清）張鵬翮輯　清刻本　八冊

410000－2294－0000117　313.4/1

金貞祐銅印題詞一卷　（清）兀魯特錫縝輯　清道光刻本　一冊

410000－2294－0000118　209/1

臥龍崗志二卷　（清）羅景輯　清康熙五十一年（1712）刻　二冊

410000－2294－0000119　302/9

重刊書敘指南二十卷　（宋）任廣編次　（明）喬應甲重校　明萬曆二十四年（1596）刻本　四冊

410000－2294－0000120　502/19

授堂遺書　（清）武億撰　清道光二十三年（1843）偃師武氏刻本　三冊　存二種十五卷

410000－2294－0000121　302/8

小學句讀記六卷　（明）陳選點　（清）王建常記　清三原劉傳經堂刻本　五冊

410000－2294－0000122　403/18

謝疊山先生文章軌範七卷　（元）謝枋得輯　清刻朱墨套印本　二冊

410000－2294－0000123　302/5

女子四書讀本二卷　（清）王相箋注　清光緒掃葉山房刻本　二冊

410000－2294－0000124　403/13

文選六十卷　（南朝梁）蕭統選　（唐）李善注　**考異十卷**　（清）胡克家撰　清宣統三年（1911）刻本　十六冊

410000－2294－0000125　403/14

文選六十卷　（南朝梁）蕭統選　（唐）李善注　清刻本　四冊　存十七卷（一至四、九至十二、二十五至三十三）

410000－2294－0000126　502/26.1

槐廬叢書　（清）朱記榮輯　清光緒吳縣朱氏槐廬家塾刻本　十一冊　存四種四十九卷

410000－2294－0000127　403/16.1

文選六十卷　（南朝梁）蕭統選　（唐）李善注
清宣統三年(1911)上海會文堂石印本　八
冊　存三十三卷(一至三十三)

410000－2294－0000128　601/28

中國歷史教科書六卷　陳慶年編　清光緒三
十二年(1906)刻本　六冊

410000－2294－0000129　402.7/20

增批輯注東萊博議四卷　（宋）呂祖謙撰
（清）劉鍾英輯注　清刻本　四冊

410000－2294－0000130　216/2

隸續二十一卷　（宋）洪適撰　清光緒十二年
(1886)刻本　二冊

410000－2294－0000131　103/13

詩經精華十卷　（清）薛嘉穎輯　清道光五年
(1825)刻本　四冊

410000－2294－0000132　215.3/6

金石索十二卷首一卷　（清）馮雲鵬　（清）馮
雲鷀輯　清光緒十九年(1893)上海積山書局
石印本　二十四冊

410000－2294－0000133　403/38

古文辭類纂七十五卷　（清）姚鼐纂　清光緒
二十九年(1903)刻本　五冊　存二十四卷
(一至二十四)

410000－2294－0000134　302/19

程氏家塾讀書分年日程三卷綱領一卷　（元）
程端禮編　清嘉慶元年(1796)道南堂刻本
二冊

410000－2294－0000135　311/9

憑山閣增輯留青新集三十卷　（清）陳枚輯
清刻本　三十一冊

410000－2294－0000136　402.7/23

楊椒山先生集四卷　（明）楊繼盛著　（清）胡
右文重訂　**年譜一卷**　清五世堂刻本　五冊

410000－2294－0000137　102/5

洪範論一卷　（清）胡具慶著　清道光刻本
一冊

410000－2294－0000138　208/4

史通通釋二十卷附一卷　（清）浦起龍撰　清
光緒十九年(1893)石印本　八冊

410000－2294－0000139　402.7/24

明胡敬齋先生文集三卷　（明）胡居仁撰
（清）張伯行重訂　清宣統刻本　二冊

410000－2294－0000140　108/16

四書朱子本義彙叅四十三卷首四卷　（清）王
步青輯　清敦復堂刻本　三十冊

410000－2294－0000141　110/4

爾雅註疏十一卷　（晉）郭璞註　（宋）邢昺疏
清乾隆四十三年(1778)三樂齋刻本　六冊

410000－2294－0000142　402.3/3

劍南詩鈔六卷　（宋）陸游著　（清）楊大鶴選
清康熙二十四年(1685)刻本　七冊

410000－2294－0000143　402.7/9

生香書屋詩集七卷文集四卷　（清）陳浩著
清道光九年(1829)三多齋刻本　六冊

410000－2294－0000144　502/38

宋張宣公全集　（宋）張栻撰　清咸豐四年
(1854)縣邑南軒祠刻本　二十四冊

410000－2294－0000145　501/7

子史精華一百六十卷　（清）允祿等纂　清光
緒十五年(1889)上海蜚英館石印本　八冊

410000－2294－0000146　502/32

漢碑引經考六卷引緯考一卷　（清）皮錫瑞撰
清光緒三十年(1904)善化皮氏刻師伏堂叢
書本　五冊

410000－2294－0000147　502/35

滂喜齋叢書三十二種　（清）潘祖蔭輯　清同
治、光緒間吳縣潘氏京師刻本　一冊　存三
種三卷

410000－2294－0000148　311/14

蕺山先生人譜一卷人譜類記二卷　（明）劉宗
周撰　（清）洪正治校編　清道光八年(1828)
刻本　二冊

410000－2294－0000149　402.7/47

心知堂詩稿十八卷 （清）汪仲洋撰 清道光七年(1827)刻本 四冊

410000－2294－0000150 202/10

御批增補了凡綱鑑三十九卷首一卷 （宋）劉恕編 （明）袁黃纂 御撰資治通鑑綱目三編二十卷 （清）張廷玉等編 清光緒二十九年(1903)上海書局影印本 十一冊 存十二卷（一至六、八至十,首一卷,三編一至二）

410000－2294－0000151 104.5/2

禮書綱目八十五卷首三卷 （清）江永撰 清嘉慶十五年(1810)鏤恩堂刻本 二十二冊 存七十一卷（一至四十三、六十一至八十五,首三卷）

410000－2294－0000152 110/23

說文解字注三十卷六書音均表二卷汲古閣說文訂一卷 （清）段玉裁撰 清同治十一年(1872)湖北崇文書局刻本 二冊 存二卷（六書音均表二卷）

410000－2294－0000153 302/18

呂子節錄四卷補遺二卷 （明）呂坤著 （清）陳弘謀輯 清乾隆元年(1736)培遠堂刻本 二冊

410000－2294－0000154 110/24

說文古籀補十四卷附錄一卷 （清）吳大澂撰 清光緒二十四年(1898)刻本 二冊

410000－2294－0000155 110/25

說文解字十五卷 （漢）許慎記 （宋）徐鉉等校定 說文通檢十四卷首一卷末一卷 （清）黎永椿編 清同治十二年(1873)番禺陳昌治刻本 八冊 存十五卷（說文解字十五卷）

410000－2294－0000156 103/15

增補重訂千家詩註解二卷 （元）謝枋得選 （清）王相注 清末校經山房石印本 二冊

410000－2294－0000157 502/80

二十四史 清光緒同文書局影印本 七百十一冊

410000－2294－0000158 106.2/3

春秋公羊傳十一卷 （漢）何休學 （唐）陸德明音義 校刊記一卷 （清）丁寶楨撰 清同治十一年(1872)山東書局刻十三經讀本附校刊記本 八冊

410000－2294－0000159 106.4/1

春秋胡傳三十卷 （宋）胡安國撰 （宋）林堯叟音注 清刻本 四冊

410000－2294－0000160 502/71

唐宋十大家全集錄 （清）儲欣輯 清光緒八年(1882)江蘇書局刻本 八冊 存三種十七卷

410000－2294－0000161 502/30.1

十子全書 （清）王子興撰 清嘉慶九年(1804)姑蘇王氏聚文堂刻本 六冊 存三種二十七卷

410000－2294－0000162 313.2/8

詩中畫一卷停雲小憩畫賸一卷 （清）馬濤繪 清光緒十一年(1885)石印本 二冊

410000－2294－0000163 102/6

書經精華十卷首一卷 （清）王巨源編 清刻本 四冊

410000－2294－0000164 106.1/8

春秋左傳杜注三十卷首一卷 （清）姚培謙學 清同治十三年(1874)刻本 十冊

410000－2294－0000165 303/2

南華全經分章句解四卷 （明）陳榮選著 清乾隆三年(1738)陳廷信、陳廷尹刻本 六冊

410000－2294－0000166 502/13.2

授堂遺書 （清）武億撰 清道光二十三年(1843)偃師武氏刻本 三冊 存二種十五卷

410000－2294－0000167 209/6

三國志六十五卷 （晉）陳壽撰 （南朝宋）裴松之注 考證一卷 （清）潘眉撰 清光緒二十六年(1900)煥文書局影印本 四冊

410000－2294－0000168 209/10

[河南郟縣]孔子世家支譜不分卷 （清）孔廣祉等纂修 清宣統元年(1909)刻本 一冊

410000－2294－0000169　311/11

池上草堂筆記八卷　（清）梁恭辰著　清同治
十二年(1873)汴梁藝文堂刻本　五冊　存五
卷(一至二、四、六、八)

410000－2294－0000170　215.1/6

清儀閣題跋不分卷　（清）張廷濟著　清末蘇
州振新書社石印本　六冊

410000－2294－0000171　402.7/16

壯悔堂文集十卷遺稿一卷　（清）侯方域撰
（清）賈開宗　（清）徐作肅選　清刻本　六冊

410000－2294－0000172　202/11

東華錄三十二卷(天命朝至雍正朝)　（清）蔣
良騏撰　清乾隆三十年(1765)刻本　六冊
存十八卷(一至十八)

410000－2294－0000173　502/69

孫子十家註十三卷　（春秋）孫武撰　（宋）吉
天保輯　（清）孫星衍　（清）吳人驥校　敘錄
一卷　（清）畢以珣撰　遺說一卷　（宋）鄭友
賢撰　清光緒三年(1877)浙江書局刻二十二
子本　六冊

410000－2294－0000174　311/10

語石十卷　葉昌熾撰　清宣統元年(1909)刻
本　四冊

410000－2294－0000175　110/17

倉頡篇三卷　（清）孫星衍學　續本一卷
（清）任大椿學　補本二卷　（清）陶方琦學
清光緒十六年(1890)江蘇書局刻本　二冊

410000－2294－0000176　501/22

子史精華一百六十卷　（清）允祿等纂　清光
緒十二年(1886)上海同文書局石印本　八冊

410000－2294－0000177　214.5/2

華嶽志八卷首一卷　（清）李榕纂輯　（清）楊
翼武評閱　清道光十一年(1831)刻光緒九年
(1883)補刻本　四冊

410000－2294－0000178　110/8

增補字學舉隅不分卷　（清）龍啟瑞撰　清道
光二十八年(1848)刻本　二冊

410000－2294－0000179　302/20

關里誌二十四卷　（明）陳鎬撰　（清）孔胤植
重纂　清刻本　十冊

410000－2294－0000180　215.3/7

漢石例六卷　（清）劉寶楠撰　清道光二十九
年(1849)靈石楊氏刻連筠簃叢書本　四冊

410000－2294－0000181　214.5/1

西湖志四十八卷　（清）李衛等修　（清）傅王
露等纂　清刻本　十四冊　存三十五卷(五
至九、十六至三十一、三十五至四十八)

410000－2294－0000182　207/2

易知摘要類編十二卷　（清）富俊輯　清同治
十三年(1874)刻本　十二冊

410000－2294－0000183　402.3/4

呂東萊先生遺集二十卷首一卷　（宋）呂祖謙
撰　清雍正金華陳思臚敬勝堂刻本　五冊
缺十一卷(十至二十)

410000－2294－0000184　110/26

古籀拾遺二卷宋政和禮器文字玫一卷　（清）
孫詒讓撰　清光緒十六年(1890)刻本　二冊

410000－2294－0000185　109/1

白虎通四卷闕文一卷義玫一卷補遺一卷
(漢)班固撰　（清）莊述祖輯　（清）盧文弨
訂　清嘉慶四年(1799)味經堂刻本　四冊

410000－2294－0000186　402.2/6

讀杜心解六卷首二卷　（唐）杜甫撰　（清）浦
起龍講解　清雍正二年至三年(1724－1725)
浦氏寧我齋刻本　十二冊

410000－2294－0000187　502/29

二酉堂叢書二十一種　（清）張澍撰　清道光
元年(1821)武威張氏二酉堂刻本　六冊　存
九種十五卷

410000－2294－0000188　204/6

國語二十一卷　（三國吳）韋昭注　校刊明道
本韋氏解國語札記一卷　（清）黃丕烈撰　清
同治八年(1869)湖北崇文書局刻本　四冊

410000－2294－0000189　311/12

精選黃眉故事十卷　(明)鄧志謨彙編　清刻本　八冊

410000－2294－0000190　209/9

欽取朝考卷不分卷　(清)陸增祥撰　清刻本　二冊

410000－2294－0000191　214.4/1

宋東京攷二十卷　(清)周城輯　清乾隆三年(1738)六有堂刻本　八冊

410000－2294－0000192　302/14

新纂門目五臣音註揚子法言十卷　(漢)揚雄撰　(晉)李軌　(唐)柳宗元注　(宋)司馬光等添注　清嘉慶九年(1804)姑蘇王氏聚文堂刻十子全書本　二冊

410000－2294－0000193　312/5

中西算學大成一百卷　(清)陳維祺纂　清光緒十五年(1889)同文書局石印本　二十二冊　存九十卷(一至十八、二十九至一百)

410000－2294－0000194　110/15

說文通檢十四卷首一卷末一卷　(清)黎永椿編　清光緒二年(1876)崇文書局刻本　二冊

410000－2294－0000195　403/56

大題文府不分卷　(清)徐鴻甫輯　清光緒十二年(1886)上海書局石印本　二十冊

410000－2294－0000196　502/34

武英殿聚珍版書　清乾隆武英殿木活字印本　四十四冊　存四種二百四十卷

410000－2294－0000197　110/14

說文解字注三十卷六書音均表二卷汲古閣說文訂一卷　(清)段玉裁撰　清同治十一年(1872)湖北崇文書局刻本　一冊　存一卷(汲古閣說文訂一卷)

410000－2294－0000198　313.3/3

五知齋琴譜六卷　(清)徐祺撰　(清)周魯封輯　清末上海校經山房石印本　四冊

410000－2294－0000199　502/30

十子全書　(清)王子興輯　清嘉慶九年(1804)姑蘇王氏聚文堂刻本　二十一冊　存

八種七十八卷

410000－2294－0000200　302/11

御纂性理精義十二卷　(清)李光地等纂修　清康熙五十六年(1717)刻本　四冊　存十卷(一至八、十一至十二)

410000－2294－0000201　106.1/3

春秋啖趙集傳纂例十卷　(唐)陸淳纂　清道光二十六年(1846)刻本　三冊

410000－2294－0000202　106.1/5

春秋三十卷　(宋)胡安國傳　清刻本　八冊

410000－2294－0000203　302/15

國朝先正學規彙鈔不分卷　(清)黃舒昺編次　清光緒十九年(1893)刻本　一冊

410000－2294－0000204　302/16

家範十卷　(宋)司馬光著　清光緒六年(1880)解梁書院刻本　二冊

410000－2294－0000205　214.8/1

瀛環志略十卷　(清)徐繼畬編　(清)陳慶偕參訂　清道光三十年(1850)紅杏山房刻本　八冊

410000－2294－0000206　109/2

十三經分類政要十卷　(清)周世樟編　清光緒二十八年(1902)教育世界社石印本　八冊

410000－2294－0000207　110/16

說文解字通釋四十卷　(宋)徐鍇撰　清道光十九年(1839)刻本　八冊

410000－2294－0000208　313.1/1.2

歷代帝王法帖釋文十卷　(清)徐朝弼集釋　清嘉慶十七年(1812)刻本　一冊

410000－2294－0000209　214.4/2

白下瑣言十卷　(清)甘熙撰　清同治五年(1866)刻本　四冊

410000－2294－0000210　403/30

善成堂古文釋義新編八卷　(清)余誠評注　清光緒二十三年(1897)刻本　八冊

410000－2294－0000211　311/6

經餘必讀八卷　（清）雷琳等輯　清嘉慶八年（1803）致和堂刻本　四冊

410000－2294－0000212　301/1

增補萬寶全書四卷　（明）陳繼儒輯　（清）毛煥文補輯　清道光三十年（1850）刻本　四冊

410000－2294－0000213　313.2/4

冶梅石譜不分卷　（清）王寅繪　清光緒八年（1882）吳縣榮氏东瀛刻本　二冊

410000－2294－0000214　312/4

奇門遁甲秘笈大全三十卷　（明）劉基輯　清刻本　六冊　存十四卷（一至十四）

410000－2294－0000215　501/2

廣事類賦四十卷　（清）華希閔著　清乾隆五十八年（1793）令德堂刻本　八冊

410000－2294－0000216　501/3

事類賦三十卷　（宋）吳淑撰注　清乾隆五十八年（1793）令德堂刻本　四冊

410000－2294－0000217　313.2/5

虛齋名畫錄十六卷　龐元濟撰　清宣統元年（1909）烏程龐氏刻本　十六冊

410000－2294－0000218　403/33

古文啎鳳新編八卷　（清）汪基鈔輯　清乾隆七年（1742）三多齋刻朱墨套印本　五冊　存五卷（一至四、六）

410000－2294－0000219　110/18

隸辨八卷　（清）顧藹吉撰　清同治十二年（1873）渙古山房刻本　六冊　存六卷（一至五、八）

410000－2294－0000220　313.2/6

澄蘭室古緣萃錄十八卷　邵松年輯　清光緒三十年（1904）上海鴻文書局石印本　六冊

410000－2294－0000221　501/33

王船山經史論　（清）王夫之撰　清光緒二十七年（1901）簡青書局石印本　十四冊　存八種三十六卷

410000－2294－0000222　310/6

圖註脈訣辨真四卷附方一卷　（晉）王叔和撰　（明）張世賢注　清經國堂刻本　一冊

410000－2294－0000223　310/9

女科要旨四卷　（清）陳念祖著　清光緒二十九年（1903）益元書局刻本　一冊

410000－2294－0000224　310/5

刪注脈訣規正二卷　（清）沈鏡刪注　清光緒十七年（1891）刻本　一冊

410000－2294－0000225　402.7/21

安陽集五十卷附錄一卷　（宋）韓琦撰　**忠獻韓魏王別錄三卷**　（宋）王巖叟輯　**遺事一卷**　（宋）強至編次　**家傳十卷**　清乾隆四年（1739）陳錫輅刻三十五年（1770）黃邦寧重修咸豐印本　十冊

410000－2294－0000226　403/29

八科鄉會墨醇不分卷　（清）杜聯選　清咸豐九年（1859）求是齋刻本　四冊

410000－2294－0000227　407/1

長生殿傳奇四卷　（清）洪昇填詞　（清）吳人論文　（清）徐麟樂句　清光緒十六年（1890）上海文瑞樓石印本　二冊

410000－2294－0000228　402.7/22

有正味齋駢體文二十四卷首一卷　（清）吳錫麒撰　（清）王廣業箋　（清）葉聯芬注　清尚友山房刻本　八冊

410000－2294－0000229　310/7

李東垣珍珠囊藥性賦二卷　（金）李東垣（李杲）著　清刻本　一冊

410000－2294－0000230　403/28

近科鄉會墨醇不分卷　（清）薛時雨評選　清光緒五年至九年（1879－1883）刻　三冊

410000－2294－0000231　313.1/2

益智圖二卷　（清）童葉庚著　清光緒四年（1878）刻本　二冊

410000－2294－0000232　502/53

宋大家歐陽文忠公文抄三十二卷　（宋）歐陽修撰　（明）茅坤批評　明崇禎元年（1628）刻

本 六冊

410000－2294－0000233　104.3/4

禮記十卷　（元）陳澔集說　清光緒十二年(1886)湖北官書局刻本　十冊

410000－2294－0000234　310/8

神授急救異痧奇方不分卷　（清）陳念祖輯　清光緒二十九年(1903)湖南書局刻本　一冊

410000－2294－0000235　208/3

諸史考異十八卷　（清）洪頤煊撰　清光緒十五年(1889)廣雅書局刻本　二冊　存十四卷(一至十四)

410000－2294－0000236　208/1

史事論甲編十卷乙編六卷丙編四卷丁編四卷　雷瑨編輯　清光緒二十九年(1903)硯耕山莊石印本　三冊　存十九卷(甲編一至八、乙編一至四、丙編一至三、丁編四卷)

410000－2294－0000237　108/25

四書便蒙十九卷　（宋）朱熹撰　（清）俞長城等注　清同治元年(1862)蘇州綠潤堂刻本　一冊

410000－2294－0000238　110/33

增廣字學舉隅四卷　（清）鐵珊輯　清同治十三年(1874)蘭州郡署刻本　四冊

410000－2294－0000239　313.5/1

對聯同善不分卷　（清）鄭敦亮撰　清刻本　一冊

410000－2294－0000240　110/34

字類標韻六卷　（清）華綱輯　（清）王庭楨重校　清光緒元年(1875)刻本　二冊

410000－2294－0000241　208/2

新輯分類史論大成十九卷首一卷　（清）行素生編輯　清光緒二十八年(1902)上海醉六堂石印本　十冊　存十卷(一至九、首一卷)

410000－2294－0000242　402.7/25

東萊博議四卷　（宋）呂祖謙撰　清光緒八年(1882)善成堂刻本　二冊

410000－2294－0000243　403/22

賴古堂名賢尺牘新鈔十二卷　（清）周亮工輯　（清）周在浚等鈔　清宣統三年(1911)上海國學扶輪社石印本　六冊

410000－2294－0000244　403/45

御選唐宋詩醇四十七卷目錄二卷　（清）高宗弘曆選　（清）弘晝等編　清乾隆二十五年(1760)刻本　二十四冊　存十七卷(三十至四十六)

410000－2294－0000245　403/36

古文釋義新編八卷　（清）余誠評注　（清）張晴峯(張正旭)論定　清乾隆八年(1743)文奎堂刻本　四冊

410000－2294－0000246　212/2

大清律例新增統纂集成四十卷督捕則例二卷　（清）姚雨薌(姚潤)輯　清道光五年(1825)刻本　二十四冊

410000－2294－0000247　110/19

爾雅郭註義疏三卷　（清）郝懿行撰　清光緒十四年(1888)湖北官書處刻本　三冊　存二卷(上一、下二至七)

410000－2294－0000248　311/8

庸行編八卷　（清）史典輯　（清）牟允中參補　清康熙三十年(1691)澹寧堂刻本　四冊

410000－2294－0000249　403/34

唐詩三百首注疏六卷續選一卷　（清）孫洙編　清文誠堂刻本　四冊

410000－2294－0000250　104.1/1

周官精義十二卷　（清）連斗山編　清嘉慶五年(1800)文富堂刻本　四冊

410000－2294－0000251　106.1/7

左傳翼三十八卷　（清）周大璋輯評　（清）張藥齋(張廷璐)鑒定　清乾隆五年(1740)懷德堂刻本　五冊　存十八卷(一至二、五至二十)

410000－2294－0000252　102/4

欽定書經傳說彙纂二十一卷首二卷書序一卷　（清）王頊齡等纂　清雍正八年(1730)刻本

二十一册 缺一卷(二十一)

410000-2294-0000253 214.9/6

歷代輿地沿革險要圖四十卷 楊守敬 饒敦
秩撰 王尚德繪 清光緒二十四年(1898)石
印本 一册

410000-2294-0000254 110/21

說文韻譜校五卷 (清)王筠撰 (清)姚覲元
輯 清道光十三年(1833)歸安姚氏刻咫進齋
叢書本 四册

410000-2294-0000255 301/2

重訂事類賦三十卷 (宋)吳淑撰注 (明)華
麟祥校 清道光元年(1821)劍光閣刻本
六册

410000-2294-0000256 311/7

廣事類賦三十二卷 (清)吳世旃撰注 (清)
吳學洙等參訂 清聚秀堂刻本 六册

410000-2294-0000257 108/13

論語十卷 (宋)朱熹集注 清光緒五年
(1879)濬文書局刻本 二册

410000-2294-0000258 210/2

三通序不分卷 (清)楊國楨撰 清道光十年
(1830)大梁書院刻本 三册

410000-2294-0000259 101/6

崇文堂易經體註四卷 (清)李德夫輯 清崇
文堂刻本 四册

410000-2294-0000260 106.1/6

增補左傳易讀六卷 (清)司徒則盧(司徒修)
輯 清刻本 四册 存四卷(三至六)

410000-2294-0000261 310/10

產科學講義不分卷 (清)何建民著 清末刻
本 一册

410000-2294-0000262 402.7/19

新鑴五言千家詩箋註二卷 (清)王相選注
清刻本 一册

410000-2294-0000263 103/8

新刻五七言千家詩輯鈔四卷 (清)□□輯

清光緒十七年(1891)吉慶堂刻本 一册

410000-2294-0000264 103/9

狀元詩經八卷 (宋)朱熹集傳 清道光二年
(1822)崇文堂刻本 四册

410000-2294-0000265 215.3/5

石鼓文正誤四卷 (明)陶滋撰 清刻本
一册

410000-2294-0000266 402.2/21

唐詩三百首注疏四卷續選一卷 (清)孫洙編
(清)章燮注 清道光二十九年(1849)刻本
二册

410000-2294-0000267 214.9/4

洛陽名園記一卷 (宋)李格非撰 清光緒二
十年(1894)抄本 一册

410000-2294-0000268 209/8

兩浙校士錄不分卷 (清)潘衍桐輯 清光緒
十七年(1891)刻本 二册

410000-2294-0000269 104.3/5

漱芳軒合纂禮記體註四卷 (清)范翔糸訂
(清)吳友文 (清)蔡鴻達校 清康熙五十二
年(1713)刻本 四册

410000-2294-0000270 214.4/3

秣陵集六卷金陵歷代紀年事表一卷歷代互見
圖考一卷 (清)陳文述撰 清光緒十年
(1884)淮南書局刻本 三册

410000-2294-0000271 312/6

新鑴碎玉剖秘地理不求人五卷 (清)吳以炘
撰 清文秀堂刻本 四册

410000-2294-0000272 403/37

唐詩鼓吹十卷 (金)元好問選 (元)郝天挺
注 (明)廖文炳解 清乾隆十一年(1746)懷
德堂刻本 六册

410000-2294-0000273 402.3/13

朱文公雜著十五卷 (宋)朱熹撰 (清)朱玉
訂補 清采芝山房刻本 六册 存十五卷
(一至十五)

410000－2294－0000274　106.1/1

宋呂東萊先生左氏博議十二卷　（宋）呂祖謙
撰　清嘉慶二十五年（1820）樂靜軒刻本
四冊

410000－2294－0000275　103/5

詩經八卷　（宋）朱熹集傳　清光緒十二年
（1886）湖北官書局刻本　四冊

410000－2294－0000276　104.5/1

新定三禮冕服圖二十卷　（宋）聶崇義集注
清末石印本　二冊

410000－2294－0000277　408/6

增評補像全圖金玉緣一百二十回卷首一卷
（清）曹雪芹　（清）高鶚撰　清光緒三十四年
（1908）石印本　八冊　存五十九卷（一至五
十八、首一卷）

410000－2294－0000278　403/15

增廣試律大觀四十五卷　（清）□□輯　清敬
文堂刻本　八冊　存十六卷（一至十二、二十
三至二十六）

410000－2294－0000279　108/14

孟子讀法附記十四卷　（清）周人麒撰　清刻
本　七冊

410000－2294－0000280　215.2/5

三古圖　（清）黃晟輯　明萬曆吳萬化刻清乾
隆十八年（1753）天都黃晟槐蔭艸堂重編補修
本　七冊　存十卷（一至十）

410000－2294－0000281　214.2/7

元河南志四卷　（清）徐松輯　清刻本　二冊

410000－2294－0000282　214.3/2

洛陽伽藍記五卷　（北魏）楊衒之撰　清光緒
二年（1876）刻本　一冊

410000－2294－0000283　104.3/8

漱芳軒合纂禮記體註四卷　（清）范翔參訂
清康熙五十二年（1713）刻本　四冊

410000－2294－0000284　313.2/12

明拓墨池堂法帖五卷　（明）章□摹　清光緒
元年（1875）影印本　四冊

410000－2294－0000285　313.2/11

桐陰論畫二卷首一卷附錄一卷　（清）秦祖永
著　清同治三年（1864）刻朱墨套印本　一冊
存二卷（上、首一卷）

410000－2294－0000286　502/2.1

祕書廿一種　（清）汪士漢輯　明刻清康熙七
年（1668）新安汪氏重編印本　四冊　存八種
二十八卷

410000－2294－0000287　402.7/8

鐵畫樓集□□卷　（清）張蔭桓著　清光緒二
十三年（1897）刻本　五冊　存十一卷（風馬
集一至二、鐵畫樓駢文一至二、三洲集一至
四、來復集一、庚癸集一至二）

410000－2294－0000288　403/10

八家四六文注八卷　（清）孫星衍著　（清）許
貞幹注　清光緒十八年（1892）上海圖書集成
印書局鉛印本　八冊

410000－2294－0000289　102/2

節註便蒙書經六卷　（清）王敞節注　清嘉慶
七年（1802）刻本　三冊

410000－2294－0000290　502/33

經苑　（清）錢儀吉輯　清道光、咸豐間大梁
書院刻同治七年（1868）王儒行等印本　七十
九冊

410000－2294－0000291　102/2

書經論文六卷　（明）艾南英評點　清嘉慶八
年（1803）刻本　二冊

410000－2294－0000292　313.2/1

芥子園畫傳四集四卷　（清）丁皋撰並繪　清
嘉慶金陵抱青閣刻本　四冊

410000－2294－0000293　214.2/3

鄢陵文獻志四十卷補遺一卷　（清）蘇源生纂
清同治元年至二年（1862－1863）鄢陵蘇源
生刻本　十冊　存二十卷（一至二十）

410000－2294－0000294　502/31

抗希堂十六種　（清）方苞撰　清康熙、嘉慶
間桐城方氏抗希堂刻本　五冊　存二種十

四卷

410000－2294－0000295　403/42.1

晚邨先生八家古文精選八卷　（清）呂留良輯
（清）呂葆中批點　清康熙四十三年(1704)
呂氏家塾刻本　三冊　存六卷(一至六)

410000－2294－0000296　403/12

宋大家王文公文抄十六卷　（宋）王安石撰
（明）茅坤批點　（明）茅闇叔重訂　清刻本
四冊

410000－2294－0000297　403/9

點石齋叢畫十卷　題（清）尊聞閣主人輯　清
光緒十二年(1886)石印本　四冊　存六卷
(二至三、五至六、八至九)

410000－2294－0000298　110/28

字學舉隅不分卷　（清）龍啟瑞輯　清道光二
十年(1840)刻本　一冊

410000－2294－0000299　402.2/8

王無功集三卷補遺二卷　（唐）王績撰　**校勘
記一卷**　羅振玉撰　清光緒三十二年(1906)
羅氏唐風廔刻本　一冊

410000－2294－0000300　502/61.1

金石三例　（清）盧見曾輯　清光緒四年
(1878)南海馮氏讀有用書齋刻十八年(1892)
吳縣朱氏彙印本　一冊　存二種五卷

410000－2294－0000301　313.2/10

蘇黃題跋五卷　（宋）蘇軾　（宋）黃庭堅撰
清光緒十年(1884)錢僑抄本　五冊

410000－2294－0000302　214.2/6

[嘉慶]咸寧縣志二十六卷首一卷　（清）高廷
法　（清）沈琮修　（清）陸耀遹　（清）董佑
誠纂　清嘉慶二十四年(1819)刻本　八冊

410000－2294－0000303　215.3/3

二銘草堂金石聚十六卷　（清）張德容輯　清
衢州聚秀堂刻本　十六冊

410000－2294－0000304　110/43

黃道根字詁不分卷　（明）黃生撰　（清）雲暉
書　（清）傅鳳注　清咸豐十年(1860)抄本

一冊

410000－2294－0000305　402.7/72

復堂類集文四卷詩九卷詞二卷日記六卷
（清）譚獻撰　清光緒十一年(1885)刻本　五
冊　存十九卷(文一至二、詩九卷、詞二卷、日
記六卷)

410000－2294－0000306　103/25

欽定詩經傳說彙纂二十一卷首二卷詩序二卷
（清）王鴻緒等撰　清雍正五年(1727)刻本
二十四冊

410000－2294－0000307　214.2/34

[嘉慶]洛陽縣志六十卷　（清）魏襄修
（清）陸繼輅纂　清嘉慶十八年(1813)刻本
二冊　存三卷(八、十六至十七)

410000－2294－0000308　302/22

呻吟語六卷　（明）呂坤著　清乾隆五十九年
(1794)新安呂燕昭刻本　六冊

410000－2294－0000309　310/12

針灸大成十卷　（明）楊繼洲(楊濟時)撰　清
咸豐十年(1860)宏道堂刻本　七冊

410000－2294－0000310　206/4

續中州名賢文表六十八卷　邵松年纂修　清
光緒三十年(1904)石印本　八冊　存二十九
卷(一至三、七至九、十七至三十、六十至六十
八)

410000－2294－0000311　502/36

曾惠敏公遺集四種　（清）曾紀澤撰　清光緒
十九年(1893)江南製造總局刻本　三冊　存
三種六卷

410000－2294－0000312　311/16

智囊補二十八卷　（明）馮夢龍輯　清刻本
十二冊

410000－2294－0000313　403/2

古唐詩合解十六卷　（清）王堯衢注　清聚錦
堂刻本　六冊

410000－2294－0000314　313.1/3

蕉庵琴譜四卷　（清）秦維瀚撰　清光緒三年

(1877)刻本　四冊

410000 - 2294 - 0000315　402.6/5

高陽集二十卷　(明)孫承宗著　(明)范景文較　清順治十二年(1655)刻本　六冊　存十三卷(一至五、七至十一、十三至十四、十八)

410000 - 2294 - 0000316　202/12

晉書校勘記四卷　(清)周雲撰　清光緒廣雅書局刻本　一冊

410000 - 2294 - 0000317　313.2/76

墨緣彙觀錄四卷　(清)安岐撰　清光緒二十六年(1900)刻本　五冊

410000 - 2294 - 0000318　109/4

蜀石經殘字一卷　(清)陳宗彝輯　清道光六年(1826)三山陳氏刻本　一冊

410000 - 2294 - 0000319　110/29

漢隸字源五卷碑目一卷附字一卷　(宋)婁機撰　清光緒三年(1877)歸安姚覲元咫進齋刻本　六冊

410000 - 2294 - 0000320　110/31

重訂幼學須知句解四卷　(清)程登吉撰　清乾隆刻本　四冊

410000 - 2294 - 0000321　312/8

數學上編十三卷答數一卷附卷二卷　曹汝英撰　清光緒二十九年(1903)羊城刻本　一冊　存二卷(附二卷)

410000 - 2294 - 0000322　215.3/10

瘞鶴銘攷補一卷　山樵書外紀一卷　(清)翁方綱撰　(清)張開福撰　清刻本　一冊

410000 - 2294 - 0000323　108/12

四書人物類典串珠四十卷　(清)臧志仁輯　清嘉慶四年(1799)刻本　十二冊

410000 - 2294 - 0000324　110/32

芸香館重刊正字略不分卷　(清)王筠撰　(清)鍾文校定并書　清道光二十九年(1849)芸香館粵東刻本　一冊

410000 - 2294 - 0000325　215.3/11

金石圖說四卷　(清)牛運震集說　(清)褚峻

摹圖　(清)劉世珩編補　清光緒十九年(1893)刻本　四冊

410000 - 2294 - 0000326　214.9/8

全校水經注四十卷補遺一卷附錄二卷　(北魏)酈道元注　(清)全祖望校　清光緒十四年(1888)無錫薛福成甯波刻本　十六冊

410000 - 2294 - 0000327　102/8

書經體註大全六卷　(清)錢希祥輯　(清)范翔鑒定　清敬慎堂刻本　六冊

410000 - 2294 - 0000328　108/24

增補蘇批孟子二卷年譜一卷　(宋)蘇洵撰　(清)趙大浣增補　清刻本　一冊　存二卷(孟子上，年譜一卷)

410000 - 2294 - 0000329　103/1

詩經體註大全合參八卷　(清)高朝瓔定　清務本堂刻本　四冊

410000 - 2294 - 0000330　106.2/3

春秋穀梁傳十二卷　(晉)范甯集解　(唐)陸德明音義　**校刊記一卷**　(清)丁寶楨撰　清同治十一年(1872)山東書局刻十三經讀本附校刊記本　八冊

410000 - 2294 - 0000331　208/13

史通訓故二十卷　(明)王惟儉訓　明刻本　八冊

410000 - 2294 - 0000332　103/7

詩經八卷　(宋)朱熹集傳　清光緒五年(1879)山西濬文書局刻本　四冊

410000 - 2294 - 0000333　502/25

古泉叢話三卷　(清)戴熙撰　**附錄一卷**　清同治十一年(1872)吳縣潘祖蔭滂喜齋刻本　一冊

410000 - 2294 - 0000334　403/41

古唐詩合解十六卷　(清)王堯衢注　清刻本　四冊　存十卷(唐詩三至十二)

410000 - 2294 - 0000335　310/14

竹林寺女科秘方不分卷　(清)竹林寺僧著　清刻本　一冊

410000－2294－0000336　311/17

五雜組十六卷　(明)謝肇淛撰　清刻本　二冊　存二卷(一、四)

410000－2294－0000337　502/8.1

十七史　明崇禎琴川毛氏汲古閣刻本　三十七冊　存二種一百八十九卷

410000－2294－0000338　302/21

李氏蒙求八卷　(唐)李瀚撰　(清)楊迦懌集注　清道光十四年(1834)宜壽堂刻本　五冊

410000－2294－0000339　110/27

說文古語考補正二卷　(清)程炎斿　(清)傅雲龍補正　清光緒十一年(1885)紅餘籫室刻本　二冊

410000－2294－0000340　204/7

庚子國變記一卷　(清)李希聖著　清刻本　一冊

410000－2294－0000341　402.7/27

曾文正公奏疏二卷文鈔四卷　(清)曾國藩撰　清同治十二年(1873)金陵書局刻本　四冊

410000－2294－0000342　403/42

晚邨先生八家古文精選八卷　(清)呂留良輯　清康熙四十三年(1704)呂氏家塾刻本　八冊

410000－2294－0000343　312/7

御製歷象考成後編十卷　(清)允祿等纂　清光緒十年(1884)上海書局石印本　十冊

410000－2294－0000344　103/17

古學備體前集二十一卷後集十四卷外集五卷　(明)吳訥輯　(清)張晴峯(張正旭)論定　清康熙二十二年(1683)刻本　七冊　存十三卷(前集一至三、七至八、十一至十二、十五、十七,後集四至七)

410000－2294－0000345　106.4/2

欽定春秋傳說彙纂三十八卷首二卷　(清)王掞等纂　清刻本　二十三冊　缺一卷(首上)

410000－2294－0000346　502/41

崇文書局彙刻書　(清)崇文書局輯　清光緒元年(1875)崇文書局刻本　十八冊　存六種六十八卷

410000－2294－0000347　103/16

詩經精華十卷首一卷　(清)薛嘉穎輯　清光緒十一年(1885)刻本　三冊　缺四卷(二至三、六至七)

410000－2294－0000348　408/5

東周列國全志二十三卷一百八回　(清)蔡昇評點　清乾隆五年(1740)刻本　十一冊　缺十三卷(八、十二至二十三)

410000－2294－0000349　101/5

周易四卷　(宋)朱熹撰　**筮儀一卷圖說一卷卦歌一卷**　清同治刻本　二冊

410000－2294－0000350　209/7

新五代史七十四卷　(宋)歐陽修撰　(宋)徐無黨注　清刻本　六冊　存四十七卷(六至二十一、二十七至五十七)

410000－2294－0000351　402.7/14

陽湖史氏家藏左文襄公手札不分卷　(清)左宗棠撰　清光緒三十三年(1907)影印本　一冊

410000－2294－0000352　502/70

十一經音訓　(清)楊國楨撰　清道光十年(1830)大梁書院刻本　十八冊　存十種十卷

410000－2294－0000353　108/9

大學一卷中庸一卷　(宋)朱熹章句　清光緒五年(1879)山西濬文書局刻本　二冊

410000－2294－0000354　209/4

宋元學案一百卷首一卷　(清)黃宗羲撰　(清)黃百家纂輯　(清)全祖望修定　清光緒五年(1879)刻本　八冊

410000－2294－0000355　214.1/9

朔方備乘六十八卷首十二卷　(清)何秋濤撰　清咸豐十年(1860)刻朱墨套印本　二十四冊

410000－2294－0000356　215.1/4

金石契不分卷　(清)張燕昌編　清光緒二十

二年(1896)貴池劉氏聚學軒刻朱墨套印本
四冊

410000－2294－0000357　202/8

重訂王鳳洲先生會纂綱鑑四十六卷續宋元二十三卷　（明）王世貞纂　（明）陳仁錫訂
（明）呂一經較　清刻本　十一冊　存二十二
卷（三十九至四十六、續宋元一至十四）

410000－2294－0000358　403/23

古文觀止十二卷　（清）吳乘權　（清）吳大職
輯　清光緒十九年(1893)善化書局刻本　四
冊　存八卷（一至四、七至八、十一至十二）

410000－2294－0000359　501/30

皇明百家小說一百八帙　（明）王世貞等輯
清刻本　八冊　缺五帙（六十四、六十六至六
十七、九十四、一百八）

410000－2294－0000360　110/20

十三經集字摹本不分卷　（清）彭玉雯纂
（清）萬青銓校正　清道光三十年(1850)刻本
八冊

410000－2294－0000361　317/3

詳註聊齋志異圖詠十六卷　（清）蒲松齡撰
（清）呂湛恩注　清刻本　二冊　存四卷（五
至六、十三至十四）

410000－2294－0000362　214.2/35

[乾隆]河南府志一百十六卷首四卷　（清）施
誠修　（清）童鈺等纂　清乾隆四十四年
(1779)刻本　十八冊　存六十卷（十七至三
十二、三十六至七十二、九十六至九十八、一
百六至一百八,首一）

410000－2294－0000363　317/2

聊齋志異新評十六卷　（清）蒲松齡著　（清）
王士正評　清光緒十二年(1886)上海同文書
局石印本　五冊　存十卷（三至六、九至十
二、十五至十六）

410000－2294－0000364　302/17

河南程氏遺書二十五卷附錄一卷　（宋）程顥
（宋）程頤撰　清刻本　一冊　存二卷（二
至三）

410000－2294－0000365　501/6

千金裘二集二十六卷　（清）蔣義彬纂　清嘉
慶二十三年(1818)三經山房刻本　四冊　存
五卷（一、三至四、十三、二十一）

410000－2294－0000366　501/5

鍥旁注事類捷錄十五卷　（明）鄧志謨著　明
古吳陳長卿刻本　八冊

410000－2294－0000367　100/2

寄傲山房塾課纂輯春秋備旨十二卷　（清）鄒
聖脉纂輯　（清）鄒廷猷編次　清乾隆二十三
年(1758)刻本　三冊　缺三卷（四至六）

410000－2294－0000368　103/19

經傳釋詞十卷　（清）王引之撰　清末影印本
四冊

410000－2294－0000369　313.4/4

根石齋篆刻金石　（清）何培基編　清光緒十
九年(1893)鈐印本　六冊

410000－2294－0000370　100/2

寄傲山房塾課纂輯御案易經備旨七卷　（清）
鄒聖脉纂輯　（清）鄒廷猷編次　清嘉慶二十
五年(1820)刻本　三冊

410000－2294－0000371　100/2

御案詩經備旨八卷　（清）鄒聖脉纂輯　（清）
鄒廷猷編次　清刻本　一冊　存二卷（七至
八）

410000－2294－0000372　100/2

寄傲山房塾課纂輯禮記全文備旨十一卷
（清）鄒聖脉纂輯　（清）鄒廷猷編次　清乾隆
二十九年(1764)刻本　三冊　存六卷（一至
四、七至八）

410000－2294－0000373　302/13

孔子家語十卷　（三國魏）王肅注　清末上海
啟新書局石印本　五冊

410000－2294－0000374　311/2

註釋白眉故事十卷　（明）許以忠纂　清刻本
四冊

410000－2294－0000375　104.3/3

禮記體註大全合纂四卷　（清）范翔鑒定（清）徐旦纂訂　清雍正三年(1725)刻本　四冊

410000－2294－0000376　214.2/4

說嵩三十二卷　（清）景日昣撰　清康熙六十年(1721)景氏嶽生堂刻本　十冊

410000－2294－0000377　402.3/2

老泉先生全集錄五卷　（宋）蘇洵撰　（清）儲欣錄　清刻本　一冊　存三卷(一至三)

410000－2294－0000378　312/3

皇極經世書傳八卷　（宋）邵雍著　（明）黃幾傳　清抄本　九冊

410000－2294－0000379　102/3

敷文書說一卷　（宋）鄭伯熊撰　清刻本　一冊

410000－2294－0000380　312/2

皇極經世六十卷附編三卷補編一卷　（宋）邵雍撰　（清）俞長讚鑒定　（清）王宗嶧校訂　清咸豐元年(1851)洛陽安樂窩刻本　十二冊

410000－2294－0000381　110/45

說文解字句讀三十卷附補正　（清）王筠撰集　清刻本　十四冊　存二十八卷(三至三十)

410000－2294－0000382　402.7/31

榮性堂集二十卷　（清）吳俊撰　清嘉慶七年(1802)刻本　三冊　存十五卷(一至五、六至十、十一至十五)

410000－2294－0000383　502/42

曾文正公全集　（清）曾國藩撰　清同治、光緒間傳忠書局刻本　五十一冊　存九種七十三卷

410000－2294－0000384　316/1

陰隲文圖說不分卷　（清）黃正元輯　（清）周兆璧寫圖　清道光二十七年(1847)刻本　一冊

410000－2294－0000385　110/46

字學備要一卷　（清）劉履貞編輯　清咸豐元年(1851)刻本　一冊

書經六卷　（宋）蔡沈集傳　清光緒十二年(1886)湖北官書處刻本　四冊

410000－2294－0000386　102/11

音韻貫珠八卷　（清）賈椿齡著　清同治十一年(1872)成文堂刻本　四冊

410000－2294－0000387　502/12

宋書一百卷　（南朝梁）沈約撰　清同治十一年(1872)金陵書局刻光緒五年(1879)湖北書局印二十四史本　十四冊　存八十五卷(一至十六、二十二至四十七、五十八至一百)

410000－2294－0000388　403/6

古唐詩合解十六卷　（清）王堯衢注　清善成堂刻本　六冊

410000－2294－0000389　109/7

經典釋文三十卷　（唐）陸德明撰　攷證三十卷　（清）盧文弨輯　清同治八年(1869)湖北崇文書局刻本　十二冊

410000－2294－0000390　502/20.1

行素草堂金石叢書　（清）朱記榮輯　清光緒吳縣朱氏刻十四年(1888)彙印本　十二冊存七種四十一卷

410000－2294－0000391　402.6/4

馮少墟集二十二卷續集四卷　（明）馮從吾著　清康熙十二年(1673)刻本　十八冊

410000－2294－0000392　310/4

醫學三字經四卷　（清）陳念祖著　（清）龍萬育訂　清樂取堂刻本　一冊

410000－2294－0000393　215.3/14

漢碑範八卷　張祖翼輯　清宣統三年(1911)上海文明書局石印本　二冊

410000－2294－0000394　110/10

許氏說文解字雙聲疊韻譜一卷　（清）鄧廷楨撰　清光緒七年(1881)常熟鮑氏後知不足齋刻後知不足齋叢書本　一冊

410000－2294－0000395　403/17

古唐詩合解十六卷　（清）王堯衢注　清刻本

二册　存十二卷（唐詩五至十二、古詩一至四）

410000 - 2294 - 0000397　214.2/29

吳郡圖經續記三卷　（宋）朱長文撰　**校勘記一卷**　清同治十二年（1873）江蘇書局刻本一册

410000 - 2294 - 0000398　303/3

老子道德經解二卷　（明）釋德清著　清刻本一册

410000 - 2294 - 0000399　403/26

古唐詩合解十六卷　（清）王堯衢注　清刻本一册　存七卷（唐詩三至七、十一至十二）

410000 - 2294 - 0000400　108/3

四書圖考集要五卷　（清）張雲會輯　清刻本三册　存三卷（論語二卷、孟子一卷）

410000 - 2294 - 0000401　311/15

李卓吾先生讀升菴集二十卷　（明）楊慎撰（明）李贄選編　清刻本　二册　存八卷（一至二、十五至二十）

410000 - 2294 - 0000402　502/11

二十四史　清同治、光緒間五省官書局刻光緒五年（1879）湖北書局彙印本　二十八册存二種一百四十七卷

410000 - 2294 - 0000403　201/15

後漢書九十卷　（南朝宋）范曄撰　（唐）李賢注　**志三十卷**　（晉）司馬彪撰　（南朝梁）劉昭註　清同治八年（1869）金陵書局刻本　一册　存八卷（志三至十）

410000 - 2294 - 0000404　502/18

授堂遺書　（清）武億撰　清道光二十三年（1843）偃師武氏刻本　四册　存二種十七卷

410000 - 2294 - 0000405　215.2/14

金石存十五卷　（清）吳玉搢撰　清刻本四册

410000 - 2294 - 0000406　403/25

時藝核前不分卷續編不分卷　（清）路德評選　清道光二十年（1840）刻本　五册

410000 - 2294 - 0000407　100/1

重刊宋本十三經注疏附校勘記　（清）阮元撰校勘記　（清）盧宣旬摘錄　清光緒十三年（1887）袖海山房石印本　三十二册

410000 - 2294 - 0000408　103/27

詩經體注大全合參八卷　（清）高朝瓔定　清薈生堂刻本　四册

410000 - 2294 - 0000409　408/3

新鐫玉茗堂批評按鑑參補南宋志傳十卷五十回　題（明）研石山樵訂正　清刻本　四册

410000 - 2294 - 0000410　104.3/7

漱芳軒合纂禮記體註四卷　（清）范翔參訂清光緒三十一年（1905）經綸森寶書局刻本四册

410000 - 2294 - 0000411　208/5

史通二十卷　（唐）劉知幾撰　明嘉靖十五年（1536）刻本　六册

410000 - 2294 - 0000412　102/7

四書題鏡三十六卷總論一卷　（清）汪鯉翔纂述　清三多齋刻本　十四册　存三十一卷（大學一卷，中庸一卷，論語一至十、十七至二十，孟子十四卷；總論一卷）

410000 - 2294 - 0000413　302/40

續近思錄十四卷　（清）張伯行撰　清同治九年（1870）福州正誼書院刻正誼堂全書本四册

410000 - 2294 - 0000414　404/4

湖海詩傳四十六卷　（清）王昶輯　清嘉慶八年（1803）刻本　十六册

410000 - 2294 - 0000415　402.7/17

敬恕堂文集紀年十卷首一卷　（清）耿介撰清同治四年（1865）刻本　十册

410000 - 2294 - 0000416　403/20

宋宗忠簡公文集四卷首一卷補遺一卷遺事二卷　（宋）宗澤撰　清同治十二年（1873）三原劉氏述荊堂刻本　二册

410000 - 2294 - 0000417　402.7/13

陳檢討集二十卷　（清）陳維崧撰　（清）程師恭注　清刻本　六冊

410000－2294－0000418　311/5

陰騭文圖説不分卷　（清）黃正元輯　清刻本　一冊

410000－2294－0000419　402.3/1

安陽集五十卷　（宋）韓琦撰　**忠獻韓魏王別錄三卷**　（宋）王巖叟撰　**遺事一卷**　（宋）強至編次　**家傳十卷**　清刻本　十冊

410000－2294－0000420　302/3.1

呻吟語六卷　（明）呂坤著　明萬曆二十一年（1593）刻本　六冊

410000－2294－0000421　502/13

授堂遺書　（清）武億撰　清道光二十三年（1843）偃師武氏刻本　十六冊　存七種七十九卷

410000－2294－0000422　214.7/1

防河要覽四卷　（清）潘季馴輯　清刻本　三冊　存三卷（二至四）

410000－2294－0000423　501/1

古香齋鑒賞袖珍初學記三十卷　（唐）徐堅等撰　清刻本　十二冊

410000－2294－0000424　209/2

關聖帝君聖蹟圖志全集五卷　（清）盧湛輯　清嘉慶七年（1802）刻本　五冊

410000－2294－0000425　210/1

皇朝政典撃要八卷　（日本）增田貢著　清光緒二十八年（1902）石印本　四冊

410000－2294－0000426　214.2/5

説嵩三十二卷　（清）景日昣撰　清康熙六十年（1721）景氏嶽生堂刻本　十冊

410000－2294－0000427　502/47

九通　清光緒二十七年（1901）上海圖書集成局鉛印本　三百三冊　存九種二千二百六十九卷

410000－2294－0000428　302/10

張楊園訓子語不分卷　（清）張履祥著　清刻本　一冊

410000－2294－0000429　313.1/1

歷代帝王法帖釋文十卷　（清）徐朝弼集釋　清嘉慶十七年（1812）刻本　一冊

410000－2294－0000430　402.7/15

湯子遺書十卷首一卷續編二卷　（清）湯斌撰　清同治九年（1870）蘇廷魁刻湯文正公全集本　三冊　存三卷（四、七、九）

410000－2294－0000431　110/5

六書分類十二卷首一卷　（清）傅世垚輯篆　清乾隆五十四年（1789）傅應奎刻本　六冊　缺七卷（三至五、七、九至十一）

410000－2294－0000432　209/5

歷代名臣言行錄二十四卷　（清）朱桓編輯　清嘉慶十二年（1807）刻本　三十一冊　存二十二卷（一至九、十一至二十二、二十四）

410000－2294－0000433　108/8

四書朱子大全精言四十一卷　（清）周大璋輯　清寶旭齋刻本　一冊　存二卷（孟子十三至十四）

410000－2294－0000434　502/13.1

授堂遺書　（清）武億著　清道光二十三年（1843）偃師武氏刻本　十冊　存六種四十九卷

410000－2294－0000435　110/6

隸韻十卷碑目一卷　（宋）劉球纂　**隸韻考證二卷碑目考證一卷**　（清）翁方綱撰　清嘉慶十四年至十五年（1809－1810）秦恩復刻本　八冊

410000－2294－0000436　208/6

史通削繁四卷　（唐）劉知幾撰　（清）浦起龍注　（清）紀昀評　清道光十三年（1833）兩廣節署刻朱墨套印本　四冊

410000－2294－0000437　205/1

安瀾紀要二卷　（清）許端撰　清光緒十一年（1885）刻本　四冊

410000－2294－0000438　108/18

四書典林三十卷 （清）江永編 清刻本 八冊 存十六卷（十五至三十）

410000－2294－0000439 502/73

陳修園醫書五十種 （清）陳念祖撰 清光緒三十一年(1905)上海商務印書館鉛印本 十七冊 存二十五種八十四卷

410000－2294－0000440 108/10

四書疏註撮言大全三十七卷 （清）胡蓉芝輯 清刻本 二十三冊 存三十六卷（大學一卷，中庸二卷，論語一至十九，孟子十四卷）

410000－2294－0000441 108/17

四書疏註撮言大全三十七卷 （清）胡蓉芝輯 清刻本 八冊 存八卷（孟子七至十四）

410000－2294－0000442 402.3/9

蘇文忠詩合註五十卷首一卷 （清）馮應榴輯訂 清刻本 二十四冊

410000－2294－0000443 104.3/1

全本禮記體註十卷 （清）范翔定 （清）徐旦系訂 （清）徐瑄補輯 清刻本 五冊 存五卷（六至十）

410000－2294－0000444 212/1

禮部政務處變通科舉章程 （清）□□編 清刻本 一冊

410000－2294－0000445 403/24

詁經精舍文集十四卷 （清）阮元輯 清刻本 四冊 存八卷（七至十四）

410000－2294－0000446 214.2/37

[乾隆]河南府志一百十六卷首四卷 （清）施誠修 （清）童鈺等纂 清刻本 三十一冊

410000－2294－0000447 310/1

張仲景傷寒論原文淺註六卷 （漢）張仲景著 （清）陳念祖集注 清同治元年(1862)刻本 二冊

410000－2294－0000448 310/3

霍亂論二卷 王世雄述 清光緒二十九年(1903)刻本 一冊

410000－2294－0000449 310/2

圖註八十一難經辨真四卷 （戰國）秦越人述 （明）張世賢注 清刻本 一冊

410000－2294－0000450 405/2

拜石山房詞鈔四卷 （清）顧翰撰 清光緒十五年(1889)刻榆園叢刻本 一冊

410000－2294－0000451 402.7/7

考功集選四卷 （清）王士祿撰 清刻本 一冊 存二卷（三至四）

410000－2294－0000452 311/24

宣講管窺六卷 胡景文撰 清宣統三年(1911)洛陽協和萬號刻本 一冊 存一卷（一）

410000－2294－0000453 209/26

晏子春秋七卷 （春秋）晏嬰撰 音義二卷 （清）孫星衍撰 校勘記二卷 （清）黃以周撰 清光緒元年(1875)浙江書局刻二十二子本 一冊 存四卷（一至四）

410000－2294－0000454 104.3/2

增訂戴經新旨合系四卷 （清）范翔系訂 （清）吳友文 （清）蔡鴻達校 清嘉慶四年(1799)刻本 四冊

410000－2294－0000455 110/12

音韻日月燈六十四卷 （明）呂維祺著 （明）呂維祮詮 清刻本 一冊 存五卷（一至五）

410000－2294－0000456 100/3

周東山先生五經解十卷 （清）周封魯輯 清道光二十七年(1847)刻本 十冊

410000－2294－0000457 110/22

說文發疑六卷 （清）張行孚撰 清光緒十年(1884)常熟鮑氏後知不足齋刻後知不足齋叢書本 三冊

410000－2294－0000458 208/7

古今史論觀海四編九十卷 題（清）恥不逮齋主人編輯 清光緒二十八年(1902)上海鴻文書局石印本 二十二冊 存六十六卷（甲三至二十二，乙二至六、十至二十，丙一至九、十四至十七、二十三至二十六，丁一、五至十六）

410000－2294－0000459 311/13

日知錄之餘四卷 （清）顧炎武撰 清宣統刻
本 二冊

410000－2294－0000460 402.3/10

劍南詩鈔六卷 （宋）陸游撰 清刻本 六冊

410000－2294－0000461 215.1/20

泊如齋重修宣和博古圖錄三十卷 （宋）王黼
等撰 明萬曆刻本 二十冊

410000－2294－0000462 110/37

康熙字典十二集三十六卷總目一卷檢字一卷
辨似一卷等韻一卷補遺一卷備考一卷 （清）
張玉書等撰 清康熙五十五年(1716)刻本
四十冊

410000－2294－0000463 502/74

說鈴 （清）吳震方輯 清康熙四十一年
(1702)刻五十一年(1712)續刻本 十冊 存
二十九種三十六卷

410000－2294－0000464 501/8

宋人百家小說一百四十三帙 （明）□□輯
清刻本 八冊 存一百八帙(二至四、六至二
十、三十九至五十七、六十二至六十五、六十
七至六十八、七十至七十四、七十六至八十
八、九十至九十一、九十三至一百十、一百十
五至一百四十一)

410000－2294－0000465 502/44

雅雨堂藏書十二種 （清）盧見曾輯 清乾隆
二十一年(1756)德州盧氏刻本 十二冊 存
五種六十九卷

410000－2294－0000466 215.2/7

三古圖 （清）黃晟輯 明萬曆吳萬化刻清乾
隆十八年(1753)天都黃晟槐蔭艸堂重編補修
本 十二冊 存二種十二卷

410000－2294－0000467 402.7/18

有正味齋詩集十六卷詞集八卷駢體文二十四
卷外集五卷 （清）吳錫麒撰 清刻本 十
二冊

410000－2294－0000468 402.7/32

410000－2294－0000468 209/13

湯子遺書十四卷 （清）湯斌撰 清乾隆二十
九年(1764)樹德堂刻本 十四冊

410000－2294－0000469 209/13

增廣尚友錄統編二十二卷 應祖錫撰 清末
石印本 十一冊 存二十卷(三至二十二)

410000－2294－0000470 210/23

皇朝經世文編一百二十卷姓名總目二卷
（清）賀長齡輯 清光緒二十二年(1896)掃葉
山房鉛印本 二十四冊

410000－2294－0000471 402.7/33

三元秘授六卷 （明）張溥輯 清道光十九年
(1839)刻三色套印刻本 八冊

410000－2294－0000472 209/15

史記一百三十卷首一卷 （漢）司馬遷撰
（明）徐孚遠 （明）陳子龍批點 清綠蔭堂刻
本 六冊 存十五卷(一至十四、首一卷)

410000－2294－0000473 103/21

詩經體註大全合參八卷 （清）高朝瓔定
（清）沈世楷輯 清成文堂刻本 四冊

410000－2294－0000474 402.7/34

胡文忠公遺集八十六卷首一卷 （清）胡林翼
撰 （清）曾國荃輯 （清）胡鳳丹重編 清光
緒二十七年(1901)上海圖書集成印書局鉛印
本 八冊 缺六卷(一至五、首一卷)

410000－2294－0000475 104.1/3

周禮十二卷 （清）鄭玄注 （唐）陸德明音義
清刻本 三冊 存五卷(三、五至六、十一
至十二)

410000－2294－0000476 106.2/1

春秋公羊傳十一卷 （漢）何休學 （唐）陸德
明音義 清刻本 三冊 存八卷(四至十一)

410000－2294－0000477 103/25.1

欽定詩經傳說彙纂二十一卷首二卷詩序二卷
（清）王鴻緒等纂 清雍正五年(1727)刻本
十二冊 存十二卷(一至四、十八至二十
一,首二卷,詩序二卷)

410000－2294－0000478 302/25

古今紀要十九卷　（宋）黃震編輯　清刻本
五冊　存十六卷（四至十九）

410000－2294－0000479　104.1/4

周禮折衷六卷　（漢）鄭玄注　（唐）賈逵疏
（清）胡興栓重訂　清同治五年（1866）尚德堂
刻本　六冊

410000－2294－0000480　104.3/9

禮記合纂大成十卷　（清）□□輯　清末石印
五經合纂大成本　五冊　缺二卷（四至五）

410000－2294－0000481　502/59.1

湯文正公全集　（清）湯斌撰　清同治九年
（1870）蘇廷魁等刻本　十七冊

410000－2294－0000482　502/59.3

湯文正公全集　（清）湯斌撰　清同治九年
（1870）蘇廷魁等刻本　八冊　存二種十一卷

410000－2294－0000483　108/26

四書典林三十卷　（清）江永編　（清）汪基參
定　清雍正十三年（1735）刻本　八冊　存十
四卷（一至十四）

410000－2294－0000484　103/11

欽定書經傳說彙纂二十一卷首二卷書序一卷
（清）王頊齡等纂　清刻本　十冊　存二十
卷（三至二十一、書序一卷）

410000－2294－0000485　214.2/8

說嵩三十二卷　（清）景日昣撰　清康熙五十
五年（1716）刻本　十冊

410000－2294－0000486　103/22

詩經精義彙鈔四卷首一卷　（清）□□撰　清
刻本　八冊

410000－2294－0000487　108/28

四書講義困勉錄三十七卷　（清）陸隴其纂輯
（清）陸公鏐編次　清刻本　十六冊　存三
十四卷（大學一卷，中庸二卷，論語一至十七，
孟子十四卷）

410000－2294－0000488　207/4

王先生十七史蒙求十六卷　（宋）王令撰　清
道光二十九年（1849）養志堂刻本　四冊

410000－2294－0000489　215.2/8

攀古廎彝器欵識不分卷　（清）潘祖蔭輯　清
同治十一年（1872）潘氏滂喜齋寫刻本　二冊

410000－2294－0000490　214.9/2

水經註釋四十卷首一卷附錄二卷水經注箋刊
誤十二卷　（清）趙一清錄　清刻本　六冊
存十六卷（三十一至四十、附錄二卷、刊誤一
至四）

410000－2294－0000491　108/29

大學講義續困勉錄六卷　（清）陸隴其纂輯
清宣統刻本　四冊

410000－2294－0000492　501/9

格致鏡原一百卷　（清）陳元龍撰　清乾隆四
十二年（1777）刻本　二十四冊

410000－2294－0000493　104.3/10

禮記十卷　（元）陳澔集說　清光緒八年
（1882）刻本　十冊

410000－2294－0000494　302/26

弟子箴言二卷　（清）胡達源撰　清刻本
二冊

410000－2294－0000495　104.1/5

周禮精華六卷首一卷　（清）陳龍標編輯　清
嘉慶十一年（1806）古香閣魏氏刻本　四冊

410000－2294－0000496　502/9

二十四史　清同治、光緒間五省官書局合刻
光緒五年（1879）湖北書局彙印本　二百四十
八冊　存五種一千二百二卷

410000－2294－0000497　110/47

字學舉隅不分卷　（清）龍啟瑞撰　清道光二
十年（1840）刻本　一冊

410000－2294－0000498　109/6

五經類編二十八卷　（清）周世樟編　清穀詒
堂刻本　九冊　存二十六卷（一至二十六）

410000－2294－0000499　209/16

史記一百三十卷　（漢）司馬遷撰　（明）徐孚
遠　（明）陳子龍議　清道光十四年（1834）刻
本　三十二冊

410000－2294－0000500　210/4

廣治平略三十六卷續八卷　（清）蔡方炳纂
清刻本　十册

410000－2294－0000501　408/7

[西王母諸篇]十二卷　清刻本　十二册

410000－2294－0000502　209/17

史記一百三十卷　（漢）司馬遷撰　（南朝宋）
裴駰集解　清刻十七史本　十册

410000－2294－0000503　210/3

大清律例刑案彙纂集成四十卷督捕則例附纂
二卷　（清）姚雨薌（姚潤）纂輯　（清）胡仰
山（胡煕）增修　清同治四年(1865)刻本　二
十四册

410000－2294－0000504　110/35

康煕字典十二集三十六卷總目一卷檢字一卷
辨似一卷等韻一卷補遺一卷備考一卷　（清）
張玉書等纂　清康煕刻本　四十册

410000－2294－0000505　110/38

康煕字典十二集三十六卷總目一卷檢字一卷
辨似一卷等韻一卷補遺一卷備考一卷　（清）
張玉書等纂　清刻本　二十册　存二十卷
（寅下、卯至申、酉上）

410000－2294－0000506　110/38.1

康煕字典十二集三十六卷總目一卷檢字一卷
辨似一卷等韻一卷補遺一卷備考一卷　（清）
張玉書等纂　清康煕五十五年(1716)内府刻
本　四十册

410000－2294－0000507　110/39

康煕字典十二集三十六卷總目一卷檢字一卷
辨似一卷等韻一卷補遺一卷備考一卷　（清）
張玉書等纂　清末石印本　一册　存六卷
（十六至二十一）

410000－2294－0000508　106.1/9

曲江書屋新訂批註左傳快讀十八卷首一卷
(清)李紹崧選訂　清刻本　十四册　存十六
卷(二至十、十二至十八)

410000－2294－0000509　502/46

士禮居黄氏叢書十九種附四種　（清）黄丕烈
輯　清光緒十三年(1887)上海蜚英館影印本
二十九册　存二十种一百九十四卷

410000－2294－0000510　214.1/5

天下郡國利病書一百二十卷　（清）顧炎武輯
清敷文閣刻本　七十一册

410000－2294－0000511　106.1/10

欽定春秋左傳讀本三十卷　（清）英和輯　清
光緒八年(1882)刻本　十六册

410000－2294－0000512　202/14

鼎鍥趙田了凡袁先生編纂古本歷史大方綱鑑
補三十九卷首一卷　（明）袁黄編纂　清光緒
三十年(1904)維新書局刻本　三十五册

410000－2294－0000513　215.1/12

重修宣和博古圖錄三十卷　（宋）王黼等撰
清刻本　十二册　存十七卷(一至五、八至
十、十三至十五、二十至二十一、二十四至二
十五、二十七至二十八)

410000－2294－0000514　502/64

兩漢金石記二十二卷　（清）翁方綱撰　清乾
隆五十四年(1789)南昌使院刻本　八册

410000－2294－0000515　501/37

亭林遺書　（清）顧炎武撰　清刻本　八册

410000－2294－0000516　215.1/9

西清續鑑甲編二十卷附錄一卷　（清）王傑等
編　清宣統二年(1910)涵芬樓影印本　四十
二册

410000－2294－0000517　215.4/1

古玉圖考不分卷　（清）吳大澂撰　清光緒十
五年(1889)上海同文書局石印本　二册

410000－2294－0000518　215.1/10

西清續鑑甲編二十卷附錄一卷　（清）王傑等
編　清宣統二年(1910)涵芬樓影印本　二十
五册

410000－2294－0000519　103/23

欽定詩經傳說彙纂二十一卷首二卷詩序二卷
（清）王鴻緒等纂　清雍正五年(1727)刻本

二十一冊　存二十三卷(一至十、十三至二十一,首二卷,詩序二卷)

410000－2294－0000520　214.1/6
讀史方輿紀要一百三十卷輿圖要覽四卷
(清)顧祖禹輯著　(清)彭元瑞校定　清光緒五年(1879)敷文閣刻本　八十冊

410000－2294－0000521　403/62
元文類七十卷目錄三卷　(元)蘇天爵編　清刻本　九冊　存二十六卷(三至六、十二至十四、十九至二十三、三十四至四十一、五十三至五十八)

410000－2294－0000522　103/24
欽定書經傳說彙纂二十一卷首二卷書序一卷　(清)王頊齡等纂　清刻本　六冊　存十二卷(十至二十一)

410000－2294－0000523　404/6
御選唐宋文醇五十八卷　(清)高宗弘曆選　清乾隆三年(1738)刻三色套印本　十五冊　缺十四卷(二至三、七至十五、五十六至五十八)

410000－2294－0000524　404/7
御選唐宋文醇五十八卷　(清)高宗弘曆選　清刻本　二十冊

410000－2294－0000525　214.9/5
觀海堂地理書目四十七種　楊守敬編繪　清光緒三十二年至宣統三年(1906－1911)楊氏觀海堂刻朱墨套印本　四十一冊　缺一種(水經注註書)

410000－2294－0000526　216/10
直齋書錄解題二十二卷　(宋)陳振孫撰　清光緒九年(1883)江蘇書局刻本　六冊

410000－2294－0000527　501/10
事類賦三十卷　(宋)吳淑撰注　清刻本　八冊

410000－2294－0000528　402.3/11
劍南詩稿八十五卷　(宋)陸游撰　清刻本　十四冊

410000－2294－0000529　110/40

音韻日月燈六十卷首一卷　(明)呂維祺著　(明)呂維祮詮　清刻本　二十二冊

410000－2294－0000530　101/8.1
御纂周易折中二十二卷首一卷　(清)李光地等撰　清康熙五十四年(1715)刻本　十冊

410000－2294－0000531　402.6/8
天目山齋歲編二十八卷　(明)吳維嶽撰　明嘉靖四十三年(1564)刻本　二冊

410000－2294－0000532　106.4/3
春秋四傳三十八卷綱領一卷提要一卷東坡圖說一卷春秋二十國年表一卷諸國興廢說一卷　明陳允升刻本　十四冊

410000－2294－0000533　201/3
周書五十卷　(唐)令狐德棻等撰　明崇禎五年(1632)琴川毛氏汲古閣刻十七史本　六冊

410000－2294－0000534　310/15
瘟疫論補註二卷　(清)吳有性著　(清)鄭重光補註　清光緒三十三年(1907)上海校經山房石印本　一冊

410000－2294－0000535　106.1/11
春秋左傳三十卷首一卷　(晉)杜預注　(宋)林堯叟附注　(唐)陸德明音義　(清)馮李驊集解　清光緒十二年(1886)湖北官書處刻本　十二冊

410000－2294－0000536　403/49
古文雅正十四卷　(清)蔡世遠選評　清雍正三年(1725)刻本　四冊

410000－2294－0000537　106.1/18
春秋三十卷　(宋)胡安國傳　清刻本　三冊　存二十二卷(一至七、十六至三十)

410000－2294－0000538　403/27
宋景濂先生文選七卷　(明)宋濂撰　(清)李祖陶評選　清道光二十五年(1845)廬陵李汝霖刻本　二冊

410000－2294－0000539　403/50
文選旁證四十六卷　(清)梁章鉅撰　清刻本　八冊　存三十卷(十三至四十二)

410000－2294－0000540　108/15

增刪四書朱子大全精言四十一卷　（清）周大璋重訂　清乾隆三年(1738)刻本　二十三冊　存二十一卷(大學三卷、中庸二至三、論語一至二、孟子十四卷)

410000－2294－0000541　206/1

歷代史表五十九卷　（清）萬斯同撰　清嘉慶七年(1802)刻本　六冊

410000－2294－0000542　203/1

聖武記十四卷　（清）魏源撰　清道光二十二年(1842)刻本　十二冊

410000－2294－0000543　215.1/11

東書堂重修宣和博古圖錄三十卷　（宋）王黼等撰　明萬曆刻清乾隆十七年(1752)天都黃晟重修本　三十六冊

410000－2294－0000544　501/15

格致鏡原一百卷　（清）陳元龍撰　清刻本　十六冊　存六十四卷(二十八至五十三、五十九至九十六)

410000－2294－0000545　214.2/11

[乾隆]河南府志一百十六卷首四卷　（清）施誠修　（清）童鈺等纂　清乾隆四十四年(1779)刻同治六年(1867)補修本　二十三冊　缺三卷(九十至九十二)

410000－2294－0000546　502/72

國朝文錄　（清）李祖陶輯　清道光十九年(1839)瑞州府鳳儀書院刻本　四十冊　存六十八種一百十一卷

410000－2294－0000547　501/29

新增說文韻府群玉二十卷　（元）陰時夫編輯　（元）陰中夫編註　（明）王元貞校正　明萬曆十八年(1590)刻本　十八冊　缺一卷(二)

410000－2294－0000548　601/29

原富五部　（英國）斯密亞丹著　嚴復譯　清光緒二十七年(1901)南陽公學譯書院鉛印本　八冊

410000－2294－0000549　201/9

史記一百三十卷　（漢）司馬遷撰　（南朝宋）裴駰集解　（唐）司馬貞索隱　（唐）張守節正義　（明）陳仁錫評　明末古吳懷德堂刻清重修本　二十冊　存六十七卷(一至十八、四十七至九十五)

410000－2294－0000550　402.7/35

國朝詩選十四卷　（清）彭廷梅選　清乾隆十四年(1749)金陵書坊刻本　十二冊

410000－2294－0000551　202/19

東華錄詳節二十四卷(天命朝至同治朝)　鄔樹庭編　清光緒二十六年(1900)上海東文學堂石印本　十六冊

410000－2294－0000552　215.1/25

金石萃編校字記一卷　羅振玉撰　清刻本　一冊

410000－2294－0000553　202/22

資治通鑑綱目前編二十五卷　（明）南軒撰　（明）陳仁錫評　**資治通鑑綱目五十九卷**　(宋)朱熹撰　（明）陳仁錫評　**續資治通鑑綱目二十七卷**　（明）商輅等撰　（明）陳仁錫評　清康熙四十年(1701)王公行刻本　八十五冊　存九十二卷(前編二十五卷;正編首一卷,一至十九、二十三至三十六、四十四至五十;續編二十七卷)

410000－2294－0000554　403/51.1

經藝選腴不分卷　題(清)浣溪主人輯　清咸豐八年(1858)浣溪草舍刻本　六冊

410000－2294－0000555　403/51.2

經藝選腴不分卷　題(清)浣溪主人輯　清同治十二年(1873)浣溪草舍刻本　六冊

410000－2294－0000556　104.3/11

朱子家禮十卷首一卷　（明）丘濬輯　清嘉慶十四年(1809)麟經閣刻本　七冊　存九卷(一至八、首一卷)

410000－2294－0000557　201/10

文獻通考輯要二十四卷　湯壽潛輯　清光緒二十五年(1899)上海圖書集成局鉛印本　十冊

410000 – 2294 – 0000558　312/9

數學上編十三卷答數一卷　曹汝英著　清光緒二十九年(1903)刻本　一冊　存四卷(一至四)

410000 – 2294 – 0000559　502/59.2

湯文正公全集　(清)湯斌撰　清同治九年(1870)蘇廷魁等刻本　十五冊　存三種二十二卷

410000 – 2294 – 0000560　403/54

文選六十卷　(南朝梁)蕭統選　**考異十卷**　(清)胡克家撰　清同治八年(1869)崇文書局刻本　十一冊　存二十九卷(三十九至五十七、考異十卷)

410000 – 2294 – 0000561　215.6/6

古泉彙首集四卷元集十四卷亨集十四卷利集十八卷貞集十四卷　(清)李佐賢撰　清刻本　十冊　存二十八卷(元集十四卷,亨集十四卷)

410000 – 2294 – 0000562　202/23

御撰資治通鑑綱目三編二十卷　(清)張廷玉等纂　清乾隆十一年(1746)刻本　七冊

410000 – 2294 – 0000563　502/48

九經　(明)秦鑌訂正　明崇禎十三年(1640)錫山秦氏求古齋刻清心逸齋重修本　十三冊　存六種四十卷

410000 – 2294 – 0000564　210/22

皇朝經世文編一百二十卷姓名總目二卷　(清)賀長齡輯　清道光七年(1872)刻本　六十九冊　存一百六卷(一至十、二十二至四十二、四十八至一百二十,姓名總目二卷)

410000 – 2294 – 0000565　313.5/3

楹聯集錦八卷　(清)胡鳳丹輯　清光緒五年(1879)刻本　二冊

410000 – 2294 – 0000566　102/9

書經六卷　(宋)蔡沈集傳　清崇文堂刻本　四冊

410000 – 2294 – 0000567　502/75

宋詩鈔初集　(清)吳之振等選　清康熙十年(1671)吳氏鑑古堂刻本　十六冊

410000 – 2294 – 0000568　106.1/17

春秋左傳杜注三十卷首一卷　(清)姚培謙學　清刻本　六冊　存十六卷(十五至三十)

410000 – 2294 – 0000569　403/51

經藝選腴不分卷　題(清)浣溪主人輯　清咸豐十一年(1861)浣溪草舍刻本　六冊

410000 – 2294 – 0000570　201/11

唐書二百二十五卷　(宋)歐陽修等撰　明崇禎二年(1629)琴川毛氏汲古閣刻清順治五年(1648)補修本　四十冊

410000 – 2294 – 0000571　106.1/12

讀左補義五十卷首二卷　(清)姜炳璋輯　(清)毛昇增条　清光緒二十七年(1901)刻本　十六冊

410000 – 2294 – 0000572　502/26

槐廬叢書　(清)朱記榮輯　清光緒吳縣朱氏槐廬家塾刻本　三十六冊　存二十八種一百二十一卷

410000 – 2294 – 0000573　403/52

闕里孔氏詩鈔十四卷　(清)孔憲彝纂輯　(清)盛大士選訂　清道光二十一年(1841)刻本　四冊

410000 – 2294 – 0000574　213/1

養餘月令三十卷　(明)戴羲輯　清刻本　八冊

410000 – 2294 – 0000575　502/63

三怡堂叢書　張鳳臺輯　清光緒至民國間河南官書局刻本　九冊　存二種二十七卷

410000 – 2294 – 0000576　316/2

靈山大路二卷　題(清)了塵子撰　清光緒三十三年(1907)刻本　一冊

410000 – 2294 – 0000577　214.2/13

[乾隆]重修洛陽縣志二十四卷圖考一卷　(清)龔崧林修　(清)汪堅纂　清乾隆十年

(1745)刻本　十八冊

410000－2294－0000578　209/19

歷代名臣言行錄二十四卷　（清）朱桓編輯
（清）潘永季校訂　（清）許時庚重校　清光緒
十七年(1891)上海廣百宋齋鉛印本　十二冊

410000－2294－0000579　403/46

鐵畫樓駢文鈔一卷　（清）張蔭桓著　清光緒
二十三年(1897)刻本　一冊

410000－2294－0000580　210/6

三通考輯要二十六卷　湯壽潛輯　清末石印
本　十冊

410000－2294－0000581　502/50

五唐人集　（明）毛晉輯　明崇禎海虞毛氏汲
古閣刻本　三冊　存三種二十二卷

410000－2294－0000582　502/51

韓內翰別集一卷補遺一卷　（唐）韓偓撰　明
崇禎海虞毛氏汲古閣刻唐人六集本　一冊

410000－2294－0000583　214.2/21

[嘉慶]洛陽縣志六十卷　（清）魏襄修
（清）陸繼輅撰　清嘉慶十八年(1813)刻本
十五冊　存五十五卷(六至六十)

410000－2294－0000584　502/74.1

說鈴　（清）吳震方輯　清康熙四十一年
(1702)刻五十一年(1712)續刻本　三冊　存
八種十卷

410000－2294－0000585　402.3/14

宋邵康節先生伊川擊壤集十卷　（宋）邵雍撰
（明）吳瀚摘注　（明）吳泰增注　清康熙八
年(1669)刻本　六冊

410000－2294－0000586　106.1/19

春秋經傳集解三十卷首一卷　（晉）杜預注
清刻本　七冊　存十四卷(三至五、八至九、
二十二至二十七、三十、三十八至三十九)

410000－2294－0000587　106.1/20

春秋左傳五十卷　（晉）杜預　（宋）林堯叟注
釋　清刻本　一冊　存三卷(二十四至二十
六)

410000－2294－0000588　202/15

尺木堂綱鑑易知錄九十二卷　（清）吳乘權
等輯　清光緒二十七年(1901)上海商務印
書館鉛印本　七冊　存四十六卷(一至四、
十二至十八、二十六至五十三、八十六至九
十二)

410000－2294－0000589　214.2/22

[嘉慶]洛陽縣志六十卷　（清）魏襄修
（清）陸繼輅纂　清刻本　六冊　存三十四卷
(六至十、十六至三十二、四十六至五十七)

410000－2294－0000590　402.7/37

海峰文集八卷詩集十一卷　（清）劉大櫆著
清刻本　八冊　缺三卷(文集一至三)

410000－2294－0000591　311/19

格言聯璧不分卷　（清）金纓輯　清光緒六年
(1880)刻本　一冊

410000－2294－0000592　214.2/36

[道光]汝州全志十卷首一卷　（清）白明義修
（清）趙林成纂　清道光二十年(1840)刻本
十冊

410000－2294－0000593　201/2

史記一百三十卷首一卷　（漢）司馬遷撰　清
道光十四年(1834)三元堂刻本　十一冊　存
四十五卷(一、六至三十三、九十六至一百十,
首一卷)

410000－2294－0000594　502/52

金元明八大家文選　（清）李祖陶輯　清道光
二十五年(1845)刻本　十四冊　存六種三十
八卷

410000－2294－0000595　501/13

格致鏡原一百卷　（清）陳元龍撰　清雍正十
三年(1735)刻本　二十三冊　缺二十八卷
(二十五至二十七、七十六至一百)

410000－2294－0000596　215.1/15

金石萃編一百六十卷　（清）王昶編　清嘉慶
十年(1805)刻本　六十四冊

410000－2294－0000597　106.1/21

春秋旁訓辨體合訂四卷　（清）徐立綱輯　清孝思堂刻本　一冊　存二卷（一至二）

410000－2294－0000598　110/41

說文解字義證五十卷　（清）桂馥學　清同治九年（1870）湖北崇文書局刻本　十四冊　存十九卷（一至四、六至十三、十五至二十一）

410000－2294－0000599　108/35

孟子七卷　（宋）朱熹集註　清刻本　三冊

410000－2294－0000600　502/57

三賢政書　（清）吳元炳輯　清光緒五年（1879）鉛印本　八冊　存二種十卷

410000－2294－0000601　402.6/10

馮少墟集二十二卷續集五卷　（明）馮從吾撰　清光緒二十二年（1896）刻本　十八冊　缺二卷（續集一、五）

410000－2294－0000602　210/18

廿二史攷異一百卷　（清）錢大昕學　清刻本　十七冊　存五十七卷（二十至七十二、八十九至九十二）

410000－2294－0000603　202/20

重訂王鳳洲先生綱鑑會纂四十六卷續宋元二十三卷　（明）王世貞輯　清善成堂刻本　二十五冊　存三十八卷（一至三十八）

410000－2294－0000604　209/20

吳郡名賢圖傳讚二十卷　（清）顧沅輯　（清）孔繼堯繪　清道光九年（1829）長洲顧氏刻本　十二冊

410000－2294－0000605　202/25

資治通鑑綱目前編二十五卷　（明）南軒撰　（明）陳仁錫評　資治通鑑綱目五十九卷首一卷　（宋）朱熹撰　（明）陳仁錫評　續資治通鑑綱目二十七卷末一卷　（明）商輅等撰　（明）陳仁錫評　清嘉慶八年（1803）敬書堂刻本　九十三冊　存七十四卷（前編一至十四、二十至二十二；正編一至五、十二至十四、十九至四十四、四十八至五十、五十六至五十九，首一卷；續編一至四、十四至十八、二十三至二十七，末一卷）

洪氏晦木齋叢書　（清）洪汝奎輯　清同治至宣統間刻本　八冊　存二種四十八卷

410000－2294－0000607　214.1/10

太平寰宇記二百卷目錄二卷補闕一卷紀元表一卷　（宋）樂史撰　清乾隆五十八年（1793）刻本　五十六冊

410000－2294－0000608　201/4

前漢書一百卷　（漢）班固撰　（唐）顏師古注　清末石印本　十一冊　存八十八卷（十三至一百）

410000－2294－0000609　502/61

金石三例　（清）盧見曾輯　清光緒四年（1878）南海馮氏讀有用書齋刻十八年（1892）吳縣朱氏彙印金石全例本　四冊

410000－2294－0000610　502/2

祕書廿一種　（清）汪士漢輯　明刻清康熙七年（1668）新安汪氏重編印本　二十冊

410000－2294－0000611　210/24

皇朝經世文新增續編一百二十卷時務續編四十卷洋務八卷　（清）葛士濬輯　清光緒二十三年（1897）上海掃葉山房鉛印本　二十一冊　存一百三十卷（續編一至四、八至八十五，時務續編四十卷，洋務八卷）

410000－2294－0000612　502/60

金石全例　（清）朱記榮輯　清光緒十八年（1892）吳縣朱氏彙印本　八冊　存二種二十五卷

410000－2294－0000613　104.1/7

儀禮十七卷　（漢）鄭玄注　（清）張爾岐句讀　清刻本　二冊　存五卷（五至六、九至十一）

410000－2294－0000614　106.1/13

春秋大事表五十卷首一卷輿圖一卷附錄一卷　（清）顧棟高輯　清光緒十四年（1888）陝西求友齋刻本　二十四冊

410000－2294－0000615　403/47

續古文辭類纂二十八卷 （清）黎庶昌撰 清刻本 十冊 存二十三卷（四至十八、二十一至二十八）

410000－2294－0000616 501/14

佩文韻府一百六卷韻府拾遺一百六卷 （清）張玉書等彙閱 （清）蔡升元等纂修 清康熙五十年（1711）刻本 一百十五冊

410000－2294－0000617 403/53

文選六十卷 （南朝梁）蕭統選 （唐）李善注 考異十卷 （清）胡克家撰 清同治八年（1869）刻本 二十四冊

410000－2294－0000618 402.6/11

楊忠愍公全集四卷 （明）楊繼盛撰 清光緒十九年（1893）刻本 四冊

410000－2294－0000619 201/16

五代史七十四卷 （宋）歐陽修撰 （宋）徐無黨注 清刻本 五冊 存六十二卷（十三至七十四）

410000－2294－0000620 403/55

文選六十卷 （南朝梁）蕭統選 （唐）李善注 （清）何焯評 清羊城翰墨園刻朱墨套印本 六冊 存二十卷（二十九至四十一、四十五至五十一）

410000－2294－0000621 215.1/24

金石索十二卷首一卷 （清）馮雲鵬 （清）馮雲鵷輯 清道光元年（1821）刻本 十二冊

410000－2294－0000622 502/7

呂新吾全集 （明）呂坤著 明萬曆刻清同治、光緒間修補印本 九冊 存十二種二十九卷

410000－2294－0000623 214.2/26

[乾隆]湯陰縣志十卷 （清）楊世達纂修 清乾隆三年（1738）刻本 四冊

410000－2294－0000624 202/28

資治通鑑二百九十四卷 （宋）司馬光編集 （元）胡三省音註 通鑑釋文辯誤十二卷 （元）胡三省撰 清同治十年（1871）湖北崇文書局刻本 一百四冊

410000－2294－0000625 202/29

御撰資治通鑑綱目三編二十卷 （清）張廷玉等纂 清光緒三十年（1904）維新書局刻本 四冊

410000－2294－0000626 302/28

慈溪黃氏日抄分類九十七卷 （宋）黃震編輯 清乾隆三十二年（1767）珠樹堂刻本 二十冊 存七十七卷（一至七十七）

410000－2294－0000627 402.2/9

王右丞集二十八卷首一卷末一卷 （唐）王維撰 （清）趙殿成輯錄 清刻本 十冊

410000－2294－0000628 110/42

隸篇十五卷續十五卷再續十五卷 （清）翟雲升撰 清道光十七年至十八年（1837－1838）刻本 十冊

410000－2294－0000629 402.3/12

東坡先生全集錄九卷 （宋）蘇軾撰 清康熙松麟堂刻本 五冊 存七卷（三至九）

410000－2294－0000630 214.1/11

大清一統志表不分卷 （清）陳蘭森輯 清刻本 八冊

410000－2294－0000631 210/1

皇朝文獻通考輯要二十六卷 湯壽潛輯 清通雅堂刻本 十冊

410000－2294－0000632 106.1/14

春秋左傳五十卷 （晉）杜預 （宋）林堯叟注釋 清刻本 八冊 存二十四卷（二十七至五十）

410000－2294－0000633 110/44

隸辨八卷 （清）顧藹吉撰 清刻本 四冊 存四卷（五至八）

410000－2294－0000634 502/15

授堂遺書 （清）武億撰 清道光二十三年（1843）偃師武氏刻本 十二冊 存六種五十七卷

410000－2294－0000635 215.7/1

269

匋齋藏印四集 （□）□□撰 清末石印本 十六冊

410000－2294－0000636 402.7/29

邁堂文略四卷 （清）李祖陶撰 清同治七年（1868）敖陽尚友樓刻本 二冊

410000－2294－0000637 202/33

綱鑑會纂三十九卷首一卷 （明）王世貞編 清末石印本 十一冊 存三十七卷（三至三十九）

410000－2294－0000638 104.3/12

禮記約編十卷 （清）汪基鈔撰 （清）江永校纂 清光緒十九年（1893）梓衡堂刻本 四冊

410000－2294－0000639 502/66

蘇齋叢書 （清）翁方綱撰 清乾隆、嘉慶間刻本 八冊 存二種二十三卷

410000－2294－0000640 202/34

御撰資治通鑑綱目三編二十卷 （清）張廷玉等纂 清乾隆十一年（1746）刻本 四冊

410000－2294－0000641 104.1/6

周禮六卷 （漢）鄭康成（鄭玄）注 （唐）陸德明音義 清李光明莊刻本 六冊

410000－2294－0000642 313.2/15

芥子園畫傳初集六卷二集九卷三集六卷 （清）王概摹並輯 清光緒十三年（1887）文新書局石印本 十冊 存十八卷（初集一至三、五至六,二集九卷,三集一至三、六）

410000－2294－0000643 502/68

子書百家 （清）崇文書局輯 清光緒元年（1875）湖北崇文書局刻本 八冊 存三種四十卷

410000－2294－0000644 502/20

行素草堂金石叢書十九種 （清）朱記榮輯 清光緒吳縣朱氏刻十四年（1888）彙印本 二十八冊 存十四種九十六卷

410000－2294－0000645 313.3/5

春草堂琴譜六卷首一卷 （清）曹尚絅等輯 清乾隆九年（1744）刻本 六冊

410000－2294－0000646 216/4

欽定四庫全書總目提要二百卷首一卷 （清）紀昀等纂 清宣統二年（1910）存古坴石印本 三十二冊 存一百六十卷（一至一百五十九、首一卷）

410000－2294－0000647 502/67

皕宋樓藏書志一百二十卷續志四卷 （清）陸心源編 清光緒八年（1882）歸安陸氏十萬卷樓刻潛園總集本 二十三冊 存一百八卷（四至十五、二十五至一百二十）

410000－2294－0000648 402.7/40

二曲集四十六卷 （清）李顒著 清光緒三年（1877）信述堂刻本 十六冊

410000－2294－0000649 215.1/23

奇觚室吉金文述二十卷 （清）劉心源撰 清光緒二十八年（1902）影印本 十冊

410000－2294－0000650 110/49

龍文鞭影二卷二集二卷 （明）蕭良有著 （清）楊臣諍增訂 （清）李輝吉 （清）徐瓚輯 清道光十年（1830）刻本 二冊

410000－2294－0000651 209/14

歷仕錄不分卷 （明）王之垣撰 清康熙王氏家塾刻本 一冊

410000－2294－0000652 310/16

增補珍珠囊指掌補遺藥性賦四卷 （金）李杲編輯 雷公炮製藥性解六卷 （明）李中梓編輯 清刻本 四冊

410000－2294－0000653 210/9

□□成案不分卷 （清）□□撰 清嘉慶抄本 八冊

410000－2294－0000654 316/3

安士全書 （清）周夢顏彙輯 清刻本 四冊 存三種九卷

410000－2294－0000655 402.7/42

有正味齋詩集十六卷詩續集八卷駢體文集二十四卷駢體文續集八卷詞集八卷詞續集八卷外集五卷續集二卷 （清）吳錫麒撰 清刻本

八册　存二十卷(詩續集八卷、駢體文續集八卷、詞續集一至二、外集一至二)

410000－2294－0000656　310/17

御纂醫宗金鑑九十卷　(清)吳謙等編纂　清刻本　七册　存三十八卷(外科十一至十六,內科四至二十、二十四至三十八)

410000－2294－0000657　202/31

袁王綱鑑合編三十九卷首一卷　(明)袁黄輯　(明)王世貞編纂　**御撰明紀綱目二十卷**　(清)張廷玉等纂　清光緒三十年(1904)上海商務印書館鉛印本　十二册　存四十二卷(一、八至三十三、三十七至三十九,首一卷;明紀綱目十至二十)

410000－2294－0000658　101/8

御纂周易折中二十二卷首一卷　(清)李光地等纂　清刻本　十册　存十三卷(十至二十二)

410000－2294－0000659　403/58

經藝宏括不分卷　(清)同文書局編譯所編　清末石印本　八册　存八卷(春秋一至二、書經一至三、禮記一至三)

410000－2294－0000660　201/18

廿二史攷異一百卷　(清)錢大昕學　清刻本　十七册　存二十九卷(四十八至七十二、八十九至九十二)

410000－2294－0000661　209/21

半窻史畧四十二卷　(清)龍體剛纂輯　清雍正四年(1726)刻本　十六册　存四十一卷(二至四十二)

410000－2294－0000662　215.1/21

金石文鈔八卷附刻金薤琳琅原碑目一卷　(清)趙紹祖輯　清咸豐十年(1860)刻本　十册

410000－2294－0000663　210/10

地方自治講義不分卷　胡敘疇輯　清末鉛印本　十二册

410000－2294－0000664　106.1/15

春秋經傳集解三十卷首一卷　(晉)杜預注　(唐)陸德明音釋　清掃葉山房刻本　五册　存九卷(十六至二十一、二十八至三十)

410000－2294－0000665　209/22

國朝書畫家筆錄四卷　竇鎮輯　清宣統三年(1911)文學山房木活字印本　八册

410000－2294－0000666　108/37

四書人物類典串珠四十卷　(清)臧志仁編輯　清刻本　四册　存二十二卷(十九至四十)

410000－2294－0000667　209/23

閑邪公家傳不分卷　(元)周馳撰　(元)趙孟頫書　清末石印本　一册

410000－2294－0000668　108/39

四書朱子大全精言四十一卷　(清)周大璋編輯　清寶旭齋刻本　八册　存三十二卷(中庸四卷、論語二十卷、孟子五至十二)

410000－2294－0000669　202/32

大文堂綱鑑易知錄九十二卷　(清)吳乘權等輯　清康熙五十年(1711)善成堂刻本　三十九册　存八十八卷(一至四十三、四十六至六十七、七十至九十二)

410000－2294－0000670　206/2.1

紀元編三卷末一卷　(清)李兆洛撰　(清)六承如訂　清同治十年(1871)合肥李氏刻本　一册

410000－2294－0000671　206/2

紀元編三卷末一卷　(清)李兆洛撰　(清)六承如訂　清同治十年(1871)合肥李氏刻本　一册

410000－2294－0000672　106.1/16

左傳易讀六卷　(清)司徒修輯　清光緒十九年(1893)成文堂刻本　六册

410000－2294－0000673　311/23

省軒考古類編十二卷　(清)柴紹炳纂　清雍正四年(1726)鐵嶺高氏雲間刻本　四册

410000－2294－0000674　104.3/13

禮記省度四卷　(清)彭頤纂　清刻朱墨套印

本　四册

410000－2294－0000675　215.2/12

積古齋鐘鼎彝器款識十卷　(清)阮元編　清光緒五年(1879)刻本　六册

410000－2294－0000676　216/9

隸續二十一卷　(宋)洪適撰　清刻本　四册　存十九卷(一至八、十一至二十一)

410000－2294－0000677　308/3

韓非子二十卷　(戰國)韓非撰　清刻本　二册　存十卷(六至十五)

410000－2294－0000678　214.2/27

[道光]蘭州府志十二卷首一卷　(清)陳士楨修　(清)壺鴻儀纂　清道光十三年(1833)刻本　八册

410000－2294－0000679　201/19

史記評林一百三十卷　(漢)司馬遷撰　(清)凌稚隆輯校　清刻本　三册　存一百十二卷(十九至一百三十)

410000－2294－0000680　215.6/10.1

貨布文字考四卷說一卷　(清)馬昂撰　清道光二十二年(1842)錢培益蘭隱園刻本　二册

410000－2294－0000681　104.5/3

四禮初稿四卷　(明)宋繡輯　清寶寧堂刻本　一册　存二卷(九至十)

410000－2294－0000682　201/20

史記菁華錄六卷　(清)姚祖恩輯評　清刻本　五册　存五卷(二至六)

410000－2294－0000683　104.3/1.1

全本禮記體註十卷　(清)范紫登(范翔)定　(清)徐瑄補輯　清刻本　五册　存五卷(六至十)

410000－2294－0000684　313.3/2

自遠堂琴譜十二卷　(清)吳烜輯　清嘉慶七年(1802)自遠堂刻本　十二册

410000－2294－0000685　215.6/10

貨布文字考四卷說一卷　(清)馬昂撰　清道光二十二年(1842)錢培益蘭隱園刻本　二册

410000－2294－0000686　215.6/6.1

古泉彙首集四卷元集十四卷亨集十四卷利集十八卷貞集十四卷　(清)李佐賢撰　清同治三年(1864)李氏石泉書屋刻本　十六册

410000－2294－0000687　313.1/5

治家格言繹義不分卷　(清)朱用純撰　(清)戴翊清繹義　清光緒二十四年(1898)石印本　一册

410000－2294－0000688　214.2/28

[嘉慶]孟津縣志十二卷首一卷　(清)趙擢彤修　(清)宋繼纂　清嘉慶刻本　三册　存七卷(二至八)

410000－2294－0000689　402.2/10

河東先生集四十五卷外集二卷附錄二卷　(唐)柳宗元撰　(唐)劉禹錫編　清刻本　十册　存十四卷(三十一至三十七、四十二至四十五,外集一,附錄二卷)

410000－2294－0000690　302/30

大學衍義補輯要十二卷首一卷　(明)邱濬撰　(清)陳宏謀纂輯　清刻本　十九册　存十卷(三至十二)

410000－2294－0000691　103/20

御案詩經備旨八卷　(清)鄒聖脉纂輯　(清)鄒廷猷編次　清刻本　四册　存七卷(二至八)

410000－2294－0000692　313.2/15.1

芥子園畫傳初集六卷二集九卷三集六卷　(清)王概摹並輯　清光緒十三年(1887)石印本　二册　存四卷(初集一至二、五至六)

410000－2294－0000693　209/27

歷代畫史彙傳七十二卷首一卷目錄三卷附錄二卷　(清)彭蘊璨編　(清)邱步洲重輯　清同治十三年(1874)三楚畊餘堂邱氏刻本　三十二册

410000－2294－0000694　315/2

兩罍軒彝器圖釋十二卷　(清)吳雲撰　清同治十一年(1872)歸安吳氏刻本　六册

410000－2294－0000695　313.2/18

十竹齋書畫譜八卷　（清）胡正言輯并繪　清彩色套印本　八冊

410000－2294－0000696　311/25

日知錄三十二卷　（清）顧炎武撰　清刻本　二十二冊

410000－2294－0000697　216/4.1

欽定四庫全書總目二百卷首一卷　（清）紀昀等纂　清宣統二年(1910)存古齋石印本　八冊　存五十二卷(一百八至一百五十九)

410000－2294－0000698　402.7/44

文清公薛先生文集二十四卷　（明）薛瑄撰　清刻本　九冊　存十七卷(一至三、八至十五、十七至二十二)

410000－2294－0000699　310/19

金匱要略淺注十卷　（清）陳念祖集注　清光緒二十一年(1895)刻本　一冊　存五卷(一至五)

410000－2294－0000700　402.7/38

劉海峰稿不分卷　（清）劉大櫆撰　清光緒元年(1875)邢邱刻本　三冊

410000－2294－0000701　402.7/46

海峰先生精選八家文鈔不分卷　（清）劉大櫆輯　清光緒二年(1876)桐城劉氏刻本　二冊

410000－2294－0000702　103/26

欽定詩經傳說彙纂二十一卷首二卷詩序二卷　（清）王鴻緒等纂　清刻本　一冊　存一卷(首一)

410000－2294－0000703　402.7/41

惜抱軒時文不分卷　（清）姚鼐撰　清光緒二年(1876)刻本　一冊

410000－2294－0000704　201/8

隋書八十五卷　（唐）魏徵等撰　清光緒二十九年(1903)五洲同文書局影印二十四史本　十冊　存三十二卷(一至十、十三至十五、十八至二十四、六十二至六十五、七十四至七十七、八十二至八十五)

410000－2294－0000705　313.1/6

大還閣琴譜六卷　（清）徐祺撰　（清）汪天榮輯　清康熙十二年(1673)刻本　四冊

410000－2294－0000706　313.5/2

無山堂奕譜不分卷　（清）徐星友輯　清光緒六年(1880)金陵刻本　一冊

410000－2294－0000707　403/63

應試詩法淺說詳解六卷　（清）葉葆評注　清乾隆五十四年(1789)刻本　二冊

410000－2294－0000708　502/24

王漁洋遺書　（清）王士禛撰　清康熙刻本　三十六冊　存十八種一百七卷

410000－2294－0000709　201/22

尚史七十卷序傳一卷世系圖一卷　（清）李鍇纂　清乾隆三十八年(1773)悅道樓刻本　二十二冊　存五十四卷(表一至四、本紀一至五、列傳一至二十二、世家一至十二、志一至十、世系圖一卷)

410000－2294－0000710　402.7/45

湯子遺書十卷首一卷續編二卷　（清）湯斌撰　清刻本　三冊　存三卷(七至九)

410000－2294－0000711　109/8

皇朝五經彙解二百七十卷　題（清）抉經心室主人編　清光緒二十年(1894)鴻文書局石印本　二十五冊　存二百九卷(一至一百五十二、一百六十一至一百六十八、二百二十二至二百七十)

410000－2294－0000712　402.7/48

海峰文集八卷詩集十一卷　（清）劉大櫆著　清同治十三年(1874)桐城劉繼邢邱刻本　八冊

410000－2294－0000713　403/72

文選六十卷　（南朝梁）蕭統選　（唐）李善注　清刻本　四冊　存四卷(一至二、四至五)

410000－2294－0000714　502/28

惜陰軒叢書　（清）李錫齡輯　清道光二十六年(1846)宏道書院刻本　四十一冊　存十二

種九十八卷

410000－2294－0000715　403/73

文選六十卷　（南朝梁）蕭統撰　（唐）李善注
　　清刻本　五冊　存十七卷（十九至三十五）

410000－2294－0000716　202/30

御批歷代通鑑輯覽一百二十卷　（清）傅恒等
纂　清刻本　三十七冊　存一百十一卷（四
至三十八、四十二至九十、九十四至一百二
十）

410000－2294－0000717　202/30.1

御批歷代通鑑輯覽一百二十卷　（清）傅恒等
纂　清刻本　八冊　存二十二卷（五十一至
七十二）

410000－2294－0000718　106.1/23

如西所刻諸名家評點春秋綱目左傳句解彙雋
全書六卷　（明）孫鑛等評　（清）韓菼重訂
清益元堂刻本　一冊　存一卷（一）

410000－2294－0000719　106.1/22

評點春秋綱目左傳句解彙雋六卷　（清）韓菼
重訂　清刻本　五冊　存五卷（二至六）

410000－2294－0000720　108/19

新訂四書補註備旨十卷　（明）鄧林著　（清）
鄧煜編次　（清）杜定基增訂　清刻本　四冊
存七卷（論語四卷、孟子一至三）

410000－2294－0000721　209/3

晏子春秋八卷　（春秋）晏嬰撰　清嘉慶二十
一年（1816）全椒吳鼒刻韓晏合編本　三冊

410000－2294－0000722　106.1/24

太史張天如詳節春秋綱目句解左傳彙雋六卷
（清）韓菼重訂　清刻本　五冊　存五卷
（二至六）

410000－2294－0000723　213/2

日涉編十二卷　（明）陳楷編　清乾隆五十四
年（1789）刻本　五冊　存五卷（一至三、五至
六）

410000－2294－0000724　214.2/14

華嶽志八卷首一卷　（清）李榕纂輯　清刻本

二冊　存四卷（二至五）

410000－2294－0000725　403/70

古文筆法百篇二十卷　（清）李扶九撰　清光
緒八年（1882）刻本　四冊　存十二卷（一至
五、十四至二十）

410000－2294－0000726　110/52

說文古籀補十四卷附錄一卷補遺一卷　（清）
吳大澂撰　清光緒九年（1883）石印本　二冊
存四卷（五、十一，附錄一卷，補遺一卷）

410000－2294－0000727　501/17

新增說文韻府羣玉二十卷　（元）陰時夫編輯
（元）陰中夫編註　清刻本　十一冊　存十
一卷（三、六至十、十六至二十）

410000－2294－0000728　402.6/12

明德先生文集二十六卷　（明）呂維祺撰　年
譜四卷　（明）施化遠等輯　清刻本　六冊
存十三卷（二至五、八至九、十二至十五、二十
一至二十三）

410000－2294－0000729　501/16

新增說文韻府群玉二十卷　（元）陰時夫編輯
（元）陰中夫編註　清刻本　一冊　存一卷
（六）

410000－2294－0000730　309/1

佩文齋廣群芳譜一百卷目錄二卷　（清）汪灝
等編　清刻本　十三冊　存三十三卷（一至
三、十三至十四、二十二至二十三、二十七至
三十四、四十二至四十三、四十六至四十七、
五十四至五十六、七十一至七十三、七十六至
七十八、九十至九十二、九十七至九十八）

410000－2294－0000731　104.3/6

禮記十卷　（元）陳澔集說　清刻本　五冊
存五卷（一、三至五、九）

410000－2294－0000732　106.1/25

增補春秋左傳易讀六卷　（清）司徒修輯　清
道光十六年（1836）善成堂刻本　六冊

410000－2294－0000733　501/19

文家稽古編十卷首一卷　（清）劉旆錫　（清）

274

程夢元纂定　清乾隆二十年(1755)刻本　五
冊　存六卷(一至五、首一卷)

410000－2294－0000734　310/22

景岳全書六十四卷　(明)張介賓著　清刻本
九冊　存十四卷(二十四至二十五、四十二
至四十五、四十八至五十、五十二、五十四至
五十五、六十一至六十二)

410000－2294－0000735　104.1/8

周官精義十二卷　(清)連斗山編　清嘉慶二
年(1797)致和堂刻本　六冊

410000－2294－0000736　108/21

四書左國彙纂四卷　(清)高其名　(清)鄭師
成纂　清刻本　四冊　存三卷(二至四)

410000－2294－0000737　215.3/9

金石例十卷　(元)潘昂霄撰　清光緒四年
(1878)讀有用書齋刻金石三例本　二冊

410000－2294－0000738　108/30

論語集註十卷　(宋)朱熹撰　清刻本　二冊

410000－2294－0000739　110/54

**字彙十二卷首一卷末一卷韻法直圖一卷韻法
橫圖一卷**　(明)梅膺祚音釋　清刻本　十二
冊　存十二卷(字彙十二卷)

410000－2294－0000740　402.1/1

陳思王集二卷　(三國魏)曹植撰　清刻本
三冊

410000－2294－0000741　108/31

四書大全學知錄二十三卷　(清)許泰交纂輯
清三槐堂刻本　八冊　存九卷(論語三至
五、七至十,孟子三、七)

410000－2294－0000742　202/35

御撰資治通鑑綱目三編二十卷　(清)張廷玉
等纂　清乾隆十一年(1746)刻本　六冊

410000－2294－0000743　108/16.2

四書朱子本義彙叅四十三卷首四卷　(清)王
步青輯　清敦復堂刻本　二冊　存四卷(論
語七至八,孟子一、首一卷)

410000－2294－0000744　202/36

資治通鑑二百九十四卷　(宋)司馬光編集
(元)胡三省音註　清刻本　一冊　存三卷
(一百五十至一百五十二)

410000－2294－0000745　108/33

孟子七卷　(清)朱熹集註　清刻本　三冊

410000－2294－0000746　106.1/26

東萊博議四卷　(宋)呂祖謙撰　清宣統元年
(1909)石印本　一冊　存一卷(一)

410000－2294－0000747　308/4

韓非子二十卷　(戰國)韓非撰　清嘉慶二十
三年(1818)刻本　一冊　存九卷(一至九)

410000－2294－0000748　110/55

說文解字十五卷　(漢)許慎撰　清刻本　二
冊　存二卷(十三、十五)

410000－2294－0000749　311/18

求闕齋讀書錄十卷　(清)曾國藩著　清刻本
三冊　存六卷(三至八)

410000－2294－0000750　103/28

詩經八卷　(宋)朱熹集傳　清刻本　一冊
存四卷(五至八)

410000－2294－0000751　501/18

增刪韻府群玉定本二十卷　(元)陰時夫編輯
(元)陰中夫編註　清刻本　八冊　存十六
卷(五至二十)

410000－2294－0000752　101/9

易經體註大全合叅四卷　(清)李兆賢輯著
清學源堂刻本　四冊

410000－2294－0000753　101/10

善成堂易經體註四卷　(清)李兆賢輯著　清
刻本　一冊　存一卷(一)

410000－2294－0000754　106.1/27

批點春秋左傳綱目句解彙雋六卷　(清)韓葵
重訂　清刻本　二冊　存二卷(二、六)

410000－2294－0000755　104.3/14

全本禮記體註十卷　(清)范紫登(范翔)定
(清)徐璉補輯　清刻本　一冊　存一卷(四)

410000－2294－0000756　107/1

孝經大全二十八卷首一卷孝經或問三卷孝經本義二卷首一卷 (明)呂維祺撰 **孝經翼一卷** (明)呂維祺著 清刻本 五冊 存二十五卷(孝經大全七至十八、二十三至二十八,或問三卷,本義一至二、首一卷;孝經翼一卷)

410000－2294－0000757　108/41

四書朱子本義彙叅四十三卷首四卷 (清)王步青輯 清敦復堂刻本 一冊 存一卷(中庸章句本義彙叅三)

410000－2294－0000758　106.4/6

春秋集解十二卷 (宋)蘇轍撰 清刻本 一冊 存六卷(一至六)

410000－2294－0000759　215.3/6.1

金石索十二卷首一卷 (清)馮雲鵬 (清)馮雲鵷輯 清光緒十九年(1893)上海積山書局石印本 十四冊 存七卷(石索二、四至六,金索二、四至五)

410000－2294－0000760　502/16

授堂遺書 (清)武億撰 清道光二十三年(1843)偃師武氏刻本 七冊 存六種三十二卷

410000－2294－0000761　214.2/15.1

[光緒]宜陽縣志十六卷 (清)恒倫修 (清)謝應起續修 (清)劉占卿等纂 清光緒七年(1881)刻本 二冊 存四卷(三至四、七至八)

410000－2294－0000762　201/14

前漢書一百卷 (漢)班固撰 (唐)顏師古注 清刻本 五冊 存十六卷(二十六至二十九、三十七至四十、五十九至六十六)

410000－2294－0000763　214.2/15

[光緒]宜陽縣志十六卷 (清)恒倫修 (清)謝應起續修 (清)劉占卿等纂 清光緒七年(1881)刻本 一冊 存二卷(三至四)

410000－2294－0000764　102/1

春秋三十卷 (宋)胡安國傳 (宋)林堯叟注 清刻本 三冊 存十一卷(八至十八)

410000－2294－0000765　215.3/16

安陽縣金石錄十二卷 (清)武億著 清刻本 三冊 存九卷(一至三、七至十二)

410000－2294－0000766　302/23

廣近思錄十四卷 (清)張伯行輯 清光緒二十年(1894)刻本 一冊

410000－2294－0000767　102/12

書經體註六卷 (清)范翔鑒定 (清)錢希祥纂輯 清刻本 一冊 存二卷(五至六)

410000－2294－0000768　102/13

春秋三十卷 (宋)胡安國傳 (宋)林堯叟注 清刻本 一冊 存八卷(八至十五)

410000－2294－0000769　402.7/49

晚晦齋文集三卷 (清)王寶第輯 清光緒十年(1884)石印本 三冊

410000－2294－0000770　103/30

呂氏家塾讀詩記三十二卷 (宋)呂祖謙撰 清刻本 四冊 存十一卷(二十二至三十二)

410000－2294－0000771　311/28

呂氏春秋二十六卷 (戰國)呂不韋撰 (漢)高誘注 明萬曆七年(1579)張登雲刻本 六冊

410000－2294－0000772　310/24

傅青主男科二卷 (清)傅山撰 清宣統元年(1909)石印本 一冊

410000－2294－0000773　502/17

授堂遺書 (清)武億撰 清道光二十三年(1843)偃師武氏刻本 五冊 存二種二十二卷

410000－2294－0000774　408/8

繡像東周列國志二十三卷一百八回 (明)馮夢龍撰 (清)蔡昇評點 清刻本 二冊 存十四卷(六至十九)

410000－2294－0000775　310/25

圖註脈訣辨真四卷 (晉)王叔和撰 清刻本 二冊

410000－2294－0000776　310/26

傅氏眼科審視瑤函六卷首一卷圖說一卷醫案
一卷　（明）傅仁宇編　清刻本　一冊　存六
卷（一至三、首一卷、圖說一卷、醫案一卷）

410000 – 2294 – 0000777　101/11

新鐫增註周易備旨一見能解六卷　（清）黃淳
耀撰　（清）嚴而寬增補　清刻本　三冊　存
三卷（四至六）

410000 – 2294 – 0000778　502/17.1

授堂文鈔八卷續集二卷　（清）武億撰　讀畫
山房文鈔二卷　（清）武穆淳撰　清道光二十
三年（1843）偃師武氏刻授堂遺書本　二冊
存八卷（授堂文鈔八卷）

410000 – 2294 – 0000779　402.7/50

隨園女弟子詩選六卷　（清）袁枚選　清刻本
一冊　存二卷（四至五）

410000 – 2294 – 0000780　502/14

授堂遺書　（清）武億撰　清道光二十三年
（1843）偃師武氏刻本　三冊　存二種二十
二卷

410000 – 2294 – 0000781　315/3

端溪硯史三卷　（清）吳蘭修撰　清咸豐九年
（1859）刻本　一冊

410000 – 2294 – 0000782　315/4

壽石齋硯譜一卷　（清）張應蘭撰　清刻本
一冊

410000 – 2294 – 0000783　402.2/11

白氏長慶集七十一卷　（唐）白居易撰　清刻
本　一冊　存二卷（一至二）

410000 – 2294 – 0000784　102/14

書經集傳六卷　（宋）蔡沈撰　清刻本　一冊
存二卷（一至二）

410000 – 2294 – 0000785　311/20

日知錄集釋三十二卷刊誤二卷續刊誤二卷
（清）顧炎武著　（清）黃汝成集釋　清刻本
二冊　存五卷（三至七）

410000 – 2294 – 0000786　403/71

重訂文選集評十五卷首一卷末一卷　（清）于

光華編次　清咸豐九年（1859）刻本　十三冊
缺三卷（五、十二至十三）

410000 – 2294 – 0000787　104.3/8.1

漱芳軒合纂禮記體註四卷　（清）范翔纂訂
清康熙五十二年（1713）刻本　一冊　存一卷
（一）

410000 – 2294 – 0000788　103/31

爾雅註疏十一卷　（晉）郭璞註　（宋）邢昺疏
（□）□□音義　清嘉慶七年（1802）刻本
三冊　存五卷（一至五）

410000 – 2294 – 0000789　110/60

詩韻□□卷　（清）□□輯　清末石印本　四
冊　存四卷（二至五）

410000 – 2294 – 0000790　102/15

書經體註大全六卷　（清）范翔鑒定　（清）錢
希祥纂輯　清光緒刻本　一冊　存一卷（一）

410000 – 2294 – 0000791　110/61

爾雅直音二卷　（清）孫侃輯　清道光二十五
年（1845）聚秀堂刻本　一冊

410000 – 2294 – 0000792　102/16

寄傲山房塾課纂輯書經備旨蔡注捷錄七卷
（清）鄒聖脉纂輯　（清）鄒廷猷編次　清光緒
二十年（1894）刻本　一冊　存一卷（五）

410000 – 2294 – 0000793　103/32

詩經體註大全合參八卷　（清）高朝瓔定
（清）沈世楷輯　清刻本　一冊　存三卷（六
至八）

410000 – 2294 – 0000794　110/62

爾雅三卷　（晉）郭璞注　（唐）陸德明音義
清嘉慶十一年（1806）刻本　二冊　存一卷
（下）

410000 – 2294 – 0000795　502/21

行素草堂金石叢書　（清）朱記榮輯　清光緒
吳縣朱氏刻十四年（1888）彙印本　十冊　存
六種三十卷

410000 – 2294 – 0000796　209/28

史姓韻編二十四卷　（清）汪輝祖輯　清光緒

二十九年(1903)上海文瀾書局石印本　八冊

410000－2294－0000797　102/17

春秋三十卷　(宋)胡安國傳　清刻本　七冊
存二十八卷(三至三十)

410000－2294－0000798　502/22

寰宇訪碑錄十二卷　(清)孫星衍　(清)邢澍
撰　刊謬一卷　羅振玉撰　清光緒十一年
(1885)吳縣朱氏刻十四年(1888)印行素草堂
金石叢書本　四冊　存九卷(一至八、十二)

410000－2294－0000799　502/37

五種遺規　(清)陳弘謀撰　清乾隆八年
(1743)南昌李安民刻本　七冊

410000－2294－0000800　402.7/54

蘭言詩鈔四卷　(清)李瑞撰　清會元堂刻本
四冊

410000－2294－0000801　313.3/4

太古遺音不分卷　(明)楊掄輯　明萬曆書林
李叔寰刻琴譜合璧本　四冊

410000－2294－0000802　108/2.1

書經體註大全合參六卷　(清)范翔定　(清)
錢希祥纂輯　清敬慎堂刻本　一冊　存一卷
(一)

410000－2294－0000803　403/43

三蘇策論十二卷　(宋)蘇洵等撰　(清)馬毓
文編　清光緒二十四年(1898)石印本　七冊
缺一卷(十)

410000－2294－0000804　403/100

經史百家簡編二卷　(清)曾國藩編　清同治
十三年(1874)傳忠書局刻曾文正公全集本
一冊　存一卷(上)

410000－2294－0000805　313.1/1.1

歷代帝王法帖釋文十卷　(清)徐朝弼集釋
清會古堂刻本　一冊

410000－2294－0000806　501/21

吳園周易解九卷附錄一卷　(宋)張根撰　清
刻本　二冊　存六卷(一至六)

410000－2294－0000807　110/64

說文解字十五卷　(漢)許慎撰　清刻本　六
冊　存六卷(三至八)

410000－2294－0000808　502/10

二十四史　清乾隆四年(1739)武英殿刻本
四十六冊　存三種一百八十五卷

410000－2294－0000809　402.3/17

岳忠武王文集八卷首一卷末一卷　(宋)岳飛
撰　清同治十二年(1873)刻本　三冊　存九
卷(文集八卷、末一卷)

410000－2294－0000810　103/33

三十家詩抄六卷　(清)曾國藩纂　清刻本
三冊　存三卷(二至四)

410000－2294－0000811　403/66

重訂古文釋義新編八卷　(清)余誠評註　清
末石印本　一冊　存一卷(三)

410000－2294－0000812　501/20

九通提要十二卷　(清)柴紹炳纂　清光緒二
十八年(1902)鉛印本　三冊　存六卷(一至
四、十一至十二)

410000－2294－0000813　110/65

詩韻合璧五卷　(清)湯文潞編　清光緒十年
(1884)刻本　四冊　存四卷(一、三至五)

410000－2294－0000814　102/18

欽定書經傳說彙纂二十一卷首二卷書序一卷
　(清)王頊齡等撰　清同治十年(1871)湖北
崇文書局刻本　一冊　存二卷(首二卷)

410000－2294－0000815　317/7

兩般秋雨盦隨筆八卷　(清)梁紹壬撰　清刻
本　三冊　存三卷(五、七至八)

410000－2294－0000816　402.6/13

兩谿文集二十四卷　(明)劉球著　清刻本
三冊　存十七卷(一至十七)

410000－2294－0000817　402.7/56

曾文正公家書十卷　(清)曾國藩撰　清刻本
五冊　存五卷(四、六、八至十)

410000－2294－0000818　110/66

千文六書統要二卷　(清)胡正言輯篆　清康

熙十竹齋刻本　四冊

老學庵筆記十卷　(宋)陸游撰　清光緒元年(1875)湖北崇文書局刻三年(1877)印崇文書局彙刻書本　二冊

410000－2294－0000820　110/67

說文解字十五卷　(漢)許慎撰　清刻本　二冊　存五卷(八至十、十四至十五)

410000－2294－0000821　104.1/9

周禮精華六卷首一卷　(清)陳龍標編輯　清刻本　二冊　存二卷(三、六)

410000－2294－0000822　110/68

康熙字典十二集三十六卷總目一卷檢字一卷辨似一卷等韻一卷補遺一卷備考一卷　(清)張玉書等篡　清光緒二十年(1894)上海久敬齋石印本　六冊

410000－2294－0000823　103/35

毛詩二十卷　(漢)毛亨傳　(漢)鄭玄箋　(唐)陸德明音義　清刻本　二冊　存九卷(十二至二十)

410000－2294－0000824　316/7

萬善先資集四卷首一卷　(清)周思仁述　清刻本　一冊

410000－2294－0000825　101/12

易傳燈四卷　(宋)徐總幹著　清刻本　一冊

410000－2294－0000826　202/13

御批歷代通鑑輯覽一百二十卷　(清)傅恒等撰　清刻本　一冊　存五卷(十六至二十)

410000－2294－0000827　210/5

皇朝經世文編一百二十卷姓名總目二卷　(清)賀長齡輯　清刻本　一冊　存五卷(二十至二十四)

410000－2294－0000828　104.2/2

儀禮集釋三十卷　(宋)李如圭撰　清刻本　十三冊　存三卷(十八至二十)

410000－2294－0000829　312/10

奇門遁甲統宗十二卷　(三國蜀)諸葛亮撰

清刻本　二冊　存四卷(三至四、九至十)

410000－2294－0000830　302/29

三字經註解備要二卷　(宋)王應麟著　(清)賀興思注　清刻本　一冊　存一卷(下)

410000－2294－0000831　402.2/20

唐詩選七卷　(明)李攀龍選　明施大猷刻朱墨套印本　一冊　存三卷(五至七)

410000－2294－0000832　210/7

皇朝經世文續編一百二十卷　(清)葛士濬輯　清光緒十四年(1888)圖書集成局鉛印本　二冊　存八卷(一至四、十五至十八)

410000－2294－0000833　408/9

繡像東周列國志二十三卷一百八回　(明)馮夢龍撰　(清)蔡昇評點　清刻本　二冊　存四卷(十二至十三、二十二至二十三)

410000－2294－0000834　311/31

宣講管窺六卷　胡景文撰　清宣統三年(1911)洛陽協和萬號刻本　一冊　存一卷(一)

410000－2294－0000835　404/9

明文明不分卷　(清)路德輯　清刻本　四冊

410000－2294－0000836　104.1/2

周禮精華六卷　(清)陳龍標編輯　清刻本　一冊　存一卷(三)

410000－2294－0000837　104.2/3

儀禮十七卷　(漢)鄭玄注　清刻本　一冊　存三卷(六至八)

410000－2294－0000838　110/70

字彙十二卷首一卷末一卷韻法直圖一卷韻法橫圖一卷　(明)梅膺祚集　清刻本　六冊　存六卷(子至丑、巳、酉、亥,首一卷)

410000－2294－0000839　303/5

莊子十卷　(戰國)莊周撰　(晉)郭象注　(唐)陸德明音義　清刻本　一冊　存三卷(四至六)

410000－2294－0000840　402.7/57

壯悔堂文集十卷遺稿一卷　(清)侯方域撰

清刻本　三冊

410000－2294－0000841　402.3/18

鉅鹿東觀集十卷　（宋）魏野撰　清刻本
一冊

410000－2294－0000842　104.3/16

禮記易讀二卷　題（清）志遠堂主人輯　清宏
道堂刻本　一冊　存一卷（一）

410000－2294－0000843　108/44

詩韻全璧五卷初學檢韻一卷　（清）湯文潞輯
　清光緒二十一年（1895）刻本　二冊　存二
卷（一、四）

410000－2294－0000844　402.3/19

淨德集三十八卷　（宋）呂陶撰　清刻本　二
冊　存十三卷（六至十二、十九至二十四）

410000－2294－0000845　402.2/15

顏魯公文集十五卷　（唐）顏真卿撰　清宣統
二年（1910）守政書局木活字印本　二冊　存
七卷（一至七）

410000－2294－0000846　307/1

趙註孫子不分卷　（春秋）孫武撰　（清）趙本
學解　清光緒三十一年（1905）北洋陸軍學堂
印書局鉛印本　一冊

410000－2294－0000847　215.3/22

匡喆刻經頌十二卷　楊守敬摹字　清光緒三
十三年（1907）鄂城刻本　六冊

410000－2294－0000848　103/37

詩經八卷　（宋）朱熹集傳　清刻本　二冊
存三卷（五至七）

410000－2294－0000849　208/9

讀史論略二卷　（清）杜詔撰　清光緒二十八
年（1902）大學堂刻本　二冊

410000－2294－0000850　106.1/30

評點春秋綱目左傳句解彙雋六卷　（清）韓菼
重訂　清刻本　三冊　存三卷（三至五）

410000－2294－0000851　108/45

論語二十卷　（宋）朱熹集註　清刻本　一冊
存五卷（六至十）

410000－2294－0000852　402.3/20

岳忠武王文集八卷首一卷末一卷　（宋）岳飛
撰　（清）黃邦寧纂修　清乾隆三十五年
（1770）刻本　四冊

410000－2294－0000853　313.2/22

芥子園畫傳五卷　（清）王概摹並輯　清末石
印本　一冊　存二卷（三至四）

410000－2294－0000854　307/2

黃石公素書一卷　（漢）黃石公撰　清刻本
一冊

410000－2294－0000855　403/80

新註韻對千家詩六卷　（清）王相選註　清光
緒二十四年（1898）酉山堂刻本　一冊　存四
卷（一至四）

410000－2294－0000856　202/7

重訂御批王鳳洲先生綱鑑會纂□□卷　（明）
王世貞纂　清刻本　一冊　存一卷（二十三）

410000－2294－0000857　214.3/3

明文七卷文公門人一卷附錄一卷　（清）李賢
等撰　清刻本　一冊　存六卷（明文四至七、
文公門人一卷、附錄一卷）

410000－2294－0000858　501/24

攷正增廣詩韻全璧不分卷　（清）奕詢輯　清
末石印本　一冊

410000－2294－0000859　201/24

後漢書菁華錄二卷　（清）高塘選　清末石印
本　一冊　存一卷（一）

410000－2294－0000860　108/46

四書講義困勉錄三十七卷　（清）陸隴其纂輯
　（清）陸公鏐編次　清刻本　一冊　存四卷
（論語十七至二十）

410000－2294－0000861　402.2/19

註釋唐詩三百首不分卷　題（清）蘅塘退士編
　清刻本　二冊

410000－2294－0000862　402.7/59

新鐫五言千家詩箋注二卷　（清）王相選注
清刻本　一冊　存一卷（上）

410000－2294－0000863　310/27

鼎鍥幼幼集成六卷 （清）陳復正輯訂 （清）劉勳校正　清末石印本　二冊

410000－2294－0000864　311/34

景岳全書六十四卷 （明）張介賓著　清刻本　一冊　存三卷（四十八至五十）

410000－2294－0000865　311/35

浪跡續談八卷 （清）梁章鉅撰　清刻本　三冊　存六卷（一、四至八）

410000－2294－0000866　102/19

書經六卷 （宋）蔡沈集傳　清刻本　三冊　存四卷（三至六）

410000－2294－0000867　201/25

三國志六十五卷 （晉）陳壽撰 （南朝宋）裴松之注　清刻本　一冊　存四卷（蜀志十二至十五）

410000－2294－0000868　110/71

初學檢韻袖珍十二集 （清）姚文登輯 （清）姚炳章校　清刻本　一冊

410000－2294－0000869　310/29

金匱要略淺註十卷 （漢）張仲景撰 （清）陳念祖集注　清刻本　一冊　存六卷（五至十）

410000－2294－0000870　214.2/16

[乾隆]續河南通志八十卷首四卷 （清）阿思哈等纂修　清刻本　二冊　存六卷（三十二至三十四、四十二至四十四）

410000－2294－0000871　204/3

國語二十一卷 （三國吳）韋昭解　清刻本　一冊　存五卷（四至八）

410000－2294－0000872　302/32

存古約言六卷 （明）呂維祺撰　清慎獨堂刻本　二冊

410000－2294－0000873　312/11

筆算教科書四卷 張景良著　清光緒二十八年（1902）石印本　一冊　存一卷（三）

410000－2294－0000874　402.3/21

臨川先生文集一百卷目錄二卷 （宋）王安石撰　清刻本　一冊　存二卷（九十九至一百）

410000－2294－0000875　307/3

孫子十家註十三卷 （春秋）孫武撰　**敘錄一卷** （清）畢以珣撰　**遺說一卷** （宋）鄭友賢撰　清刻本　二冊　存五卷（十至十三、遺說一卷）

410000－2294－0000876　310/30

增補病機沙篆二卷 （明）李中梓著述 （清）尤乘增補　清刻本　一冊

410000－2294－0000877　405/3

學宋齋詞韻十五部 （清）吳烺等輯　清乾隆三十年（1765）刻本　一冊

410000－2294－0000878　601/9

棉業圖說八卷首一卷 （清）農工商部編　清宣統三年（1911）農工商部印刷科鉛印本　二冊

410000－2294－0000879　310/31

壽世青編二卷 （清）尤乘輯　清刻本　一冊

410000－2294－0000880　212/4

前漢書菁華錄四卷 （清）高嵣選　清光緒二十六年（1900）石印本　四冊

410000－2294－0000881　106.4/8

經藝精選不分卷 （清）□□輯　清刻本　一冊　存春秋

410000－2294－0000882　403/83

繪圖增批古文觀止十二卷 （清）吳楚材 （清）吳大職編次　清末石印本　一冊

410000－2294－0000883　302/33

大學章句一卷中庸章句一卷 （宋）朱熹撰　清光緒十二年（1886）湖北官書局刻本　一冊

410000－2294－0000884　316/12

金剛經不分卷 （後秦）釋鳩摩羅什譯　清末鉛印本　一冊

410000－2294－0000885　310/32

鬼叟樞真君傳不分卷 （清）□□撰　清稿本　一冊

410000－2294－0000886　310/33

珍珠囊指掌藥性賦四卷　（金）李杲編輯　清光緒十九年（1893）鉛印本　一冊　存二卷（一至二）

410000－2294－0000887　601/11

新政应試必讀六卷　（清）李泰來撰　清末影印本　一冊　存四卷（一至四）

410000－2294－0000888　402.3/22

摘錄蘇東坡詩不分卷　（宋）蘇軾撰　清抄本　一冊

410000－2294－0000889　312/13

王公斷驗不分卷　（清）史廷煇輯　清刻本　一冊

410000－2294－0000890　310/34

較正醫林狀元壽世保元十集十卷　（明）龔廷賢著　清刻本　一冊　存二卷（六至七）

410000－2294－0000891　313.2/26

朱大章畫□□卷　（清）朱大章繪　清末石印本　一冊　存一卷（三）

410000－2294－0000892　103/43

詩韻典訓八卷　（清）劉漸達編輯　清刻本　一冊　存二卷（三至四）

410000－2294－0000893　110/75

四聲便覽四集　（清）余六師編　清道光五年（1825）天寶堂刻本　一冊

410000－2294－0000894　108/48

四書集註本義匯參不分卷　（清）王步青輯　（清）王士鼇編　清末石印本　五冊

410000－2294－0000895　303/6

玉露金盤不分卷　（清）□□撰　清光緒十三年（1887）刻本　一冊

410000－2294－0000896　110/76

六書通十卷首一卷　（清）閔齊伋撰　（清）畢弘述篆訂　清光緒七年（1881）刻本　一冊　存三卷（一至二、首一卷）

410000－2294－0000897　403/84

尺牘初桄二卷附二卷　題（清）南窗侍者輯

清光緒十二年（1886）吳雲書局鉛印本　二冊

410000－2294－0000898　309/3

蠶桑備要一卷　（清）劉青藜輯　清光緒二年（1876）思補樓木活字印本　一冊

410000－2294－0000899　310/37

醫學從衆錄八卷　（清）陳念祖撰　清光緒三十四年（1908）上海章福記石印本　一冊

410000－2294－0000900　310/36

雷公炮製藥性解六卷　（明）李中梓輯　珍珠囊指掌補遺藥性賦四卷　（金）李杲輯　清刻本　一冊

410000－2294－0000901　310/38

神農本草經讀四卷附錄一卷　（清）陳念祖撰　清光緒三十四年（1908）上海章福記石印本　一冊　缺一卷（附錄一卷）

410000－2294－0000902　312/14

小學筆算新教科書　（□）□□撰　清宣統二年（1910）鉛印本　一冊

410000－2294－0000903　310/39

增訂本草備要四卷醫方集解六卷　（清）汪昂輯　清乾隆五年（1740）刻本　二冊　存六卷（本草備要一、三，醫方集解一至四）

410000－2294－0000904　310/40

本草通元二卷　（明）李中梓著　清刻本　一冊

410000－2294－0000905　403/85

試帖百篇最豁解二卷　（清）王澤沺評註　清刻本　一冊　存一卷（下）

410000－2294－0000906　402.7/61

孟塗全集詩前集十卷後集二十二卷文集十卷駢體文集二卷　（清）劉開撰　清刻本　一冊　存七卷（後集九至十五）

410000－2294－0000907　214.2/18

[乾隆]河南府志一百十六卷首四卷　（清）施誠修　（清）童鈺等纂　清乾隆四十四年（1779）刻本　二冊　存十一卷（一百六至一百十六）

410000－2294－0000908　215.3/24

漢碑範八卷　張祖翼輯　清宣統三年(1911)上海文明書局石印本　一冊　存五卷(一至五)

410000－2294－0000909　302/34

漢學商兌三卷　(清)方東樹撰　清刻本　一冊　存一卷(中之下)

410000－2294－0000910　311/18.1

求闕齋讀書錄十卷　(清)曾國藩著　清光緒二年(1876)傳忠書局刻曾文正公全集本　一冊　存一卷(四)

410000－2294－0000911　214.1/8

讀史方輿紀要一百三十卷　(清)顧祖禹撰　清末石印本　一冊　存六卷(八十九至九十四)

410000－2294－0000912　107/1.1

孝經大全二十八卷首一卷孝經或問三卷孝經本義二卷首一卷　(明)呂維祺撰　**孝經翼一卷**　(明)呂維祜著　清刻本　一冊　存五卷(孝經大全七至十一)

410000－2294－0000913　102/20

書經六卷　(宋)蔡沈集傳　清刻本　三冊　存四卷(三至六)

410000－2294－0000914　106.4/10

春秋詳說五十六卷　(清)冉覲祖輯撰　清光緒七年(1881)大梁書局刻五經詳說本　一冊　存一卷(十六)

410000－2294－0000915　108/49

四書味根錄三十七卷首二卷　(清)金澂輯　清刻本　一冊　存十一卷(論語一至十、論語首一卷)

410000－2294－0000916　403/87

續中州名賢文表六十八卷　邵松年輯　清末石印本　二冊　存五卷(四十九至五十、五十七至五十九)

410000－2294－0000917　210/14

新政應試必讀約鈔六卷　(清)陳鳳光等撰　清刻本　一冊

410000－2294－0000918　313.2/28

詩畫舫不分卷　(清)點石齋輯　清光緒三十年(1904)上海點石齋石印本　一冊

410000－2294－0000919　209/29

[河南洛陽]朱氏族譜不分卷　(清)朱希孔著　清嘉慶十八年(1813)抄本　一冊

410000－2294－0000920　108/19.1

新訂四書補註備旨十卷　(明)鄧林撰　(清)鄧煜編次　清刻本　六冊

410000－2294－0000921　109/9

經典釋文三十卷　(唐)陸德明撰　**攷證三十卷**　(清)盧文弨輯　清刻本　二冊　存七卷(十一至十七)

410000－2294－0000922　502/4

十五家年譜叢書　(清)楊希閔編　清光緒刻本　十六冊

410000－2294－0000923　103/44

詩經八卷　(宋)朱熹集傳　清刻本　一冊　存二卷(一至二)

410000－2294－0000924　403/88

鳴原堂論文二卷　(清)曾國藩撰　(清)曾國荃審訂　清同治十二年(1873)刻本　二冊

410000－2294－0000925　402.3/25

河南先生文集二十七卷附錄一卷　(宋)尹洙撰　清宣統二年(1910)守政書局木活字印本　四冊

410000－2294－0000926　212/5

曾惠敏公奏疏六卷　(清)曾紀澤撰　清刻本　一冊　存二卷(三至四)

410000－2294－0000927　302/37

新刊性理大全八卷　(宋)周敦頤撰　(宋)朱熹注　(清)張道升　(清)仇廷桂纂輯　清刻本　一冊　存三卷(一至三)

410000－2294－0000928　402.1/2

晉王右軍集二卷　(晉)王羲之著　清刻本　一冊　存一卷(二)

410000－2294－0000929　402.3/26

南豐先生全集錄二卷　（宋）曾鞏撰　（清）儲欣錄　清蹟清堂刻本　一冊

410000－2294－0000930　215.2/15

積古齋鐘鼎彝器款識十卷　（清）阮元編　清刻本　六冊

410000－2294－0000931　402.7/65

天根文鈔四卷　（清）何家琪著　清刻本　一冊　存一卷（四）

410000－2294－0000932　310/47

嬰童百問十卷　（明）魯伯嗣撰　清光緒二十一年（1895）大東書局刻本　一冊　存五卷（一至五）

410000－2294－0000933　214.2/19

[乾隆]登封縣志三十二卷　（清）陸繼萼修（清）洪亮吉纂　清刻本　一冊　存三卷（十六至十八）

410000－2294－0000934　214.2/20

浙江通省志圖說一卷　（清）沈德潛稿　清刻本　一冊

410000－2294－0000935　317/5

新說西遊記一百回　（清）張書紳注　清末石印本　四冊　存五十二回（一至八、二十一至三十六、七十三至一百）

410000－2294－0000936　215.6/7

錢幣芻言不分卷　（清）王鎏著　清道光十七年（1837）刻本　一冊

410000－2294－0000937　110/77

新鐫三字經講一卷　（清）上官輔撰　清刻本　一冊

410000－2294－0000938　108/51

四書味根錄三十七卷首二卷　（清）金澂撰　清末石印本　一冊　存四卷（孟子七至十）

410000－2294－0000939　403/90

小題七集老境二卷　（清）王步青評　清刻本　一冊

410000－2294－0000940　102/21

秦淮畫舫錄二卷　題（清）捧花生撰　清嘉慶二十二年（1817）石印本　一冊　存一卷（一）

410000－2294－0000941　110/78

康熙字典十二集三十六卷總目一卷檢字一卷辨似一卷等韻一卷補遺一卷備考一卷　（清）張玉書等纂　清光緒三十二年（1906）石印本　四冊　存三十卷（子至辰，未至戌，總目一卷，檢字一卷，辨似一卷，等韻一卷）

410000－2294－0000942　103/45

新訂四書補註備旨十卷　（明）鄧林撰　（清）鄧煜編次　清刻本　一冊　存一卷（論語三）

410000－2294－0000943　502/78

鄭所南文集一卷　（宋）鄭思肖撰　清光緒三十二年（1906）鉛印國粹叢書本　一冊

410000－2294－0000944　310/49

張仲景傷寒論原文淺註六卷　（清）陳念祖集註　清末石印本　一冊　存三卷（四至六）

410000－2294－0000945　316/15

地藏菩薩本願經三卷　（唐）釋實叉難陀譯　清光緒十八年（1892）刻本　一冊

410000－2294－0000946　106.1/32

春秋經傳集解三十卷　（晉）杜預注　（唐）陸德明音義　清刻本　一冊　存二卷（十四至十五）

410000－2294－0000947　402.4/1

元遺山詩集八卷　（金）元好問撰　清乾隆四十三年（1778）南昌萬廷蘭刻本　一冊　存一卷（一）

410000－2294－0000948　402.7/66

板橋家書一卷　（清）鄭燮著　清宣統寫刻本　一冊　存一卷（家書一卷）

410000－2294－0000949　110/80

說文解字十五卷　（漢）許慎撰　清末鑄記書局石印本　一冊　存四卷（十二至十五）

410000－2294－0000950　108/52

四書句辨□□卷　（□）□□撰　清慎詒堂刻本　一冊　存二卷（大學一、中庸一）

410000－2294－0000951　108/53

四書朱子本義匯參二十卷首四卷　（清）王步青輯　清光緒十五年(1889)廣百宋齋鉛印本　一冊　存二卷(大學一卷、大學首一卷)

410000－2294－0000952　403/91

治家格言詩箋不分卷　（清）彭元海著　清光緒十年(1884)石印本　一冊

410000－2294－0000953　403/93

續古文苑二十卷　（清）孫星衍撰　清嘉慶十七年(1812)蘭陵孫氏刻平津館叢書本　十冊

410000－2294－0000954　101/14

易學濫觴一卷　（元）黃澤撰　清刻本　一冊

410000－2294－0000955　403/96

樨華館試帖彙鈔輯注十卷　（清）路德撰　清刻本　一冊　存二卷(四至五)

410000－2294－0000956　302/38

小學集解六卷　（清）張伯行輯註　清刻本　二冊　存四卷(三至六)

410000－2294－0000957　313.4/1.1

金貞祐銅印題詞一卷　（清）兀魯特錫縝輯　清刻本　一冊

410000－2294－0000958　403/97

陳文恭公手札節要二卷　（清）陳宏謀著　清宣統二年(1910)守政書局刻本　一冊　存一卷(上)

410000－2294－0000959　316/17

通關文二卷　（清）劉一明撰　清彰府學善堂刻本　一冊

410000－2294－0000960　110/81

說文解字通釋四十卷繫傳校勘記三卷　（宋）徐鍇傳釋　（清）承培元撰　清道光十九年(1839)石印本　一冊　存三卷(校勘記三卷)

410000－2294－0000961　110/82

正字通十二卷　（明）張自烈撰　**舊本首卷一卷**　（明）梅膺祚音釋　清刻本　二冊　存二卷(巳上、酉中)

410000－2294－0000962　501/26

史學叢鈔五卷　（清）□□輯　清末江蘇存古學堂鉛印本　二冊

410000－2294－0000963　216/13

中州金石目四卷補遺一卷　（清）姚晏編　清光緒九年(1883)歸安姚氏刻咫進齋叢書本　一冊　存二卷(一至二)

410000－2294－0000964　215.1/16

寶鐵齋金石文跋尾三卷　（清）韓崇撰　清道光二十一年(1841)刻本　一冊

410000－2294－0000965　110/84

十字醒俗二卷　（清）□□撰　清同治三年(1864)刻本　一冊　存一卷(上)

410000－2294－0000966　106.1/33

左傳易讀六卷　（清）司徒修輯　清道光二十年(1840)刻本　一冊　存一卷(一)

410000－2294－0000967　214.2/38

[乾隆]西安府志八十卷首一卷　（清）舒其紳修　（清）嚴長明纂　清乾隆四十四年(1779)刻本　一冊　存一卷(七十二)

410000－2294－0000968　501/25

吳地記一卷後集一卷　（唐）陸廣微撰　清同治十三年(1874)刻本　一冊

410000－2294－0000969　403/98

天崇百篇二卷　（清）吳懋政評選　清刻本　一冊　存一卷(下)

410000－2294－0000970　302/39

福永堂彙鈔二卷　（清）□□輯　清刻本　一冊　存一卷(上)

410000－2294－0000971　212/1.1

禮部政務處會奏變通科舉章程不分卷　（清）禮部撰　清光緒二十八年(1902)刻本　一冊

410000－2294－0000972　214.1/7

五洲圖考不分卷　（清）龔柴撰　清光緒二十四年(1898)鉛印本　一冊

410000－2294－0000973　408/12

新鐫玉茗堂批點按鑒參補北宋志傳十卷　題（明）研山石樵訂正　清刻本　一冊　存一卷

（八）

410000－2294－0000974　310/56

痘症精言四卷　（清）袁句撰　清刻本　一冊

410000－2294－0000975　106.1/34

監本春秋三十卷　（宋）胡安國傳　清乾隆三十八年（1773）敦化堂刻本　一冊　存一卷（一）

410000－2294－0000976　315/7

端溪硯史三卷　（清）吳蘭修撰　清刻本　一冊

410000－2294－0000977　313.2/37

蘭譜一卷　（清）王寅述　清光緒八年（1882）合肥李氏東瀛刻本　一冊

410000－2294－0000978　403/99

古文辭類纂七十五卷　（清）姚鼐撰　校勘記一卷　（清）李承淵編　清刻本　一冊　存六卷（七十一至七十五、校勘記一卷）

410000－2294－0000979　312/18

渡坤舟真傳二卷　（□）□□撰　清光緒二十三年（1897）河南府刻本　一冊

410000－2294－0000980　402.7/69

古文觀止十二卷　（清）吳乘權　（清）吳大職錄　（清）吳留村（吳興祚）鑒定　清刻本　一冊　存二卷（三至四）

410000－2294－0000981　202/21

御選資治通鑑綱目三編二十卷　（清）張廷玉等編　清末石印本　一冊　存三卷（四至六）

410000－2294－0000982　202/17

御批資治通鑑綱目五十九卷　（宋）朱熹撰　清末石印本　三冊　存十三卷（六至十三、十九至二十三）

410000－2294－0000983　108/43

大學一卷中庸一卷　（宋）朱熹章句　清光緒十八年（1892）刻本　一冊

410000－2294－0000984　209/31

歷代名臣言行錄二十四卷　（清）朱桓編輯　清末石印本　一冊　存四卷（四至七）

410000－2294－0000985　402.7/70

望溪文集補遺一卷　（清）方苞撰　清刻本　一冊

410000－2294－0000986　310/13

張仲景傷寒論原文淺注六卷　（清）陳念祖注　清光緒三十三年（1907）刻本　一冊　存二卷（一至二）

410000－2294－0000987　108/40

論語集註十卷　（宋）朱熹撰　清刻本　一冊

410000－2294－0000988　106.4/4

春秋啖趙集傳纂例十卷　（唐）陸淳纂　清刻本　一冊　存三卷（四至六）

410000－2294－0000989　104.3/15

禮記旁訓辨體合訂六卷　（清）徐立綱輯　清孝思堂刻本　一冊　存一卷（二）

410000－2294－0000990　210/17

欽頒州縣事宜一卷　（清）田文鏡　（清）李衛撰　清咸豐九年（1859）錢唐許氏刻宦海指南本　一冊

410000－2294－0000991　402.3/27

淮海集四十卷後集六卷長短句三卷　（宋）秦觀著　清刻本　一冊　存八卷（三十三至四十）

410000－2294－0000992　101/8.2

御纂周易折中二十二卷首一卷　（清）李光地等纂修　清刻本　一冊　存二卷（十九至二十）

410000－2294－0000993　102/24

尚書離句六卷　（清）錢在培輯解　清刻本　一冊　存一卷（四）

410000－2294－0000994　303/1

太上感應篇不分卷　（宋）李昌齡撰　清刻本　一冊

410000－2294－0000995　108/22

忍日竹盧詩集□□卷　（清）□□撰　清刻本　一冊　存一卷（一）

410000－2294－0000996　502/89

荆駝逸史　題(清)陳湖逸士輯　清刻本　一
冊　存四種六卷

410000－2294－0000997　302/38.1

小學集解六卷　(清)張伯行集註　清刻本
一冊　存一卷(六)

410000－2294－0000998　402.7/73

後樂堂文鈔續編九卷附錄一卷　陳玉澍著
清光緒二十七年(1901)石印本　六冊

410000－2294－0000999　210/18

義論精華不分卷　(清)□□輯　清紹膺右抄
本　一冊

410000－2294－0001000　110/94

詩韻全璧五卷　(清)湯文潞輯　虛字韻藪一
卷　(清)潘維城輯　清末暢懷書屋石印本
二冊　存三卷(二、五,虛字韻藪一卷)

410000－2294－0001001　103/48

增韻詩學平仄大觀五卷　(清)陸發祥輯　清
刻本　一冊　存一卷(五)

410000－2294－0001002　404/12

隨園詩話十六卷補遺十卷　(清)袁枚著　清
刻本　一冊　存八卷(二至九)

410000－2294－0001003　109/5

十三經集字不分卷　(清)彭玉雯纂　清同治
十三年(1874)刻本　一冊

410000－2294－0001004　215.3/36

金石索十二卷首一卷　(清)馮雲鵬　(清)馮
雲鵷輯　清刻本　三冊　存四卷(金索一至
二、六,首一卷)

410000－2294－0001005　311/37

天咫偶聞十卷　震鈞撰　清光緒三十三年
(1907)甘棠轉舍刻本　八冊

410000－2294－0001006　408/2

增像全圖三國演義六十卷首一卷　(明)羅貫
中(羅本)撰　清光緒十一年(1885)上海同文
書局石印本　十一冊

410000－2294－0001007　311/26

中華古今注三卷　(五代)馬縞集　清刻本
一冊

410000－2294－0001008　402.7/76

劉老夫子評攻二十一篇　(清)劉□撰　清光
緒二十九年(1903)抄本　一冊

410000－2294－0001009　312/15

擬再續疇人傳不分卷　(清)盧雲鵬撰　清刻
本　一冊

410000－2294－0001010　313.2/51

滋蕙堂墨寶八卷　(清)□□輯　清末石印本
一冊　存一卷(三)

410000－2294－0001011　313.2/59

冶梅竹譜一卷　(清)王寅述　清光緒八年
(1882)合肥李氏東瀛刻本　一冊

410000－2294－0001012　215.4/3

古玉圖考不分卷　(清)吳大澂編　清光緒十
五年(1889)上海同文書局石印本　四冊

410000－2294－0001013　313.2/72

御刻三希堂石渠寶笈法帖不分卷　(清)梁詩
正等編　清末石印本　三冊

410000－2294－0001014　215.2/17

西清古鑑四十卷錢錄十六卷　(清)梁詩正等
編纂　清乾隆十四年(1749)武英殿刻本　二
十四冊

410000－2294－0001015　313.2/82

御刻三希堂石渠寶笈法帖不分卷　(清)梁詩
正等編　清末石印本　二冊

410000－2294－0001016　214.9/7

歷代輿地沿革險要圖說不分卷　楊守敬　饒
敦秩撰　清光緒五年(1879)刻朱墨套印本
一冊

410000－2294－0001017　302/27

明本釋三卷　(宋)劉荀撰　清乾隆三十九年
(1774)刻本　一冊

410000－2294－0001018　313.2/115

百幅梅花圖畫譜不分卷　(清)王寅繪　清光
緒十八年(1892)石印本　一冊

410000 - 2294 - 0001019　313.2/116
書譜不分卷　（唐）孫過庭書　清末影印本
一冊

410000 - 2294 - 0001020　313.2/119
張廉卿書箴言不分卷　（清）張裕釗書　清光
緒十八年(1892)石印本　一冊

410000 - 2294 - 0001021　502/76
峭帆樓叢書　趙詒琛輯　清宣統至民國間新
陽趙氏刻本　三冊　存三種九卷

410000 - 2294 - 0001022　110/103
字說一卷　（清）吳大澂撰　清刻本　一冊

410000 - 2294 - 0001023　313.2/138
定武蘭亭序真刻趙吳與十三跋本不分卷
（晉）王羲之書　清同治三年(1864)刻本
一冊

410000 - 2294 - 0001024　209/34
靳水陳先生墓志銘不分卷　（清）陳雲如書
清光緒二十九年(1903)刻本　一冊

410000 - 2294 - 0001025　601/25
優級師範學堂日記幾何演草不分卷　李顯榮
書　清宣統稿本　一冊

410000 - 2294 - 0001026　215.4/1.1
古玉圖考不分卷　（清）吳大澂編　清光緒十
五年(1889)上海同文書局石印本　二冊

410000 - 2294 - 0001027　309/5
二如亭群芳譜三十卷首十三卷　（明）王象晉
纂輯　清刻本　一冊　存一卷(天譜三)

410000 - 2294 - 0001028　108/11
四書朱子本義滙参四十三卷首四卷　（清）王
步青輯　（清）王士馣編　清刻本　一冊　存
一卷(孟子十二)

410000 - 2294 - 0001029　313.2/171
御刻三希堂石渠寶笈法帖不分卷　（清）梁詩
正等編　清末石印本　一冊

410000 - 2294 - 0001030　214.1/3
天下郡國利病書一百二十卷　（清）顧炎武輯
清光緒二十七年(1901)圖書集成局鉛印本

二十八冊

410000 - 2294 - 0001031　214.1/3
讀史方輿紀要一百三十卷方輿全圖總說五卷
（清）顧祖禹輯　清光緒二十七年(1901)圖
書集成局石印本　二十三冊

410000 - 2294 - 0001032　501/31
李氏叢書　（清）李際雲撰　清同治刻本　二
十一冊　存七種四十九卷

410000 - 2294 - 0001033　313.5/4
四子譜二卷　（明）過文年輯　清刻本　一冊

410000 - 2294 - 0001034　404/5
彙纂詩法度針十卷首一卷　（清）徐文弼編輯
清刻本　六冊

410000 - 2294 - 0001035　313.4/1.1
金貞祐銅印題詞一卷　（清）兀魯特錫縝輯
清刻本　一冊

410000 - 2294 - 0001036　313.4/1.2
金貞祐銅印題詞一卷　（清）兀魯特錫縝輯
清刻本　一冊

410000 - 2294 - 0001037　313.4/1.3
金貞祐銅印題詞一卷　（清）兀魯特錫縝輯
清刻本　一冊

410000 - 2294 - 0001038　313.4/1.4
金貞祐銅印題詞一卷　（清）兀魯特錫縝輯
清刻本　一冊

410000 - 2294 - 0001039　313.4/1.5
金貞祐銅印題詞一卷　（清）兀魯特錫縝輯
清刻本　一冊

410000 - 2294 - 0001040　313.4/1.6
金貞祐銅印題詞一卷　（清）兀魯特錫縝輯
清刻本　一冊

410000 - 2294 - 0001041　313.4/1.7
金貞祐銅印題詞一卷　（清）兀魯特錫縝輯
清刻本　一冊

410000 - 2294 - 0001042　313.4/1.8
金貞祐銅印題詞一卷　（清）兀魯特錫縝輯

清刻本　一冊

410000 - 2294 - 0001043　110/125

名原二卷　(清)孫詒讓撰　清光緒三十一年
(1905)刻本　一冊

410000 - 2294 - 0001044　110/122

古文審八卷首一卷　(清)劉心源撰　清光緒
十七年(1891)劉氏龍江樓刻本　二冊

410000 - 2294 - 0001045　312/20

梅氏叢書輯要　(清)梅文鼎撰　清光緒十四
年(1888)龍文書局石印本　六冊

410000 - 2294 - 0001046　202/27

御撰資治通鑑綱目三編六卷　(清)張廷玉等
編　清光緒二十五年(1899)上海著易堂石印
本　二冊

410000 - 2294 - 0001047　209/42

中興名臣事略八卷　朱孔彰撰　清光緒二十
九年(1903)上海書局石印本　二冊

410000 - 2294 - 0001048　206/10

中外紀年通表不分卷　(清)齊召南編　清光
緒二十三年(1897)上海著易堂石印本　八冊

410000 - 2294 - 0001049　215.5/10

封泥攷略十卷　(清)吳式芬　(清)陳介祺輯
　清光緒三十年(1904)滬上石印本　十冊

410000 - 2294 - 0001050　216/25

郘亭知見傳本書目十六卷　(清)莫友芝撰
　清末鉛印本　六冊

410000 - 2294 - 0001051　310/61

天花精言六卷　(清)袁句撰　清乾隆二十年
(1755)刻本　四冊

410000 - 2294 - 0001052　403/115

文選六十卷　(南朝梁)蕭統選　(唐)李善注
　考異十卷　(清)胡克家撰　清光緒十八年
(1892)石印本　十冊

410000 - 2294 - 0001053　403/117

唐中興閒氣集二卷　(唐)高仲武述　清武進
費氏影宋刻本　一冊

河南省宜陽縣圖書館古籍普查登記目録

全國古籍普查登記目録

國家圖書館出版社
National Library of China Publishing House

410000 – 5224 – 0000001　史 01

[乾隆]重修洛陽縣志二十四卷圖考一卷

(清)龔崧林修　(清)汪堅纂　清乾隆十年(1745)刻本　八冊　存十一卷(三至四、十三、十九、二十四至二十七、三十一至三十二、三十五)

410000 – 5224 – 0000002　經 01

春秋穀梁傳音訓不分卷　(清)楊國楨撰　清光緒三年(1877)湖北崇文書局刻十一經音訓本　一冊

410000 – 5224 – 0000003　史 02

[順治]洛陽縣志十二卷首一卷　(清)武攀龍等纂修　清順治十五年(1658)刻本　一冊　存一卷(二)

410000 – 5224 – 0000004　經 02

周禮音訓不分卷　(清)楊國楨撰　清光緒三年(1877)湖北崇文書局刻十一經音訓本　一冊

410000 – 5224 – 0000005　集 01

二曲集四十六卷　(清)李顒撰　清刻本　六冊　存二十卷(二至六、十一至十七、二十七至二十八、三十四至三十六、四十二至四十四)

《河南省洛陽市圖書館古籍普查登記目録》
書名筆畫字頭索引

297

十畫

《河南省洛陽市圖書館古籍普查登記目錄》
書名筆畫索引

三畫

306

四畫

311

六畫

七畫

八畫

十二畫

336

339

十三畫

十五畫

十七畫

十八畫

十九畫

《河南省偃師市圖書館古籍普查登記目録》
書名筆畫字頭索引

《河南省偃師市圖書館古籍普查登記目錄》
書名筆畫索引

十一畫

十二畫

十三畫

十四畫

366

《河南省新安縣圖書館古籍普查登記目錄》
書名筆畫字頭索引

《河南省新安縣圖書館古籍普查登記目錄》
書名筆畫索引

《河南省欒川縣圖書館古籍普查登記目録》
書名筆畫字頭索引

十七畫

十九畫

《河南省欒川縣圖書館古籍普查登記目錄》書名筆畫索引

《河南省汝陽縣圖書館古籍普查登記目録》
書名筆畫字頭索引

《河南省汝陽縣圖書館古籍普查登記目錄》
書名筆畫索引

十三畫

十四畫

十五畫

十六畫

二十畫

《河南省伊川縣圖書館古籍普查登記目録》
書名筆畫字頭索引

《河南省伊川縣圖書館古籍普查登記目録》
書名筆畫索引

《洛陽師範學院圖書館古籍普查登記目錄》
書名筆畫字頭索引

《洛陽師範學院圖書館古籍普查登記目録》書名筆畫索引

389

《河南省洛陽市文物考古研究院古籍普查登記目錄》
書名筆畫字頭索引

393

《河南省洛陽市文物考古研究院古籍普查登記目錄》書名筆畫索引

399

六畫

402

十畫

十一畫

十二畫

十三畫

十四畫

十五畫

《河南省宜陽縣圖書館古籍普查登記目録》
書名筆畫字頭索引

《河南省宜陽縣圖書館古籍普查登記目録》
書名筆畫索引

415